漢語俗字研究

（增訂本）

張涌泉　著

商務印書館
创于1897　The Commercial Press

2019年·北京

圖書在版編目（CIP）數據

漢語俗字研究：增訂本 / 張涌泉著. —北京：商務印書館，2010（2019.1重印）
ISBN 978 - 7 - 100 - 06620 - 4

Ⅰ. 漢… Ⅱ. 張… Ⅲ. 漢字—異體字—研究
Ⅳ. H124.3

中國版本圖書館CIP數據核字（2009）第038452號

漢語俗字研究（增訂本）

張涌泉 著

商 務 印 書 館 出 版
（北京王府井大街36號 郵政編碼 100710）
商 務 印 書 館 發 行
三河市尚藝印裝有限公司印刷
ISBN 978 - 7 - 100 - 06620 - 4

2010年1月第1版 開本 880×1230 1/32
2019年1月北京第4次印刷 印張 13⅛

定價：32.00元

目　　次

序

張涌泉君是亡友郭在貽先生的學生。他從郭先生和蔣禮鴻等先生治俗文字學有年。不久前遠道寄來所著《漢語俗字研究》稿本,要我在書前寫幾句話。

我是俗文字學的外行,但是對俗文字極感興趣,最近抽出幾天時間把全稿讀了一遍,覺得這是一部寫得很好的、很有用的著作。全書條理清晰,所舉例證恰當,論述問題既有廣度又有深度,讀後不但能够獲得關於漢語俗字的全面、系統的知識,了解研究俗字的方法;並且對俗字研究在漢字學中的地位及其對古籍整理和字典編纂工作的重要性,也都能得到深刻的認識。所以不但治俗文字學和漢字學的人應該讀這本書,就是從事古籍整理和字典編纂工作的人也應該讀這本書。

作者通過對大量俗文字資料的深入研究,揭示了前人未曾注意到的很多文字現象,指出了語文著作中與俗文字有關的很多疏失,解決了不少疑難問題。從本書中能够得到很多關於具體的俗字的新知。例如我過去以爲"靈"和"鬬"簡化爲"灵"和"斗",是直接借用同音或音近字;讀了本書第三章第八節,纔知道中間還經過簡化爲"霛"和

“閗”的階段。這類例子舉不勝舉。由於作者指出了《漢語大字典》、《碑别字新編》等常用工具書的很多問題,使用這些工具書的人也有必要讀一下本書。

當然,這樣一本數十萬字的大書,也不可能毫無問題。我没有能力指出那種必須有較高的俗文字學修養纔能發現的問題,只是覺得作者對某些現象的歸類或定名以及對某些例子的説明,似乎尚有商榷餘地。例如:第二章中把古代的鳥蟲書之類的美術字以及存在於小篆階段的古文、籀文也都看作俗體,似乎把俗體的範圍劃得太寬了。第三章第十節把字形變化所引起的兩個以上不同的字混而無别的現象以及某個字的俗體恰巧造得跟另一個字相同的現象稱爲“異形借用”。實際上這是一種異字同形的現象,跟字形的借用是不同性質的。第三章第七節説“刺”、“策”的俗書變“朿”旁爲“夾”旁,“棗”、“棘”的俗書變“朿”旁爲“來”旁,“大概都是爲了避免跟形近的‘束’旁相亂”。此説恐怕有問題。“刺”的“朿”旁如寫成“束”會跟“剌”字相亂,“棗”、“棘”的“朿”旁即使寫成“束”也没有字會跟它們相亂,有什麽必要把“朿”旁改成“來”旁呢?秦漢篆文和古隸的“朿”旁有寫作、等形的,“刺”、“策”俗體的“夾”旁顯然是由它們訛變而成的,“棗”、“棘”俗體的“來”旁也應是“朿”的訛形,似乎不必求之過深。上述這類問題爲數不多,對本書的價值不會有大的影響。

俗字在漢字發展過程中所起的作用十分重要。要想建立起完整的、高水平的漢字學,必須先深入研究各個時代的俗字。但是在很長的一個時期裏,文字學者卻並没有給予俗字研究以應有的重視。近年來情況纔稍有改變。本書是第一部俗文字學的概論性著作。它的出版無疑會有力地推動漢語俗字學和漢字學的發展。

裘錫圭

一九九三年九月十二日

第一章　俗字和俗字研究

一、俗字釋名

所謂俗字，是區别於正字而言的一種通俗字體。唐代顔元孫的《干禄字書》把漢字分成俗、通、正三體，他在該書的序中説：

> 自改篆行隸，漸失本真。若總據《説文》，便下筆多礙。當去泰去甚，使輕重合宜。……具言俗、通、正三體。……所謂俗者，例皆淺近，唯籍帳、文案、券契、藥方非涉雅言，用亦無爽。儻能改革，善不可加。所謂通者，相承久遠，可以施表奏、牋啓、尺牘、判狀，固免詆訶。（原注：若須作文言，及選曹銓試，兼擇正體用之尤佳。）所謂正者，並有憑據，可以施著述、文章、對策、碑碣，將爲允當。（原注：進士考試理宜必遵正體；明經對策貴合經注本文；碑書多作八分，任别詢舊則。）

根據顔元孫的這一表述，我們可以知道俗字是一種不合法的、其造字方法未必合於六書標準的淺近字體，它適用於民間的通俗文書，適宜於平民百姓使用。顔元孫所謂的"通者"，其實也是俗字，只不過它的使用範圍更大一些，流延的時間更長一些。換句話説，"通者"就是承用已久的俗字。

顔元孫字分正俗的理論，大概是受了他的祖輩們的影響。隋

初顏之推作《顏氏家訓》,便提到了"俗字"的概念。該書《書證》云:

> 虙字從虍,宓字從宀,下俱爲必。末世傳寫,遂誤以虙爲宓。……孔子弟子虙子賤爲單父宰,即虙羲之後,俗字亦爲宓。

這是"俗字"一詞之早見者。後來顏師古注《漢書》、著《匡謬正俗》,也經常使用正、俗的觀點區别不同字形。顏師古還有《字樣》之作(今佚),這更是《干禄字書》直接取資的基礎。如果進一步向前追溯,則漢代的學者便已提出文字正、俗的觀點。著名文字學家許慎作《説文解字》,即收載了許多當時通行的俗字或體,有時還直接標明某字俗作某,對此我們將在下章中詳加討論,此不贅述。

比"俗字"更早一些,漢代人還有所謂"别字"的説法。班固《漢書·藝文志》載無名氏之《别字》十三篇,《後漢書·光武十王傳》亦稱東平獻王劉蒼有《别字》之撰,雖然它們的内容如何,由於其書已佚,今不可知。但據《顏氏家訓·書證》稱,王羲之《小學章》[1]"陳"之"别字"阜傍作車[2],由此可以推知,這些所謂的"别字",不過是"俗字"的另一名稱罷了[3]。後來清人趙之謙作《六朝

① 盧文弨抱經堂校本《顏氏家訓》作王羲《小學章》,此據宋淳熙台州公使庫本。參看王利器《顏氏家訓集解》卷六頁433注〔10〕,中華書局1993年版增補本。

② 即"陣"字。陣地之"陣"古本作"陳","陣"爲"陳"的後起俗字。

③ 今人束景南認爲《漢書·藝文志》的"别字"乃揚雄《方言》的别稱,説詳《〈别字〉即〈方言〉考》,載《文史》第三九輯。另"别字"還可指拆字和音誤、形誤字,與此不同。《後漢書·尹敏傳》:"讖書非聖人所作,其中多近鄙别字,頗類世俗之辭,恐疑誤後生。"王先謙《後漢書集解》引何焯曰:"如以劉爲卯金刀,以泉貨爲白水真人,皆别字之徵。"這便是指拆字而言。但尹敏所説的"别字"是否如何焯所理解的爲"拆字"之意,還可進一步研究。

别字記》,羅振鋆、羅振玉作《增訂碑别字》,都是這一意義的俗字彙編。

除了“俗字”、“别字”以外,前人還經常提到“近字”、“俗體”、“俗書”、“僞體”、“别體”、“或體”等一類的名稱。如唐釋慧琳《一切經音義》卷二七《妙法蓮華經·隨喜功德品》音義:“匾匾,《韻集切韻》上鞭沔反,下體奚反,《纂文》薄也。今俗呼廣薄爲匾匾,關中呼云俾遞。俾,補迷反。有作牑㮩,近字耳。”又唐景審《一切經音義序》:“至於文字或難,偏傍有誤,書籍之所不載,聲韻之所未聞,或俗體無憑,或梵言存本,不有音義,誠難究諸。”①又黄庭堅《山谷題跋·辨庵字》:“今俗書‘庵’字,既於篆文無有,又菴非屋,不當從广。”宋祁《宋景公筆記》卷中:“後魏北齊時,里俗作僞字最多,如巧言爲辯、文字爲學之比②,隋有柳謇傳,又謇之訛,以巩易巧矣。”等等,這些名稱,究其實質,和前面所説的“俗字”、“别字”並無二致,前人在實際運用中,往往也把它們和“俗字”等而同之。

二、俗字和正字

俗字成長於民間的土壤,大抵是“下里巴人”約定俗成的産物。俗字的産生和存在,對那些世代相傳的“正字”來説,無疑是一種威脅,一種反動。所以從文字産生的時候起,正字和俗字之間爲争取“生存”權的鬬争幾乎從來就没有停止過。對於俗字,歷代

① 見慧琳《一切經音義》卷首,上海古籍出版社 1986 年影印日本獅谷白蓮社刻本。

② “文字爲學”,“字”當作“子”,“文子爲學”即“斈”字,爲“學”的常見俗字。

的正統文人總是存在着這樣那樣的偏見。他們死抱着許慎九千餘文,不想作任何的變通;對人民大衆使用的俗體字,則視爲"訛火",齒冷目張,必俗剷滅净盡而後快。當然,也有一些比較開明的學者對俗字採取了同情甚或支持的態度。如清末的范寅在《論雅俗字》(附載於《越諺》)一文中指出:

> 天地生人物,人物生名義,名義生字,無俗之非雅,無雅不自俗也。今之士人,字分雅俗,意謂前用者雅,近體者俗。俗雖確切,棄之;雅縱浮泛,僭之。夫士人下筆,豈可苟哉。然雅俗之分,在吐屬不在文字耳。今之雅,古之俗也;今之俗,後之雅也。與其雅而不達事情,孰若俗而洞中肯綮乎?

像這樣通達的言論,在封建士大夫中是不多見的。

我們認爲,正字和俗字是相輔相成的。俗字相對於正字而言,没有正字,也就無所謂俗字。在一定的文字系統中,正字總是佔據着主要的、主導的地位,俗字則處於從屬的、次要的地位;正字是文字系統的骨幹,俗字則是正字系統的補充和後備力量。正俗之間的關係並不是一成不變的,它們往往隨着時間的推移而不斷發生變化。就不同的書體來説,舊文字與新文字之間的關係其實就是正字與俗字的關係。裘錫圭先生指出:

> 在文字形體演變的過程裏,俗體所起的作用十分重要。有時候,一種新的正體就是由前一階段的俗體發展而成的。比較常見的情況,是俗體的某些寫法後來爲正體所吸收,或者明顯地促進了正體的演變。(《文字學概要》44 頁)

我國文字由商周古文字到小篆,由小篆到隸書,由隸書到真書,每一種新文字都可以説是舊文字的簡俗字。清王筠《説文釋例》卷五"俗體"下引印林(許瀚)曰:"一時有一時之俗。許君所謂俗,秦篆之俗也。而秦篆即籀文之俗，籀文又即古文之俗。”可謂知言之選。

就具體的、單個的字來説，其正俗關係也會隨着時代的變遷而發生變化。如“策”字，《説文》從竹、朿聲，到了六朝前後，産生了“筞”“筴”兩個俗字[①]。但到了唐朝，“筞”字便和“策”並列上昇成了正字。《干禄字書》云：“筴筞策：上俗，中下正。”是其證。然而在晚唐五代以後，“筞”字似乎又重新淪爲俗字（遼釋行均《龍龕手鏡·竹部》以“筞”爲俗字）。又如“秘”字，大概也是六朝以後産生的俗字，其正字作“祕”，從示、必聲，見載於《説文》。《干禄字書》則謂“秘”正“祕”俗，把“祕”降到俗字的地位，這大概反映了唐朝用字的實際情況[②]。到了現代漢字，“祕”字便被棄而不用了。又如“躬”字，《説文》定作“躳”的俗字，《干禄字書》則云躬、躳“並正”。但事實上，自漢代以後，俗字“躬”便佔了優勢，而“躳”只出現在少數熱衷於復古的士大夫筆下。到了漢字簡化以後，“躳”就作爲“躬”的異體被打入了冷宫，而“躬”則成了唯一的正字。

再如“輩”字，《説文》從車、非聲，但隨着語言的發展變化，非聲和它所代表的整個字的字音發生了脱節的情況，所以俗書便改非聲爲北聲，以便使聲旁和整個字的字音更切合一些。“輩”字魏《司馬昇墓誌》已見[③]，敦煌寫本中則“輩”字類皆書從北聲的

① 《顔氏家訓·書證》：“簡策字，竹下施朿，末代隸書，似杞、宋之宋，亦有竹下遂爲夾者。”

② 《廣韻·至韻》仍以“秘”爲“祕”的俗字，大概是根據《説文》而言的，恐怕並不反映宋代用字的實際情況。

③ 見《碑别字新編》338 頁。又按，刻本書籍載録的字形，通常只能反映刻書時代的用字情況，未必是古書著作時代的原貌，故本書援引書證時一般據碑刻或古寫本爲據。

“輩”,可見當時“輩”已取“輩”而代之。根據這種用字的實際情況,《干禄字書》便直接把“輩”定作正字,而“輩”則被貶到了“通”的行列(《龍龕手鏡》則“輩”“輩”並見,不分正俗)。但《廣韻》卻仍堅持“輩”是俗字,段玉裁更斥爲“从北非聲”[①],便有點迂腐不知變通了。古人謂名無固宜,約定俗成謂之宜,既然北聲更切合於字音,而且人們也都這麽用,爲什麽就不可以承認這個事實呢?在這一點,顔元孫能够尊重事實,實事求是,確實是難能可貴的。

三、俗字的範圍

俗字與正字的關係弄明白了,俗字的範圍也就不難確定了。我們大致可以這樣認爲:凡是區别於正字的異體字,都可以認爲是俗字。俗字可以是簡化字,也可以是繁化字,可以是後起字,也可以是古體字。正俗的界限是隨着時代的變化而不斷變化的。

下面我們來討論一下俗字與誤字、同音(或近音)通用字的聯繫和區别。

誤字包括形誤字和音誤字,是指因形近或音近而誤讀誤書的字。古人亦統稱爲“别字”。清凌霞《六朝别字記序》云:“世俗以字之誤書、誤讀者謂之别字,‘弄麞’‘伏獵’,此類是也。”按《舊唐書》卷一〇六《李林甫傳》:“林甫舅子(姜)度妻誕子,林甫手書慶之曰:‘聞有弄麞之慶。’客視之掩口。”“弄麞”本當作“弄璋”,“璋”爲美玉,“麞”乃野獸名,李林甫因“璋”“麞”音同而誤書“璋”爲“麞”。又同書卷九九《嚴挺之傳》:“蕭炅爲户部侍郎,嘗與挺之

① 見《説文解字注》“輩”字下注。

同行慶弔，客次有《禮記》，蕭炅讀之曰：‘蒸嘗伏獵。’炅早從官，無學術，不識‘伏臘’之意，誤讀之。挺之戲問，炅對如初。挺之白九齡曰：‘省中豈有“伏獵侍郎”？’”“臘”字本當讀盧盍切，蕭炅不識“伏臘”之音，因“臘”“獵”同從巤聲，而誤讀“臘”爲“獵”。明浮白齋主人《雅謔》“琵琶結果”條云：“莫廷韓過袁履善先生，適村人獻枇杷果，帖書琵琶字，相與大笑。某令君續至，兩人笑容尚在面，令君以爲問，袁道其故。令君曰：‘琵琶不是這枇杷，只爲當年識字差。’莫即云：‘若使琵琶能結果，滿城簫管盡開花。’”像這種誤書、誤讀的别字，既可以是音同或音近造成的，也可以是形近造成的。顧炎武《日知録》卷十八“别字”條云：“别字者，本當爲此字而誤爲彼字也。今人謂之白字，乃别音之轉。”顧氏所謂的“别字”，也是兼形誤和音誤而言的。顧氏接云：“山東人刻《金石録》，於李易安後序‘紹興二年玄黓歲壯月朔’，不知壯月之出於《爾雅》，而改爲‘牡丹’。凡萬曆以來所刻之書，多‘牡丹’之類也。”按《説文·牙部》：“牙，牡齒也。”段玉裁注本改作“壯齒”，校云：“壯，各本譌作牡，今本《篇》、《韻》皆譌，惟石刻《九經字樣》不誤。”《説文》“壯齒”之誤作“牡齒”，與李易安序之“壯月”誤作“牡丹”如出一轍，都是形近而誤書誤刻的别字①。

這種誤讀誤書的别字我們在平時生活中也經常可以看到，不久前筆者在浙江中醫學院某教室裏看到牆上貼着杜甫“讀書破萬卷，下筆如有神”的詩句，用意甚好，可惜把“卷”寫成了“倦”，卻無人知其爲誤。此外如“通霄（應作‘宵’）商店”、“訓詁（應作‘詁’）學會”、“活勝（應作‘藤’）瓜”一類的别字屢見不鮮。這種

① “壯”字俗或書作“𤕝”、“牡”、“壯”等形（並見《碑别字新編》34頁），與“牡”字字形十分相似。

因形近或音近而誤讀誤書的别字,是讀者或書者無意致誤,具有很大的偶然性。而我們前面所説的等同於俗字的"别字",則是書者有意識造成的,或者習慣使然,是約定俗成的産物,兩者有着明顯的區别。俗字研究不把這一類的"别字"(即誤字)包括在内。

俗字不包括形近或音近致誤的"别字",這一點不會有什麽大的分歧。但同音(或近音)通用字算不算俗字呢?這卻是一個有争議的難題。有的人認爲俗字應該包括同音通用字在内,研究俗字也應該包括研究同音通用字①,也有的人認爲俗字只限於一個字筆畫或偏旁的增損或變易,而不能把同音通用字包括在内,後一種看法似乎佔有更大的優勢。歷來搜輯俗字、别字的著作,如《六朝别字記》、《增訂碑别字》、《碑别字新編》等等,大抵都是把一個字的種種不同寫法類聚在一起,而很少把同音通用字包括在内。我們認爲大多數同音通用字確實不宜看作俗字。這種同音通用字的使用或者是根據傳統用法,或者是書者倉卒間而爲之,借字與正字之間純粹是同音或近音假借的關係。如敦煌寫本斯 3835 號《百鳥名》:"巧女子,可伶喜。""喜"字當從斯 5752 號作"許"("可伶許"即可愛,"許"爲詞尾無義),"喜"可以説是"許"的音近通用字,但卻不能説"喜"是"許"的俗字。但如果同音通用字的使用是出於書寫習慣或者爲了達到簡化字形及區别字義的目的,而非純粹出於聲音上的考慮,我們就不妨把這個同音通用字看作是俗字。如敦煌寫本幢幡之"幢"多書作"憧",我們認爲"憧"即"幢"的俗字,因爲俗書巾旁習慣於寫作豎心旁,書"幢"作"憧",正是俗書寫法,而非借用音近的"憧"來表示幢幡之"幢"。《龍龕手鏡·心部》

① 參看蔣禮鴻師《中國俗文字學研究導言》,載《杭州大學學報》1959 年第 3 期《中國語文專號》。

云:“憧,昌容反,往來皃也。又俗宅江反,憧幡,正作幢。”可見“憧”除表示本身的往來之義外,又充當“幢”的俗字,一身而兼二職[①]。又如敦煌寫本伯 2418 號《父母恩重經講經文》屢見“懷躭”一詞,猶“懷擔”,指婦女擔身孕。據字書,“躭”是“耽”的俗字。如果從聲音上來説,不妨説“躭(耽)”是“擔”的假借字。但進一步分析,我們覺得把“躭”看成“擔”的俗字更合適。這不但是因爲敦煌寫本中擔負、擔身孕義多用“躭”字來表示,而且從字形上來説,“躭”(字又作“軃”,見《龍龕手鏡》)字從身,較之“擔”字從手,更能反映以身荷擔之意。改“擔”的手旁爲身旁,這正是俗書通過改换形旁以求更貼切地表示字義的造字方法的運用。

另外我們還得饒舌一下的是“通”這個術語。古人所謂的“通”有時是指承用已久的俗字,像《干禄字書》、《龍龕手鏡》等書中的“通”都是這個意思,有人把它們理解爲通假字,那是完全錯誤的。《文選·司馬相如〈上林賦〉》:“於是二子愀然改容,超若自失,逡巡避廗。”李善注:“《孝經》曰:‘曾子避席。’‘廗’與‘席’古字通。”李注所謂的“通”不過是指通作而已,和《干禄字書》等書中的“通”是同一個意思。《上林賦》的“避廗”即《孝經》的“避席”,“廗”即“席”的俗字,《顔氏家訓·書證》謂當時俗字“席中加帶”,即指“廗”字而言。唐陸德明《經典釋文·序録》稱“席下爲帶”之類“直是字譌,不亂餘讀”,意即謂“席”字作“廗”完全是形體譌變

① 有的人認爲“幢”字後起,幢幡之“幢”以作“憧”爲近古。如清畢沅《中州金石記》卷三唐咸通六年《佛頂尊勝陁羅尼幢》跋云:“碑云造石香憧一,永充供養。書幢作憧,當是古字。《説文新附》始有幢字,其實當爲橦,從心者古人假音,猶勝作幢也。西安經幢亦多用憧字,徐鉉若能見此,必注《説文》‘憧’下云俗作幢矣。”其説未必是,姑録之以備參考。

造成的，而與字音無涉。然《漢語大字典》“㾏”字下卻據李善注以爲“席”作“㾏”是通假字，顯然也是誤解了李注“通”字的意思（“席”字《廣韻》入聲祥易切，“㾏”字《集韻》去聲當蓋切，二字聲韻調皆異）。

四、俗字研究在文字學中的地位

半個多世紀以前，著名文字學家唐蘭先生在他的名作《古文字學導論》一書中説：

舊時的文字學，所研究的對象，只有小篆，隸書以下，是學者們懶得去研究的，所以，範圍是很窄的。……所謂文字學，只存了小篆的研究，永遠去鑽陳腐的六書説的牛犄角，而找不到出路。……在我要創立的新文字學裡所要研究的，是從文字起原，一直到現代楷書、或俗字、簡字的歷史。這範圍是極廣泛的。（《古文字學導論》下編，134－136頁）

同時的另一位著名學者黎錦熙先生也説：

文字學向來是偏重考古的。……考古的文字學者向來緊握着一部做核心的書，這部書就是一千八百多年以前後漢許慎的《説文解字》。（《漢字形音大系·序》，寫於1934年）

二十五年以後，蔣禮鴻先生在一篇文章中指出：

漢字創制得非常早，歷史很久長，研究漢字的人又很多，也很有一些成績。但是前人研究漢字，眼光大抵注射在小篆以上的古文字，一部丁福保輯的《説文解字詁林》所收納的著作達1036卷之多，就説明這一點。至於隸書以下的文字的研究，前人就不曾很好地系統地做過。《隸釋》、《隸辨》、《碑别字》、《宋元以來俗字譜》一類的著作,單和《詁林》的數量比一比,就要黯然失色。而且就是这一些著作,也是輯録文字的多,分析考辨的少。……因此,漢以後文字發展演變的情形怎樣?人們在怎樣地發展俗字以與統治階级的壟斷進行鬬爭?人們是怎樣使用這些文字的?我們就知道得很少,俗文字學在文字學這個部門中到今天還幾乎是空白的。爲了填補這一大段和人民大衆的生活歷史有關的空白,使文字學的研究趨於完整,我們不該專力搞一下俗文字學嗎?(《中國俗文字學研究導言》,載《杭州大學學報》1959年第3期《中國語文專號》)

又過了二十幾年,朱德熙先生在一次講話中指出:

漢字有悠久的歷史,這方面的研究很重要。但是過去太着重於古文字的研究,總認爲後代文字變化不大,没有什麽好研究的。……但仔細一看,變化還是不小。就説從漢朝到現在,許多字都經歷了很複雜的演變過程,這裏面有很多東西值得研究。古文字的研究不是不重要,但近代文字研究尤其重要。因爲它與我們關係更密切,就像古代史跟我們的關係不如近代史密切一樣。所以我們應花足够的力量去研究近代文字的歷史。現在的常用字裏有許多字的歷史我們不清楚,譬如説"拋棄"的"拋",40年代唐蘭先生曾寫文章專門考證這個字的來歷。這種字過去人們不研究是不對的。我們應該提倡近代文字的研究,俗字的研究。現在我們對古文字知道得比較多,近代文字反而知道得比較少,有點厚古薄今,這是不對的。(在"漢字問題學術討論會"開幕式上的發言,載《漢字問題學術討論會論文集》,語文出版社1988年版)

上面我們不惜筆墨抄録了一些著名學者對漢字研究的歷史和現狀的看法，這裏我們没有絲毫想貶低古文字研究意義的意思，我們的目的只是想藉以説明，在我國的文字研究中，存在着嚴重的頭重脚輕的傾向。儘管一些有識之士一再呼籲加强近代文字、尤其是俗文字的研究，然而時至今日，俗字研究的赤貧如洗的狀況並没有從根本上得到改變，不但研究論著寥若晨星，研究人員也少得可憐。這和整個呈現勃勃生機的文字學研究來説，顯然是很不相適應的。造成這種狀況的原因，固然與重正輕俗的傳統觀念有關，傳統的文字學作爲經學的附庸，它所重視的是所謂"正字"以及古字的研究，那些不登大雅之堂的俗文字是很難在其中找到容身之地的。另外，可資研究的俗文字資料的匱乏，恐怕也是一個不可忽視的因素。雕板發明以前，書皆手寫，書寫文字無定體可循，俗字滋生，乃屬必然之理。逮至宋元以後，刻本流行，以正楷爲主體的印刷體的地位不斷得到鞏固和加强，字體漸趨於一尊，人們的書寫有了可遵循的範本，從而大大減少了俗字存在的機會和市場。寫本中"徧滿經傳"(《顔氏家訓·雜藝》語)的俗字，一經後人刊刻，亦多蕩然無存。所以今天一般的刻本書籍中俗寫文字已不多見。近世鉛印流行，俗字得到了進一步的控制。這種情況，對漢字的規範來説自然是一件好事，但也造成了俗字研究資料匱乏的後果，從而對俗字研究工作的積極開展帶來了不利影響。然而近一個世紀以來，隨着大批敦煌寫卷文書逐漸公諸於世，加上地不愛寶，出土墓誌碑銘日見其多，已使這種狀況得到了徹底的改變。敦煌寫卷和出土碑銘中數量至爲繁夥的俗訛别字，不但爲漢字的進一步整理規範提供了許多可資借鑒的材料，而且也爲俗字研究的昌盛，爲建立完整的漢語文字學體系準備了條件。唐蘭先生在《中國文字學》一書中把中國的文字學分成五大派,其中的第一派即是"俗文字學",他說:"俗文字在文字學史上應該有重要的地位,但過去没有人注意過,這是重古輕今的毛病。"(17 頁)我們想,現在該是俗文字研究受到重視的時候了,建立俗文字學的時機已經成熟了。

第二章　古今俗字大觀

一、古文字階段的俗字

俗字是伴隨着文字的産生而産生的。周有光先生認爲:"俗體字的産生在歷史上没有停止過。……各種字體裏都有俗體字。"①在漢字字體演變的整個歷史進程中,俗字在其間扮演了關鍵的、革命性的角色。正如唐蘭先生在《中國文字學》一書中指出的:

> 中國文字既以形體爲主,訛變是免不了的,由商周古文字到小篆,由小篆到隸書,由隸書到正書,新文字總就是舊文字的簡俗字。(183 頁)

漢字字體的演變大致可分爲兩個階段,即古文字階段和隸楷階段。前一階段起自商代終於秦代(公元前三世紀晚期);後一階段起自漢代,一直延續到現代。古文字階段按照時代先後和形體上的特點,又可以分爲商代文字、西周春秋文字、六國文字和秦系文字四類。下面我們就根據这一綫索先考察一下古文字階段俗字的具體情況。

---

①《漢字改革概論》頁 299 – 300,文字改革出版社 1961 年版。

（一）商代文字中的俗字

現存商代文字資料以甲骨文爲主，金文次之。甲骨文主要是殷商王朝的占卜記録，是用刀刻在龜甲獸骨上的，金文是毛筆書寫鑄在銅器上的文字。由於使用的工具不一，所以金文一般象形性較强，多用肥筆和圓筆，字體較爲規範；甲骨文則象形性較低，多用方筆和瘦筆，字形不太規整。裘錫圭先生認爲："我們可以把甲骨文看作當時的一種比較特殊的俗體字，而金文大體上可以看作當時的正體字。"（《文字學概要》42－43 頁）這一分析是符合實際情況的。

由於作者的不同或者時代的推移，甲骨文、金文不但相互之間區别明顯，就是同一種字體内部也是繁簡不一，異體紛呈。如早期甲骨文"雨"字作""，上象雲，下象雨滴；後來變作""""等形，結構繁化了。又如"車"字，早期甲骨文有、、等十多種寫法，繁簡頗不一致。

（二）西周春秋文字中的俗字

西周春秋文字以金文爲主。這時期金文形體的演變主要是向綫條化、平直化的方向發展，象形程度降低。一部分寫得比較草率的金文，反映了當時俗體的一些情況。羅振玉《集古遺文》卷六《同毁》跋云："金文别字極多，與後世碑板同，不可盡據爲典要，即以此器言之，對字作，譌别已甚。……往往隨意變化增省。"

春秋中晚期的金文，字形的裝飾性加强。春秋晚期出現的鳥蟲書，在字形上加飾鳥、蟲等文飾，是一種繁化的俗體。（裘錫圭先生按:美術體與俗體似非一事,不能認爲非正體即俗體。)

(三)六國文字中的俗字

六國文字是指戰國時代東方各國(包括函谷關以東的齊、楚、燕、三晉等國)的文字。主要的文字資料有金文、璽印文字、貨幣文字、簡帛文字以及《說文》中所載的古文等。當時各國文字異形,俗體泛濫。由於各國"諸侯力政,不統於王",所以"田疇異晦,車涂異軌,律令異法,衣冠異制,言語異聲,文字異形"(許慎《說文解字敘》)。誠如唐蘭先生所云:"春秋以後,是文字的大混亂時期,不但各國文字都自成風氣,就在一國裡面,有時極意摹古,有時卻簡俗譌別,至不可識。"(《古文字學導論》252 頁)例如"廚"字,秦國作"廚";楚國作"脰";三晉作"胅",又作"床",還有借用"朱"字來表示的。又如"區"字,由於書手不同,雖然同是齊國陶文,卻有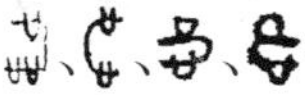等不同的寫法。又如"棄"字,六國文字或作"";"麗"字,古文作"":這就是我們今天所用的簡化字"弃"和"丽"的來源。

(四)秦系文字中的俗字

秦系文字是指春秋戰國時代的秦国文字。有關的文字資料有石刻文字、金文、簡帛文字以及《說文》裏的小篆等。秦系文字上承西周春秋文字,並進一步向綫條化、平直化的方向發展,象形程度進一步降低,而趨於規整勻稱,最後演變成爲小篆。秦始皇統一全中國後,鑒於當時各國文字的混亂狀況,迅速進行"同文字"的工作,"罷其不與秦文合者"(許慎《說文解字敘》),小篆便成了全國的標準字體。小篆和早期的秦系文字相比,確實"或頗省改",

是俗化的産物。如“原”字由“”變作“”,“敗”字由“”變作“”,“草”字由“”變作“”,等等,小篆的字形明顯簡化了。

秦始皇書同文字的政策,在很大程度上消滅了各地“文字異形”的現象,但漢字的俗體並没有因此絶迹,且不説當時民間流行的俗體——隸書(這一問題留待下一節討論),就是小篆本身,也仍未能免俗。東漢許慎《説文解字》所收載的小篆,儘管由於理解或傳録的錯誤,使得一部分字形不盡可靠,但仍在很大程度上反映了秦代小篆的本來面貌。下面我們就來討論《説文解字》中的俗字。

《説文》除了九千多個正篆之外,還收載了 1163 個重文,包括古文、籀文、奇字、或體等。其中十五個正篆下收載的重文是直接標明“俗从某”的俗體字。如“肩”下云俗從户作“肩”,“𧖅”下云俗從虫從文作“蚊”,“冰”下云俗從疑作“凝”,“躳”下云俗或從弓、身作“躬”,“居”下云俗從足作“踞”(段玉裁《説文解字注》從小徐本作“凥”),“褎”下云俗從由作“袖”,“觵”下云俗從光作“觥”,等等。近人馬敘倫《説文解字研究法》云:“許書兼取俗字。……此蓋由其字不見於《史籀》、《倉頡》、《凡將》、《訓纂》及壁中書而世俗用之,故不得而削,别之曰俗字。”那些籀文、古文等相對於當時的標準字體小篆來説,也淪爲異體。只是因小篆成爲秦時的法定字體後,這些籀文、古文等仍作爲異體沿用不廢①,所以許慎兼收而並蓄之。

另外許書列入正篆的一部分字也頗有俗别的嫌疑。如“嚽”

① 如《説文·刀部》以“則”爲小篆,“劚”爲籀文,但秦代的小篆裏,“劚”仍屢見應用。參看《顔氏家訓·書證》。

字,許書云“野人言之。从口,質聲”,段玉裁注:“《論語》曰:‘質勝文則野。’此字會意兼形聲。”清徐灝《説文解字注箋》謂“�”即“質”字,“相承增口旁,蓋漢時之俗字耳”。又如“娶”爲“取”的後起分化字,“捨”爲“舍”的後起分化字,“婬”爲“淫”的後起分化字,等等,而許書一均列入正篆。徐灝《説文解字注箋》於“菋”字下云:“按‘味’爲本字,後人因其艸藥而加艸耳。觀此,知《説文》不廢俗書也。”其説允也。

二、隸楷階段的俗字

在春秋戰國時代的秦國文字不斷向規整化、匀稱化的方向發展,並最終演變爲小篆的同時,民間也逐漸形成了一種省易急就的俗體,它變篆書的圓轉筆畫爲方折,形態扁平,接近後世的隸書,但又跟正體——小篆有明顯的聯繫。秦系文字的這種俗體就是隸書形成的基礎。

這種俗體可以舉秦簡爲代表。1975 年底,湖北雲夢縣睡虎地十一號秦墓出土了一千一百多枚竹簡,其内容有秦律、大事記及《日書》等,竹簡的抄寫時間約在戰國末年到秦代初年。簡文用毛筆書寫,多用方折、平直的筆畫,跟正規篆文圓轉的筆法有明顯的區别,但也有一些字的寫法接近於篆文。一些學者把這種介於篆文和隸書之間的字體稱之爲“秦隸”。

在秦代,秦隸作爲正體——小篆的輔助字體,是得到官方的默許的。不過它一般只能用來處理日常事務,而不能登“大雅之堂”。但由於秦隸省易簡略、赴速急就的特點,卻越來越受到人們的歡迎,到了漢代,隸書便取代小篆成爲主要字體。

隸書的應用，徹底掃除了漢字的象形意味，使漢字的面貌發生了極大的變化，在漢字發展史上具有劃時代的意義。雖然魏晉以後隸書又被楷書所取代，但由隸書所確定的字形框架並沒有什麼大的變動，所以習慣上並不把隸書看作古文字，而是把它劃入今文字的範疇。隸楷階段所産生的通俗文字，也正是俗文字學所要研究的主要對象。下面我們就根據時間的綫索，考察一下這一階段俗字流延的概況。

（一）漢代的俗字

漢承秦制，隸書成爲當時的主要字體。西漢初期，隸書還不很成熟，文字的使用比較混亂。1973 年底，在長沙馬王堆三號漢墓（下葬於漢文帝十二年，公元前 168 年）中發現大批帛書，其中有《老子》甲本乙本、《周易》及醫書、占書等，帛書的字體有篆隸之別，其中有大量的異體字和破壞篆法結構的簡率化草篆，如（既－既）、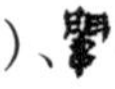（闢－關）、（物－忽）、（基）、（對）、（等）、（足）、（走），等等，爲數不少。帛書的抄寫時間在秦末漢初，大致可以反映漢初篆文向隸書過渡時期俗字使用的真實面貌。

爲了改變當時文字使用的混亂狀況，取得政權不久的西漢統治者便着手進行書同文字的工作。《漢書・藝文志》載："漢興，蕭何草律，亦著其法，曰：'太史試學童，能諷書九千字以上，乃得爲史。又以六體試之，課最者以爲尚書御史史書令史。吏民上書，字或不正，輒舉劾。'"據《史記・萬石張叔列傳》附石建傳載："建爲郎中令，書奏事，事下，建讀之，曰：'誤書！"馬"者與尾當五，今乃四，不足一。上譴死矣！'甚惶恐。"《史記正義》引顏師古注："馬字下曲者尾，并四點爲四足，凡五。"石建書"馬"字而下部少一筆，因惶恐"上譴死",可見《漢志》所云"吏民上書,字或不正,輒舉劾"的話並非虛言。封建統治者這種嚴厲的同文政策,對當時文字的規範確實起到了積極的作用。

王莽篡政前後,文禁漸弛,"雖有尉律不課,小學不修"(《説文解字敘》),俗字便泛濫起來。據《東觀漢記》載,光武帝時,城皋縣衙官員的印章,同一"皋"字卻有三種寫法:"城皋令印,'皋'字爲'白'下'羊';丞印'四'下'羊';尉印'白'下'人','人'下'羊'。"①所以馬援慨嘆地説:"即一縣長吏,印文不同,恐天下不正者多。"(《後漢書·馬援列傳》李賢注引)儘管東漢統治者也進行過一些是正文字的工作,如光武帝時整頓郡國印章文字,靈帝時蔡邕等奉敕鐫刻石經、正定《六經》文字,等等,但這些措施似乎並未能遏止住俗字泛濫的勢頭。相反,俗訛別字卻以前所未有的速度增長和流延開來,我們試讀《漢嚴訢碑》(漢桓帝和平元年、公元150年刻石)、《漢斥彰長田君斷碑》(漢靈帝熹平六年、公元177年刻石)②,就會對此留下深刻的印象。

造成這種狀況的原因當然是多方面的。宋王楙在《野客叢書》卷十八《漢人作字》條下云:

> 《華山廟碑》以"中宗"爲"仲宗",《郭究碑》以"仲尼"爲"仲泥",民皆非之。謂帝者廟號,而假借以他字,不恭孰甚焉。以夫子爲"仲泥",則狎侮之罪,大於子雲之準易。僕謂不然。漢人作字不一,有省筆者,有增筆者。省筆如寫"爵"作"肘"、寫"鶴"作"隺"之類是也。增筆如寫"春"作"曙"、寫

---

① 漢《曹全碑》"皋"作"臯",即所謂"白"下"羊"的俗字;《王未卿買地券》作"皐",近似於"四"下"羊"的俗字。

② 分別載洪适《隸續》卷三、卷二十。

“秋”作“龝”之類是也。又有假借字體,如以“仲”爲“中”,以“泥”爲“尼”之類是也。此皆當時之習所尚。自後世觀之,則怪也。且莫尊於天地,而漢人書“天地”字爲“兲墬”、“昊蒼”爲“浩倉”,豈如此書便不敬天地邪?後世以省文作字爲簡薄,而今碑乃以增筆作字爲不虔,亦過矣。、

王楙把漢世俗別字的盛行歸結於“當時之習所尚”,不過是替古人迴護之辭,自非探本之論。在我們看來,這種狀況的造成除了統治者措施不力外,還與以下幾個因素有關:

第一,隸變的影響。晉衛恒《四體書勢》云:“秦既用篆,奏事繁多,篆字難成,即令隸人佐書,曰隸字。漢因行之,獨符、印璽、幡信、題署用篆。隸書者,篆之捷也。”(《晉書·衛恒傳》引)隸書作爲“篆之捷”,對篆文字形進行了重大的改造。在這種改造過程中,由於人們對字形的不同理解或者所本字形的歧異,漢字的異體也隨之滋生。如上面提到的“馬”字,甲骨文作馬形,籀文作,篆文作,隸變以後,既可作馬,也不妨作作(後二形分別見《睡虎地秦墓竹簡》、《馬王堆漢墓帛書》)。可見石建把“與尾當五”的“馬”寫作四筆,不過是承用了隸變造成的俗體而已。又如竹字頭俗書多作草字頭,如《干禄字書》云:“莭節:上俗下正。”“等等:上通下正。”“蔦篤:上通下正。”皆其例。推本厥源,亦與隸變有關。清顧藹吉《隸辨》卷六云:“(竹)字在上者作⺮,或作艹、艸,亦作卄、䒑,與從艸之字無別。”顧炎武《金石文字記》卷四《義陽郡王苻璘碑》(柳公權正書)後跋:“余考漢碑隸書率以竹爲卄,少有從竹者。”即以上舉三字言之,“莭”“等”已見漢《史晨碑》,“蔦”字已見漢《尹宙碑》,可見這些俗字也是淵源於隸書。宋洪适《隸釋》卷十三《清河相張君墓道》碑後云:

> 漢人用字,有假借者,有通用者,有奇古者,有變易偏旁及減省者……如此碑"農"上安"西"①之類是也。顔之推論"揖"下無"耳"②,"鼓"外設"皮"③,"離"則配"禹"④,"皋"分"澤"外⑤,咸以世俗爲非。今隸字皆然,蓋各是一家之書,不可拘以古法也。

洪适把隸變後俗字的紛繁歸之於"各是一家之書",這是很卓越的見解。相反,一些保守的封建士大夫則對此嘖有煩言,甚或肆加詆毁。如清李富孫《説文辨字正俗》例言云:"自秦有隸書,古文幾絶。又多詭更正文,鄉壁虚造不可知之書,故文字日滋,繆妄益甚。且漢人隸書,每任意通借增減筆畫,甚乖於古,此文字之變由於隸

① "農"字漢碑或作"覫"(《景北海碑》即作此形),即所謂"農"上安"西"也。

② 唐張參《五經文字》卷上手部:"揖,一入反,從咠,作捐訛。"《龍龕手鏡·手部》:"捐,伊入反,~讓也,進也。"即"揖"字。又漢《張平子碑》"揖"作"揖"。凡此皆所謂"揖"下無"耳"也。又"咠"旁俗書多作"肙"、"咠"等形,不獨"揖"字爲然。清顧藹吉《隸辨》卷五載漢碑"輯"或作"輤","戢"或作"戢","緝"或作"絹"等等皆是。而俗書"胥"或"胥"旁亦寫作"肙",與"咠"旁相亂。

③ 《干禄字書》:"皷鼓:上俗下正。"《隸釋》卷三載漢《孫叔敖碑》"鼓"作"皷",皆所謂"鼓"外設"皮"也。按:今本《説文》"鼓"字右旁作"支"(段玉裁謂當作"支"),但《廣韻》引《説文》作"皷",右旁作"皮"。顧藹吉《隸辨》卷三云:"《説文》云:'鼓,郭也,春分之音,萬物郭皮甲而出,故謂之鼓。'既云'郭皮甲而出',則字當從皮。《顔氏家訓》乃以'鼓'外設'皮'爲世俗書,恐未必然也。"據此,則"鼓"或本當作"皷"字。

④ 《龍龕手鏡·隹部》:"離,音離。"《隸辨》卷一載漢《景北海碑陰》"離"作"離",注云:"諸碑'離'或作'離',相仍積習,有所自來。"

⑤ "外"字《續家訓》及《宋景文筆記》卷上所引同,今本《顔氏家訓》則作"片","片"字似較優。魏《昭玄沙門大統僧令法師墓誌》"皋"作"睪",魏《于景墓誌》作"睾",皆與"澤"右旁形近,即所謂"皋"分"澤"片也。

體。今經典之文多從隸變,字合於古文篆籀者罕,非據《説文》以究六書之義,無以見其根原而知其謬誤。”隸變的結果破壞了一部分漢字的結構,也導致了漢字異體的增加,這確是事實,魏晉以後流行的許多俗字其實都可以在漢隸中找到根源。但隸變的結果,使漢字由繁變簡,方便了書寫,其意義卻是異常的巨大！這是李富孫之流没有注意到的。

第二,各種書體的交互作用。兩漢時代通行的主要字體是隸書。除了隸書之外,還有其他許多不同的書體。上文我們在援引《漢書・藝文志》的時候,曾提到漢初以“六體”作爲選拔官員的考試科目。“六體”是指古文、奇字、篆書、隸書、繆篆、蟲書。可見除隸書外,其他各體也是得到官方認可的書體。就隸書而言,它在漢代也經歷了秦隸(古隸)→漢隸(八分)→新隸體的演變過程。漢代新興的字體有草書。草書是秦隸草化、簡化的結果。草書對隸書作了大刀闊斧的改造,字形簡易減省,後來許多簡體俗字的産生便與草書隸定、楷化有關。在草書和新隸體的基礎上,東漢晚期還形成了另一種新興的字體——行書。行書簡易隸書的筆畫,兼採草書聯綿的筆法,是介乎草、楷之間的一種字體。這些紛繁的字體,交互影響,無疑對漢代俗字的泛濫起了推波助瀾的作用。

第三,書寫材料的改進。在紙張發明以前,傳世的書寫材料有甲骨、簡牘、縑帛等等,由於這些材料珍貴難得,所以文字的使用往往是統治階層少數人的專利,而與下層勞動人民無緣。東漢以後,隨着紙的發明,書寫逐漸便利起來。文字運用的範圍擴大了,字形紛雜的機會也就大大增强。民間書寫,務趨簡易,以淺近易寫爲特點的俗字便很能迎合這一需要。而且書未刊刻,人們書寫無定體可循,手寫之體,勢不能出於一致,授受既異,文字遂訛。相傳蔡邕刻經,至有行賄以求書所習之文字。《説文解字敘》云:"俗儒啚夫,翫其所習,蔽所希聞,不見通學,未嘗覩字例之條,怪舊埶而善野言,以其所知爲祕妙。"於是"馬頭人爲長"①、"人持十爲斗"②等等,訛俗别體,紛然雜陳。《漢書・藝文志》云:"古制,書必同文,不知則闕,問諸故老。至於衰世,是非無正,人用其私。""衰世"或亦漢世之謂耶?

(二)魏晉南北朝的俗字

魏晉南北朝是中國歷史上的一段大分裂、大動蕩的悲慘時期。國家的分裂,也造成了各地區間語言文字的隔閡,先後登場的統治者忙於争權争地,而無暇於是正文字的工作,戰國時代各國"言語異聲,文字異形"的一幕又開始重演。東漢以來俗字泛濫的勢頭不僅没有得到遏止,相反變本加厲,愈演愈烈。魏晉之際,雖則天上有口爲"吳"、黄頭小人爲"恭"③一類的俗字不絶於篇,但情況還不算太嚴重。到了南北朝時期,俗字的運用便達到了一個高峰。當時的寫本書籍及碑刻墓誌,其中的訛俗别字,誠乎連篇累牘,盈紙滿目。《魏書・江式傳》載江式延昌三年(514)所上求撰集《古今

---

① 見許慎《説文解字敘》。段玉裁注:"謂馬上加人,便是長字,會意。……今馬頭人之字罕見,蓋漢字之尤俗者。"按:"馬頭人爲長"疑指"長"上部作"馬"字頭,其下作"人"字。魏《閭伯昇墓誌》"長"作"長",即所謂"馬頭"也。

② 見許慎《説文解字敘》。段玉裁注:"今所見漢隸字斗字作升,與升字、什字相混,正所謂人持十也。"

③《顔氏家訓・書證》:"《國志》以天上有口爲吳,《晉書》以黄頭小人爲恭。"漢魏以來俗書"吳"作"吴"、"恭"作"恭",即所謂天上有口爲"吳"、黄頭小人爲"恭"也。

文字》表，有云：

皇魏承百王之季，紹五運之緒，世易風移，文字改變，篆形謬錯，隸體失真。俗學鄙習，復加虚巧；談辯之士，又以意説；炫惑於時，難於釐改。故傳曰：以衆非，非行正。信哉，得之於斯情矣！乃曰：追來爲歸[①]，巧言爲辯[②]，少兔爲㲋[③]，神蟲爲蠶[④]，如斯甚衆。

北齊著名學者顔之推在談到當時俗字流行的情況時也説：

晉宋以來，多能書者。故其時俗，遞相染尚，所有部帙，楷正可觀，不無俗字，非爲大損。至梁天監之間，斯風未變。大同之末，訛替滋生。蕭子雲改易字體，邵陵王頗行僞字；朝野翕然，以爲楷式，畫虎不成，多所傷敗。至爲一字，唯見數點，或妄斟酌，逐便轉移。爾後墳籍，略不可看。北朝喪亂之餘，

---

① 《龍龕手鏡·來部》："趚，或作，音歸。"魏《吕望表》"歸"作"趚"，《齊比丘惠瑍造像》作"逨"，《周聖母寺造像》作"逨"，凡此即所謂"追來爲歸"也。

② 《資治通鑑·隋煬帝大業三年》"秘書監柳䛒"下胡三省注："䛒與辯同。""巧言爲辯"即指"䛒"字而言。

③ 中華書局校點本《魏書》"少兔爲㲋"作"小兔爲㲋"，校勘記云："諸本'兔'作'兒'，《北史》卷三四、《册府》作'兔'。按《廣韻》十九侯，'㲋，兔子'，故俗寫作'小兔'，'兒'字訛，今據改。"按："小兒爲㲋"當校作"少兔爲㲋"，今録正。《鉅宋廣韻》（上海古籍出版社 1983 年影印本）："㲋，兔子。"字又作"䨲"。《爾雅·釋獸》："兔子嬎。"晉郭璞注："俗呼曰䨲。"因爲"㲋"爲兔子，故俗書作"𡮲"以會意。《集韻》（上海古籍出版社 1985 年影宋鈔本）："㲋，江東呼兔子爲㲋，或作𡮲。""𡮲"當爲"𡮲"字俗誤。王利器《顔氏家訓集解》（增補本）576 頁引《魏書》校"小兒爲㲋"爲"小兒爲覤"，誤。

④ 《玉篇·虫部》："蚕，自含切，俗蠶字。"魏《三級浮圖頌》"蠶"作"蚕"，是其例。

書迹鄙陋,加以專輒造字,猥拙甚於江南。乃以百念爲憂[1],言反爲變[2],不用爲罷[3],追來爲歸,更生爲蘇[4],先人爲老[5],如此非一,徧滿經傳。(《顔氏家訓·雜藝》)

他又説:

吾昔初看《説文》,蚩薄世字,從正則懼人不識,隨俗則意嫌其非,略是不得下筆也。所見漸廣,更知通變,救前之執,將欲半焉。若文章著述,猶擇微相影響者行之。官曹文書,世間尺牘,幸不違俗也。(同上《書證》)

"從正則懼人不識",當時俗字使用之廣,竟使寫正字有使人看不懂的危險。流風所及,以至像顔之推這種"蚩薄世字"的正統文人也不得不對俗字採取妥協的態度。俗字影響之烈,即此可見一斑。

研究魏晉南北朝俗字的資料以碑銘爲主。碑銘文字通常是比較保守的,但這時期碑銘中的俗字之多,卻讓人喫驚。清人凌霞在《六朝别字記序》中曾説:"六朝碑版本屬無多,造象流傳,大抵出石工之手。點畫偏旁,隨意增損;怪誕紕繆,觸目皆然;固不能畫以六書繩之耳。即如造象之中區、軀二字(原注:二字本通。《釋名》云:軀,區也。),厥狀至夥。《王妙暉造象》作'⿷匚巨',《僧資造象》作

① 《龍龕手鏡·心部》:"㥑,俗;𢚧,古文:於求反,志也,亦~愁也。今作憂,同。"按:"㥑"爲憂愁之"憂"的本字,"憂"則爲優游之"優"的本字,"㥑""憂"皆見載於《説文》,而經傳憂愁義皆借"憂"爲之。至於"𢚧",當爲"㥑"的形譌字,行均以"㥑"爲俗體,"𢚧"爲古文,把本末弄顛倒了。

② 敦煌寫本斯 388 號《正名要録》載"變"俗作"䛀",即所謂"言反爲變"。晉《司馬芳碑》、隋《楊厲墓誌》"變"字下部皆作"反",亦可資參考。

③ 《龍龕手鏡·不部》:"甭,音弃。"此云"不用爲罷",當另是一字。

④ 《龍龕手鏡·更部》:"甦,音蘇。""蘇"俗寫作"甦",載籍經見。

⑤ 《改併四聲篇海·人部》引《川篇》:"㐙,音老。"《漢孔宙碑》"老"作"老",魏《王偃墓誌》作"先",是其比。

‘𠥱’,《趙阿歡造象》作‘𠥲’,《天和四年造象》作‘畐’,《紀僧諮造象》作‘軀’,《清信女楊造象》作‘軀’,《元甯造象》作‘塸’,《路文助造象》作‘鏂’,《曹續生造象》作‘傴’,《郭于猛造象》作‘摳’,聊舉其一,以列其餘,則其變態不窮可知矣。至唐《崔懷儉造象》則又作‘𠥳’,是乃沿波逐流,變之又變者也。”除了凌氏所舉外,“區”或“軀”俗又有作“𠤭”(北魏《龍門山造像・馬慶安題記》)、“區”(同前《比邱惠合題記》)、“嫗”(同前《比邱法興題記》)、“堰”(同前《奉朝請題記》)、“塸”(同前《王江奴題記》)、“軀”(同前《安□王爲閭散騎入法題記》)、“區”(北魏《成道敬造像題記》)、“軀”(北魏《常岳百餘人造像碑》)、“堰”(北魏《蘇方成妻趙鬘題記》)、“軀”(北齊《許儁卅人造像記》),以上俱據清陸增祥《八瓊室金石補正》),以及“墭”、“堰”、“區”、“卮”、“匧”、“區”、“瓯”、“磘”、“𠤭”、“叵”、“軀”、“軀”、“彄”、“𤖶”、“躯”(以上見《碑别字新編》)等等,確實是變態萬狀,不可究詰。清畢沅《中州金石記》卷一云:“字之變體,莫甚於六朝。”誠哉斯言!

由於俗字的增繁,這時期文字增加的速度很快。據唐封演《聞見記》卷二所載,魏李登撰《聲類》十卷,收字凡一萬一千五百二十字;晉吕忱撰《字林》七卷,亦五百四十部,凡一萬二千八百二十四字;後魏楊承慶撰《字統》三十卷,凡一萬三千七百三十四字;梁朝顧野王撰《玉篇》三十卷,凡一萬六千九百一十七字①,呈不斷增長的趨勢。以此推算,從許慎作《説文》的東漢和帝永元十二年(公元 100 年),到顧野王作《玉篇》的梁武帝大同九年(543),計四百

① 今本《玉篇》計 22561 字(據張氏澤存堂本),所多之字當爲孫强、陳彭年等重修時所增。

四十三年,而字數增多六千四百零一個(《説文》正篆9353,另有重文1163),這些新增加的字多半就是這一時期産生的俗字。

這時期俗字的一個顯著特點是簡體字增多,如乱(亂)、躰(體)、驗(驗)、頋(顧)、属(屬)、継(繼)、辞(辭)、断(斷)、騁(騁)、竜(龍)、琮(璁)、挠(撓)、斉(齊)、寡(寡)、寺(等)、寻(尋)、陰(陰)、莊(莊)(以上俗字俱見《碑别字新編》),等等,數量至爲繁夥。簡體俗字迅速增加的原因可能和當時字體的演變有關。我們在前面説過,漢代産生了草書,魏晉以後又形成了一種更爲簡省的新體草書——今草(爲與"今草"相區别,漢代的草書則被稱爲"章草")。另外,在東漢晚期流行的行書的基礎上,漢魏之際又形成了一種新的字體——楷書。南北朝後楷書取代隸書成爲當時的主要字體。楷書也是兼採隸、草之長而形成的字體,不過比行書更端莊一些。當時的人們用楷書的筆法對章草或今草的字形加以楷定,一些簡體俗字便應運而生了。清李富孫《説文辨字正俗》例言中云:"文字破壞於六朝,每以艸寫書,逮艸變真,益多譌誤。""真"指真書,即楷書的别稱。由隸變草,由草變真,這確是漢字形體上的一大變革,也是簡體俗字産生的重要來源。清李調元《六書分毫敘》云:"自字變而楷,古體已失,而鍾(魏鍾繇)、王(晉王羲之)等以善楷名家者,又各逞筆資,任意增減,沿習既久,筆畫多訛,遂至'弄麞''伏獵',貽笑士林,未必非俗書階厲之也。"亦是知言之選。

(三)隋唐五代的俗字

公元581年,楊堅(即隋文帝)代北周稱帝,建立了隋朝,分裂了近四百年的中國又重新統一起來。國家的統一,爲書同文字創造了條件。但隋朝壽祚短暫,加上國家長期處於戰爭和徭役之中,統治者還顧不上對文字進行必要的整理,所以終隋之世,六朝以來俗字泛濫的情況並没有得到改變。清顧炎武《金石文字記》卷二云:"文字之不同,而人心之好異,莫甚於魏齊周隋之世。凡《説文》所無,後人續添之字大都出於此時。"顧炎武把隋和六朝同樣當作文字不同的極點,是合乎事實的結論。

唐代初年,俗字紛繁的狀況依然故我。清畢沅《中州金石記》卷二《思順坊造彌勒像記》下云:"唐初字體,猶有六朝遺意,然别字最多。"但隨着大唐帝國政治上的强盛,統治者對刊正字體的工作也開始重視起來。據《舊唐書·職官志》載,唐代國子監置書學博士,立《石經》、《説文》、《字林》之學,並規定宏文、崇文兩館的學生"所習經業,務須精熟;楷書字體,皆得正樣"(《册府元龜》卷六四〇)。唐太宗貞觀七年(633),頒布顔師古的《五經》定本,作爲學者讀經的依據。並先後有顔師古的《字樣》(今佚)、郎知本的《正名要録》、杜延業的《群書新定字樣》(今佚)、顔元孫的《干禄字書》、歐陽融的《經典分毫字樣正字》、唐玄宗的《開元文字音義》、張參的《五經文字》及唐玄度的《九經字樣》等正字字典問世,尤其是顔元孫的《干禄字書》,唐大曆九年(774)由其侄著名書法家顔真卿書寫刻石,傳拓極廣,對當時楷書字體的規範和定形起了很大的作用。因此,當時俗字使用的數量和範圍都相對减少。有人曾對初唐及盛唐、中唐時期碑誌上的俗字進行過抽樣調查,結果發現在初唐碑誌中,俗字大約佔總字數的百分之十左右,而到盛、中唐時期,則僅佔百分之三左右,呈明顯下降的趨勢。[1] 這説明唐

[1] 詳施安昌《唐人〈干禄字書〉研究》,附載於《顔真卿書〈干禄字書〉》之後,紫禁城出版社 1990 年版。

代前期的正字工作是有成效的。

晚唐、五代，中國封建社會由盛轉衰，統一的中國又陷入封建割據和軍閥混戰之中。國力漸衰，世風下頹，一時曾有所收斂的俗訛別體遂又泛濫起來。唐文宗開成二年(837)，鑒於當時異體繁多、用字混亂的現狀，文宗命人用楷書刻立《易》、《書》、《詩》等十二部儒家經典，末附《五經文字》和《九經字樣》，試圖統一經書和規範楷書的形體。但在整個“俗化”的大氛圍下，這一措施似乎並沒有起太大的作用。不但碑誌上的異體又開始呈上升的趨勢，即使意在正字的《石經》也未能免俗。錢大昕《十駕齋養新録》卷三“石經俗體字”條下云：“唐石經俗體字，如雝作雍《詩》，纛作纛《周禮》、《爾雅》，毆作敺《周禮》，齎作賫《儀禮》，總作揔《春秋傳》，督作督《爾雅》，横作撗《爾雅》。”等等，數量不少。至於敦煌發現的數萬卷寫本，大多數是晚唐、五代的産物，其中的俗字别體，確乎連篇累牘，令人誦讀爲難。誠如任半塘先生所説：“唐人之俗寫，沿漢魏六朝舊習，而集其成。……當時俗寫，甚爲普遍，並不擇事而施。……於是句裏行間，叢脞混亂，荒幻詼詭，至於不可想像！”(《敦煌曲初探》119－122頁)我們有理由認爲，晚唐、五代是俗字紛繁的另一個高峰。

(四)宋元以後的俗字

宋代以後，隨着版刻書籍的盛行和流傳，以正楷爲主的印刷體的地位不斷得到鞏固和加强，字體逐漸趨於一尊。人們的書寫有了可遵循的範本，從而大大減少了俗字存在的機會和市場。所以從總體上來看，宋代以後俗字的使用有不斷下降的趨勢。不過宋承晚唐、五代餘習，俗字仍十分活躍。在宋代的刻本書籍中，俗體字仍屢見不鮮。近人張元濟校勘宋本《盤洲文集》跋云："書中點畫偏旁之異，竹艸不分，木才通假，宋承唐後，手民謹守前規，猶沿唐代卷子之習，未可盡目爲誤。""竹艸不分"，"木才通假"，正是俗寫文字的通例。任半塘先生在談及清四印齋本《花間集》(影刊宋淳熙鄂州本)時也説："其簡字、訛字、別字、破體字之甚，去敦煌寫卷，亦復不遠。簡字如'雁'之作'厓'，'貌'之作'皃'，'教'之作'交'等；……破體如'還''笮''皐''歸''賦'等。……夫《花間》之集印，乃士大夫之雅故，誇雕鏤良工，創詞林盛業，其面貌尚且苟簡輕率如此。"(《敦煌曲初探》120 頁)

不過，傳統的經、史、子、集刻本俗字仍然有限。宋元以後俗字較爲集中的是以下兩類材料：

1. 坊間俗文學作品刻本。宋元以迄明清，是小説戲曲最爲風行的時代。坊間刻本，往往以小説戲曲等通俗文學作品爲主，其間使用的俗字最爲繁夥。六十多年前，劉復、李家瑞曾據宋刊《古列女傳》、元刊《京本通俗小説》①、明刊《嬌紅記》、清刊《金瓶梅奇書前後部》等十二種通俗文學作品刻本編成《宋元以來俗字譜》一書，編者在序中説："這十二種書，當然未必能將宋元以來所有的俗字完全包括，但就大體説，要借此看一看八九百年以來俗字的演進和變化的程迹，也就十不離九了。"

2. 碑刻文字。宋元以後的碑刻文字中，俗字的數量也很可觀。如宋嘉泰二年(1202)《石溪莊元契四至□記》(《八瓊室金石補正》卷九四有録文)，全文約二百字，而其中渓(溪)、頼(賴)、椄(接)

① 此書繆荃蓀稱之爲元刊本小説集，但後人多以爲此説不可靠，參看石麟《論馮夢龍對舊話本小説的改造——兼談〈京本通俗小説〉的成書時間》，載《湖北師院學報》1997 年第 1 期。

一類的俗字卻有五十來個,佔四分之一。元代的一些白話碑,也用了相當多的俗體字。

此外,清代的太平天國革命運動中,也創制和採用了大量的俗體字,如国(國)、紡(幼)、屏(殿)、咁(甜)、攄(據)、孙(孫)、为(爲)等等(據《太平天國文書彙編),其中有不少俗體和今天的簡化字是同形或近形的。

宋元以後,還編製或改編了一批新的字典辭書,其中如《廣韻》、《集韻》、《龍龕手鏡》、《篇海》、《字彙》、《正字通》等,都收載了大量的俗字異體,它們是研究歷代俗字的重要資料。特別是遼釋行均的《龍龕手鏡》一書,係據唐、五代佛典寫本編輯而成,採集的俗字更爲繁富。對此,我們將在《歷代俗字及俗字研究要籍述評》一章中詳加討論,此不贅述。

三、當今社會流行的俗字

近代鉛字印刷術發明以後,楷書的字形進一步固定下來。中華人民共和國建國以後,國家推行簡化字,將一部分俗體字定爲正體,同時廢除了一大批異體俗字,並以法令的形式加以公布,對漢字的規範起了積極的作用。這樣,俗字在正式場合露面的機會便越來越少,因而確實成了"不登大雅之堂"的民間俗體字。然而,由於種種原因,當今社會上俗字仍不少見,近年來並且有不斷增加的趨勢。下面我們舉幾個比較典型的例子:

【俬】

近幾年在電視及報章的廣告上不斷見到"家俬"一詞,有時亦寫作"傢俬"。可是查古今辭書(包括近年出版的收載漢字最完備的《漢語大字典》)卻找不到"俬"字。問諸生産或經销"家俬"的廠家商店,對"俬"字的來歷也是一問三不知,不免使人感到納悶。出於好奇,筆者對"家俬"的來源作了一番調查,纔知道"家俬"本當作"家私",原指家産及日用器物之屬。明李翊《俗呼小録·世俗語音》:"器用曰家生,一曰家火,又曰家私。"明洪楩編《清平山堂話本·合同文字記》:"你爹娘來時,盤纏無一文,一頭挑着孩兒,一頭是些窮家私。""窮家私"即指破爛器物。略變其義,則可指家具。今人華山《陣地春節散記》:"三班長指着貼牆的一排家具説:'祖國真想的周全,餅乾裝在大賓鐵箱裏,不怕潮,碰不碎,咱們吃了幾箱,菜盆、飯盆、洗臉盆,都有了,箱蓋還能打成鐵勺、羹匙、燈碗、煙灰盒——一動手,家私雜用都齊全了。'""家私"呼應上文的"家具",其義灼然。現在福建、廣東、香港、新加坡等地仍有不少地方稱家具爲"家私"。"家私"的"家"因爲受"傢俱"("家具"的後起增旁字)、"傢什"等"傢"字的影響,增旁作"傢";而"私"字又受"傢"字的影響,亦類化增旁作"俬",然而寫字的人卻没有考慮到字典裏並没有"俬"字。"傢俬"既已流行,"傢"字的偏旁反又可省去,於是便有寫作"家俬"的了①。"傢俬""家俬"原本只是香港、廣東、福建等地的方言用詞,但這幾年也頻頻出現在上海、杭州甚至北京、成都等地的報紙電視、大街小巷。伴隨着港、粤經濟對内地影響的不斷加劇,文化"侵略"也隨之而來,"傢俬"、"家俬"的不斷向北擴張便是一個典型的例子。

① 與"家私"變作"家俬"的情況相類,"家生"俗或寫作"傢生"、"傢牲",又變作"家牲";"家具"俗或寫作"傢具"、"傢俱",又變作"家俱"。

【岸】

翻閲報刊雜誌，不時看到有人把巖石的“巖”寫作“岸”①。但“岸”字不見於字書，其實是個生造的俗字。大概是因爲“嚴”的簡化字作“严”，而“巖”字從山、嚴聲，於是寫文章的人或刻字的人便根據偏旁類推的規律把“巖”簡化作“岸”。殊不知“巖”的簡化字作“岩”而不作“岸”。這種因繁簡轉化而造成的錯誤是經常可以看到的，從而也導致了一些新造俗字的流行。如表揚的“揚”字，有人寫作“扫”，初覿乍視，使人好生納悶，細一琢磨，纔恍然大悟：原來“扫”是比照“阳”類推而來的俗字。“陽”的簡化字作“阳”，本是一個會意俗字（比較“陰”字作“阴”）。造字的人看到“昜”聲的“陽”簡化作“阳”，於是據以類推，把“揚”也寫作了“扫”。殊不知“阳”字從“日”是會意，而“揚”字從“日”則於義聲皆無所取矣。

【貎】

書“貌”作“貎”，讀者大概不會感到陌生。筆者在浙江的杭州、甘肅的敦煌都見到過它的踪迹。這個俗字又是怎麽來的呢？仔細一想，原來也是繁簡轉化使然。本來禮貌的“貌”《説文》有“皃”（篆文）、“貌”（籀文）等不同寫法，漢代以後“貌”字流行（大概是爲了避免“皃”與“兒”字、“完”字相混），對一般人來説，“皃”便成了生僻字，而誤以爲“貌”右旁“皃”就是“兒”。於是乎便有人把“貌”寫作從“兒”的“貎”②。後來“兒”被簡化作“儿”，隨之把“貌”或“貎”類推作“貎”也就順理成章了。

① 如《社會科學》（甘肅）1987年第6期《敦煌莫高窟究竟創建於何時》和《青海社會科學》1988年第5期《敦煌與莫高窟釋名及其他》兩篇文章中“巖”字凡十數見皆寫作“岸”。

② “貎”字常見於卡車兩側“禮貎行車”一類的用語。《宋元以來俗字譜》“正楷”欄上“貌”亦誤作“貎”，而以“貌”爲俗字。

【凖】

1991 年 2 月 9 日《光明日報》第二版刊發消息“李凖挂帅中国现代文学馆”，稱：“著名作家李凖近日走马上任，出任中国现代文学馆馆长……”原文用簡體字排印，唯“凖”字則似簡非簡，似繁非繁，其實是一個俗字，其簡體當作“准”，繁體則當作“準”。“準”字見載於《説文》，從水、隼聲，傳寫誤“隼”爲“隹”，字與“淮”同，遂又省點作“准”①。“准”字漢《桐柏淮源廟碑》已見。唐張參《五經文字》卷下水部稱“準”《字林》作“准”，《干禄字書》謂“准準：上通下正”，《玉篇》則云“准，俗準字”。漢字簡化以後，“准”成爲正字，“準”則作爲繁體字被歸入另册。寫報道的記者不明了“准”與“準”的關係，據“准”字繁化，而不知“准”的繁體作“準”而不作“凖”。朝鮮本《龍龕手鏡·冫部》：“准，之允切；凖，同上：均也，平也，度也。”“凖”大概是“準”受“准”字影響産生的省點俗字（三點水旁俗書與兩點水旁相混）②，上述記者寫“準”作“凖”，正與古代俗寫相合，但未必知道“準”古代俗又作“凖”也。附按：《光明日報》1993 年 8 月 25 日三版載《書摘》雜誌該年第九期目録，其中“名家薦書”欄下有《推薦十種書》一文，署名“李凖”，又該報同年 9 月 10 日第十五版“祝賀《書摘》雜誌創刊一周年”有李凖親筆題寫賀詞，署名作繁體“準”。可見作“凖”當出於記者、編輯或排版工人之手。

① 参看清王筠《菉友蛾術編》卷下。

② “凖”字唐代前後已見，如唐開元二十三年（735）《故商州刺史蕭府君墓誌銘并序》：“其後薄領陝郊，凖繩河府。”載《文物》2008 年第 4 期，頁 49 圖 19。

【伕】

浙江義烏市有個古鎮叫“佛堂”,大街小巷的招牌標語上常把“佛”字寫作“伕”。考《明成化説唱詞話叢刊·石郎駙馬傳》:“東趕日出扶桑國,西趕彌陀伕國存。”“伕國”即佛國,可知“伕”是一個流行已久的俗字。[①] 但是爲什麽會把“佛”寫作“伕”呢?實在讓人費辭。竊謂“伕”當是“伕”的訛變字。“伕”則當即“佛”的會意俗字(人們以西天爲佛國,“天人”則自然爲佛了)。《字彙補·人部》:僊,道經“佛”字,亦作“伕”。《改併四聲篇海·自部》引《類篇》:“覷,音佛。”“僊”(以“西域哲人”四字會意)和“覷”(以“自覺”二字會意)亦爲“佛”的會意俗字,可以比勘。

【芸】

去過敦煌的人都會發現敦煌市的主要街道兩旁有許多“工芸美術”商店,莫高窟對面也有個“敦煌芸術社”。在門外看看,也許不明其經營者爲何物,如果進店仔細加以觀察,大概就會恍然大悟,原來“芸”就是“藝”的簡俗字,所謂“工芸”者,工藝也;“芸術”者,藝術也。“藝”寫作“芸”,未見於字書及其他典籍,大概是日本漢字的舶來品[②]。隨着國門的打開,外國人、外國商品涌入的同時,外國文化也蜂擁而入,書“藝”作“芸”是其一例。

---

① 校按:陳煒湛《漢字古今談續編》(語文出版社 1993 年 10 月版)載《談談使用規範字問題》一文,把廣州街頭“佛山”寫作“伕山”列入“杜撰簡化字”一類。

② “云”是簡化俗字常用的簡化符號。日本漢字“藝”書作“芸”,“傳”書作“伝”,“轉”書作“転”;中國簡化字“動”作“动”,“層”作“层”,“壇”作“坛”,“嘗”作“尝”,“運”作“运”,其中的“云”都是簡化符號。《清平山堂話本·羊角哀死戰荆軻》:“是夜聞凨雨之聲,如人戰敵。”“凨”即“風”的簡化俗字。可知以“云”爲簡化符號由來已久。

四、臺灣和新加坡、日本、朝鮮等地的俗字

香港、臺灣、澳門和新加坡都以漢字作爲記載語言的主要工具；日本、朝鮮、越南原本是用漢字的，後來各自採用了其他的一些記載方法，但漢字仍在不同程度上發揮着作用。總的來看，上述國家和地區使用的漢字和中國大陸使用的漢字絶大多數是相同的，但也有少數是不同的，並且在漫長的歷史過程中，它們各自還形成了一些獨特的俗體字。下面我們就以臺灣、新加坡、日本、朝鮮和越南爲例，介紹一下在港臺及國外流行（或曾經流行）的漢字俗體字。限於篇幅，所述也只能是舉例性的，掛一漏萬，也就在所難免了。

臺　灣

臺灣及香港、澳門是迄今仍然使用繁體字的少數幾個地區，在大陸採用簡化字以前，本來雙方在文字使用方面並没有太大的差異；但大陸頒行簡化字以後，加上長期的政治、經濟和文化上的隔閡，雙方語言文字上的差異便逐漸嚴重起來。下面舉幾個臺灣流行的俗體字：

【才】

“歲”的俗字。臺灣民間常有人把“歲”寫作“才”，初一見到頗感費解。進而尋根究底，纔知道“歲”寫作“才”是承襲了日本的俗字。日語中“歲”與“才”同音（都讀 sai 音），故民間或借用同音的“才”代“歲”。臺灣在 1895 年後曾由日本人統治，在文字方面也深受其影響，日本漢字在臺島甚爲流行。又如“國”或寫作“口”、“藝”或寫作“芸”，“轉”或寫作“転”，都與日本漢字有關。

【妳】

臺灣把指稱女性的“你”寫作“妳”，而“你”則專指男性，這是字形分化的結果。宋柳永《殢人嬌》：“恨浮名牽繫，無分得與妳恣情睡睡。”“妳”亦指女性。可知這是一個流行已久的俗字。舊時大陸地區亦或有人把指稱女性的“你”寫作“妳”，但現在幾乎已經絕迹。

【躭】

即“耽”的俗字。臺灣地區“躭”字流行。漢印中已見“躭”字。《玉篇・身部》：“躭，俗耽字。”可知“躭”字流行已久。

對於簡化字，臺灣官方是不予承認的。但由於受大陸、新加坡、日本推行簡化字的影響，簡化字在臺灣也十分流行。“臺灣”二字，就常常有人寫作“台湾”，甚至正式出版物中也這樣寫。下面這些是臺灣流行的簡體俗字：玆（兹）、戢（職）、啚（圖）、权（權）、坣（堂）、舆（興）、帋（紙）、迊（迎）、忲（懊）、斈（學）、両（兩）、乑（衆）、圤（鹽）、砅（錢）、仔（儒）。

新加坡

新加坡是一個以華人爲主體的多民族國家，華文是新加坡的官方語文之一。新加坡所用的漢字主要淵源於中國，同時也接受過日本漢字的影響。下面是一些新加坡歷史上使用過或民間仍在使用的漢語俗體字：平（準），辶（進），阰（階），箈（簿），庑（魔），宊、宁、宂（家），囱（窗），襾（覆），妛（要），咀（嘴），伩（信），㠯、乇（能），囝（圈），阦、陊（隨），碹（鈷）①，刄（飛），画（劃），悪（惡），覚（覺），發

①“碹”是“鈷”的方音異體字。潮州等地區讀“鈷”爲“宣”音，故俗另造從石、宣聲的“碹”字。

(發),両(兩),釈(釋),暁(曉),児(兒),等等,其中"悪"字以下是和日本漢字相同或相近的俗體字。新加坡學者春平的《新加坡的漢字》一書收集了數百個新加坡特有的俗體字,作者在該書卷首説:

> 在新加坡,原本就存在着不少奇形怪狀、來歷不明的漢字,把人們攪得眼花繚亂、頭昏腦脹。這類漢字,雖經常的、普遍的出現於大小報章、書刊雜誌中,但卻無法在非本地編印、出版的新舊字典、大小詞書中找到它們的踪影,所以,它們既非現代通用舊漢字,亦非現代通用新漢字;即使是本地編印、出版的字典,有的也没有收到這些字。對這些漢字,筆者無以名之,只好把它們叫做"新加坡漢字",以別於普通的所謂漢字。①

不過,自二十世紀七十年代新加坡官方以中國的簡化字爲標準,頒行《簡體字總表》,採取措施規範漢字字形以後,這類"新加坡漢字"已經大大減少了。

日　本

日本古代使用漢字,而没有自己的文字。後來日本人利用漢字創造了日語字母——假名作爲漢字的輔助字體。現代日語是用漢字加上假名來記載的,即所謂"漢字假名混合文"。日語漢字淵源於中國,和中國漢字有着千絲萬縷的聯繫。日本漢字中的俗體也是如此。例如"廳"字,現代日語採用簡化俗字"庁",而中國則作"厅",似乎來源不同,其實無論"厅"還是"庁",都是中國古已有之。元刊《古今雜劇三十種》"廳"作"庁",又作"厅",可見這兩個

---

① 轉引自新加坡學者謝世涯《新中日簡體字研究》93 頁,語文出版社 1989 年版。

俗體至遲元代已經出現[①]。又《玉篇》、《廣韻》皆有“庁”字,與“廳”字同音他丁切,所以“廳”書作“庁”,很可能是同音替代。至於又寫作“厅”,乃是偏旁義近換用所致。“广”與“厂”形義皆近,偏旁互通。宋孫奕《履齋示兒編》卷二二引《字譜總論訛字》云:“廚廳皆從广,而俗皆從厂。”“廳”可以書作“廰”,“庁”自然亦可書作“厅”了。不過從“廳”字本身及俗書作“庁”“厅”的來源看,日語採用“庁”作爲“廳”的簡化字似較中國作“厅”更穩當一些。

又如“姊”字,現代日語作“姉”,有人認爲“姉”是日本的“國字”(指日本人自創的漢字)[②]。其實“姉”即“姊”的隸變俗字,居延漢簡、武威漢簡中皆已見其例。《龍龕手鏡・女部》:“姉,咨死反,女兄也。”即“姊”字。敦煌寫本斯328號《伍子胥變文》:“子胥賢士,逆知阿姉之情。”“姉”又爲“姊”的變體。

又如“佛”字,現代日語採用簡體俗字“仏”。“仏”也是中國古已有之。敦煌寫卷中“佛”字類多作“仏”,其數量殆可以千萬計。《改併四聲篇海・人部》引《川篇》:“仏,西域聖人,有六通也。”實即“佛”字。“仏”右半的“厶”大約是一個簡化標記。《正字通》以“仏”爲古文“佛”,恐怕是靠不住的[③]。

---

① 清畢沅《關中金石記》卷五《鄧保□豎立神述碑石記》(宋真宗天禧四年立)下云:“題云神述碑一庁。《玉篇》有‘庁’字,云平也。又有‘廳’字,云客廚。此蓋以‘庁’爲‘廳’。案:聽事之所爲‘廳’,古無庁、廳二字,是即用‘聽’字矣。”據畢説,則似宋代“庁”已用作“廳”的俗字。然畢氏所引“神述碑一庁”,“庁”疑爲“矴”的省旁字(《集韻・青韻》:“矴、庁:碑材。或省。”),而與“廳”字無涉。

② 參看《日本國字表》,日本新村出所編《辭苑》附録。

③ “厶”古或用同“某”。也許是佛教徒爲示恭敬,不便直書“佛”字,故以“厶(某)”“人”合成“仏”字以代表“佛”,日本漢字“拂”字作“払”,則是比照“仏”字類推而來的簡化字。

又如“國”字,現代日語採用俗字“国”,中國的簡化字從之。這是日本人津津樂道的一個例子。如曾任日本國立國語研究所研究部長的林大説:“他們(指中國)並没有完全不顧到日本。例如國字,他們先略成国,但在社會主義國家中有王的存在,似乎説不通,於是便學日本,加進一點,變成玉字了。”[①]但“國”字作“国”並非日本人的創造。在較早的時候,“國”俗或寫作“囯”,如隋開皇十五年《故比丘尼釋脩梵石室誌銘》:“趙都建囯,代有喆人。”唐蘇鶚《蘇氏演義》卷上:“只如田夫民爲農,百念爲憂,……囗王爲國,文字(子)爲學,如此之字,皆後魏流俗所撰,學者之所不用。”可見“囯”是六朝前後出現的俗字,其字從囗從王,蓋會意也。《龍龕手鏡·囗部》:“囯,俗,正作國。”敦煌寫卷中亦屢見書“國”作“囯”之例。俗書每有增加筆畫的通例,加上“王”“玉”原本皆無一點,所以無點的“囯”俗書便有可能寫作有點的“国”。如敦煌寫本斯541號背《毛詩傳箋·邶風·式微》小序“黎侯寓于衛”毛傳:“寓,寄也。黎侯爲狄人所逐,棄其囯而寄於衛。”便是其例[②]。可見日本漢字“國”寫作“国”,不過是沿襲了中國漢字的俗書罷了。

此外如現代日語處作処、歸作帰、發作発、變作変、步作歩、兩作両、齊作斉、龍作竜、惡作悪、藥作薬、勸作勧、豐作豊、與作与、鹽作塩、齋作斎、輕作軽、縣作県、曉作暁、雜作雑、兒作児、從作従、孃作嬢、錢作銭、總作総、繼作継、辨作弁、灰作灰、溪作渓,等等,都是

---

① 見《中國文字改革之現狀座談會》,載1975年6月號《言語生活》第285期第10頁,東京筑摩書房出版。

② 陳直《漢代民間簡字舉例》云:“漢陶殘片文云:丘解国。見《德九存陶》。與後代簡寫‘国’字,完全相同。”文載其《文史考古論叢》,天津古籍出版社1988年版,《德九存陶》一書今未見。據陳説,則似漢代已見“国”字。但其用例未廣,陳説的可靠性很值得懷疑。

中土行用已久的俗體字。

不過,日本人在長期的使用漢字過程中,確也創造了一些獨特的俗體字,諸如円(圓)、広(廣)、実(實)、図(圖)、摂(攝)、対(對)、沢(澤)、伝(傳)、売(賣)、辺(邊)等等,這些都是日本民族獨創或在中國俗字基礎上改造而成的俗體字,並已成爲現代日語的正式用字。

清李調元《卍齋璅録》卷六云:"《蜻蛉國志》:其國水田曰田,山田曰畠,火田曰畑。田税曰畽税,三十步爲畝,十畝爲畽,有上、中、下三等,上等一畽税八石,以此遞減。石爲四俵,俵爲六斗。按:畠、畑二字,俱中國古今字書所未有,畽亦不作町畽解,……按《蜻蛉國志》,朝鮮人李烔所撰,即日本國,以國形似蜻蛉,故有此名。"其中提到的"畠"、"畑"等字,則爲日本所造的漢字①,與上文所述漢字的俗體又自不同。

朝鮮　越南

朝鮮和越南也屬於"漢字文化圈"的範疇。朝鮮歷史上曾採用過"鄉札"、"吏讀"和"諺文",但在本世紀初以前漢字一直被認爲是正式文字,國家文獻都是用中文出版的。現在韓國仍然用漢字和諺文混合的文字。朝鮮人在使用漢字的過程中,也採用或創制過一些俗體字,如佱(法),聋(聞),目(甘),圭(封),皁、帅、卽、所(師),豉、𢾊(致),𡋯(國),宊、宎(天),䨩(靈),𢔃(後),淚

① 中土有"白田"一詞,指旱田。如《晉書・傅玄傳》:"近魏初課田,不務多其頃畝,但務修其功力,故白田收至十餘斛,水田收數十斛。"清陳篤輝《平書・物宜上》,"俗以陸地爲白田,便水者爲水田。"日本以"畠"指山田,當是"白田"二字的合文。

(淚),浤(法),堙(堙),埊(埊－地),豆(亘),恒(恒)[①],顕(顯),魚(鱻)[②],猷(猷)[③],壱(壹)[④],受(受)[⑤],釈(釋)[⑥],等等,其中有些字與中國的俗字相同或相近,有些則是朝鮮民族的創造。

越南古時用漢字,十四世紀仿照漢字創造越南形聲字“字喃”,後來“字喃”與漢字並用,但漢字仍據統治地位。十九世紀後拼音的越南文流行,現已取代字喃和漢字。越南使用的漢字和中國大抵相當,漢字的一些俗體也曾在越南流行。如越南昌符九年(1385)《利仁路外星罡户鄉天屬童社昭光寺鐘銘》[⑦]有属(屬)、寍(寧)、曩(曩)、単(單)、歸(歸)、讃(讚)、迯(逃)、没(没)、癸(發)、旨(旨)、涓(涓)等等,都是中土行用已久的俗字,又銘題中的“罡”字未見漢文字書所載,疑爲“缶”的俗字,“缶”後作“窰”,“窰户鄉”或與陶瓷生産有關。陸游《老學庵筆記》卷一:“賊地無窰户,不能造也。”“窰户”即指陶瓷工匠而言。又銘文中有句云:“乃載歸童鄉,㕣于先人所作之寺。”“㕣”字未見漢文字書所載,當亦爲越南創制的俗字。

---

① 以上見遼大安元年(1085)《法泉寺玄妙塔銘》,載《八瓊室金石補正》卷一二九。

② 以上見金皇統元年(1141)《高麗國延州妙香山普賢寺記》,載《八瓊室金石補正》卷一三〇。

③ 以上見金大定二十五年(1185)《重修龍門寺記》,載《八瓊室金石補正》卷一三〇。

④ 以上見元至大二年(1309)《三日浦埋香碑》,載《八瓊室金石補正》卷一三〇。

⑤ 以上見蒼龍己未(1379)《普濟尊者真堂詩并序》,載《八瓊室金石補正》卷一三〇。

⑥ 以上見《神勒寺大藏閣記并陰》,載《八瓊室金石補正》卷一三〇。

⑦ 載《八瓊室金石補正》卷一三〇。

第三章　俗字的類型

提到俗字，一般人的印象往往是雜亂無章，不可究詰。由於傳統的偏見，舊時的一些學者也往往把俗字的繁夥歸咎於"書手之任意性無限大"，目爲"訛火"而横加指摘。這恐怕不是一種正確的態度。《荀子·正名篇》云："名無固宜，約之以命，約定俗成謂之宜，異於約則謂之不宜。"文字是語言的書寫符號，是約定俗成的交流工具，俗字作爲一種傳播媒體自亦不能例外。書手的"任意性"不能不受到文字社會性的制約。表面上似乎雜亂無章的俗寫文字能够流傳，能够被社會所承認，自亦應有它的淵源，有它的條理。根據我們的初步分析，俗字的形成大體上有以下十三種基本方法，或者説，俗字有以下十三種基本類型：

一、增加意符

增加意符是漢字分化的常見方法，也是俗字産生的最有效的途徑。唐陸德明《經典釋文序録》云："六文八體，各有其義；形聲會意，寧拘一揆。豈必飛禽即須安鳥，水族便應著魚，蟲屬要作虫旁，草類皆從兩中，如此之類，實不可依。"陸氏批評的主要便是這種增加意符的俗字。具體説來，增加意符的俗字可以分爲以下二種：

(一)給本不需要意符的字加上意符

《中華大字典》"碠"字下云:"碠,見《篇海》。《正字通》云:按草、木、石雖别,通謂之亭。今因石亭旁加石,木亭當從木作楟,草亭當從草作葶,迂泥甚,從亭爲正。"《篇海類編》有"碠"字,釋云:"石亭也。"張自烈以爲"碠"即"亭"的俗字,這是給本不需要意符的字加上了意符。倘比類以推,則木亭當從木作"楟",草亭當從草作"葶",所以張自烈斥爲"迂泥甚",很不以爲然。其實這種贅形俗字比比皆是,無庸大驚小怪。宋王觀國《學林》卷十"尊"條下云:"尊字乃古之酒尊字……又有罇、樽二字,古文所不載,當是後人所增。……字爲俗書所增者多矣,如回之有迴,園之有薗,果之有菓,欲之有慾,席之有蓆……此其顯然者。"清胡鳴玉《訂譌雜録》卷十《雜字音義》下亦云:"俗書喜加艸字,如絲麻作蔴,卧席作蓆……蔬果作菓,蔥韭作韮之類,出自俚俗,不足爲怪,文人學士所當戒也。"與張自烈相比,王觀國、胡鳴玉的看法就比較開通一些。下面再舉幾個例子:

【瓍瑖】

即"隨侯"的增旁俗字。北魏《王偃墓誌并蓋》:"如彼瓍瑖,聲價遠聞。"清李慈銘《越縵堂文集》卷七云:"隨侯作瓍瑖,因其爲珠,而偏旁皆加玉,此古人隨事制字之遺意。如齊有丁公,而《説文》引作玎,以謚爲作主之用,而天子諸侯用玉石作主也。近歲山西新出之《盂鼎銘》,文王武王作玟珷,皆其例矣。"羅振玉《面城精舍雜文乙編》云:"瓍瑖二字,頗不可識,疑用隨侯之珠事,以珠字從玉,隨侯因亦從玉旁作瓍瑖,六朝人好作别字如此。唐《張興墓誌》'昆吾'字作'琨珸',與'瓍瑖'正相類也。"按:"隨侯"爲隋侯之珠的代稱，因其與玉相涉，俗書遂贅旁作“瓍⿰王侯”。

【餺饠】

餺饠，或作“麮䴸”（見《集韻》），皆爲“畢羅”的增旁俗字。唐李匡文《資暇集》卷下云：“畢羅者，蕃中畢氏、羅氏好食此味，今字從食，非也。”宋孫奕《履齋示兒編》卷二二引《藝苑雌黄》、宋黄朝英《靖康緗素雜記》卷一説同。明楊慎《升菴外集・飲食》則云：“《集韻》：畢羅，修食也。按小説，唐宰相有櫻筍廚，食之精者有櫻桃餺饠。今北人呼爲波波，南人訛爲磨磨。”清翟灝《通俗編》以爲“餺饠”爲“波”字反切，即《集韻》之“䴺”，亦作“饝”。今人周振鶴、游汝杰又謂“畢羅”爲梵文 pilau 或 pilaf 的譯音，本是伊斯蘭諸民族的食物，喫的時候用手抓，所以現在新疆和一些北方城市意譯爲“抓飯”①。上述這些看法孰是孰非姑置勿論，這裏只想説明一點，即“餺饠”作爲一種胡食的名稱，本來只當作“畢羅”，以其與食物相關，俗遂增食旁作“餺饠”；復因其由麫粉做成，俗又或增麥旁作“麮䴸”。唐趙璘《因話録》卷五云：“及下俚，凡關食物，偏傍盡從食。”可謂知言之選。

【苽】

敦煌寫本伯 2656 號《搜神記》“焦華”條云：“吾夢見天人下來取我，爲（謂）吾曰：‘汝欲得活，得苽食之一頓，即君活也。汝不得苽，終須死矣。’今十二月非時，何由得苽？”這段引文中“苽”字凡三見，乃爲“瓜”的俗字。《干禄字書》：“苽瓜：上俗下正。”可見“苽”是當時頗爲流行的俗字②。而據《説文》，“瓜”字作“瓜”，本

① 見《方言與中國文化》224 頁，上海人民出版社 1986 年版。

② 上博藏楚簡《詩傳》已見贅草頭的“瓜”的俗字。《説文》別有“苽”字，訓雕苽，即茭筍，字又作“菰”，與此非一字。

是一個“外象其蔓,中象其實”(段玉裁《說文解字注》意引徐鍇《說文繫傳》語)的象形字。俗書作“苽”,則爲贅旁俗字。

(二)給本已有意符的字加上意符

有的字本已有表意的偏旁,但因隸定、楷化等原因,原有的意符不够顯豁,俗書便再加上一個表意的偏旁,形成牀上疊牀、屋上架屋的現象。唐李匡文《資暇集》卷中“俗字”條下云:“俗字至夥,芻字已有二草在心,今或更加草,非也。……焦下已有火,今復更加一火,剩也。……俗字甚衆,不可殫論。”宋孫奕《履齋示兒編》卷二二《字説》引《字譜總論訛字》云:“又有暴字之類者,上有日矣,旁又加日焉。類如莫之暮……然之燃,岡之崗,凡此皆偏旁之贅者也。”除李、孫二家所舉外,諸如梁之作樑,粱之作糧,種之作穜,架之作榤,嬰之作嬰、又作攖,采之作採,拳之作搼,念之作惗,裹之作褁,企之作跂,武之作䟼①,等等,也是這一類的“偏旁之贅者”。下面我們再提出兩個字來討論:

【湶】

“泉”的增旁字。漢延熹三年(160)《楚相孫叔敖碑》:“宣導(導)川谷,波(陂)障源湶。……鍾天地之美,收九睪之利。”宋洪适《隸釋》卷三云:“(碑文)泉添水而爲湶,澤去水而爲睪。”②去水之“澤”姑置不論(詳第五章),添水之“泉”則後世頗見沿用。如魏《鄒縣男唐耀墓誌》、齊《諸葛始興等造像》皆有“湶”字。清李秀成

① “武”字本從“止”得義,“止”即“趾”字初文。《集韻》、《龍龕手鏡》等書有“䟼”字,實即“武”的贅旁俗字。

② “湶”字上博藏楚簡及馬王堆西漢帛書《周易》均已見。

《自述》:"敗軍概到湯湶一帶,我自己數奇(騎)而轉全椒。"①"湯湶"即湯泉,"湶"亦爲"泉"的增旁俗字。

【寶】

北魏《淳于儉暨妻孟氏墓誌》:"璸根與九泉争遠,蘭條共四方競振。"吴士鑑《九鐘精舍金石跋甲編》云:"璸字唐以前字書所無,蓋任意加以偏旁。"按:"寳"《説文》作"寶",本已有"玉"("玉"字古本無點)在其中,但由於這表義的偏旁是在字的中間,於義不顯,俗書因增一"玉"旁作"璸",使表義的偏旁突出出來②。誠如王力先生所指出的,"這様疊牀架屋,無非要看出一個形符;形符不容易辨認的時候,重複亦所不恤"③。

有必要指出,文字作爲交流思想的工具,增加偏旁往往可以達到使字義更加明確的目的,是有它一定的積極意義的。例如倉猝的"猝",秦漢古書皆作"卒",後來爲了區别於兵卒的"卒",纔增旁作"猝"。慧琳《一切經音義》卷七《大般若波羅蜜多經》第五百四十九卷"猝暴"條音義謂"猝"字"經文作卒,略也,亦與兵卒相濫,宜改從犬正也",可參。又如前面提到的指酒器的"尊"字,引申而有尊崇、尊長諸義,於是便增加偏旁作"罇"或"樽",達到明確本義的目的。這種合理的增旁俗字産生後,往往迅速爲社會所承認,成爲"正字"而進入流通領域,如前面提到的"燃"、"捧"、"採"、"暮"、"崗"都已由俗轉正,成爲正字系統的組成部分。相反,像"璑瑔"、"苽"、"嫛"一類"無理"的增旁俗字則很難爲社會所承

① 見《太平天國文書彙編》500頁,中華書局1979年版。

②《龍龕手鏡·玉部》别有"璸"字,田、佃二音,當别是一字。

③ 見《漢字的形體及其音讀的類化法》,載《龍蟲並雕齋文集》,中華書局1980年版。

認,而往往只是曇花一現,便銷聲匿迹了。

二、省略意符

俗字有增加意符,亦有省略意符。清王筠《菉友蛾術編》卷上云:"古人用字尚音,或加偏旁,或省偏旁,皆常事也。"省略意符往往是省略一部分意符。因爲有的字本身是由兩個或兩個以上的意符組成的,俗書或省略其一,形成俗字。如敦煌寫本伯 2553 號《王昭君變文》:"妾死若留故地㢡,臨時請報漢王知。"其中的"㢡"即"葬"的俗字。據《説文》,"葬"是從"死"在"茻"中,茻從四中,俗書省略其二,形成俗字。又如"圖"字俗或作"啚",敦煌寫本伯 2603 號《讚普滿偈》:"同裝普滿浮啚意,總在微僧十偈詞。"是其例。《廣韻》平聲模韻:啚,俗圖字。玄應《一切經音義》卷八《維摩詰所説經》下卷"所圖"條:"詔定《古文官書》,圖、啚二形同,達胡反。"據《説文》,"圖"从口从啚會意,俗寫作"啚",也是省旁俗字。不過"啚"本爲"鄙"字初文,俗又用作"圖",則二字相亂,因而頗受一些封建士大夫的非議,以爲"制字之法掃地矣"①。

形聲字往往一形一聲,形旁倘或省去,也會發生與另一字同形的情況。洪适《隸釋》卷十《陳球後碑》下跋云:"漢人隸法有所謂省文者,如爵之爲尉,鶴之爲隺是也。"②"爵"省作"尉"是部分意符省略("爵"是會意字)。"鶴"省作"隺",去形存聲,則與表示"高

① 宋孫奕《履齋示兒編》卷二二引《藝苑雌黄》語。

②《隸辨》卷五鐸韻引《汗簡》則以"隺"爲"鶴"字古文。蓋"隺"本爲"鶴"字初文,但後世二字分化,指鳥名時"鶴"被視作正字,而"隺"則被視作省文。

至”義的“隺”(見《説文·冂部》)同形。幸虧後者是一個生僻字,一般不至於與作爲“鶴”俗字的“隺”發生意義上的混亂。也正因爲如此,俗字“隺”後世承用不絕。玄應《一切經音義》卷二《大般涅槃經》第一卷“白鶴”條音義:“古文鶴,今作隺,同,何各反。”《搜神記》卷十二“五氣變化”條:“隺之爲麞也,蛬之爲蝦也。”明邵璨《香囊記》第二齣:“祈壽考,願隺算綿綿,福海滔滔。”“隺”皆即“鶴”的省旁俗字。《搜神記》例“隺”字,《法苑珠林》卷四三、《太平御覽》卷八八四引作“鶮”(同“鹤”),殆爲引録或傳刻者不明俗字而妄改。

有些省旁産生的俗字實際上是採用了古體。如敦煌寫本斯4511號《醜女緣起》:“公主見佛至,容皃世無比。”“皃”爲“皃”字俗體,而“皃”則即“貌”的古異體字。據《説文》,“皃”是小篆的寫法,籀文作“貌”,後來大概爲了避免“皃”與“兒”或“完”字俗書相混,故籀文“貌”流行。敦煌寫本多作“皃”,則恢復了小篆的寫法而又俗化了。

三、改换意符

通過改换意符的方式産生的俗字,問題比較複雜,大致有以下幾種情況:

(一)意符意近换用

漢字的意符是表意的,但許多意符所表的“意”是相近的。這種意近的偏旁俗書往往可以换用,從而形成俗字。慧琳《一切經音義》卷七五《道地經》“足腨”條音義在談到“腨”字或從足作“踹”、

"蹲"時説:"體異者,是先儒不能記憶偏傍,率意作之,或肉或足,後人倣習傳用,故無的從。"其實"腨"字"或肉或足",是和它们"意"近相關的,而未必完全是先儒"率意作之"。又如:

【窂】

"牢"的俗字。《隸釋》卷一《帝堯碑》:"造立靈廟,以一大窂,春秋秩祠。"敦煌寫本斯328號《伍子胥變文》:"行至鄭國,四城門窂閉。"按《干禄字書》:"窂牢:上俗下正。"後例的"窂"又爲"窂"的省變①。"牢"寫作"窂",便是因爲穴旁與宀旁意近换用。同理,"宦"俗或作"窅"(見《干禄字書》),"寐"俗或作"寐"(見敦煌寫本伯2721號《新集孝經十八章皇帝感》)。清桂馥《札樸》卷八"金石文字"《韓勑後碑》條下云:"隸體從宀之字改從穴者,如宇、窅、窂、竉,不可枚舉。"反之,穴旁字俗亦或寫作宀旁,如"窟"俗或作"㝑"(見敦煌寫本北圖鹹字18號《五臺山讚》),"窮"俗或作"窮"(見敦煌寫本斯6631號《和菩薩戒文》),"突"俗或作"宊"(見敦煌寫本伯2962號《張義潮變文》),等等,例多不贅舉。

【髍】

"膺"的俗字。《隸釋》卷九《繁陽令楊君碑》:"髍天鐘慶,誕德孔醇。"《隸續》卷三《丹楊太守郭旻碑》:"君髍天休。"洪适跋:"髍即膺字。"按:"膺"字從肉(見《説文·肉部》),碑變從骨,乃是因爲"骨""肉"意近换用。"體"字俗或作"膻"(見馬王堆帛書《老子》甲、乙本),適其比類。"體"字俗又作"軆","身"與"骨"與"肉",意亦近焉。

有時兩個意符的"意"也許並不相近,但由於人們觀察事物的

① 漢《史晨奏銘》已見書"牢"作"窂"之例。

角度不一樣,或者所反映的事物的質地發生了變化,於是人們便改用不同的意符來表示相同的意。宋周密《齊東野語》卷一〇“絹紙”條云:“魏太和間,博士張揖上《古今字詁》:其巾部辨‘紙’字云:今世其字從巾。蓋古之素帛,依舊長短,隨事截絹,枚數重疊,即名幡紙,故字從糸,此形聲也。蔡倫以布擣剉作紙,故字從巾。是其聲雖同,而糸、巾則殊也。”又慧琳《一切經音義》卷二三引唐釋惠苑《大方廣佛華嚴經音義》卷下“茵蓐”條云:“《毛詩傳》曰:茵,虎皮也。《玉篇》曰:以虎皮爲蓐曰茵。字又作鞇。……案茵蓐二字若以草爲之者,字即從艹;若以皮爲之者,字即從革;其蓐字從衣者,蓋是通用也。”“紙”字從糸從巾的變化,“茵”字從草從革的變化,便都是和它們的質地相關聯的。又如:

【蹔】

“暫”的俗字。敦煌寫本斯133號《秋胡變文》:“秋胡忽見貞妻,……蹔停住馬,向前上熟看之。”按慧琳《一切經音義》卷三《大般若波羅蜜多經》第三百二十七卷“蹔捨”條音義:“(蹔)俗字也。正體從日作暫。”據《説文》,暫,不久也。因爲古人往往是根據日影來測定時間的,所以其字從日。但“暫”表示時間的不久又往往跟人的行動有關,所以俗書又造出一個從足的形聲字來。《玉篇·走部》:“赾,不久也。”“赾”亦爲“暫”的俗字,變“日”爲“走”,立意與“蹔”字相類。

又如上文提到過的“葬”字,本是從死在茻中,俗或改底部的二中爲“土”,形成新的俗字。敦煌寫本斯2204號《董永變文》:“當時賣身埊父母,感得天女共田常(填償)。”“埊”即“葬”的俗字。上艸下土,“死”在其中,從字義上來説倒更切合一些。俗字又有“塟”字(“塟”字漢碑已見。《集韻·宕韻》:“葬,或作塟。”),

則上部之二中亦一併省去矣。

(二)意符形近換用

有的意符,相互之間在意義上並無相通之處,但由於形體相近,俗書也往往換用。《顔氏家訓·勉學》:“近世有人爲子制名:兄弟皆山傍立字,而有名峙者;兄弟皆手傍立字,而有名擬者。”①按:《説文》有“峙”無“峙”,有“機”無“擬”,但俗書止旁山旁、木旁扌旁形近混用,故“峙”字俗書作“峙”(《干禄字書》:“峙峙:上俗下正。”),“機”字俗書作“擬”(六朝碑銘及敦煌寫本“機”字從提手旁作者甚衆,請參看《碑别字新編》354頁)。習非成是,以致兄弟取名皆從山旁,而有名“峙”者;皆從手旁,而有名“擬”者,所以顔氏譏其不典。“峙”之作“峙”,“機”之作“擬”,便是意符形近換用造成的俗字。又如:

【愽】

“博”的俗字。《隸釋》卷一《濟陰太守孟郁修堯廟碑》:“宰政宣化,慈惠愽覆。”“愽”爲“博”之省。敦煌寫本斯1156號《季布詩詠》:“千金不愽老頭春,醉卧階前望(忘)卻貧。”“愽”即“博”的換旁俗字。《干禄字書》:“愽博:上通下正。”《正字通·心部》:“愽,俗博字。”從十從忄,從意義上來説並没有什麼共同之處,它們的换用,只是因爲形體相近而已。這類的换用字,當然是和“六書”的造字原則格格不入的。所以一些正統文人頗不以爲然。如明何良俊《四友齋叢説》卷三六“考文”下云:“《説文》凡心之屬皆從心,

① 王利器《顔氏家訓集解》(增補本)223頁“擬”字作“機”,此從盧文弨抱經堂校定本改正。

獨博與協字從十。今世人寫博、協字皆從心,是不知六書之故也。”①最近筆者看到某大學學生處某博士調遣計劃的學位欄下赫然寫着“愽士”。地不分南北,人不分古今,人們的書寫心理是很有些相通之處的。

唐釋雲公《大般涅槃經音義序》(載慧琳《一切經音義》卷二五)云:“復覽諸家音義,梗概相傳,梵語未譯於方言,字體仍含於真僞。遂使挑、桃渾於手木,悵、帳亂於心巾,藤草繁於果園,要點删於寫富。”宋孫奕《履齋示兒編》卷二二引《字譜總論訛字》云:“宜、寘、富、寇皆從宀,而俗書爲冝、冥、冨、冦而從冖②;沖、況、梁、涼皆從水,而俗書爲冲、况、粱、凉而從冫,冫音冰字;廚、廳皆從广,而俗皆從厂;博、協皆從十,俗皆從忄。”二家所指,大抵也是這種形旁形近換用的俗字。

(三)改旁便寫

有的意符,相互之間形既有異,意亦不同,但爲了書寫的方便,俗書也常常換用。如我們在第二章提到過的竹字頭,隸變後俗體往往作草字頭,如“節”俗作“萠”,“篤”俗作“萬”、“等”俗作“荨”(皆屢見於敦煌寫本),等等,大概就與改旁便寫有關。又如“鬥”旁俗書多作“門”,如“鬧”俗作“閙”(《鉅宋廣韻》有“閙”無“鬧”),“鬭”俗作“闘”(《干禄字書》以“闘”爲“鬪”、“鬭”的正

①《説文·劦部》“協”“恊”並出,“協”下云:“同衆之龢也。从劦十。”“恊”下云:“同心之龢也。从劦心。”(段玉裁《説文解字注》701頁下)宋邱光庭《兼明書》卷五云:“協字訓和宜從心也。且協音嫌膈反。心邊著劦,與口邊著十,皆是諧聲,何得協字更從十乎?”則以從心作“恊”者爲是。

② “冥”從冖聲,見《説文》,“寘”則爲“冥”的俗字。原説以“冥”爲“寘”字俗書,未確。

字），是其例。《玉篇・鬥部》："鬥，都豆切，《説文》云：兩士相對，兵仗在後，象鬥之形。今作鬥，同。"《玉篇・鬥部》收字十一個，形旁皆書作"鬥"。《龍龕手鏡》則索性取消"鬥"部，把相關字寫從"門"而歸併於門部，推尋箇中因由，顯然也與改旁便寫有關。

（四）改意符爲聲符

會意字大抵是由兩個或兩個以上的意符構成的，俗書或改其中的一個意符爲聲符，從而變會意字爲形聲字。例如：

【肫】

敦煌寫本伯 3724 號《王梵志詩・富饒田舍兒》："牛羊共成羣，滿園養肫子。""肫"字或録作"肥"，誤。項楚師謂"肫"即"豘"俗字，同"豚"[①]，極是。"屯"字俗書作"乇"（漢碑中已見其例），故"豘"俗作"肫"（《干禄字書》："肫豚，上通下正。"）。同卷《富兒少男女》詩："例頭肥没忽，直似飽糠肫。""肫"又爲"肫"的變體。"豚"字本從肉從豕會意，俗書易"豕"爲"屯"，則變會意爲形聲。俗字又有"豘"字、"豘"字（分别見《玉篇》、《龍龕手鏡》），亦與"豚"同，只是易"肉"爲"屯"，與"豘"字略有不同罷了。"豚"俗又作"犭屯"（見《廣韻》），則"肉""豕"二會意構件一併改去矣。

【媍】

"婦"的俗字。《正字通・女部》："媍，同婦。"據《説文》，"婦"是"从女持帚"的會意字，俗書作"媍"，則成了從女、負聲的形聲字。"負""婦"同音，古或假"負"爲"婦"（參《説文通訓定聲・頤部》）。如《史記・高祖本紀》有"武負"，即武婦。所以"媍"也可

---

① 見《王梵志詩校注》646 頁，上海古籍出版社 1991 年版。

以説是在“負”這個假借字的基礎上形成的俗字。《太平廣記》卷二四八《詼諧》四“劉焯”條:“隋河間郡劉焯、從侄炫[1]並有儒學。俱犯法被禁,縣吏不知其大儒也,咸與之枷著。焯曰:‘終日枷中坐,而不見家。’炫曰:‘亦終日負枷坐,而不見婦。’”(出《啓顔録》)“負枷”諧音婦家,而“婦”則即“婦”的俗字。

改形旁爲聲旁的情況有時也發生在形聲字上。一些形聲字由於字形的演變,原來的形體結構遭到了破壞,或者由於語音的變化,原有的聲旁失去了表音作用:人們從原來的字形上已看不出代表字音的聲旁,於是有時便改原字的形旁爲聲旁,形成所謂“二聲”的俗字。例如:

【曼】

“曼”的俗字。《楚辭·離騷》“路曼曼其修遠兮”,敦煌寫本伯2494號隋釋道騫《楚辭音》“曼”作“曼”,注云:“亡半反。”按慧琳《一切經音義》卷三《大般若經》第三百三十三卷“傲慢”條下云:“曼字從又,俗從万,訛也。”《龍龕手鏡·日部》:“曼,或作;曼,正:莫官反,路遠也。又音万,長也。”可見“曼”是一個當時頗爲流行的俗體字。從字形上來説,“曼”本是從又、冒聲的形聲字(據《説文》),但從楷定後的字形上卻很難看出這種關係。《龍龕手鏡》把“曼”字歸入日部而不歸入又部,便是明證。而“曼”字古與“萬”同音。《左傳·桓公五年》“曼伯爲右拒”釋文:“曼,音萬。”錢大昕《十駕齋養新録》卷二“曼”條云:“古有重脣無輕脣,故曼、萬同音。今吴中方音千萬之萬如曼,此古音也。”可見俗書改“曼”字的“又”旁爲“万”(俗以“万”爲“萬”的簡俗字),顯然具有表音的作用。

---

① 《隋書·儒林傳·劉焯傳》:“劉焯字士元,信都昌亭人也。……少與河間劉炫結盟爲友。”則劉炫實爲劉焯盟弟。

又如“恥”俗作“耻”，是與原有的聲旁“耳”失去表音作用有關的。“心”字隸書或作“䒑”形，與“止”字草書同形（《干禄字書》以“䒑”爲“止”的“通”字），後來便索性用讀音與“恥”相近的“止”取而代之。

但也有一些二聲俗字是與字形演變或字音變化無關的。例如：

【馘】

《隸續》卷二十《斥彰長田君斷碑》：“堅仕郡爲主簿、督郵、護羌從事，討馘畔夷。”洪适跋云：碑書之者好用奇字，“馘”即“馘”字。按：《説文》“聝”或作“馘”，俱從“或”聲。《龍龕手鏡・首部》載“馘”俗作“䤋”，從“國”聲，亦即“或”聲（或、國古今字）。碑書作“馘”，則爲二聲俗字。但何以“馘”會寫作“馘”呢？卻很難説出一個所以然來。（參看下文“類化”節“受潛意識影響的類化”。）

此外如“颾”俗作“䫻”（見《集韻・灰韻》）、“伺”俗作“㕜”（見《改併四聲篇海・氏部》）、“靈”字俗作“零”（見齊《牛景悦造石浮圖記》。“靈”字《説文》從巫、霝聲），等等，大抵也是由二聲構成的俗字。至於“甘”字加注音符“干”作“玕”（見《集韻・談韻》），“斗”字加注音符“豆”作“鬥”（見《玉篇・斗部》），則是兼於形聲和二聲二者之間的俗體字。①

四、改換聲符

通過改換聲符的方式産生的俗體字情況也比較複雜，下面分四個方面加以討論：

---

① 顧炎武《金石文字記》卷五《千峰禪院敕》下引鄧士望《勘正劉漫塘文集》云：“斗字古作豆，俗誤併爲一字作鬥。”則“鬥”又可謂形聲兼會意字。

(一)改成與字音更爲接近的聲符

隨着語音的變化,有的形聲字的聲符和它所代表的整個字的字音發生了脱節的情況,即聲符不能反映實際語音,這時俗書往往用更换聲符的方式另造新字,以求與字音相一致。元熊忠云:"古音流變,字亦隨異。"(《古今韻會舉要·虞韻》)説的便是這種情況。例如:

【脹】

敦煌寫本北圖成字 96 號《目連變文》:"飢餐孟(猛)火傷喉胃,渴飲鎔銅損肝脹。"又斯 2073 號《廬山遠公話》:"欲得後世無冤,不如今生修於浄行,冤家永隔,不遶(嬈)心脹。"按:上舉二例中的"脹"並非膨脹的"脹",而是"腸"的俗字。《集韻·陽韻》:"腸,或作脹。""腸"從"昜"聲,但《廣韻·陽韻》"腸"音直良切,"昜"音與章切,聲母已有不同。俗書改"昜"爲"長",聲符與字音便完全一致了。《集韻·陽韻》載"場"或體作"塲",適其比類。

【搗】

敦煌寫本伯 2133 號《妙法蓮華經講經文》:"令人捣合交(教)如法,及月收來必異常。"按:"捣"即"搗"字俗寫,"搗"又爲"擣"的後起俗字("搗"字馬王堆帛書《老子》甲本已見)。《干禄字書》:"搗擣:上俗下正。""擣"從壽聲,但隨着語音的變化,"壽"這個聲符逐漸與它所代表的"擣"字的實際讀音拉開了距離,於是人們便用改换聲符的方式另造了一個從手、鳥聲的形聲字。大約人們覺得"鳥"旁與"擣"字的字音也不完全一致("鳥""擣"上古音同屬幽部,中古音韻母微殊。《集韻》"鳥"字另有覩老切一音,爲"島"字異體,則二者完全同音),又改"鳥"旁爲"島"作"搗","島"

“擣”則聲韻調完全一致了。敦煌寫本伯 2305 號《解座文匯抄》：“那磨時，無拗校，一任磨磨兼碓搗。”“搗”即“擣”字俗寫（俗書“山”“止”不分）①。

也有一些改換聲符産生的俗字是和方音有關的。《顔氏家訓·書證》云：“張敞者，吴人，不甚稽古，隨宜記注，逐鄉俗訛謬，造作書字耳，吴人……呼紺爲禁，故以糸傍作禁代紺字；……呼鑊字爲霍字，故以金傍作霍代鑊字。”“紺”俗作“襟”，“鑊”俗作“鑺”，便是因方音歧異改換聲符的實例。又如吴方言區“櫃”字或讀作“巨”，俗因書“櫃”作“柜”②；湖北方言“六”讀成“樓”，俗因書“樓”作“杧”；廣東話“胎”字讀同“太”，俗因書輪胎的“胎”作“呔”，又作“軑”，也是方音導致聲符改换的實例。

（二）改成形體較爲簡單的聲符

有些形聲字的聲符形體較爲繁複，既不便於據形辨讀，又不便於書寫，因而俗書往往用簡單的聲符來代替，如“伶”是“憐”的後起俗字（《干禄字書》：“伶憐：上俗下正。”），以“令”代“粦”，筆畫簡省得多。又如敦煌寫本“蹲”字常寫作“踍”，斯 328 號《伍子胥變文》：“水畔踍身，即坐吃飯。”“踍”即“蹲”的俗字。伯 3867 號《漢將王陵變》：“二將當聞霸王令，下馬存身用耳聽。”“存”又爲“踍”字省借。《龍龕手鏡·足部》：“踍，俗；蹲，正：音存，踞坐也。”“蹲”字聲旁以“存”易“尊”，自然要簡單明快得多。

---

① 據敦煌寫本中的用例，“搗”字大約産生在唐代前後。儘管唐代以前古籍的後世刻本中“搗”字已見用例，但古書一經後人傳抄刊刻，字形往往當代化，很難反映古人用字的實際面貌。

② 清嘉慶濟水太素軒刻本《金瓶梅》已見書“櫃”作“柜”之例。

(三)聲符同音或近音替換

有些通過改換聲符的方式産生的俗字是聲符同音或近音替換的結果,而與音變或字形繁簡無涉。如“餧”字俗字或作“餵”,敦煌寫本斯 5601 號《報慈母十恩德》:“今日各須知,可憐慈母自家飢,貪餵憶(一)孩兒。”“餵”即“餧”的俗字,聲符由“委”變“畏”,便是音近替換的結果。“餵”俗又作“喂”,則是形旁改換的俗字。

有些俗字表面上看起來是聲符同音或近音替換的結果,其實有時還有更深一層的社會或政治原因。如敦煌寫本中“愍”字多作“慜”,伯 3808 號《長興四年中興殿應聖節講經文》:“鴨兒水上學浮沈,任性略無顧戀心。可惜慜鷄腸寸斷,豈知他是負恩禽。”是其例。按《玉篇・心部》:慜,同“愍”。《龍龕手鏡・心部》亦云:“愍慜:眉忍反,傷也,悲也,憐也。二。”實則“慜”即“愍”的後起俗字[①]。“愍”與“敃”、“敏”《廣韻》皆音眉殞切,“愍”字作“慜”,顯然是聲符同音替換的結果。但如果更深入地進行考察,我們覺得“愍”書作“慜”是與唐代的避諱制度有關的。唐代避太宗李世民諱,凡“世”字“民”字及這二字用作偏旁時多加回避,如“世”旁改作“云”、“民”旁改作“氏”,等等。“愍”字作“慜”,也正是避唐太宗諱使然。敦煌寫本中“愍”字或作“㥍”(見斯 2637 號《妙法蓮華經》卷第三),當亦與避諱有關[②]。

---

① 《廣韻》、《集韻》“慜”訓“聰也”,與“愍”義别。這一意義的“慜”實爲“敏”的增旁俗字。

② 陳垣《史諱舉例》第三《避諱缺筆例》下云:“貞觀十四年《姜行本碑》‘慜彼蒼生’,避太宗諱,借‘慜’爲‘愍’。”未盡確。《八瓊室金石補正》卷三三唐《陽信令元某釋迦象銘》“㥍火宅居之正燎”,陸增祥跋謂碑書“愍”字避唐太宗諱寫作“㥍”,是也。

還有些改換聲符産生的俗字，其聲旁和整個字的字音似乎很有些距離，其實不然。如“飯”字俗作“飰”（《玉篇・食部》：“飰，同飯，俗。”敦煌寫本中屢見書“飯”作“飰”之例），但在一般人看來，“反”與“卞”讀音頗不相同，“反”聲怎麽能换成“卞”聲呢？所以便有人認爲“飯”“飰”應是兩個不同的字。如唐陸德明《經典釋文》卷一一《禮記音義・曲禮》“三飯”下云：“依字書，食旁作卞，扶万反；食旁作反，符晚反，二字不同，今則混之，故隨俗而音此字。”清李調元《卍齋璅録》卷二亦云：“歐陽氏曰：字書食旁作卞字，扶萬切；食旁作反字，扶晚切，二字不同，今俗混爲一，非。”其實“反”“卞”上古音同屬元部，讀音頗爲接近。“飯”之作“飰”，猶“汳”字俗作“汴”①，皆爲聲旁音近替换字。誠如錢大昕《十駕齋養新録》卷三《陸氏釋文多俗字》條下所云：“古音反如變，與卞同音，飯、飰非兩字兩音也。”至於“飯”“汳”何以以“卞”易“反”，大概與反切變“反”爲“翻”一樣，都是魏晉六朝之際諱言“反”字的結果。段玉裁云：“變汳爲汴，未知起於何代，恐是魏晉都雒陽，惡其從反而改之。”②孫星衍云：“（飯作飰）乃隋時避言反，故爲此，若汳河之爲汴河也。”③皆可供參考。

又如“驅”字俗或作“駈”。《干禄字書》：“駈驅：上通下正。”唐代碑刻及敦煌寫本中“駈”字經見。據《廣韻》，“區”字豈俱切，與“驅”同音；而“丘”則音去鳩切，聲、調雖則相同，而韻母則有較

---

①《説文解字・水部》“汳”字下徐鉉注：“今作汴，非是。”

② 見《説文解字注》“汳”字下注。

③ 引自黄焯《經典釋文彙校》122頁，中華書局1980年版。清畢沅《中州金石記》卷三唐大中五年《重刻顔真卿宋州官吏八關齋會報德記》下亦云：“或説隋煬帝避反字故，故改（汳）爲汴，然則猶飯作飰之屬也。”

大區别("區"爲遇攝字,"丘"則爲流攝字)。"驅"字俗字以"丘"代"區",似乎缺少根據。其實"丘""區"古音十分接近。"區"字上古音屬侯部,"丘"字屬之部,之侯通轉,故"丘"讀音與"區"同。《禮記·曲禮》"禮不諱嫌名"下鄭玄注:"嫌名謂音聲相近,若禹與雨、丘與區也。"陸德明《經典釋文》云:"丘與區,並去求反。"此皆"丘""區"古音相同相近之證。故"驅"字俗寫作"駈",也是聲旁同音或近音替换的結果。只是到了唐代前後,丘、區讀音漸漸拉開距離,以致爲《禮記》作正義的孔穎達等人已不知"丘""區"古音相同,而曲解鄭注的意思爲"丘與區音異而義同……有同義嫌疑"云云,今天的讀者自然更難明白"驅"俗字作"駈"的因由何在了。

(四)改形聲爲會意

我們在上一節説過,俗字有改會意爲形聲的;反之,又有改形聲爲會意的。例如:

【⿱穴視】

"窺"的俗字。清陸增祥《八瓊室金石補正》卷二四隋《阮景暉等造像記碑》:"法户淵賾,非常品之所能⿱穴視。"《干禄字書》:"⿱穴視窺:上俗下正。""窺"當據《説文》作"窺",其字從穴、規聲,爲形聲字;俗字作"⿱穴視",則變成從穴從視的會意字。《隸釋》卷九載漢《故民吴仲山碑》云:"府縣請召,未曾⿵門視城。"洪适跋:"⿵門視即窺字。"按《龍龕手鏡·門部》:"⿵門視,俗;闚,正。""闚""窺"皆見於《説文》,雖或含意相當,但並非一字,不可混而爲一。上碑"闚"寫作"⿵門視",也是變形聲爲會意。

【艷】

《清平山堂話本·柳耆卿詩酒翫江樓記》:"師師媚容艷質,香香與我情多。"《玉篇·豐部》:"豔,俗作艷。"《廣韻·豔韻》:"豔,美色也。艶,俗。"《集韻·豔韻》:"豔,隸作艶。"按:"艶"爲"艷"字俗書①,"艷"則又當爲"豔"的會意俗字。"豔"本從豐、盍(盇)聲,爲形聲字;俗書作"艷",則成了從豐、色的會意字。《集韻》以"艶"爲"豔"的隸體,是錯誤的。電視連續劇《少女慈禧》有一鏡頭,記少女慈禧問李樂天如何求得咸豐皇帝的恩寵,李樂天便寫了一個"艷"字,即暗示少女慈禧以美色去博取咸豐恩寵之意。

五、類　化

人們書寫的時候,因受上下文或其他因素的影響,給本没有偏旁的字加上偏旁,或者將偏旁變成與上下文或其他字一致,這就是文字學上所謂的類化。類化是俗字産生的重要途徑之一。

(一)受上下文影響的類化

漢字受上下文影響而偏旁發生類化的現象十分常見。晚唐五代之際釋可洪在《藏經音義隨函録前序》中便已提到藏經文字"鞭骯之文爲鞕骯"、"真珠轉作瑱珠"等"率意"用字的情況②,指的就是受上下文影響的類化。

其中有類化變換偏旁的。如"石榴"類化作"石磂"③,"趁迭"

① "豐"字隸變與"豊"字相混。《易·豐卦》釋文云:"依字作豐,今並三直畫,猶是變體;若曲下作豆,禮字耳,非也,世人亂之久矣。"漢《熹平石經·易》"豐卦"即書作"豊"。

② 《藏經音義隨函録》第一册第叁、肆張,《中華大藏經》影印高麗藏本。

③ 見敦煌寫本伯2838號《傾杯樂》詞。

類化作“趁趆”[①],“爛漫”類化作“爛熳”[②],“滋味”類化作“嗞味”[③],“奴僕”類化作“奴媄”[④],“嫌賤”類化作“嫌婈”[⑤],“蒼蔔”類化作“蒼蔔”[⑥],“純粹”類化作“純綷”[⑦],“百姓”類化作“百姫”[⑧],“咨嗟”類化作“吹嗟”[⑨],“螺髻”類化作“騾髺”[⑩],等等。其中“百姓”例是“姓”的聲旁“生”被類化作“百”;“咨嗟”例是“咨”字的結構受“嗟”字的影響而類化爲左右結構;“螺髻”例是“螺”字被“髻”(寫本中多作“髺”)字類化而形旁變“虫”爲“镸”(比較“髻”字的形旁爲“髟”),情況比較特別。

有類化增加偏旁的。如“排比”類化作“排批”[⑪],“菩提”類化作“菩蓵”[⑫],“究竟”類化作“究竟”[⑬],“胡餅”類化作“餬餅”[⑭],“形迹”類化作“逕迹”[⑮],“供養”類化作“供倦”[⑯],“騄耳”類化作“騄

① 見敦煌寫本伯2962號《張義潮變文》。
② 見敦煌寫本伯2292號《維摩詰經講經文》。
③ 見敦煌寫本伯2418號《父母恩重經講經文》。
④ 見敦煌寫本斯6836號《葉净能詩》。
⑤ 見敦煌寫本伯3919號《佛説父母恩重經》。
⑥ 見北齊《高叡定國寺塔銘碑》。
⑦ 見唐《越州都督于德芳殘碑》。
⑧ 見李秀成《自述》,見《太平天國文書彙編》,中華書局1979年版。
⑨ 見敦煌寫本斯2614號《大目乾連冥間救母變文》。
⑩ 見敦煌寫本斯4571號《維摩詰經講經文》。
⑪ 見敦煌寫本斯548號《太子成道經》。
⑫ 見敦煌寫本伯2122號《維摩經押座文》。
⑬ 見敦煌寫本伯3079號《維摩詰經講經文》。
⑭ 見俄羅斯藏敦煌寫本弗365號《妙法蓮華經講經文》。
⑮ 見敦煌寫本伯3691號《問遭官事書》。
⑯ 見唐龍門山造像《宋州司士魏莊題記》。

駬”①,“姻眷”類化作“姻媾”②,“至誠”類化作“誔誠”③,等等,其例頗夥。④ 下面舉兩個有意思的例子:

【媳婦】

宋孟元老《東京夢華録·娶婦》:“凡娶媳婦,先起草帖子,兩家允許,然後起細帖子。”《清平山堂話本·合同文字記》:“我有個女孩兒,劉二哥求做媳婦。”按:“媳婦”本只作“息婦”。清俞樾《茶香室續鈔·媳》:“古人稱子爲息,息婦者,子婦也。”《太平廣記》卷一二二引唐温庭筠《乾臊子·陳義郎》:“(郭氏)啓姑曰:‘新婦七八年温凊晨昏,今將隨夫之官。……手自成此衫子,上有剪刀誤傷血痕,不能澣去。大家見之,即不忘息婦。’”後因“息婦”連文,遂類化偏旁作“媳婦”。清黄生《義府》卷下“新婦”條:“古者謂子爲息。……今俗謂子婦爲媳婦,此必因息謬加女旁耳。又或單呼爲媳,益可笑也。”鄭業斆《獨笑齋金石考略》卷三:“世俗稱子婦爲媳,於古無徵。良以謂子爲息,則必稱子婦爲息婦,後因涉婦字加

① 見《廣雅·釋獸》。

② 見《劉知遠諸宫調》。

③ 見唐《新太令張文珪造像碑銘》。

④《光明日報》2002年2月21日C1版載劉華傑《一名三變,編輯睡着了嗎》一文,批評中國對外翻譯出版公司2000年出版的《站在巨人肩膀上:歷史上最偉大的12位科學家》一書“把地質學上常用的術語‘侏羅紀’誤寫成‘侏儸紀’,由於‘儸’字不是國標一級或二級標準字,采用了難看的捆綁式造字,這實在是多此一舉”(原文簡體排印,“羅”、“儸”寫作“罗”、“㑩”)。今按:“儸”“羅”同音(《廣韻·歌韻》同音魯何切),作爲譯名,本來作“侏羅”或“侏儸”都是可以的,但既已通行“侏羅”,則自没有必要寫作“侏儸”,推想作者或編者的心理,大概也是因爲類化的緣故而替“羅”硬給按上了一個人旁。《錢江晚報》1998年3月27日12版載陸毅《爲妻打工》一文,稱做油烤笋“要撑握火候”,作者把“掌握”寫作“撑握”,和“侏羅”寫作“侏儸”如出一轍。

女爲媳。後遂單稱爲媳。輾轉滋謁,必由於此。”敦煌寫本伯 2418 號《父母恩重經講經文》:“既得這身成長了,大須孝順阿娴娘。”“娴娘”即“耶孃”。伯 4044 號《修文坊巷社再緝上祖蘭若、標畫兩廊大聖功德讚并序》:“次願社内先亡姥妣,勿落三塗,往生安樂之國。”“姥”當作“姱”,“姱妣”即“考妣”。因與“娘”和“妣”字連文,“耶”和“考”分别被類化作“娴”和“姱”,以致男性稱呼也被安上了“女”旁,這和“息婦”被類化爲“媳婦”可謂如出一轍。類化勢力的强大,於此可見一斑。

【螽蟴】

《八瓊室金石補正》卷七七唐《國子祭酒敬延祚墓誌》:“夫人清河郡張氏,行潔冰霜,德芳蘭桂,情殷《葛虆(藟)》,量協《螽蟴》。”陸增祥跋:“螽斯作‘蟴’,異文。”按:“蟴”即“斯”的偏旁類化字。《葛藟》、《螽斯》都是《詩經》篇名。《詩經·周南·螽斯》:“螽斯羽,詵詵兮,宜爾子孫,振振兮。”《詩序》云:“螽斯,后妃子孫衆多也,言若螽斯不妒忌,則子孫衆多也。”後世因以“螽斯”喻指妻妾間不妒忌的美德。“螽斯羽”的“斯”爲助詞。清馬瑞辰《毛詩傳箋通釋》云:“螽斯蓋柳斯、鹿斯之比,以‘斯’爲語詞耳。”但因爲《詩經》取原詩首二字名篇,故後世多以“螽斯”連文,誌文則因“螽”而及“斯”,類化增旁作“蟴”,初不慮及其爲助詞無義也。①

有的字本來有表意的形旁,但與上下文不盡一致,或者位置不

① 宋袁文《甕牖閒評》卷一云:“(螽斯之)‘斯’乃是助辭,與‘菀彼柳斯’、‘蓼彼蕭斯’之‘斯’同。……又《法言》于鷽斯‘斯’字復添一‘鳥’字,不知何義,遂使《唐韻》‘斯’字門復添一‘鷉’字,云‘此鷽鷉之鷉’。若‘斯’字可添一鳥,則‘柳斯’、‘蕭斯’當復添何字? 殊可笑也。只恐是後人誤添爾。”“鷽斯”之變爲“鷽鷉”,與“螽斯”之變作“螽蟴”,可謂如出一轍。

盡相同,於是往往再增加形旁,以便與上下文取得一致。如"孤孚"類化增旁作"孤孵"①,"嬰孩"類化增旁作"孆孩"②,"穹崇"類化增旁作"穹崇"③,而"孚"、"嬰"、"穹"等字原本已有"子"、"女"、"穴"等偏旁以表意,類化增加"子"、"山"等偏旁,以求與上下文在結構上取得一致而已。

類化增旁或改旁,主要涉及到意符的增加或改換,原字的基本構成一般不會有什麼大的變化。但也有一些字是形旁被另一字的聲旁所類化,或者是聲旁被另一字的形旁所類化,這種不平等的交換,就徹底破壞了原字的結構,容易造成字形上的混亂,如我們前面提到過的"百姓"被類化作"百姮","姓"字類化後失去聲旁,而得到的"百"卻既非形旁,又非聲旁。又如敦煌寫本北圖雲字24號《八相變》:"堂前飛來鴛鴦被,園裏休登萃翠車。""萃翠"即"翡翠","翡"字被"翠"字類化,失去形旁"羽",得到的卻是"翠"的聲旁"卒",類化後的"萃"形式上雖與"翠"趨於一致,意義上卻毫無道理可言。此外如"鵝鴨"類化作"鵝䳘"④,"憔悴"類化作"燋(憔)雜"⑤,"䳘"、"雜"也是這種不平等類化的產物。

受上下文影響的類化並不限於詞的內部,有時一個詞組,甚至一個句子中也會發生類化的現象。《説文·心部》:"惔,憂也。从心,炎聲。《詩》曰:'憂心如惔。'"朱駿聲通訓定聲:"此字後出,即炎字也。若訓憂,則《詩》兩如字不可通,後人正因《節南山》'憂

① 見敦煌寫本斯2614號《大目乾連冥間救母變文》。
② 見敦煌寫本伯2418號《父母恩重經講經文》。
③ 見敦煌寫本伯3048號《醜女緣起》。
④ 見敦煌寫本北圖盈字76號《大目乾連冥間救母變文》。
⑤ 見敦煌寫本斯2614號《大目乾連冥間救母變文》。

心'而加心傍耳。"如果朱氏此説可信,則"惔"即是類化產生的俗字。又如《八瓊室金石補正》卷五七唐《王迴山造浮圖頌》:"追慕亡姱亡妣,共建浮圖。"陸增祥跋:"亡考作姱,俗謬。"按:"亡姱"即"亡考",文中涉下文"妣"字類化增加女旁(比較上文"考妣"類化作"姥妣"),"考"則即"考"的俗字(《干禄字書》:"考考:上通下正。")。[①] 又《清平山堂話本·簡貼和尚》:"婦人聽得説,捽住那漢,叫聲㖿,不知高低。""叫聲㖿"即"叫聲屈"。"屈"字涉前"叫"字類化增加口旁。同書《錯認屍》:"被那廝走到寧海郡安撫司前叫起屈來。"此"屈"字則未受到類化的影響,可以比勘。

(二)受潛意識影響的類化

類化現象的發生並不一定是受上下文的影響。由於受習語或相關因素的影響,有時人們在寫甲字時卻會受到乙字的類化,儘管乙字在特定的上下文裏並没有出現。我們把這種類化稱之爲受潛意識影響的類化。如《八瓊室金石補正》卷七八唐《處士太原郡王君浮圖銘》:"蠢蠢含靈,知微之因緣善現㓞聖心。"陸增祥跋:"㓞字字書所無,疑是契之俗譌。"按:陸説是。推其致誤之由,蓋因"契約"習語,書手寫"契"字而受"約"字影響,遂類化作"㓞"。又如《北魏李壁墓誌并陰》:"登員憲閤。"吴士鑑《九鐘精舍金石跋尾甲編》云:"憲閤之'閤'即'省'字(蓋因省闥之'闥',故亦牽連以

① 上海圖書館藏敦煌寫本60號《亡文》:"然今齋主□公虔跪捧爐所申□(意)者,一則奉爲先姱諱辰追薦,二爲鄉閭邑義之所薰脩。……亡姱可謂雅量宏遠,清風稟(凜)然。"其中的"姱"乃"姱"字俗寫,亦即"考"的增旁字,但這個"姱"并非類化使然,而是因爲習非成是,作爲一般的俗字進入了流通領域。

省從門),見於《廣韻》。此雖六朝後出之字,要自有意義也。”按《廣韻·梗韻》:“閻,閻府,今爲省字。”“閻”即“省”的增旁字。“省闥”習語,抄手書“憲省”而受“闥”字影響,“省”因類化增旁作“閻”,吴説是也。《廣韻》收“閻”字,則載録前代類化俗字耳。(裘錫圭先生按:“契”、“閻”二例作爲潛意識類化恐有問題,疑是先有“契約”、“閻闥”,然後纔有脱離“約”、“闥”的“契”、“閻”。)

元陸友仁《研北雜志》卷上:“嘗與其徒月夜登閣聼江。”“聼”即“聽”字。“聽”左半本是“耳”下“壬”,但由於受“敢”字的影響,俗書因或作“聼”。這也可説是受潛意識影響的類化的一種表現。現在的大街小巷上常見有人把餐廳的“廳”寫作“廳”,與“聽”作“聼”軌轍正同。

寫到這裏,筆者想起 1991 年 8 月 31 日的《光明日報》第四版載有毛澤東 1917 年 3 月寫給日本友人宫崎滔天的一封信,其中有云:

> 澤東湘之學生,賞讀詩書,頗立志氣。今者願一望見風采,聆取宏教,惟先生實賜容接,幸甚幸甚。

其中的“聆”字字書未載(校按:《漢語大詞典》載此字,稱音義未詳),據文意,似當是“聆”字。但“聆”字怎麽會寫作“聆”呢?當時好生納悶。事後琢磨再三,纔悟出一點道道來:大概因爲“聆”與“盼”形義皆近,作者擬書“聆”而受“盼”字影響,遂形誤爲“聆”。這也稱得上是受潛意識影響的類化吧。

俗字的形成還有一種頗爲有趣的現象,即有的俗字是在同一字的兩個異體的基礎上組合而成的。如“邪”俗作“耶”(《干禄字書》:“耶邪:上通下正。”“耶”“邪”後來分化爲二字),在“邪”“耶”二字的基礎上又形成了一個新的俗體“琊”。《龍龕手鏡·耳部》:

"琊,俗,耶、邪二音。""琊"即"邪"或"耶"的俗字。又如"辤"(即推辭之"辭"的本字)俗作"辞","辤""辞"又組合成一個新的俗體"辤"。《龍龕手鏡·舌部》:"𨐋,俗,詞、受二音。"音"詞"的"𨐋"即是"辤"的俗字。《字彙補·舌部》:"𨐋,與辭同。"是也。又如"體"俗作"軆",俗書又或把"體""軆"的形旁組合成"𦢊",形成一個新的俗字。《字彙補·身部》:"𦢊,同體。"是也。又如"糈"俗字作"粇"(見《龍龕手鏡·米部》),它的來源大概是這樣的:"糈"俗作"稍"(亦見《龍龕手鏡》),"稍"又譌變作"䊦"(俗書"口"多寫作"厶"),而"粇"可能就是"糈""䊦"糅合的產物。又如"穌"俗字作"䲞"(見《龍龕手鏡·魚部》),則可能是"穌""酥"同音通用,俗書便在"穌""酥"二字基礎上組合成俗字"䲞"。像這一類在同字異體的基礎上組合而成的俗體字,在一定意義上也可説是受潛意識影響的類化的產物。

最後舉一個兼於受潛意識影響類化和受上下文影響類化之間的例子:

《錢江晚報》2007年5月10日A11版載"一個仮字引發難纏官司"一文,稱2005年12月23日,沈某向王某借款,沈某當場寫下"本人向王某某借現金壹仮伍仟元正"的借條;到後來還款時,沈某、王某卻爲借款的數額打起了官司:王某説沈某借了1.5萬元;沈某則説他只借了5000元。由於沈某遲遲不肯歸還這筆款項,王某無奈之下只好將沈某告上法庭。在法庭上,雙方對這張借條的真實性都沒有異議,但被告委託代理人卻提出,他們只借了5000元,而非15000元。理由是"仮"不是規範漢字,並不是"万",而是"筆"字的意思。也就是説,這張借條的意思是"沈某向王某借了一筆五千元的現金"。對此,原告的委託代理人認爲被告文化水準低,可能將“万”字錯寫成了“仮”字,其意思表示就是“万”字。並提出4條理由:一是從書寫習慣講,若如被告沈某所稱只借了5000元,那麼前面就不用再寫“壹仮”;二是因爲“仟”和“佰”都有“亻”旁,所以被告沈某在“万”字旁邊加上“亻”的可能性較大,而且也符合常理;三是這張借條由被告沈某書寫,所以應當作出有利於書寫相對方的判決;四是被告沈某稱“仮”字是“筆”的意思,那字形差距也太大了,可信度不高。報道稱法庭將擇日對此案作出判決。我不知道法庭的最終判決結果如何,但從借條原文來看,其實事實是很清楚的:即“仮”就是“万”的類化增旁俗字。這個字的類化既可能如報道所説是受“仟”字“佰”字潛意識的影響(“仟”、“佰”都有“亻”旁,寫字的人受其影響,不知不覺地給“万”也加上了一個“亻”旁),也可能是直接受下文“伍仟”二字的影響。由此可見,無論文化水平的高低,人們希望相近或相關漢字有同樣偏旁的心理總是一致的,這正是漢字類化的社會基礎。

(三)字的内部類化

類化的現象,並不僅限於不同形體的字或詞之間,有時同一字内部也會發生類化。例如:

【蹎】

敦煌寫本伯2292號《維摩詰經講經文》:“卓定深沉莫測量,心猿意馬罷蹎狂。”按:“蹎”即“顛”字。《集韻·先韻》:“顛,俗作巔,非是。”“巔”即“顛”的聲旁類化字。楷變後,“眞”多寫作“真”,故“顛”亦寫作“顛”,“蹎”即“顛”的聲旁類化字或“巔”的楷定俗字。《龍龕手鏡·雜部》:“蹎,古文,丁年反。”《康熙字典》:“蹎,《正字通》:俗巔字。”“蹎”或“巔”顯然都是類化俗字,而不是什麼“古文”。“顛”旁亦或作“顚”,如“巔”字唐《張君造彌勒像文》寫作“巔”。隋《張志相妻潘善利墓誌》“巔”又作“巓”,則是“顛”涉右側形旁而類化,與“顛”類化作“顚”方向相反,但寫字人的心理卻是相通的。

【豊】【骿】

敦煌寫本伯3618號《秋吟》:“闍惡不堪重掛豊,施僧功德福無疆。”“豊”即“體”字,這是涉右半聲旁而類化。無獨有偶,“體”又有涉左側形旁而類化的。《龍龕手鏡·骨部》:“骿,古文,音體。”《字彙補·骨部》:“骿,古文體字。”其實“骿”即“體”的形旁類化俗字,也算不上什麼“古文”。

【朐】

《廣韻》平聲虞韻其俱切:“朐,脯也。”又云:“朐,脯名。”周祖謨云:“案朐即胊之譌體,不當別出。”①按:周説甚是。“朐”即“胊”的聲旁類化俗字。《廣韻》同韻別出,殊非其當。

此外如“鶉”俗作“鶉”(見《字彙補·子部》),“淺”俗作“淺”(《廣韻·有韻》:“淺,水名。”《集韻》“淺”作“淺”),“湎”俗作“麵”(見《龍龕手鏡·面部》),“穌”俗作“穌”(《龍龕手鏡·魚部》:“穌,蘇、仙二音。”音蘇的“穌”即是“穌”的俗字),“麐”俗作“麐”(見《字彙補·鹿部》),“羹”俗作“羹”,又作“羹”(分別見敦煌寫本伯3418號《王梵志詩·童子得出家》和《元御服碑》),“蠢”俗作“蠢”(見魏《鉅平縣侯元欽墓誌》),“纔”俗作“纔”、又作“纔”(分別見敦煌寫本伯2054號、伯3286號《十二時》),“應”俗作“應”(見敦煌寫本伯3087號《十二時》),“輔”俗作“輔”(見敦煌

① 見《〈廣韻〉跋尾二種》,載《問學集》,中華書局1966年版。

寫本斯 3051 號《妙法蓮華經》卷八），等等，也都是字的內部類化的結果。

再看下面的例子：

【豁】

敦煌寫本斯 2224 號《究竟大悲經》卷二《對治服藥治病品第七》：“遍敬菩薩摩訶薩，豁然意解。”其中的“豁”字斯 4352 號同。又斯 2499 號《究竟大悲經》卷三《即相無相萬物不遷事用究竟品第十一》：“爾時衆中有一菩薩摩訶薩，名曰普泯，聞佛所説，豁然意解，即於身上了了分明。……於時大衆一時悟解，照境分明，往古來今无量經教，豁然意解，一時領納。”其中的“豁”字斯 6932 號同。斯 2967 號《究竟大悲經》卷三《流通品第十六》：“我等徒衆承佛神力，終日竟夜，周匝違（圍）遶，不現其形，冥覺熏脩，令彼思義行者豁然意解。”從經義來看，“豁”應爲“豁”的俗字。那麼“豁”怎麼會寫作“豁”呢？這也和字的內部類化有關。考“豁”字俗書或涉右部類化作“谿”，如上揭前一例“豁”字北 8235 號（號 26）即作“谿”。又故宫本王仁昫《刊謬補缺切韻・末韻》：“谿，呼括反，～達，大，空。”“谿”亦即“豁”的俗字。“豁”既作“谿”，“谿”又受左部影響類化，遂進而訛變作“豁”。“豁”變作“豁”，中間還經過“谿”這個中間環節，應給予特別的注意。

六、簡　省

文字是記録和傳達語言的書寫符號，爲了便捷有效地記録語言以利於交際，字形的簡省便成了古今文字演變的主流。清末學者沈學在《盛世元音》（1896）第四篇中云：“夫字，士人之利器，以愈利爲愈妙。”稍後林輅存在《上都察院書》(1898)中也説:“蓋字者,要重之器也。器惟求於適用。”“器”而欲求於“利”和“適用”,自以形體簡省爲首務。唐釋慧琳在談到“豘(豚)”的古文“豩”字時説:“雖正厭繁,已廢不用也。”①正是這種心理的反映。所以在漢字字體不斷由繁到簡變化的同時,許多簡省的俗字也不斷涌現出來。形體簡省的俗字,上文第二節“省略意符”及第四節“改换聲符”中提到的“改成形體較爲簡單的聲符”,都與形體簡省有關。此外還包括:

(一)用簡筆代替繁筆

即用簡便的筆畫代替繁複的筆畫,例如:

【㛐】

敦煌寫本伯3350號《下女詞》:“賊來須打,客來須看,報道姑㛐,出來相看。”按:“㛐”即“嫂”字。《集韻·晧韻》:“姣,或从叟。俗从更,非是。”“嫂”爲“姣”的隸變字,“㛐”則爲“嫂”的簡筆俗字。蔡邕《蔡中郎集·月令問答》:“問:‘記曰“養三老五更”,子獨曰“五叟”,何也?’曰:‘字誤也。叟,長老之稱也。其字與“更”相似,書者轉誤,遂以爲“更”。嫂字女旁叟,瘦字從叟,今皆以爲“更”矣。立字法者,不以形聲,何以爲字!以嫂、瘦推之,知“更”爲“叟”也。’”“叟”字筆畫繁複,不便於書寫,俗遂簡省筆畫作“更”(與更换之“更”同形),字形簡捷明快得多。《列子·黄帝》:“出行,經坰外,宿於田更商丘開之舍。”張湛注:“‘更’當作‘叟’。”看來“叟”或“叟”旁作“更”乃漢魏六朝以來流行的通俗寫

① 見《一切經音義》卷六一《根本説一切有部毘奈耶律》第三十二卷“沍豘”條音義。

法,而非偶然筆誤使然。

【恶】

敦煌寫本伯 2553 號《王昭君變文》:“愛之欲求生,恶之欲求死。”按《干禄字書》:“恶惡:上俗下正。”《顔氏家訓·書證》記當時俗書“惡上安西”,亦是指“恶”而言。“惡”字上半曲來折去,難於書寫,俗書簡省筆畫作“恶”,則便捷得多了。“惡”俗書亦作“悪”,如《清平山堂話本·陳巡檢梅嶺失妻記》:“你見他貌悪,當初我亦如此。後來慣熟,方纔好過。”是其例。“悪”亦較“惡”爲簡便。

此外如“豐”俗作“豊”(見漢《孔宙碑》),“霸”俗作“覇”[①],“曾”俗作“曽”,“會”俗作“會”(俱見《清平山堂話本》),等等,亦皆爲以簡筆代替繁筆。

(二)符號代替

符號代替是簡省筆畫的一種有效方法,因而在俗文字中應用極廣。現將俗文字中常見的代用符號列舉如下:

【厶】

敦煌寫本中“佛”字多寫作“仏”。如《八瓊室金石補正》卷二三北周《强獨樂文帝廟造像碑》:“願一切法界衆生,早得作仏。”同書卷二四隋《白佛山造像題名·王敬伯等題名》:“象主朱遮羅,妻

---

① 宋邵博《邵氏聞見後録》卷二〇云:“王荆公晚喜説字,客曰:‘覇’字何以從西?荆公以西在方域主殺伐,累言數百不休。或曰:‘覇’從雨不從西也。荆公隨輒曰:如時雨化之耳。其學務鑿無定論類此。”據此,可知俗字“覇”宋代頗爲流行。但其字敦煌寫本已多見,斯 388 號《正名要録》更以“覇”爲“古而典者”。

孫迎,男君玉,居眷侍仏時。”“仏”亦皆“佛”字。清畢沅《中州金石記》卷二唐《幽棲寺尼正覺浮圖銘》跋:“文不甚工,字帶隸體,云‘入仏法海’者,即‘佛’字。關中有《鄭州刺史爲子禱疾疏》,亦作此。”“佛”作“仏”,應是符號代替形成的俗字(參看第二章有關部分)。日本漢字“拂”作“払”,“廣”作“広”,“擴”作“拡”,“厶”亦爲簡省符號。

【文】

“學”俗作“孝”,“覺”俗作“斍”,“齊”俗作“斉”,“齋”俗作“斎”(以上俗字敦煌寫本中經見),“譽”俗作“誉”(見《京本通俗小說》)。“舉”俗作“夆”(見《清平山堂話本》),等等,其中的“文”皆爲簡省符號。清畢沅《中州金石記》卷五南宋《何友直題名》跋:“題云‘……臨行不斍黯然……’覺字作‘斍’,蓋省筆,‘文’又‘爻’之譌也。”畢沅以“斍”爲“覺”的省筆譌字(先省筆作“覔”,又譌作“斍”),非是。

【米】

“齋”俗作“斎”,“斷”俗作“断”,“繼”俗作“継”(以上俗體見敦煌寫本),“幽”俗作“凼”,“肅”俗作“粛”,“縷”俗作“娄”(以上俗體見《清平山堂話本》),等等,“米”皆爲簡省符號。

【刂】

“歸”俗作“帰”,“臨”俗作“临”,“臥”俗作“卧”(以上俗體見敦煌寫本),“賢”俗作“贤”,“肆”俗作“肆”(以上俗書見《清平山堂話本》),“既”俗作“既”(見《京本通俗小說》),等等,其中的“刂”皆爲簡省符號。

【卜】

“娘”俗作“姉”,“慈”俗作“慈”,“滋”俗作“滋”(以上俗體見

《京本通俗小説》),"糧"俗作"粎"(見清刻本《目連記彈詞》),等等,其中的"卜"皆爲簡省符號。清鈕琇《觚賸》卷七《粤觚》記粤地"語字之異",其中有"以兹作茶","茶"正是符號簡省而來的俗字,恐非僅粤地爲然。臺灣地區"鹽"字俗或作"圤",也是符號代替法("鹽"先簡作"塩",再簡作"圤")。

【又】

"權"俗作"权","觀"俗作"观","勸"俗作"劝","歡"俗作"欢"(以上俗體見《京本通俗小説》),"對"俗作"对"(見《清平山堂話本》),等等,其中的"又"皆爲簡省符號。

【⺀】

相同的偏旁上下重疊時,下一偏旁俗書往往用兩點表示省略,如"棗"字俗作"枣"(清刊《目連記彈詞》),是其例。至於"纔"俗作"緫","攙"俗作"搀"(分别見《清平山堂話本》、《京本通俗小説》等書),則與字形内部類化有關。以"纔"字爲例,其右半原本是上"㲋"下"兔",但俗書上半的"㲋"往往爲下半的"兔"所同化,而"兔"俗書往往省點作"免",於是"纔"俗書便常常寫作"纔"(敦煌寫本伯2054號《十二時》:"鷄鳴丑,曙色纔能分户牖,富者高眠醉夢中,貧人已向塵埃走。""纔"即"纔"的俗書)。由"纔"簡省作"緫",便是順理成章的了。至於"炎"字俗書作"㶭"(《宋元以來俗字譜》引清嘉慶濟水太素軒刊本《金瓶梅》、清同治刊本《嶺南逸史》),用"又"字表示重一"火"旁,則和清代避諱有關。清梁章鉅《南省公餘録》卷四"文字敬避"條云:"仁宗睿皇帝聖諱(顒琰),上一字右旁之下敬缺二筆,下一字右旁之下作'又'字。睿廟之諱,衹須敬就本字缺筆,並無偏旁字缺筆明文,而今人每於談字、淡字之右下亦作'又',則無所據矣。"現代簡化俗字"鑫"字下部的二金作"双",大概是受"炎"字簡化方法的影響。

【マ】【ク】

《中華大藏經》影印《金藏》廣勝寺本北涼曇無讖譯《大般涅槃經》卷三二:"如是等日修苦行時,一切皮肉消瘦皱減。""皱"爲"皺"的俗字。《碑别字新編》載唐《岱岳觀題名》"騶"字作"駋",唐《董惟靖墓誌》"鄒"字寫作"邹"。敦煌寫本伯 2717 號《字寶》:"手㧣拽,楚愁反。""㧣"爲"搊"的俗字。敦煌寫本《正名要録》"各依腳注"類"邳"字下腳注"不重彐","邳"乃"鄒"的俗字。考宋張有《復古編》卷上云:"芻"别作"㐫",非。宋王觀國《學林》卷九"趣趨"條下云:"俗書趨爲趋,蓋憚點畫之多,而變芻而刍。又如變鄒爲邹、變騶爲駋、變鶵爲鸨,如此類無意義,不可循襲。"由上揭引例來看,"芻"旁作"刍"、"㐫"等形至遲唐代已然。至於這些俗體是如何由"芻"演化而來的,王觀國的話語焉不詳。考漢代前後"芻"旁隸變有作"彐彐"形的(比較"艸"旁隸變作"艹"之形),如《漢孔宙碑》"鄒"字左部、《韓敕碑》"騶"字右部皆作此形。清顧藹吉《隸辨》於《孔宙碑》例下注云:"諸碑從芻之字或省作彐彐。"是也。六朝前後進而又有省變作"彐"形的,如魏《敬史君碑》、齊《高叡修寺碑》"鄒"字左部皆或作"彐"(《碑别字新編》271 頁),是其例。"彐彐""彐"上部與下部構件同形,故上部構件俗書或用"マ"、"ク"等省書符代替,於是便有了"㐫"、"㐫"、"刍"、"刍"等簡俗體。

又敦煌寫本斯 328 號《伍子胥變文》:"適有麁疏,請君勿責。"斯 2071 號《切韻箋注·模韻》:"麁,米不精。倉胡反。"接云:“麤,行路遠。”其實“麁”即“麤”的俗字,斯388號《正名要録》“正行者雖是正體稍驚俗腳注隨時消息用”類“麤”下腳注“麁”,慧琳《一切經音義》卷一一《大寶積經》第二卷音義云“麁,省略字也,久已傳用,《説文》正體作麤”,是也。“麁”上部的“⺈”亦爲省書符號,謂省三鹿爲一鹿也。至於“麁”指米不精,乃是借用作“粗”字,“粗”“麤”古通用。上揭《切韻箋注》分“麁”“麤”爲二,誤也。

此外如“變”俗作“変”、“壞”俗作“坏”、“懷”俗作“怀”、“過”俗作“过”、“劉”俗作“刘”、“風”俗作“凨”、“羅”俗作“罗”、“鳳”俗作“风”、“留”俗作“畄”(見《清平山堂話本》、《京本通俗小説》等書),其中的亦、丕、不、寸、文、云、夕、メ、ッ也都是既不表音又不表意的簡省符號。

(三)省略某些“不重要”的部分

有些漢字字形構件比較繁雜,俗書往往會把那些表面上看起來不那麽重要的構件加以省略,形成俗字。例如:

【攀】

敦煌寫本伯3618號《秋吟》:“炎天逐樂攀金轡,□□追歡捧金盃。”按:“攀”即“攀”的俗字。“攀”本是從手、樊聲,俗字則把“樊”聲中的“爻”旁略去。唐《張君墓誌》“攀”字亦寫作“攀”。魏《乞伏寶墓誌》則作“攀”,下部的“手”旁又少了一横。

【戢】

《京本通俗小説·拗相公》:“我宋以來,宰相解位,都要帶個外任的戢銜,到那地方資禄養老。”按:“戢”即“職”的俗字。“職”

本是從耳、戠聲,俗字則把“戠”聲的“音”旁略去,字形簡化了①。現在民間仍有人把“職”寫作“耺”,就是沿用了宋元以來的通俗寫法。另外,俗字又有把“識”簡省作“訙”的(見《正字通·言部》),與“職”簡省作“耺”的軌轍相同。

【罷】

《京本通俗小説·碾玉觀音》:“檀板輕敲,唱徹黄金縷。歌罷綵雲無覓處,夢回明月生南浦。”按:“罷”即“罷”的俗字。“罷”字下從“能”,俗書則省其左半。又宋元以來俗書“能”旁多書作“⺓”,如“態”俗作“㤥”,“擺”俗作“挔”(並見《京本通俗小説》)。甚而“能”字俗亦書作“⺓”。如《京本通俗小説·菩薩蠻》:“敝寺僧多,座下有甲、乙、丙、丁、戊、己、庚、辛、壬、癸十個侍者,皆⺓作詩。”“⺓”即“能”字。據《説文》,“能,熊屬,足似鹿。從肉,目聲”,“能”右半的“⺓”像能獸腳爪的形狀(與“鹿”的腳形近)。俗書把“能”簡省作“⺓”,等於只留下了兩隻腳爪,情理上似乎説不通。也許是“罷”“態”等字先簡省爲“罷”、“㤥”,後來“能”字亦據此類推,遂簡省爲“⺓”。

此外如“嘉”作“茄”(見齊《柴季蘭四十餘人造像》),“譬”作“辟”(見《干禄字書》),“臂”作“肸”(見敦煌寫本伯2187號《破魔變文》),“羹”作“羙”,“裹”作“褁”(並見《清平山堂話本》),等等,也都是部分構件簡省的俗字。

① 《説文·耳部》:“職,記微也。从耳,戠聲。”即題識之識的本字。又《説文·戈部》“戠”字下云:“闕,从戈从音。”南唐徐鍇《説文繫傳》以“戠”爲“古職字”。據此,則“戠”爲“職”(今通用“識”)之初文,從音從戈會意。後世俗書“職”作“耺”,易“音”爲“耳”,仍可説是會意字。

（四）合併相同或相近部分

有些漢字的内部有兩個或兩個以上相同或相近的構件，俗文字往往把這種相同或相近的構件予以合併。例如：

【蚕】

敦煌寫本伯 3808 號《長興四年中興殿應聖節講經文》："令知織婦之劬勞，交（教）識蚕家之忙迫。"按《廣韻·覃韻》："蠶，俗作蚕。"由"蠶"到"蚕"，它的演變軌迹大概是這樣的：蠶 —俗書→ 蠺（《字彙補·虫部》："蠺，俗蠶字。"）—簡省→ ⿱兓䖵（"蠶"從"朁"聲，"朁"又從"兓"聲，故"蠶"中間的"曰"省略後並不影響原來的字形結構）—合併→ ⿱旡䖵（見敦煌寫本伯 2187 號《破魔變文》）—合併→ 蚕。這是一個頗爲複雜的簡化過程，其中相同部分的合併起了關鍵作用。

【⿱竝見】

敦煌寫本斯 2073 號《廬山遠公話》："但賤奴今問法師，似螢光⿱竝見日，螗螂巨（拒）轍。"按："⿱竝見"即"競"的俗字，敦煌寫本中"競"字多作此形。"競"俗又作"⿱竝見"，見《廣韻·映韻》。"⿱竝見"的下半當是合併"競"下部的兩個"兄"而成。至於"⿱竝見"下部的"見"，則當與"競"的另一異體"⿰⿱立見⿱立見"有關。漢代以後"競"常寫作"⿰⿱立見⿱立見"。如《隸釋》卷十漢《安平相孫根碑》："闔門守家，不⿰⿱立見⿱立見時榮。"是其例。《龍龕手鏡·立部》："⿱竝見，俗；競，古；⿰⿱立見⿱立見，正。"注意這裏把"⿰⿱立見⿱立見"提到了正體的地位。所以"⿱竝見"下部的"見"當是合併"⿰⿱立見⿱立見"下部的兩個"見"而來的。（裘錫圭先生按：似不如説成"⿱竝見"由"競"來，"⿱竝見"爲"⿱竝見"之變。）《改併四聲篇海·見部》引《龍龕手鏡》"⿱竝見"作"⿱並見"，則又把上部的兩個"立"合併成了"並"（比較"竝"俗作"並"），而下部又多了一横。又敦煌寫本伯 3833 號《王梵志詩・兀兀身死後》:“竟地徒張眼,諍官慢(漫)豎眉。”其中的“竟”亦爲“競‘的俗字,上部的兩個“立”已合二爲一,以致竟與畢竟的“竟”有些糾纏不清了。

【搀】

羅振玉《增訂碑别字》:“搀,欃也。”按:俗書木旁手旁不分,故“欃”俗書可寫作提手旁。“欃”右半上“龟”下“兔”,原非一字,但由於構形相近,故俗書合併作“兔”。《增訂碑别字》載齊《臨淮王象碑》“纔”作“纔”,其理正同。(參看本節“符號代替”下有關部分。)

從上舉三例中可以看出,合併相同或相近構件形成的俗字字形結構往往會發生很大的變化,有的甚至會變得面目全非,以致很難看清與源字之間的演變脈絡。又如下面的例子:

【荥】

敦煌寫本斯 2049 號《毛詩傳箋・小雅・出車》“赫赫南仲,玁狁于襄”毛傳:“荥荥,盛也。”“荥荥”,伯 2514 號寫本及中華書局影印阮元刻《十三經注疏・毛詩正義》作“赫赫”。慧琳《一切經音義》卷三七《金剛祕密善門陀羅尼經》音義:“赫弈,上呀格反,《廣雅》:赫赫,明也。《詩傳》云顯盛皃;《説文》大赤也,從二赤。《説文》赤字南方火色也,從大從火,今隸書作赤,變體字也。經文從草從赤作荥,不成字也。”同書卷九九《廣弘明集》第二十七卷“歊赫”條音義:“下虛厄反,《説文》從二赤,《集》作荥,非也。”“赫”“荥”字形迥殊,“赫”何以變體作“荥”,確實令人費解。其實這也是“赫”字俗寫相同構件合併的結果。“赫”字隸變或作“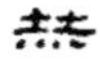”(漢《孔龢碑》)、“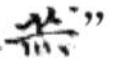”(敦煌寫本伯 2669 號《毛詩傳箋・大雅・大明》“明明在下,赫赫在上”句的前一“赫”字原卷如此)、“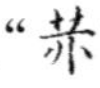”(《碑别

字新編》引唐《九成宫碑》)等形,構件合併後,上部與艸頭相混無別,下部不成字,故俗書進而寫作成字的"赤",於是"赫"便變成了"茒"。但由於字面上的演變綫索不明,無怪乎慧琳斥"茒""不成字"了。

(五)據草書楷化

草書楷化是簡體俗字滋生的主要來源之一。宋王觀國《學林》卷一〇"稱秤"條云:"許慎《説文》'稱'字分平聲、去聲兩音,而無'秤'字。《廣韻》平聲'稱'字處陵切,知輕重也;去聲'稱'字昌證切,銓度也,俗作'秤'。……兩漢止用'稱'字,未用俗書'秤'字也。用俗書'秤'字,其晉、魏以下乎?……俗書'秤'字,蓋生於草書'稱'字。按草書法'爯'字與草書'平'字相類,因而訛書作'秤'也。字因草書而訛變其體者甚多,不特此也。""字因草書而訛變其體者甚多",這確爲照幽燭微、洞明本真之言。再如:

【尽】

敦煌寫本伯3093號《佛説觀彌勒菩薩上生兜率天經講經文》:"萬種端嚴纔化出,十方世界尽傾摇。""尽"即"盡"的草書楷化俗字,敦煌寫本經見。宋孫奕《履齋示兒編》卷九《文説》"聲畫押韻貴乎審"下有云:"初,誠齋先生楊公考校湖南漕試,同僚有取《易》義爲魁,先生見卷上書'盡'字作'尽',必欲擯斥。考官乃上庠人,力争不可。先生云:'明日揭牓,有喧傳以爲場屋取得箇尺二秀才,則吾輩將胡顔?'竟黜之。"所謂"尺二秀才",即指書"盡"爲"尽"而言。錢大昕《十駕齋養新録》據孫奕所云,謂"尽"爲宋時俗字,然由敦煌寫本考之,則宋代以前固已見應用了。

【⿱丷女】

敦煌寫本伯 3808 號《長興四年中興殿應聖節講經文》："徒(圖)世界⿱丷女興帝道，要戈誕息下天門。"按《干禄字書》："⿱丷女安：上通下正。""⿱丷女"實即"安"的草書楷化字。字亦寫作"⿱丶⿱丷女"形。如伯 3666 號《燕子賦》："雀兒奪宅，今見⿱丶⿱丷女居。"來源相同。唐韋絢《劉賓客嘉話録》有云："逆胡將亂於中原，梁朝誌公大師有語曰：'兩角女子緑衣裳……'兩角女子，安字；緑者，禄字也。"這是用"兩角女子緑衣裳"隱示安禄山("衣裳"即衫，"衫"與"山"諧音)，所謂"兩角女子"，即是指俗字"⿱丷女"而言。

七、增　繁

文字爲便於書寫，要求形體簡略，有簡化的趨勢。文字是語言的輔助工具，爲便於識認，要求音義明確，又有繁化的趨勢。增繁的俗字，是與文字發展的後一種趨勢相一致的。爲了使音義明確，許多字往往是在形體簡省的同時，又不斷繁化，簡化與繁化交叉在起作用。俗字增繁的方式，上面幾節已陸續提到過(如第一節"增加意符")，此外還包括：

(一)繁化以區别形近的字

有些漢字彼此形體相近，無論是寫者還是讀者都容易發生混淆。俗書則常常通過形體增繁的方式，達到區别字形的目的。如"朿"字與"束"形近，書寫辨認都容易混淆，爲了使字形不相混淆，便用增繁的方式形成了一些俗字，如"刺"字俗書作"刾"以區别於"剌"(王觀國《學林》卷十謂"刺"與"剌""異體書之乃可辨")。《集韻·寘韻》："刺，俗作刾。"又"策"俗書作"筞"，又作"筴"(見

《顏氏家訓·書證》);"棗"俗書作"枣","棘"俗書作"𣏌"(並見《干禄字書》),等等,大概都是爲了避免跟形近的"朿"旁相亂。《叢書集成初編》本玄應《一切經音義》卷二《大般涅槃經》第三十二卷"如駝食蜜"條下云:"蜜,刺蜜也。"其中的"刺"字宋磧砂藏本同,敦煌寫本俄弗230號玄應《一切經音義》作"刾",慧琳《一切經音義》卷二六引作"刺",據後二本,可見作"剌"者必爲"刺"字之誤,作"刺"作"刾",正是"異體書之"以避免跟形近的"剌"字相亂的實例。

又如"土"字與"士"字僅底下一橫畫長短稍異,爲了把這兩字區別開來,俗書便於"土"字增點作"圡"。漢《衡方碑》"□□□圡,家於平陸",顧藹吉《隸辨》卷三注云:"'土'本無點,諸碑'士'或作'土',故加點以别之。"後來便連"土"旁亦多加點作"圡",如"杜"作"𣐈","吐"作"𠯈","堵"作"𡍏"(並見《隸辨》卷三),等等皆是。

(二)把罕見的、生僻的偏旁改成常見的偏旁

慧琳《一切經音義》卷一五《大寶積經》第一百十二卷"擾動"條在談到"擾"字的演變時説:"(擾)從手、夒聲也。夒音奴刀反。夒者獸名,立字形之本意也。篆書取勢,分頁下兩點兩邊垂下,左右從止、巳,下從夊,作夒,遂與'憂'字上下相似,後因草書務從省略,寡聞之士,不曉本字,便相效從'憂',故有斯謬,此失之由,其來遠矣。哀哉!實難改正也。"慧琳把"擾"字右部俗書作"憂"歸結爲"與憂字上下相似"、"草書務從省略",並不太準確。其實這與寫字的人厭生喜熟的心理有關。由於種種原因,有些字的偏旁構件看起來比較陌生,俚俗往往會把這種陌生的偏旁改成相近的

比較熟悉的偏旁。“擾”字改從“憂”，就是俗書的這種規律在起作用。據《説文》，“夒”釋“貪獸也。一曰母猴”，所指本來就含糊不清，並且文獻中也没有實際用例，所以這個字對普通人來説顯得很陌生；而“擾”字恰恰從這個讓人討厭的“夒”字，稱説書寫都不方便，於是寫字的人便把它寫成了形近的“憂”。“夒”寫作“憂”，筆畫略有減少。但這類改動的結果，更多地是使字形繁化。例如：

【怨】

敦煌寫本伯 2845 號劉商《胡笳十八拍》之七：“龜兹觱篥愁中聽，碎葉琵琶夜深怨。”按《古今韻會舉要·願韻》：“怨，亦作怨。”“怨”本是從心、夗聲，但“夗”字載籍罕覯，是個生僻字，俗書便改從形近的“死”。清李調元《卍齋璅録》卷三：“《韻會》引《封禪書》：‘百姓怨其法。’今《史記》無‘怨’字。”按：今本《史記》作“百姓怨其法”，“怨”即“怨”的俗字。又“怨”字俗亦作“惌”，如敦煌寫本伯 2319 號《大目乾連冥間救母變文》：“長悲惌歎終無益，鼓樂絃歌我不聞。”是其例。《集韻·元韻》：“怨，或作惌。”①“怨”作“惌”，與“怨”作“怨”，造字者的心理是相同的。又“苑”俗作“菀”（見敦煌寫本伯 2838 號《云謡集雜曲子》），又作“莚”（見《清平山堂話本·風月相思》），機軸亦同。

【鐵】

敦煌寫本斯 778 號《王梵志詩·沉淪三惡道》：“牛頭鐵叉扠，獄卒把刀掇。”按《干禄字書》：“鐵鐵，上通下正。”《龍龕手鏡·金部》：“鐵，俗；鐵，正。”《集韻·屑韻》：“鐵，古作鐵。”從字形上來説，“鐵”字左形右聲，但由於右半的聲旁爲生僻字，於是俗書便改

① 《干禄字書》以“惌”爲“寃”的俗字，疑未確。

作形近的“截”。《集韻》以“鐵”爲古體，是不對的。《太平廣記》卷三七一“獨孤彥”條（出《宣室志》）：“以截附金，是鐵字也。”“以截附金”，也是指俗字“鐵”而言。

有些偏旁構件的增繁，是與人們對字形結構的錯誤理解有關的。如《顔氏家訓・書證》稱六朝俗字有“席中加帶”的。“席”字本是從巾、庶省聲（據段玉裁《説文解字注》本），但在一般人看來，“席”大概是從广、芇，“芇”不成字，於是遂改爲形近的“帶”——這大概就是“席中加帶”的俗字“㡤”的成因。又如：

【扃】

敦煌寫本伯 3211 號《王梵志詩・當鄉何物貴》：“縣扃南衙點，食並衆厨餐。”按《干禄字書》：“局局局：上俗中通下正。”據《説文》，“局”本是“从口在尺下”，但隸定作“局”形以後，一般人往往認爲“局”從“尸”旁（《康熙字典》即把“局”歸入尸部）。而其下的“可”不成字，遂改爲形近的“句”，於是“局”便寫成了“局”。敦煌寫本則又多加點作“扃”。敦煌寫本中又有作“扃”“扃”等形的（分别見伯 3882、3883 號《孔子項託相問書》），則又爲“扃”的變體。

（三）出於書寫習慣或字形的整體協調

我们先看一些敦煌寫本中的例子：

休→休　斯 4332 號《菩薩蠻》詞：“枕前發盡千般願，要休且待青山爛。”

沐→沭　伯 2845 號劉商《胡笳十八拍》之五：“羊脂沭髮長不梳，羔子皮裘領仍在。”

披→拔　同上：“孤襟貉袖腥復羶，晝披行兮夜拔卧。”

支→ 伯3666號《燕子賦》:"者賊無賴……捉我配。"

友→ 伯2633號《十二時》:"歡(勸)君莫弃出徒(塗)人,結交丞(承)己須朋。"

巧→巧 伯2299號《太子成道經》:"若[與]兒取其新婦,令巧匠造一金指環。"

私→私 伯2999號《太子成道經》:"太子於綵樓上,便私發願。"

氏→ 斯2056號《捉季布傳文》:"周身名緣在縣,每朝巾幘入公門。"

武→武 伯2845號劉商《胡笳十八拍》之九:"當時蘇武單于問,道是賓鴻爲傳信。"

拔→ 斯289號失調名詞:"神兵開山劍,横行振地威風。"

代→伐 伯2721號《舜子變》:"[舜年]六十一,伐堯踐帝位。"

索→索 伯3666號《燕子賦》:"燕子不分,以理從索。"

下面再舉幾個《清平山堂話本》中的例子:

忍→忍 《快嘴李翠連記》:"大家張口吐舌,忍氣吞聲。"

認→認 《戒指兒記》:"恐來時有人撞着,小姐不認,拿着不好。"

劍→劍 《陰騭積善》:"唐德宗朝有秀才,南劍州人,姓林名積,字善甫。"

俺→俺 《合同文字記》:"十五年前,三口兒因爲年歉,來俺家趁熟。"

掩→掩 《洛陽三怪記》:"薄霧朦朧四野,殘雲掩映荒郊。"

上面這些增加筆畫的俗字,有的是書寫習慣使然,如支、友、拔等字加點。有的是受其他字的影響,如休、沐加點是受“朮”字影響,武、代加撇是受“戈”字影響,俺、掩加兩點是受“僚”、“燎”等字的影響。筆者不久前在成都市紅星路看到有家“伏尔加、拉达汽车配件商店”,“达”字加點作“达”,大概是受“伏”字的影響。還有些增加筆畫的俗字可能與字形的整體協調有關。古人(尤其是書法家)講究字形的均稱稠密,平穩方正,所以常常增加飾筆,以迎合人們這方面的審美要求。上文提到的“刃”旁作“刅”、“巧”作“巧”、“私”作“私”、“拔”作“[illegible]”、“索”作“索”,大概都與字形協調有關。毛主席在《反對黨八股》一文中提到延安城牆上“工人農民聯合起來争取抗日勝利”的標語,寫字的人把“工人”寫作“[illegible][illegible]”。推本厥意,恐怕也是爲了字形的整體協調。前不久中央電視臺播放電視連續劇《深圳人》,片題“人”字亦加三撇寫作“[illegible]”,顯然也是基於同樣的考慮。校按:“工”字《説文》古文從彡作“[illegible]”,“人”字作“[illegible]”也可能是涉“[illegible]”字類化增繁。

(四)據俗體偏旁繁化

宋王觀國《學林》卷十“參”字條云:“草書法,喿字與參字同形,故晉人書操字皆作摻。今法帖碑本中王操之書皆作摻之。殊不知摻字乃音所咸切,又音所減切,《詩》曰‘摻摻女手’是也。後漢禰衡爲漁陽參撾,參音七紺切,參撾者,擊鼓也。文士用參撾字,或用爲摻,或用爲傪,皆讀七紺切,蓋假借也。徐鍇博學多識,時有修字官,凡字有從參者,悉改從喿。鍇曰:‘非可以一例,如《漁陽參》“黄塵蕭蕭白日暗”,則從參者,固不可改喿也。’衆皆服其説。”①“喿”旁俗或書作“參”，於是有人就把從“參”之字一律回改爲“喿”，因而犯了據此例彼、一律化的錯誤。這件事説明古書中存在着一種據俗體回改爲正體的傾向。下面舉幾個據俗體偏旁回改造成字形繁化的例子：

【遱】

《改併四聲篇海・辵部》引《類篇》：“遱，音違。”《中華字海》據以收“遱”字，云“義未詳”。按：此字應即“違”的訛俗字。“違”字俗書作“逺”。敦煌寫本斯388號《正名要録》“正行者正體，脚注訛俗”類“違”下脚注“逺”。《龍龕手鏡・辵部》：“逺，音違。”“逺”亦即“違”字。伯3532號慧超《往五天竺國傳》：“又山中有一寺……有一漢僧，於此寺身亡。彼大德説從中天來，明閑三藏聖教，將欲還鄉，忽然逺和，便即化矣。”“逺和”即“違和”。俗書“麥”字作“麦”，俚俗以“逺”所從的“麦”爲“麥”旁俗寫而加以回改，“違”便寫成了“遱”。

【癵】

《全上古三代秦漢三國六朝文》卷四五阮籍《達莊論》：“疾癵萌則生意盡。”按《字彙補・疒部》：“癵，疑即疹字。”清李調元《卍齋璅録》卷八：“鮑照《謝賜藥啓》：‘癵同山嶽，蒙靈藥之賜。’又《初學記・吞道元牋》：‘次婢良信有桓公司馬之癵。’按：此即疹字，俗作𤸷（泉按：當是“㽿”或“㾝”之誤字），遂誤作癵。曹植詩：‘憂思成疾疹，無乃兒女仁。’”按：李説甚是。“㐱”旁俗書多作

① 葉愛國先生賜示，謂“操”字作“摻”乃魏晉之際避曹操諱而改，甚是。清馬瑞辰《毛詩傳箋通釋》卷八云：“魏晉間避武帝諱，凡從‘喿’之字多改從‘參’。”

“尓”,如“珍”作“珎”(《干禄字書》:“珎珍:上通下正。”),“殄”作“𣧑”(《五經文字·歹部》:“殄,作𣧑訛。”),皆是。“尓”形構件宋代以後刻寫時又有進而演變作“尔”的傾向,故“疹”字俗字可作“𤵸”或“𤵸”。李調元所引曹植詩(見《贈白馬王彪》詩之六),“疹”字《四部叢刊》本《曹子建集》及清胡克家刻本《文選》分别作“𤵸”和“𤵸”。而“尓”或“尔”本爲“尒”的俗字,古籍中則多借用作“爾”。抄書或刻書的人不知“𤵸”或“𤵸”爲“疹”的俗字,卻以爲其中的“尓”或“尔”用同“爾”,因加以回改,便變成了“𤺋”,上引曹植詩“疹”字一本作“𤺋”[1],正是由“𤵸”或“𤵸”回改使然。

【䏻】

《八瓊室金石補正》卷二〇北魏《中嶽嵩高靈廟碑》:“秦及漢不遵古,始莫䏻興。”清陸增祥跋謂“䏻”即“能”字,極是。《干禄字書》:“䏻能:上通下正。”而“長”字草書作“”形,刻石的人據俗字“䏻”加以繁化,遂寫作“䏻”。敦煌寫本北圖成字96號《目連變文》:“善男善女是何人,共行幽逕没災。”末字乃“迍(迍)”字手寫之小變,而《敦煌變文集》卻録作“退”,其訛誤軌迹和“䏻”字正同。

【碙】

《漢語大字典·石部》“碙”字音項(一)náo下云:“〔碙砂〕同‘硇砂’。礦物名。《石雅·硇砂》:‘硇砂,亦作碙砂。’《魏書·西域傳》:‘(康國)出馬、駝、驢、犎牛、黄金、碙砂。’”“碙砂”同“硇砂”,没有疑問,問題在於音náo的“硇”怎麽會從“岡”寫作“碙”呢?考明李時珍《本草綱目·金石五·硇砂》云:“硇砂性毒,服之

---

① 據《漢語大字典·疒部》“𤺋”字下引。

使人碙亂,故曰碙砂。"[①]近人胡吉宣《玉篇校釋》據以謂"碙"字"從惱得名,'囟'爲'𡿺'省,俗又譌作'囟'"。《玉篇·石部》:"硇,女交切,硇沙,藥。""硇"右部又"囟"之變。"碙"既訛變作"硇",俗書更進而形訛作"碉"或"硐"。《類篇·石部》:"碉,尼交切,碉沙,藥石。"《宋史·食貨志下八》:"(西夏)以香藥、瓷漆器、薑桂等物易蜜蠟、麝臍、毛褐、羱羚角、硐砂、柴胡、蓯蓉、紅花、翎毛。"(中華書局標點本)是其例。而大約從宋代開始,"岡"旁俗書亦或作"冈"和"冈"。如《四部叢刊》影印鐵琴銅劍樓藏宋刊本《增廣箋註簡齋詩集》卷二三有《以玉剛卯爲向伯共生朝》詩,其中的"剛"字左部原本作"冈"形。又《四部叢刊》影印劉氏嘉業堂藏宋刊本《鶴山先生大全集》卷三七致蔣大著書:"間有發憤悱赫然剛斷之君,亦不過本於資質之美行,以血氣之勇,非有志以基之,有學以養之。"其中的"剛"字原本作簡化字"刚"。所以"冈"和"冈"既可能爲"岡"旁的俗寫,又可能爲"囟"旁的俗寫,當刻書或抄書的人誤以"碙"俗字"碉"或"硐"右部爲"岡"旁俗寫,並加以回改,於是"碙砂"就變成了"碙砂"。

八、音近更代

音近更代實際上包括同音更代和近音更代兩個方面。古書中同音或近音替換的字很多,其中大多數可以劃入假借字或音誤字的範疇,但也有相當一部分是與俗字相關的,應該納入俗文字的範疇。關於俗字與假借字、音誤字的關係,我們已在第一章作過較爲

① 劉衡如於"碙亂"之"碙"下出校記云:"碙:疑當作'惱'或'撓'。"人民衛生出版社 1982 年版校點本《本草綱目》655 頁。

詳細的闡述,這裹不再重複。下面討論屬於俗文字範疇的音近更代的四種主要形式。

(一)直接借用同音字

直接借用同音或近音字形成的俗字有的與書寫習慣有關,如俗書巾旁心旁不分,故"幢"俗作"憧","幡"俗作"憣","幖"俗作"慓"(並見《龍龕手鏡》),等等;有的是爲了簡化字形,如"萬"、"万"二字,宋人袁文認爲本是兩個不同的字,他在《甕牖閒評》卷一中云:"萬者,蠆也;万者,十千也,二字之義全别。萬字之不可爲万字,猶万字之不可爲萬字焉。惟錢穀之數,則懼有改移,故万字須著借爲萬字,蓋出於不得已,初無他義也。"如果袁説可信,那麽俗書"萬"字作"万"就有簡化字形的目的(《玉篇·方部》:"万,俗萬字。"裘錫圭先生按:袁説恐不確。"萬"表數確是假借,但商代甲骨文已如此用;千万之"万"始見六國古印,也應是借字,不可能爲本字)。清小石道人《嘻談初録》卷上云:"一人寫信,言重詞複,瑣瑣不休。友人勸之曰:'吾兄筆墨卻佳,惟有繁言贅語宜去,以後信,言簡而賅可也。'其人唯唯遵命。後又致信此友曰:'前承雅教,感佩良深。從此万不敢再用繁言上瀆清聽。'另於'万'字旁注之曰:'此万字乃方字無點之万字,是簡筆之万字也。本欲恭書草頭大寫之萬字,因匆匆未及大寫草頭之萬字,草草不恭,尚祈恕罪。'"這則笑話所説雖然未必真有其事,但至少説明借用同音字確有簡化字形的因素在内。又如:

【孃-娘】

"孃"爲母稱,"娘"爲少女之號,本是兩個不同的字。但俗書或借"娘"爲"孃"。如敦煌寫本伯 2418 號《父母恩重經講經文》耶孃字大抵皆書作“娘”。又伯 2319 號《大目乾連冥間救母變文》:“總不見阿孃”,另一個寫卷斯 2614 號“孃”字作“娘”。又斯 5591 號《報慈母十恩德》“耶孃不爲其身”,斯 5601 號“孃”作“娘”。按:明陶宗儀《輟耕録》卷一四:“娘字,俗書也,古無之,當作孃。”①《説文·女部》“孃”字下段玉裁注:“《廣韻》孃女良切,母稱;娘亦女良切,少女之號。唐人此二字分用畫然,故耶孃字斷無有作娘者,今人乃罕知之矣。”但從敦煌寫本的實際使用情況來看,至遲晚唐五代時“孃”“娘”已趨於混同。書“孃”作“娘”,顯然也有簡化字形的意義。

不過,借用同音或近音字也有造成字形繁化的現象,那主要是爲了避免字形相混。數目字和度量衡用字事關“錢穀之數”,“懼有改移”,尤其如此。吐魯番出土文書中“升”常寫作“昇”或“勝”,“斗”常寫作“兜”,“石”常寫作“碩”,以及數目字往往大寫作壹貳叁肆伍(又作“仵”)陸柒(又作“漆”)捌(又作“拔”)玖(又作“究”)拾佰(又作“伯”、“陌”)仟(又作“阡”),原因就在這裏。

(二)借用同音字而又加以改造

有的俗字是在借用同音、近音字的基礎上而又加以改造形成的。例如:

【義－义】

宋元以後“義”字俗或書作“义”。如《京本通俗小説·馮玉梅團圓》:“此人姓范名汝爲,仗义執言,救民水火,羣盜從之如流。”是其例。“義”旁俗亦或書作“义”。如同書《錯斬崔寧》:“如今衆人計议,一面來報大娘子與老員外,一面着人去追小娘子。”“议”

① 宋司馬光《司馬氏書儀》卷上:“古人謂父爲阿郎,謂母爲孃子。”

即“議”字。“義”或“義”旁怎麼會寫作“乂”呢？原來其中有個中間環節——乂。義、乂同音，故俗或借“乂”代“義”（例見《宋元以來俗字譜》）。清王鳴盛《十七史商榷》卷九八《新舊五代史六》“歐史脱文誤字”條下謂常熟毛氏汲古閣刻本歐陽修《新五代史》後唐“太祖子八人篇中凡‘存義’字皆當作‘存乂’”。又唐劉餗《隋唐嘉話》（古典文學出版社 1957 年版）卷上：“今中夏義安，臣之所教，足以制四夷矣。”“義安”當作“乂安”。“存乂”誤作“存義”，“乂安”誤作“義安”，顯然都與刻書的人誤“乂”爲“義”的簡化俗字而加以回改有關。後來大概爲了避免與乂安的“乂”相亂，故俗書又在借音俗字“乂”的基礎上加點作“义”，並一直沿用到今天。校按：“乂”字俗書或增點作“义”。五代釋可洪《藏經音義隨函録》第十一册《百論》上卷音義：义時，上正作刈、乂。可證。故用同“義”的“义”字原來也許也只是“乂”字俗書，後來採用“乂”的俗字“义”作爲“義”的簡化字，“义”“乂”纔真正分化開來。

【舊－旧】

宋元以來俗字“舊”或作“旧”。如《京本通俗小説·西山一窟鬼》：“金鞍何處，緑楊依旧南陌。”又《清平山堂話本·西湖三塔記》：“只見一人向前道：‘娘娘，今日新人到此，可換旧人。’”皆其例。“舊”何以書作“旧”，初觀乍視，實在讓人費解。細一琢磨，纔知道“舊”作“旧”是近音假借。“旧”本是“臼”的俗字。大約是爲了書寫的方便或避免與“日”、“曰”等字相混，俗因或書“臼”作“𦥑”（《干禄字書》：“𦥑臼：上俗下正。”），又變作“旧”。《龍龕手鏡·日部》：“旧𦥑，其九反。二。”即“臼”的俗字。宋元以後的通俗刻本中亦常見書“臼”作“旧”之例（例見《宋元以來俗字譜》）。因爲“舊”從臼得聲，“舊”“臼”音近，俗書因借用“臼”代“舊”。

《清平山堂話本·洛陽三怪記》:"潘松走到酒店門前,只見店裏走出一人,卻是旧結交的天應觀道士徐守真。""旧"即"臼",亦即"舊"字。不過,大概是寫字、刻字的人有意避免與"臼"字相混,凡"舊"字一概作"旧"或"旧",而未見直接寫作"臼"字的。漢字簡化以後,則規定"舊"作"旧",而"臼"則仍作原形。(附按:"臼"旁俗亦多書作"旧",故"舊"俗或作"舊",如《清平山堂話本·風月相思》:"失意如今還得意,舊人偏覺勝新人。"是其例。所以"舊"寫作"旧"也可以説是省形借聲。)

(三)借用俗字的聲旁

有些俗字表面上看起來是同音字或近音借用産生的,其實是借用了俗字的聲旁。例如:

【靈-灵】

宋元以來俗字"靈"或作"灵"。如《清平山堂話本·西湖三塔記》:"杖錫僧投灵隱去,賣花人向柳洲來。"同書《夔關姚卞弔諸葛》:"維皇宋嘉祐五年,嘉禾姚卞謹以清酌庶羞之奠,致祭於漢丞相諸葛武侯之靈曰:炎精杪暮當桓灵,妖氣蔽之豺狼存。……惟神有靈,府垂昭鑒。"後例"靈"字凡三見,其中一處作俗字"灵"。《正字通·火部》:"灵,俗靈字。""灵"即"灵"之變體。"靈"爲什麼會寫作"灵"呢?據《廣韻·青韻》郎丁切:"灵,《字類》云:小熱皃。"與"靈"字同音。所以許多人認爲"靈"作"灵"是同音替代①,這是不錯的。但"靈"作"灵"恐怕並非直接借用,而是經過"霛"這個中間環節。《改併四聲篇海·雨部》引《俗字背篇》:"霛,與靈同。"

① 參看李榮《文字問題》83頁,商務印書館1987年版;裘錫圭《文字學概要》185頁,商務印書館1988年版。

《清平山堂話本·雪川蕭琛貶霸王》:"郡吏皆再拜而告曰:'其神至雳,不可輕褻。'"(同篇上文有"其神至靈,但有褻瀆者,神立降禍"語)"雳""雳"字形略有不同,顯然是同一字的不同變體。據《説文》,"靈"本是從巫、霝聲,但"霝"是個生僻字,而且一般人從"靈"字本身也很難看出"霝"是聲符,所以俗書以"雳"爲"靈",下半部的"灵"顯然具有表音的作用。齊《牛景悦造石浮圖記》"靈"字作"零",下部的"令"大概也是起表音作用,可與"雳"字互勘。但從字形結構上來説,"雳"字的構成實在有些不倫不類(上部的"雨"似聲非聲,似形非形),於是人們便索性省去"雨"頭,而直接用"灵"來代替"靈"字了。

又如"鬭"字,從鬥、斲聲,不但筆畫繁複,而且曲曲折折,頗不便於書寫,俗書遂把外邊的形旁簡化爲"門"或"门",其聲旁則借用音近的"斗"字來表示。如敦煌寫本斯4571號《維摩詰經講經文》:"項臂垂瓔珞,珠珍闘寶冠。"又《清平山堂話本·錯認屍》:"事有凑閗,物有故(固)然。"是其例。近代俗字以"斗"爲"鬭",其實也是借用了"閗"(或"闘")這個俗字的聲旁。

(四)在假借字的基礎上加注或變換形旁

清王筠《菉友臆説》云:"案杜少陵《兵車行》亦用耶孃字,而木蘭詞則作爺矣。古無此名,即無此字,故假借用之。假借既久,因加偏旁,理勢自然,不得榮古以虐今也。""假借既久,因加偏旁",這正是許多後起形聲字形成的重要途徑。例如:

【塗→搽→搽】

搽抹之"搽"古本作"塗"("塗"又爲"涂"的後起分化字),音徒。魏晉之際,隨着語音的演變,麻韻分立,"塗"字分化爲同都、宅加二音[①]。《廣韻》"塗"字分載於模、麻二韻，其中麻韻宅加切小韻下云："塗，塗飾。"唐范攄《雲溪友議》卷下引王梵志詩云："本是尿屎袋，强將脂粉塗。凡人無所識，喚作一團花。""塗"字下原注："音茶。"可見"塗"字讀音分化後在具體場合讀什麽音讀者有時是不大容易判斷的。爲免混淆，唐代前後俗書便借同音的"茶"來代替塗飾之"塗"。如敦煌寫本伯 3500 號佚名七言詩："田地今年别滋潤，家園果樹似㭾脂。""㭾"即"茶"字俗寫，"茶脂"即塗脂。又俄羅斯藏敦煌寫本弗 101 號《維摩碎金》："假使㨭眉兼㨯眼，直饒塗粉與茶油，……煞鬼一朝來取你，任君有貌及文才。""茶油"即塗油，該句"塗""茶"並見，蓋"塗粉"之"塗"仍讀同都切，"塗油"之"塗"則讀宅加切，爲示區别，故後字改用"茶"字來表示，"塗粉與茶油"與上句"㨭眉兼㨯眼"儷偶[②]。塗飾之"塗"俗書既多作"茶"，爲免與茶葉之"茶"相亂，後來又加注手旁作"搽"，分化出一個新的形聲字來。《龍龕手鏡·手部》："㩉，俗，宅加反，正作㩉。"[③]"㩉"即"搽"，亦即"搽"（比較"茶"字古本作"荼"），這是其字之早見者。《重修政和經史證類本草》（四部叢刊影印金泰和晦明軒刊本）卷四："蟻穴中出土，取七枚如粒，和醋搽狐刺瘡。"又宋魏了翁《鶴山先生大全文集》（四部叢刊影印劉氏嘉業堂藏宋刊本）卷三《重九後三日，後圃黄華盛開，坐客有論近世菊品日繁，未經前人賦詠，惟明道嘗賦桃花菊，外此無聞焉。因相與第其品之稍

① 參看顧炎武《唐韻正》卷四"茶"字下注。

② 明陶宗儀《輟耕録》卷二四《待士鄙吝》下載潘子素詩："阿翁作畫如説法，信手拈來種種佳，好水好山塗抹盡，阿婆臉上不曾搽。"詩中"塗""搽"雜出，用法當與《維摩碎金》同。

③ 據《四部叢刊》影印宋刊本、中華書局影印高麗本，所列正字與俗字同形，當有一誤。

顯者,各賦一品。某探題得桃花菊》:"元都有俗士,品格固爾差,遺之以潘沐,強欲相塗搽。"劉克莊《後村先生大全集》(四部叢刊影印舊鈔本)卷三九《有感》詩:"縱使老婆强搽(搽)抹,安能更□(復)入時粧。"則都是其較早的用例。到元明以後,"搽"字就屢見不鮮了。

【塑→素→塐】

塑像之"塑",古多借用"素"字。唐《咸通六年修中嶽廟記》:"我國家以神之靈,素神之形,俾神之明,福我蒼生。"敦煌寫本伯2762號《張氏修功德記》:"龕内素釋迦牟尼像并事從一鋪,四壁圖諸經變相一十六鋪。"又伯3532號《慧超往五天竺國傳》:"(前殘)彼五俱輪,見素形像,在於塔中。"莫高窟第201窟西壁龕下功德記:"然則謹就莫高山巖第二層舊窟,開鑿有人,圖素未就;創修簷宇,素繪復終。"凡此"素"皆即"塑"字。"素"字借用既久,爲免與樸素之"素"相亂,俗遂增旁作"塐"。《廣韻·暮韻》桑故切:"塑,塑像也。出《周公夢書》。"同一小韻下又云:"塐,捏土容。出《古今奇字》。"其實"塐"即"塑"字。《集韻·莫韻》蘇故切小韻下云:"塑、塐,埏土象物也。或从素。通作素。"以"塐"爲"塑"字或體,是矣。遼釋希麟《續一切經音義》卷五《阿唎多羅阿嚕力經》音義:"捏塑,上奴結反,《切韻》手捏搦也。下乘(桑)故反,《切韻》以泥塑像也。《古今奇字》作塐。經文作素,非。"希麟以經本作"素"爲非,正是着眼於功能分化而言的。唐釋道世《法苑珠林》(四部叢刊影印明徑山寺本)卷一〇七受戒篇三聚部感應緣"隋沙門浄業"條下云:"乃以舍利置於佛堂。先有塐菩薩一軀,不可移動。至明乃見迴首面向舍利,狀類天然,一無損處。"其中的"塐"字《清藏》本同,《高麗藏》本作"塑",《磧砂藏》、日本宫内廳圖書寮本作

“素”。徑山寺本卷末所附“音釋”云:“塐,蘇故切,埏土像物也。”唐天竺三藏菩提流志譯《不空羂索神變真言經》(《中華大藏經》影印高麗藏本)卷二二無垢光神通解脱壇三昧耶像品:“塐不空王觀世音菩薩……種種莊嚴,坐蓮華座。”《中華大藏經》校記稱“塐”字宋《資福藏》、《磧砂藏》、明《永樂南藏》本作“素”,明《徑山藏》本作“塑”。這種“素”和“塐”、“塑”的不同,反映出經本文字有一種逐漸向規範化發展的趨勢。《通典·禮五·方丘》:“(開元)十二年二月二十二日,(玄宗)祠后土於汾陰脽上。”杜佑自注:“舊祠堂爲婦人塐像,武太后時,移河西梁山神塐像就祠中配焉。”“塐”亦即“塑”字。

【扛→剛→掆、棡】

唐顏師古《匡謬正俗》卷六云:“或問曰:‘吴楚之俗謂相對舉物爲“剛”,有舊語否?’答曰:‘扛,舉也。音江。字或作舡。《史記》云項羽力能扛鼎,張平子《西京賦》云烏獲扛鼎,並是也。彼俗音訛,故謂扛爲“剛”耳。既不知其義,乃有造“掆”字者,固爲穿鑿也。’”吴楚方音讀“扛”爲“剛”,因即借用“剛”字。但“剛”字從刀,與扛舉之義無涉,俗遂又易“刀”爲“手”,別造“掆“字,可謂假借既久,因易偏旁,亦理勢宜然也。《南史·齊本紀下》:“疾患困篤者,悉掆移之。”“掆”即“扛”字。俗字又有“棡”。玄應《一切經音義》卷一一《中阿含經》第十五卷音義:“棡輿:吉郎反,《文字集略》云:相對舉物曰棡也。”“棡”實亦“扛”的俗字。蓋“扛”者以横木貫物而舉其兩端,以扛物者言之,則其字可從手作“扛”作“掆”;以所據以扛者言之,則其字可從木作“棡”,作“掆”作“棡”,俱無乖於六書形聲之旨。顏師古以作“掆”字爲穿鑿,殆非確論也。

九、變換結構

上古漢字的字形結構往往比較隨便，其上下左右不甚拘泥。清嚴可均《説文校議》云："六書大例，偏旁移動，只是一字；左右上下，隨意配合。"但漢字由篆而隸，隸變以後繼以楷變，字形結構漸趨固定，結構不同往往就意味着另外一個字。《説文》云"日在木上"爲"杲"，"日在木下"爲"杳"；《夢溪筆談》云"朿而相戴立生者棗"，"朿而相比横生者棘"（卷一五），都是結構不同則成爲另一字的實例。元李文仲《字鑑》卷一平聲魂韻"魂"下云："召字从形在左則爲叨，含字以聲在右則爲吟，字畫稍改，則爲别字。"清李調元《卍齋璅録》卷十云："凡字不可以偏旁互移，如查字移旦於右爲柦，音旦，木器也。杏字倒寫爲呆，即梅也，俗誤作癡獃之獃。"舊時流行的字謎詩："木字口中栽，非杏也非呆，如作困字猜，仍然非高才。"（指"束"字）凡此都反映了漢字字形結構的穩定性。

不過，俗寫文字對字形結構卻不太講究，偏旁易位的情況時有可見。事實上，許多俗字就是通過變換結構的方式形成的。如"幼"字亦作"劣"（見遼大安元年《京州法泉寺玄妙塔銘》），"好"字亦作"孝"（《碑别字新編》引唐《涼國長公主碑》），"炎"字亦作"炏"（見《正字通・火部》，清周廣業《經史避名彙考》卷一六亦云："唐時'炎'字有變體爲'炏'者。"），"吞"字亦作"吴"（見《改併四聲篇海・口部》），"聖"字亦作"瑆"（見唐龍門山造像《韓文雅題記》），"娶"字亦作"娵"（見宋乾道三年《監嶽趙伯清行狀》，清陸增祥跋："娵、娶雖皆從女、取聲，而形異義别，古字有娶無娵，碑乃以娵爲娶，小學之不講，久矣。"），等等，這種情況，和漢字字形結構不斷固定化的趨勢是不相一致的,特别是一些字偏旁易位以後的俗字和另外的字相混(如上舉"娵"字),因而招致一些正統文人的非議,也就是理所當然的了。

下面再舉幾個有意思的例子:

【蘇-蘓】

"蘇"俗字作"蘓",如敦煌寫本斯4511號《醜女緣起》:"於是王郎既被諕倒,左右宫人,一時扶接,以水洒面,良久乃蘓。"是其例。《干禄字書》:"蘓蘇:上俗下正。""蘇"本從"穌"得聲,俗書作"蘓",便是用了變換結構的方式。宋何薳《春渚紀聞》卷四《雜記》"謔魚"條:"姑蘇李章敏於調戲,偶赴鄰人小集。主人者雖富而素鄙。會次,章適坐其傍。既進饌,章視主人之前一煎鮭,特大於衆客者。章即請於主人曰:'章與主人俱蘇人也,每見人書"蘇"字不同,其魚不知合在左邊者是,在右邊者是也?'主人曰:'古人作字,不拘一體,移易從便也。'章即引手取主人之魚,示衆客曰:'領主人指撝,今日左邊之魚,亦合從便移過右邊,如何?'一座輟飯而笑,終席乃已。"這則笑話便是利用了"蘇"字下部俗書結構無定的特點。

【羣-群-羏】

羣,見《説文》,俗字作"群"。《隸釋》卷一二《太尉楊震碑》:"羣英雲集。"又云:"於時群后卿士,凡百黎萌,靡不欷歔垂涕。""羣""群"並見。《五經文字·羊部》:"羣,俗作群。""羣"變體作"群",大概與字形的方整協調有關。明陸容《菽園雜記》卷八云:"羣,舊作群,云高皇惡'君'與'羊'並,命移'君''羊'上。……崑舊作崐,云崐尹馬文炯欲鎮壓其民改書。此鄉俗相傳。然羣、崑古字,觀韻書可知。……蓋偏旁上下,自昔並用,祖宗及文炯或者改其一時所見耳,非始此也。""移'君''羊'上",充其量也不過是個放羊娃,高皇改字之説,自屬無稽之談,不足取信。敦煌寫本"羣"字又作"羣",见北圖制字5號背《散花樂》,則其俗之又俗者也。

【鵝－鵞－鵞－䳘】

鵝,《説文》作"鵝",從鳥,我聲;《爾雅·釋鳥》變體作"鵝";《玉篇·鳥部》又變作"鵞":"鵞,午何切,鴚鵞。亦作鵝。"《五經文字》卷中亦云:"鵞,或作鵝。"《字彙補·鳥部》又别出"䳘"字,云"古文鵝字"。《康熙字典》亦以"䳘"字爲古文。這四種寫法中,較早的寫法大概是"鵝",或寫作"鵞",後世則多作"鵝"。至於"䳘"字,未見具體用例,《字彙補》及《康熙字典》定作古文,未必可信。清顧炎武云:"字可上、下、左、右寫者,惟'鵝'爲然。"[①]"鵝"字同是形聲結構卻有四種寫法,充分反映了漢字字形结構的不穩定性。

寫到這裏,筆者想起這樣一件事:筆者杭州寓所附近的松木場菜場旁邊有個沈氏電器修理店,小店的招牌上把松木場的"松"寫作"枀",筆者曾好奇地問:"松"字怎麽这樣寫呢?店主答云:有根據的,篆文如此,年紀大的人都知道的。據《説文》,"松"字左木右公,和今天的寫法並無不同,"篆文如此"的説法自然是信口開河。不過"年紀大的人都知道的"卻近乎實情。事後筆者曾請教過一位老杭州,他説他也見過"松"字上木下公的寫法,可見店主所説不假。四部叢刊三編影印明覆宋本《沈氏三先生文集》卷五六沈遼《雲巢編》第五卷《西禪新閣》詩:"齊山皓髮客,逍遥老枀竹。"(此例由友生何華珍提供)其中的"枀"即"松"字,這更是"松"亦

① 轉引自清李調元《卍齋璅録》卷二。

可寫作“枩”的確證。日本漢字原來也有“枩”字,只是在昭和21年(1946)的《當用漢字表》和24年(1949)的《當用漢字字體表》中纔被统一作“松”。《三國志・吴書・三嗣主傳》裴注引《吴書》有“松字十八公”的説法,或許與“枩”的字形有關。“松”字古代又有“⿰⿱八厶木”、“枀”二形。唐《明州刺史韋塤墓誌》“松”字作“⿰⿱八厶木”。《漢語大字典》引古錢《松字布》“松”字作“”,可見“⿰⿱八厶木”字的寫法於古有徵。《改併四聲篇海・木部》引《龍龕手鏡》:“枀,音松,義同。”(今本《龍龕手鏡・木部》“枀”字左上部的撇筆略有訛變)聯繫到《説文》“松”字或體字作“𥷑”,可見“松”字作“枀”也是淵源有自。這樣,同一“松”字也就有了松、⿰⿱八厶木、枀、枩四種不同寫法。顧亭林“字可上、下、左、右寫者,惟‘鵝’爲然”的話,看來得作些修正了。

值得注意是,有些偏旁易位字由於位置的改變,某些偏旁的寫法可能會發生不同程度的變化,以適應新的字形結構。這時偏旁易位字與原字的關係也許就不是一目了然的了。例如:

【雜-褋】

《集韻・合韻》:雜,或從衣、集作褋。説實在的,這個或體“褋”與“雜”的關係是不很明白的。據《説文》,我们纔知道原來“雜”篆文作“雜”,本是從衣、集聲,隸定以後作“雜”,但從字形上很難看出原來的形聲關係,於是俗書便改寫作“褋”,這樣原字的形旁、聲旁便一目了然了。

【孫-紓】

《龍龕手鏡・糸部》:“紓,俗,音孫。”此字行均未指明正字,《中華字海》等大型字書失載。根據原書提供的聲音綫索,我們可以推斷“紓”應即“孫”的俗字。《碑别字新編》引漢《嵩山少室東闕題字》“孫”字正作“紓”。“孫”字《説文》從子從系,但“系”旁移寫在左側以後，受糸旁的影響，上部的撇筆（甲骨、金文本作爪）便有意無意地被略去了。況且"孫"字甲骨、金文本皆從"糸（絲）"，"系"字原亦從"糸"旁得義，故"孫"字寫作"紓"就没有什麼可以奇怪的了。

十、異形借用

俗字常常有與其他音義不同的字同形的情況。如清胡鳴玉《訂譌雜禄》卷一云："吃音吉，與喫音義迥别……俗混作喫字用，非。"又李調元《卍齋璅録》卷二云："今本俗多作夲，須俗多作湏，丰俗多作丯，不知兩字也。夲，音叨，從大從十，猶兼十人也；湏，火外切，爛也；丯音介，艸蔡也：俱見《説文》，與本末之本、須眉之須、丰昌之丰全别。""吃"與"喫"、"夲"與"本"、"湏"與"須"、"丯"與"丰"原本音義俱殊，但由於種種原因，俗書卻或用"吃"爲"喫"，用"夲"爲"本"，用"湏"爲"須"，用"丯"爲"丰"。這種不管一個字原來的音義，只借用它的字形的用字現象，我們稱之爲"異形借用"①。造成異形借用的原因是多方面的，下面我們主要從字體演變和造字角度的差異兩方面舉例加以討論。

（一）字形變化所致

由於字體演變、簡化、繁化或訛變等原因，造成甲字的俗體與乙字同形。例如：

【狠（yán）－狠（hěn）－狠（mào）】

① 參看裘錫圭《文字學概要》208－219 頁。

“狠”本指犬争鬭聲，從犬、艮聲，見於《説文》。《廣韻·山韻》音五閑切。唐代前後“狠”被借用作“很”的俗字。《廣韻·很韻》胡墾切：“很，很戾也。俗作狠。”這一意義的“很”後來被“狠”字取代，今“狠”字流行。比很戾義略早一些，“狠”又用作“貌”的俗字。《龍龕手鏡·犬部》：“狠，俗，音皃，儀同(容)也。”“皃”即“貌”字(據《説文》，小篆作“皃”，籀文作“貌”)。隋開皇十三年《諸葛子恒等造像頌》：“□福□□，聖(聖)狠□顒。”清陸增祥《八瓊室金石補正》卷二十五跋云：“狠疑貌之誤。”按：“狠”即“貌”的俗字，不必疑。《吐魯番出土文書》第二册東晉義熙寫本《毛詩鄭箋》殘卷“[《彤弓》‘彤弓弨兮，受言藏之’毛傳]彤弓，朱弓也，以講□□□□施狠也言我也。”按：“狠”亦爲“貌”的俗字，其前一字當爲“弛”之誤，今本《詩經》毛傳云：“彤弓，朱弓也，以講德習射。弨，弛貌；言，我也。”是其證。敦煌寫本斯625號《金光明經·捨身品》：“時二王子心大愁怖，啼泣悲歎，容狠憔悴。”亦其例。那麼“貌”怎麼會寫作“狠”呢？原來“貌”俗書作“貇”。清顧藹吉《隸辨》卷四云：“貇，《老子銘》：聃然老旄之～也。按《説文》：皃，籀文作貌。碑訛從艮，艮即艮字。從艮者貇字也，懇字從之，貇與貌相似，故致譌耳。”《龍龕手鏡》則徑以“貇”爲“貌”的俗字(“貌”作“貇”也是異形借用俗字)。又豸旁犬旁義近，俗書往往換用，故“貌”字俗又作“狠”，亦見載於《龍龕手鏡》。“貌”字俗書作“貇”，又作“狠”，於是進而演變作“狠”，便是自然而然的了。

【坏、坯(pī)－坏、坯(huài)】

《説文·土部》：“坏，丘再(段玉裁校‘再’作‘一’)成者也。一曰瓦未烧。从土，不聲。”《廣韻·灰韻》音芳杯切。明清前後俗書“坏”又被借用作“壞”的俗字(例見《宋元以來俗字譜》)。俗字

“坏(huài)”右半的“不”既不表音,又不表義,而只是個簡化符號(比較“懷”俗作“怀”,“環”俗作“环”,“還”俗作“还”)。“坏(pī)”,異體作“坯”(見《爾雅·釋山》,今“坯”字通行),俗書亦借“坯”作“壞”的俗字。如《京本通俗小説·碾玉觀音》:“你知道不敢,我叫將起來,教坯了你。”又云:“只見秀秀養娘從廊下出來,揪住崔寧道:‘你如何安手我怌(懷)中,若不依我口,教坯了你。’”“坯”皆即“壞”的俗字。“坯(huài)”右半的“丕”同樣是簡化符號,而與字的音義无涉(比較後例“懷”作“怌”)。

【泒(gū)–泒(pài)】

《説文·水部》:“泒,水。起鴈門葰人戍夫山,東北入海。从水,瓜聲。”《廣韻·模韻》音古胡切。又:“派,别水也。从水从𠂢,𠂢亦聲。”《廣韻·卦韻》音匹卦切。俗書“派”字亦或書作“泒”,與“泒(gū)”同形(“派”右旁“𠂢”即“派”的初文,然載籍罕覯,俗書書“派”作“泒”,當與俗寫文字常改生僻的偏旁爲常見的偏旁的特點有關)。《干禄字書》:“泒派:上俗下正。”唐開元二年《右衛中郎將鄭玄果墓誌》:“邑封十號,泝流千祀。”俗書“瓜”“爪”不分,“泝”即“泒”,亦即“派”的俗字。《清平山堂話本·西湖三塔記》:“一泒西湖景致奇,青山疊疊水瀰瀰。”“泒”亦“派”的俗字。清胡鳴玉《訂譌雜録》卷十云:“派,水之衺流也。俗作泒,非。泒,音孤,水名。”“派”“泒”音義本殊,俗書“派”混同於“泒”,自然免不了正統文人的呰議。

【燋–燋(焦)】

《説文·火部》:“燋,所以然持火也。从火,焦聲。”即引火的柴。又云:“㸈,火所傷也。从火,雥聲。焦,或省。”“燋”“焦”《廣韻·宵韻》並音即消切,音同義異。俗書則又借用“燋”爲“焦”的俗字。《干禄字書》:“燋焦:焦爛字上通下正。”“通”指通行已久的俗字,而不是通假字。敦煌寫本伯 2193 號《目連緣起》:“其中受罪之人,一日萬生萬死。或刀山劍樹,或鐵犂耕舌。……或抱銅柱,身體燋然爛壞。”“燋然”即焦燃,“燋”亦爲“焦”的俗字。“焦”異形借用“燋”,是與字體演變有關的。“焦”本從火得義,但隸變以後,火旁寫作了四點,於義不顯,俗書因加一火旁增繁作“燋”,便與“所以然持火”的“燋”相混無别了。

(二)造字角度不同所致

由於造字角度不同,造成甲字的俗體與乙字同形。例如:

【羙(gāo) – 美(měi)】

羔羊之“羔”下本從火。《字彙・羊部》:“羙,同羔。”《説文・羊部》:“羔,羊子也。从羊,照省聲。”清徐灝《説文解字注箋》:“疑羔之本義爲羊炙,故從火,小羊味美,爲炙尤宜,因之羊子謂之羔。《楚辭・招魂》‘胹鼈炮羔’是也。”徐灝的説法是可信的。味美之“美”俗書亦或從火作“羙”。《字鑑・旨韻》:“美,俗下從火作羙。”漢《曹全碑》已見書“美”作“羙”之例。唐《右衛中郎將鄭玄果墓誌》:“玉折知羙,蘭摧必芬。”“羙”亦“美”俗字。雖然“美”作“羙”可能與字形訛變有關(《五經文字》卷上:“美,從羊從大;從火者訛。”),但正如徐灝所云:小羊味美,爲炙尤宜,俗書“美”字從羊從火,恐怕也是與字義相聯繫着的。“羙(gāo)”“羙(měi)”同爲會意字,“羙(měi)”可以説是“美”的異形借用俗字。

【噉(dàn) – 噉(hǎn)】

“噉(dàn)”同“啖”。《廣韻・敢韻》徒敢切:“噉,噉食。或作啖。”唐趙璘《因話録》卷五:“其噉字,俗多不定……索前史及諸家并佛經，多作口邊敢，其音與著兩火同，徒敢反。又《玉篇》、《切韻》，'噉'字是正也，著兩火俗也，並徒敢反。正合作'噉'不疑矣。"敦煌寫本中"噉"字則多用作"喊"的俗字。如斯 2144 號《韓擒虎話本》："蠻奴遂領軍三萬五千，直到衾虎陣前，一齊掀旗大噉。"又云："掀旗大噉，旗亞齊入。"伯 3697 號《捉季布傳文》："遥望漢王招手罵，……高聲直噉呼劉季。""噉"皆同"喊"。後例斯 2056 號作"譀"，爲形旁替换字。"噉(dàn)""噉(hǎn)"同爲形聲結構的同形字。"噉(hǎn)"是"喊"的異形借用俗字。

【掉(diào)－掉(diū)】

《説文·手部》："掉，摇也。从手，卓聲。"《廣韻·嘯韻》音徒弔切。宋元以來的通俗小説中"掉"又常用同"丢"("丢"字《改併四聲篇海》引《俗字背篇》音丁羞切)。如《清平山堂話本·簡貼和尚》："皇甫松去衣架上取下一條縧來，把妮子縛了兩隻手，掉過屋梁去，直下打一抽，吊將妮子起去。"這是指把縧的一頭拋過屋梁去，"掉"同"丢"，義爲拋、扔。《二刻拍案驚奇》卷一七："正同着看時，忽然子中家裏有人來尋，子中掉着箭自去了。"又云："子中道：'前日齋中之箭，原是小弟拾得。看見竿上有兩行細字，以爲奇異。正在念誦，撰之聽得，走了來，在小弟手裏接去看。此時偶然家中接小弟，就把竹箭掉在撰之處，不曾取得。'"這二例的"掉"亦同"丢"，義爲擱置、放，與無意失落的"掉"不同。"掉"用同"丢"，疑爲"丢"的異形借用字。(裘錫圭先生按："丢"可能是"掉"的分化字，"掉"音略變即成"丢"，那麼讀"丢"的"掉"也可看作"丢"的初文。)

【体(bèn)－体(tǐ)】

"体(bèn)"是"笨"的換旁俗字，從人、本聲。《廣韻·混韻》

蒲本切："体，麤皃，又劣也。"清毛奇齡《越語肯綮録》："（体）即粗疎庸劣之稱，今方言粗体、呆体，俱是也。"《資治通鑑・唐懿宗咸通十二年》："正月辛酉，葬文懿公主……賜酒百斛，餅餤四十橐駝，以飼体夫。"胡三省注："体，蒲本翻。体夫，轝柩之夫也。""体夫"蓋指幹笨重活的壯漢。約在宋代前後，"体"又被用作"體"的俗字，從人從本會意（《玉篇》有"躰"字，《改併四聲篇海》又有"骵"字，皆爲"體"的會意俗字，"體"之作"体"，當由"躰"或"骵"變來）。《清平山堂話本・洛陽三怪記》："看這婆婆時，生得鷄皮滿体，鶴髮盈頭；眼昏似秋水微渾，体弱如九秋霜後。"同書《張子房慕道記》："三怕病患纏身体，四怕有病服藥難。""体"皆爲"體"的俗字。宋孫奕《履齋示兒編》卷二二引《藝苑雌黄》及《字譜總論訛字》謂流俗書"體"作"体"，斥爲"全不識字"。其實"笨"作"体"是形聲，而"體"作"体"則是會意，它們字形雖同，而造字方法卻不一樣，無須大驚小怪。

有一些異形借用字，其來歷是不大清楚的。如"圣"字，《説文・土部》云"汝、潁之間謂致力於地曰圣。从土从又"，《廣韻・没韻》音苦骨切。宋元以來俗書又用作"聖"的俗字。如《清平山堂話本・李元吴江救朱蛇》："君父王何賢圣也？願乞姓名。"即其例。但"聖"爲什麼寫作"圣"，卻是一個不解之謎。

異形借用的俗字，由於俗字本身與另一漢字形體相同，容易引起字義的混亂。所以對這一類的俗字，前人是頗不以爲然的，以爲"制字之法掃地矣"（《履齋示兒編》卷二二引《藝苑雌黄》）。其實，這一類的俗字與之重合的另一個字，基本上都是生僻字，有的實際上是早已不用了的古字，很少會發生俗字與另一個同形字在相近的上下文同時出現的情況，所以不至於造成理解上的錯誤。

正如王力先生所説:“(羣衆創造的分别字)有些字偶然和字典裏的一些僻字同形,但是只有文字學家看見過這些僻字,一般羣衆是不理會它們的。”(王力《字的形音義》)

十一、書寫變易

漢字由甲骨金文發展到楷書,字形處在不斷的變化之中。在漢字形體演變的過程中,由於人們對筆勢和字形結構的不同理解和安排,同一結構的字卻會産生不同的書寫形式。俗諺云:“書三寫,魚成魯,帝成虎。”(《抱朴子内篇·遐覽》,“帝”字原作“虚”,兹據《意林》、《北堂書鈔》、《太平御覽》、《履齋示兒編》引校正)更何況五寫、十寫乎！可以説,書寫變易也是導致俗字紛繁的重要原因。例如:

【肥－肥】

肥,俗字作“肥”。敦煌寫本斯289號《報慈母十恩德》:“爲男女,母飢羸,從(縱)食酒肉養不肥。”伯2564號《十二時》:“男兒不學讀詩書,恰似園中肥地草。”“肥”皆即“肥”字。《干禄字書》:“肥肥:上通下正。”“通”指通行已久的俗字。明楊慎《藝林伐山》卷一七“吴元濟將敗之兆”條:“裴度征淮西,掘得一碑,上有謡云:‘井底一竿竹,竹色深深緑。雞未肥,酒未熟,障車兒郎且須縮。’有識之者曰:‘雞未肥,肥去月,乃己字;酒未熟,乃酉字。’後果以己酉日擒吴元濟。”“肥去月,乃己字”,亦是指“肥”字而言(俗書“己”“已”“巳”三字混同不别)。考《説文·肉部》,“肥”字右旁作“㔾”,隸定以後可作“巳”(肥、巽、巷等字從之)、“巴”(邑、色、絶等字從之)、“㔾”(卷、危等字從之)等形,較之《説文·巴部》“㔾”

隸定作"巴",則"ㄋ"以作"巳"爲近真。但由於楷書以"肥"爲正體,"肥"便淪爲俗體而不得登大雅之堂了。同樣,"色"或作"色",亦爲隸定字,而《干禄字書》則徑以"色"爲俗字矣。

【總－緫】

總,俗字作"緫"。《字彙·糸部》:"緫,俗總字。"考"總"右上部"囪"《説文》作"⊠",隸定作"囪",亦作"匆"。清顧藹吉《隸辨》卷六:"匆,囪,即窗字,《説文》作⊠,象形。隸變如上。"故"悤"及"悤"旁亦寫作"怱"。《正字通·心部》:"悤,隸作怱。"可見作"總"作"緫"皆爲隸體之變,本無所謂正俗。但由於楷書以"總"爲正字,於是"緫"亦淪爲俗字矣。又《干禄字書》:"聦聰:上通下正。"《正字通·耳部》:"聦,俗聰字。"其實"聰""聦"同樣也都是隸變字,而無正俗之分。《玉篇》、《龍龕手鏡》有"聦"無"聰",《龍龕手鏡》而且標明"聦"爲正體。看來所謂正俗,是與人們對字形的不同理解相關聯的。

【圣－左】

圣(kū),字又作"左"。《龍龕手鏡·土部》:"左、圣:苦没反,汝南人云致力於地中曰～。二。"《康熙字典·土部》:"圣,亦作左。"在一般人的心目中,"左"無疑是個俗體字。其實不然。"圣"字從土從又,"又"字篆文作"ㄋ",楷定作"又",亦作"𠂇"(右、友、有、灰等字從之),故"圣"字又寫作"左"。同樣,"怪"又可作"恠"(見《干禄字書》),"硜"又可作"砫"(見《龍龕手鏡》)。反之,"友"亦可作"叐"(《玉篇·又部》),"右"亦可作"叾"(見《集韻·宥韻》),"灰"亦可作"炇"(見《字彙補》),"有"亦可作"肙"(見《董西厢》),等等,凡此皆爲隸楷之變,然而圣、怪、硜、友、右、灰、有等寫法既被視爲正體,則左、恠、砫、叐、叾、炇、肙等寫法便淪爲異體俗字矣。

【桑－桒】

桑,俗字作“桒”。《廣韻·唐韻》:桑,俗作桒。敦煌寫本伯2718號《王梵志詩·蒙人惠一恩》:“蒙人惠一恩,終身酬不極。若濟桒下飢,扶輪可惜力。”“桒”即“桑”字。《三國志·蜀志·楊洪傳》裴松之注:(何祇)嘗夢井中生桑,以問占夢趙直。直曰:“桑非井中之物,會當移植,然桑字四十下八,君壽恐不過此。”所謂“四十下八”,亦指“桒”字而言。考“桑”字甲骨文或作“”形,《説文》作“”,漢印或作“”,《類篇》、《集韻》並載“桑”古作“桒”。“”隸定作“桑”,“”、“”、“桒”隸定則作“桒”(比較“奔”、“賁”等字的“卉”旁淵源於“芔”),它們各自的淵源演變是不難看出的。慧琳《一切經音義》卷八一《大唐西域求法高僧傳》下卷“桑梓”條音義解“桑”字云:“古文從三屮作桒,下從木,小篆變三屮爲桑(叒),音弱,今隸書俗用從卉作桒,漸訛也。”可參。要之,作“桑”作“桒”各有所本(而以作“桒”爲近古),俗字亦未可厚非也。

十二、全體創造

上面列舉的俗字的十一種類型,大抵關涉到對正字的改造或異形的借用,正字和俗字之間往往有着或多或少的聯繫,儘管有的俗字表面上看起來與正字並無共同之處(如“乂”與“義”)。這裏所講的“全體創造”,則是完全拋開正字,另起爐竈,用全新的構件創制新字。如唐蘇鶚《蘇氏演義》卷上云:

> 只如田夫民爲農，百念爲憂，更生爲蘇，兩隻爲雙①，神虫爲蠶，明王爲聖，不見爲覔②，美色爲豔③，囗王爲國，文字（子）爲學：如此之字，皆後魏流俗所撰，學者之所不用。

又宋孫逢吉《職官分紀》卷一五引韋述《集賢注記》載開元十九年集賢院四庫書中古代書云：

> 齊、周書紙墨亦劣，或用後魏時字，自反爲歸，文子爲字（學），欠畫加點，廳三反四，又無當時名輩書記。

聯繫到《魏書・世祖紀》始光二年三月"初造新字千餘"，"頒下遠近，永爲楷式"的話，可見後魏造字之説確非虛言。據蘇、孫二家所舉，這些新字大多是另起爐竈生造出來的。下面以"明王爲聖"、"自反爲歸"爲例，試作評説：

【明王爲聖】

隋开皇十三年《諸葛子恒等造像頌》云："堂堂朢德，巍巍帝功。"又云："□福□□，朢狠（貌）□顒。""朢"即"聖"字。"明王爲聖"當即指"朢"字。其字上明下王，蓋會意也。《龍龕手鏡・玉部》："罜，古文，音聖。""罜"當又爲"朢"的變體。（裘錫圭先生按："朢"與"聖"字形相近，恐怕難以認爲完全拋開正字而造的俗字，至少此例不典型。）

【自反爲歸】

唐開元寺三門樓題刻《三門主劉君妻孟等題名》有"温西皈"，清陸增祥《八瓊室金石補正》卷四三引《常山貞石志》云："案《龍龕

---

①《字彙・隹部》："雙，俗雙字。"此即所謂"兩隻爲雙"。

②《玉篇・見部》："覔，同覓，俗。"此即所謂"不見爲覔"。"覔"字敦煌寫本中經見。

③ "美色爲豔"未詳。或當作"豐色爲豔"，指"豔"俗字"艷"或"艶"。

手鏡》:皈,音歸。而無⿰自反字。温名西⿰自反,取皈依西方佛法之意,當與皈同。”按《龍龕手鏡·自部》:“⿰自反,音歸。”而别無所謂“皈”字。《常山貞石志》蓋誤記耳。“自反爲歸”當即指“⿰自反”字。其字從自反,蓋會意字。俗字又有作“皈”者,則又“⿰自反”之變體。唐《王迴山造浮圖頌》文後題名有“梁思⿰自反”,又有“王思⿰自反”,“⿰自反”亦即“歸”字,陸增祥《八瓊室金石補正》卷五七引沈淮跋以“⿰自反”爲“皈”字别體,恐爲顛倒。敦煌寫本“⿰自反”字經見,如北圖藏《李陵變文》:“天子受(授)吾命,將破虜⿰自反朝。”是其例。斯 388 號《正名要録》“正行者正體,脚注訛俗”類以“⿰自反”爲“歸”的“訛俗”字。《敦煌變文集》卷二《秋胡變文》:“我兒當去,元期三年,何因六載不皈?”其中的“皈”字敦煌寫本原卷斯 133 號實作“⿰自反”,校録者習於今而忘於古,徑改作“皈”,殊爲不妥。

除了北魏以外,歷史上各個朝代都産生或使用過一些與正字的字形没有直接關係的生造俗字,如下面的例子:

【⿴囗无】

《正字通·口部》:“⿴囗无,同模。”《隸釋》卷一〇《童子逢盛碑》:“過庭受誡,退誦詩禮。心開意審,聞一知十。書畫規柜(矩),制中园椛。日就月將,學有緝熙。”洪适跋:“此云‘制中园椛’者,又借‘椛’爲‘范’,而用‘园’爲‘模’也。”按:據洪跋,“园”蓋“⿴囗无”之俗誤,“⿴囗无”又爲“模”的俗字。蓋模型多爲方正之狀,故易“木”爲“口”,而“无”“莫”則音近换用。古音“莫”與“无”相近。《集韻·模韻》:“模,《説文》:法也,亦作橅。”《漢書·韋賢傳》“富貴百姓,其規橅可見”顔師古注:“橅讀曰摹,其字從木。”又《蕭望之傳》“今將軍規橅云若管晏而休”顔師古注:“橅讀曰模,其字從木。”“橅”實即“模”的聲旁替换俗字。宋朱弁《曲洧舊聞》卷六云:“世俗呼無爲模。”東漢以來譯經,“南无”音囊謨,亦“无(無)”“莫”音同音近之證。碑文“制中园(模)梡(范－範)”者,蓋謂逢盛年幼聰慧,寫字畫畫,其形制、式樣與範本相合也。清顧藹吉《隸辨》卷一據《廣韻》謂碑文“园”同“刓”,清黄承吉《字詁義府合按》説同(中華書局1984年版239頁),據此,則“园”乃爲“刓”之换旁字,與上説不同。

【叠】

《字彙補·大部》:叠,古東切,無私也。按:即“公”的會意字。

【躳】

《字彙補·身部》:“躳,與窮同。”按:即“窮”的會意俗字。

【孹】

《字彙補·子部》:“孹,與姪同。見《藏經音義》。”按:此字由“兄㞢(之)子”三字合成,即“姪”的會意俗字。

【飡】

《字彙補·食部》:“飡,《字學元元》與齋同。”按:即“齋”的會意俗字。

【㞾 㞢 㞷 𦟃】

《龍龕手鏡·生部》:“㞾、㞢、㞷:奴困反,正作嫩,弱也。三。”又《改併四聲篇海·肉部》引《類篇》:“𦟃,音嫩。”按:上述四字皆爲“嫩”的俗字。

【𢪈】

清徐珂《清稗類鈔·盜賊類》:“滬人呼翦綹賊曰𢪈手,猶言扒手也。”按:即“扒”的會意俗字(俗稱扒手爲三隻手)。

清錢大昕《十駕齋養新録》卷四“宋時俗字”條云:“《龍龕手鏡》多收鄙俗之字,如歺爲多,矮爲矮,甭爲棄,𠕒爲暗……𡧯爲寬,皆妄誕可笑，大約俗僧所爲耳。”所述亦皆爲“全體創造”的新字。

十三、合　文

漢字是音節文字，一個字代表語言的一個音節。用漢字記録語言，總是一個字一個字分開寫的，但從古老的甲骨金文開始，就有少數把兩個或三個字合寫在一起的“合文”，如（小子）、（小甲）、（四千）、（十二月），等等。這類合文，不過是把兩個或三個完整的字壓縮在一起，説它們是兩個或三個字也未嘗不可。但後世民間俗書則利用合文這種形式，把兩個或幾個字拼合在一起，而又加以簡省或符號化，形式上就成了一個真正的“字”，但代表着語言的兩個或幾個音節。例如：

【卄】

“菩薩”的合文。敦煌寫本伯3808號《長興四年中興殿應聖節講經文》：“若非卄之潛形，即是輪王之應位。”按《龍龕手鏡·草部》：“卄，莫朗反，草木冬生不死也，又音菩薩二字。”“莫朗反”是草莽字，“音菩薩”即是指“卄”爲“菩薩”的合文。

【蓵　芔】

皆爲“菩提”的合文。敦煌寫本斯4508號《三歸依》：“且要頻親月面，聞身見（健），速須達取，蓵彼岸。”伯3083號《五更轉》：“四更長，太子苦行萬里香。一欒蓵修佛道，不藉你世上作公主。”又伯3093號《佛説觀彌勒菩薩上生兜率天經講經文》：“唐言好略，菩下去提，薩下去埵，故名卄，此云覺有情。故疏云：梵云芔薩埵，此云卄。”“卄”爲“菩薩”的合文，“蓵”、“芔”則爲“菩提”的合文。《龍龕手鏡·草部》：“芔，音菩提二字。”

【卌　卌】

皆爲“涅槃”的合文。敦煌寫本北圖黄字12號《法華經玄讚第四》:“卌已滿,真智遂生;具福惠嚴,菩复滿。”又云:“卌第卅四云:我於一時説一乘一道,一行一緣,能爲衆生作大寂静,永斷一切法。”後例“卌第卅四”指《涅槃經》卷第三十四。北涼天竺三藏曇無讖譯《大般涅槃經》卷三四云:“我於經中告諸比丘:一乘一道,一行一緣,如是一乘乃至一緣,能爲衆生作大寂静,永斷一切繫縛愁苦及苦因。”此即寫卷引語之所本。又伯2045號《五更轉》:“善惡不思即無念,無念無思是卌。”伯3099號《悉曇頌》:“生死卌不合渡,愛河逆上不留住。”其中的“卌”北圖鹹字18號、伯3024號等卷分别作“涅槃”,可證“卌”即“涅槃”也。

附按:“菩薩”、“菩提”、“涅槃”敦煌寫卷中作合文,大概因爲這些詞都是佛典中的常用詞,出現的頻率極高,抄寫佛典的人爲了節省時間,開始時有意無意地用“菩薩”二字所從的草字頭代替“菩薩”二字,後來使用久了,便把兩個草字頭合在一起,寫成爲“卄”。“菩提”二字開始時大概合寫作“菩”,後來也許是嫌其仍不够簡便,又採取在“卄”中加點的方法合寫作“卄”。與此同時,又比照“卄”、“卄”把“涅槃”合寫作“卌”或“卌”,於是“菩薩”的合文爲“卄”,加點作“卄”則爲“菩提”,加豎作“卌”或“卌”則爲“涅槃”了。

【乙】

“某乙”的合文。敦煌寫本斯2630號《唐太宗入冥記》:“唐天子太宗皇帝李乙生魂。”伯3808號《長興四年中興殿應聖節講經文》:“沙門乙言:千年河變,万乘君生。”按:“乙”即“厶乙”,“厶”爲“某”字簡體。宋陸游《老學庵筆記》卷六:“今人書某爲厶,皆以爲俗從簡便，其實古某字也。"

【𤲞】

"營田"二字的合文。敦煌莫高窟第 431 窟窟檐前梁宋代題記："維□(大)宋太平興國伍年，歲次□(庚)辰二月甲辰朔廿二日乙丑，敕歸義軍節度瓜沙等州觀察處置管内𤲞押蕃落等使……曹延禄之世創建此窟檐紀。"又第 444 窟窟檐横梁宋代題記："維大宋開寶九年，歲次丙子正月戊辰朔七日甲戌，敕歸義軍節度瓜沙等州觀察處置管内𤲞押蕃落等使……曹延恭之世創建紀。"按：例中的"𤲞"，皆爲"營田"二字的合文。同上第 196 窟甬道北壁供養人像列西向第一身題名："敕歸義軍節度瓜沙伊西等州管内觀察處置押蕃落營田等使……索勳一心供養。"又第 98 窟甬道北壁供養人像列西向第一身題名："故外王父前河西十一州節度管内觀察處置押蕃落支度營田等使……張議潮一心供養。"可證"𤲞"即"營田"①。"營田使"是指主管屯田事務的官員。

【廿(卄、廿)　卅(卅、𠦃)　卌(𠦜、卌)】

分别爲"二十"、"三十"、"四十"的合文，括號中的字形爲各自的變體。如敦煌寫本伯 3559 號《唐天寶間敦煌縣差科簿》："平懷逸載五十九，上騎都尉(壽昌平水)；男嗣琰載卅二，品子(府史)。王孝璋載卌五，上柱國(軍典)；弟孝祥載廿五，上柱國子(豆盧軍健兒)。"是其例。按宋洪邁《容齋隨筆》卷五云："今人書二十字爲廿，三十字爲𠦃，四十字爲卌，皆《説文》本字也。廿音入，二十并也。𠦃音先合反，三十之省便，古文也。卌音先立反，數名，今直以

---

① 敦煌寫本中"𤲞"亦用作"營"的俗字，如伯 3645 號《季布詩詠》："張良説計甚希有，其夜圍得楚家𤲞。"又北圖藏《李陵變文》："下𤲞未了，頓食中間，陵欲攢軍。"皆其例。

爲四十字。按：秦始皇凡刻石頌德之辭皆四字一句。《泰山辭》曰：'皇帝臨位，二十有六年。'《琅邪臺頌》曰：'維二十六年，皇帝作始。'《之罘頌》曰：'維二十九年，時在中春。'《東觀頌》曰：'維二十九年，皇帝春游。'《會稽頌》曰：'德惠脩長，三十有七年。'此《史記》所載，每稱年者輒五字一句。嘗得《泰山辭》石本，乃書爲'廿有六年'，想其餘皆如是，而太史公誤易之，或後人傳寫之訛耳。其實四字句也。"按："卄""卅""卌"等原本應是"二十""三十""四十"的合文，應讀作兩個音節。秦石刻"二十""三十"作"廿""卅"只是爲了字數上的整齊，而不見得當時已讀作一個音節。相反，《史記》把"廿""卅"改寫作"二十""三十"，卻説明在司馬遷那個時代"廿""卅"仍應作兩個音節讀。從敦煌寫本的實際用例來看，似乎唐代前後上述合文仍是二字二音。如敦煌寫本伯2653號《韓朋賦》："朋年卅未滿，廿有餘，姿容窈窕，里發（黑髮）素失（絲）。"（該篇多作四字句）又斯328號《伍子胥變文》："卅不與丈夫言，與母同居住鄰里。"（該段韻語上下文皆作七字句）上述例句中的"廿""卅"只有讀作二字二音纔能保持句式的整齊和協調。不過大約唐代前後已有人把"廿""卅"等讀作一字一音，今本《玉篇》中已出現"卄"如拾切、"卅"先闔切、"卌"先入切的音切（疑爲唐宋人所"廣益"）。又清凌揚藻《蠡勺編》卷二四云："楊升庵曰：廿字韻書皆音入，惟市井商賈音念，而學士大夫亦從而誤之。唐《開耀三年開業寺碑》陰多宋人題名，有云：'濟南李致至道、王亢退之沿檄過此，同宿承天佛舍，元祐辛未陽月念五日題。'《金石文字記》謂以'廿'爲'念'，始見於此。""廿"寫作"念"，也只有原字讀作一字一音時纔有可能。浙江省義烏市東有個念三里鎮，該地離義烏市區、東陽市區及蘇溪鎮各爲二十三華里，故名"念三里"，

“念”正亦由“廿”而來。

諸如上述這種一字二音的合文,在古籍中並不多見。《龍龕手鏡》卷一名部有“𡖋”(名夜反)、“𡖌”(名養反)、“䆶”(名也反)等字,亭部有“𠅸”(亭匠反)、“𠅹”(亭音反)、“𠅺”(亭夜反)、“𠅻”(亭單反)等字,卑部有“𤰼”(卑孕反)等字,寧部有“𡫄”(寧吉反)、“𡫅”(寧也反)、“𡫆”(寧壹反)、“𡫇”(寧立反)等字,卷二也部有“𤰽”(卑也反)、“𠁿”(并也反)等字,這些字大抵是佛教徒翻譯梵音經咒時創造的合音字。清范寅《越諺》卷上:“𦍑得窮親來過𣅝,無有富親來救難。”“𦍑”下原注:“止有切。”也是一個合音字。它們和一字卻表示兩個或兩個以上音節的“合文”是不一樣的。

民國以迄中華人民共和國成立初期,隨着漢字簡化和改革呼聲的高漲,一些人曾有意識地創造了一些合文——當時稱之爲複音字、複音詞字、代詞字、合體簡字、會意新字、複音合體字、縮寫字等等,如崠(山東)、㶎(鴛鴦)①、邗(幹部)、囻(國際)、甯(博物館)、圕(圖書館)、圊(青年團)、燃(禁止煙火)、交(帝國主義)、祓(被壓迫階級)、訡(設計),等等,總數達到上千個,這類合文,雖然方便記録,節省時間,但由於多係閉門杜撰的產物,背離了約定俗成的原則,所以除個别(如“圕”)曾一度流行外,其餘便曇花一現,迅即銷聲匿迹了。

① 宋元以來通俗刻本中“鴛鴦”多寫作“夗(或作‘夗’)央”,如《清平山堂話本·洛陽三怪記》:“掇起琵琶腿,慢慢結夗央。”《京本通俗小説·馮玉梅團圓》:“(寶鏡)内鑄成夗央二字,名爲夗央寶鏡。”後來“鴛鴦”合文作“㶎”,也可以説是把省旁字“夗央”合二而一。

第四章　俗字的特點

俗字的類型已如上述,那麼俗字有些什麼特點呢？或者説,俗字與正字有些什麼區别呢？我們認爲,俗文字通常有如下的特點：

一、通俗性

通俗性是俗文字的根本特性之一,俗字之所以成爲“俗”字,便與它通俗的特點有關。本書第一章在談到俗字的定義時曾經引用過顔元孫《干禄字書·序》中的一段話：

> 所謂俗者,例皆淺近,唯籍帳、文案、券契、藥方非涉雅言,用亦無爽。儻能改革,善不可加。

根據這一表述,俗字的通俗性可以包含以下兩方面的内容：一是字體“淺近”;二是主要流行於民間的通俗文書。

字體淺近,主要與俗字簡省的特徵有關。我們在前面説過,文字是記録和傳達語言的書寫符號,爲了便於書寫,要求形體簡略。簡省的俗字是與文字發展的這一趨勢相適應的。從總體上來看,大多數俗字都比正字簡單,構形簡捷明了,易學易記。語言學老前輩陳原先生曾舉過一個頗爲典型的例子,且把它抄在這裏：

“塵”字籀文作“”,篆文作“”,《説文》云“鹿行揚土也。从麤土”,段玉裁注：“羣行則揚土甚。”漢代以後則或簡化作“塵”

（漢簡及碑中已見用例），唐代前後又作“尘”或“尗”（敦煌寫本中有用例）。陳原先生解釋説：“三隻鹿揚起的是塵土，一隻鹿也能揚起塵土，那又何必寫三隻呢？人總是‘貪懶’的，也就是人總是那麼聰明，要用最小的勞動來換最大的成果，所以三鹿二土簡化而爲三鹿一土，再簡化而成一鹿一土。後來‘俗’人，即時間很少而操勞很多的人還嫌它太‘繁’，故俗作‘尘’——‘俗作’者，是在日常生活裏‘凡夫俗子’都這樣寫之意。”①“塵”字由“”到“”到“塵”，再到“尘”或“尗”，記録了漢字由繁趨簡的過程，也顯示了俗字通俗淺近的特點。“尘”字與“塵”（尤其是與“”和“”）相比，不是簡捷淺近得多嗎？

俗字以其淺近通俗，因而爲廣大的“凡夫俗子”所樂用，大量流行於民間的帳單、契約、案卷、藥方以及俗文學作品的寫本或刻本之中。我們在吐魯番出土的案卷、敦煌寫本中的契約、太平天國“欽定”的文告和宋元以來的小説刻本中都可以見到大量的俗體字。現在在一些公共場所，仍不時可以見到“艽芽（韭菜）”、“卜缶（葡萄）”、“冈志（同志）”、“苗囗（苗圃）”、“周囲（周圍）”一類自造的簡化字。對這種“淺近”的俗字，人們往往是默許多於斥責，反映了人們希望文字符號簡便易寫的心理。

俗字主要流行於民間的通俗文書，這在過去的封建社會更是如此。顔元孫的書取名“干禄”，便隱寓着官方文書用不得俗字的深意。清代缮寫《四庫全書》，規定書寫格式的《辨正通俗文字》裏寫道：俗者，承襲鄙寫，斷不可以從者也。上一章曾提到宋朝楊萬

① 見《關於漢字的社會語言學考察》，載《漢語大字典論文集》，湖北辭書出版社、四川辭書出版社1990年版。

里考校湖南澧試,有位考生在卷子中書"盡"作"尽",楊氏怕人嘲笑他取了個"尺二秀才",便力主把他黜落。這也説明俗字是登不得"大雅之堂",是不能通融的。

二、任意性

俗字的任意性主要表現在以下幾個方面:

(一)同形異字

俗字常常有身兼數職的情況,同一形體既可充當甲的俗體,又可充當乙的俗體,甚至在同一本書或同一篇文章中也是如此。例如:

【釰】

"釰"字既可充當"劍"的俗字,又可充當"刃"的俗字。如敦煌寫本斯2614號《大目乾連冥間救母變文》:"獄中罪人,生存在日,侵損常住,游泥伽藍,好用常住水果,盜常住柴薪,今日交(教)伊手攀釰樹,支支節節皆零落。"這是"劍"的俗字。《集韻·驗韻》:"劍,俗作釰。"是也。又同卷下文:"女卧鐵牀釘釘身,男抱銅柱胸壞爛,鐵鑽長交(教)利鋒釰,饞牙快似如錐鑽。"這又是"刃"的增旁俗字。《龍龕手鏡·金部》:"釰,音刃,劍刃也。"其實就是"刃"的俗字。不久前筆者杭州寓所附近的西溪路新開了許多個體户的店鋪,其中有一家門前的招牌上寫着"專售釰扣","釰扣"是指"劍扣"呢?還是指"刃扣"?不免使人納悶。進去一看,纔知道是紐扣商店,原來"釰"是"紐"的俗别字。如果把"釰(紐)"也加在一起,"釰"便是身兼三職了。

【园】

《京本通俗小説・碾玉觀音》:"花正開時豔正濃,春宵何事老芳叢。黄鸝啼得春歸去,無限园林轉首空。"這是"園"的俗字。同篇下文又云:"這塊玉上尖下园,好做一个摩侯羅兒。"這又是"圓"的俗字。"园"字一身而兼二職。

【义】

《清平山堂話本・簡貼和尚》:"僧兒見了,可煞喜歡,义手不離方寸,告官人:'有何使令?'"這是"叉"字(比較下文"釵"寫作"釵")。同書《快嘴李翠蓮記》:"公婆性兒义莽撞,只道新婦不打當。"這是"又"字。《京本通俗小説・馮玉梅團圓》:"此人姓范名汝爲,仗义執言,救民水火,羣盜從之如流。"這又是"義"字。"义"字一身而兼三職。

這種同形異字的情況,有時會造成辨認或理解上的困難。李榮先生在《文字問題》一書中曾舉過這樣一個例子,很能説明問題:

文學古籍刊行社1955年影印的《脂硯齋重評石頭記》(乾隆庚辰本)第六十二回有云:"寶釵一想,因見席上又難,便覆着他是用雞窗雞人二典。""席上又難"費解,原書用墨筆點去"又難"二字,旁注"有鷄肉"三字。而乾隆抄本百廿回《紅樓夢稿》(中華書局1963年影印本)"又難"則作"有鸡"(中華書局影印蘇聯列寧格勒藏抄本《石頭記》"鸡"作"鷄","鸡"即"鷄"的俗字)。"又""有"古字通用,可以不論。但"鷄"怎麼會誤作"難"呢?查《脂硯齋重評石頭記》乾隆己卯本(上海古籍出版社1981年影印)"又難"作"有难",又用硃筆圈去"难"字,旁注"雞肉"二字。其實己卯本的"难"即"雞"的簡化俗字(比較清初刊《目連記彈詞》、清嘉慶濟水太素軒刊《金瓶梅奇書》及上引乾隆抄本《紅樓夢稿》"鶏"字作"鳰"），改字已屬多餘；而庚辰本的抄手不知這個"难"即"雞"的俗字，而誤以爲"難"的俗字，遂回改爲"難"，以致文義難通了。這個例子説明俗字同形不但會導致字形的混亂，還會给讀者造成辨認的困難，是應該盡力加以避免的。

（二）異形同字

和同形異字的情況相反，俗字又有異形同字的，即一個字可以有兩個或多個相異的俗體。慧琳《一切經音義》卷四九《大莊嚴論》第六卷"吐涎"條音義云："祥延反，俗字也，正作次，《説文》云口中津也，從水從欠，雖正體，爲與次字濫，故時不用，束晳作㳄，［賈］誼作湺，《史籀》大篆作㳄，此皆先輩諸儒各隨自意而作字也。"（"賈"字據同書卷一百《止觀》上卷音義補）"各隨自意而作字"的結果，自然是異體俗字的泛濫。如僅一"區"字，就有近百個不同的俗體（參看第二章第二節）。又如上文提到的"叉"字，除寫作"乂"外，又有寫作"乂"和"叉"的。《京本通俗小説・碾玉觀音》："（崔寧）當時乂手向前，對着郡王道：……"同篇下文云："崔寧叉着手，只應得喏。"其中的"乂""叉"皆爲"叉"的俗寫。

異形同字的現象比較普遍，這裏不贅舉例。

（三）正俗並用

在古寫本及通俗文學刻本中常見正字與俗字交錯使用的情況。如：

【婆－婁】

"婁"爲"婆"的俗字。《字彙補・女部》："婁，與婆同。《楞伽經》：犍闥娄城。"成都市天福街53號有個著名的"陳麻娄豆腐"店，"陳麻娄"即"陳麻婆"。《清平山堂話本·西湖三塔記》："宣贊見門前一頂四人轎擡着一箇娄娄，看那婆婆生得……"同書《洛陽三怪記》："（潘松）回轉看時，只見路停（傍）高柳樹下，立着箇婆子。看這婆婆時……潘松道：'素昧平生，不識婆娄姓氏。'……（又）道：'婆婆面貌與家間媽媽相似。'"下文又云："不多時，只見娄子同女童來。"又云："那娄娄引入去。"全書"娄娄"、"婆婆"、"婆娄"、"婆子"、"娄子"交互雜出，顯然是與刻工書寫的任意性相關聯的。

【煙－烟】

《清平山堂話本·西湖三塔記》："家家禁火花含火，處處藏煙柳吐烟。"按："烟"爲"煙"之或體（見《説文》。《龍龕手鏡·火部》："烟，俗；煙，正。"），同一句中"煙""烟"雜出。

【聽－廰】

北京圖書館藏明刊狹版子本《夢溪筆談》卷一八："許騎驢徑欲造丞相聽事，門吏止之不可，吏曰：'此丞相廰門，雖丞郎亦須下。'"按："廳事"之"廳"本作"聽"，"聽事"爲動賓結構，猶言"聽政"；後來引申指聽事的屋子，故增加形旁作"廳"。《集韻·青韻》："廳，古者治官處謂之聽事，後語省直曰聽，故加广。""廳"字約產生於六朝，後來亦有寫作"廰"的。宋孔平仲《珩璜新論》卷四云："古字通用，後人草則加草，木則加木，遂相承而不知也。如……'廳'者於此聽事也，只合作'聽'字。後人以爲屋也，加广，魚檢反，如庭、廉之類。今訛作厂字。《玉篇》：厂呼旦反者，山石之厓巖，人可居也。今《禮部韻》亦訛也。"前揭《夢溪筆談》中的"廰"當是"廳"的俗別字，文中"聽""廰"錯出，説明當時分化字"廳"及

“廳”還没有完全取“聽”而代之。

(四)主觀色彩

有些俗字是人爲的因素造成的,具有濃厚的主觀色彩。如清卜陳彝《握蘭軒隨筆》卷上“改國字”條云:“唐武則天好改新字,有言‘國’中著‘或’字,‘或’者惑也,乞以‘武’鎮之,乃改‘或’作‘武’。復有言‘武’在口中,與囚何異,乃改作‘王’字。”按“国”字六朝已見。武則天改“國”作“国”的説法自是小説家言,不足憑信。但從唐代寫本中“國”字多寫作“国”的情况來看,“國”字的創制及“国”字的流行很可能是受了統治者個人因素的影響。

宋張世南《游宧紀聞》卷九:“世字因唐太宗諱世民,故今牒、葉、棄皆去‘世’而從‘云’;漏泄、縲紲又去‘世’而從‘曳’。‘世’之與‘云’形相近,與‘曳’聲相近。若皆從‘云’,則‘泄’爲‘沄’矣,故又從‘云’而變爲‘曳’也。”又宋葉夢得《石林燕語》卷八:“時暨(暨陶)自闕下一畫,蘇(蘇頌)復言字下當從‘旦’。此唐避代宗(泉按:當作睿宗,睿宗名李旦)諱,流俗遂誤弗改耳。”按:凡此牒、枽、洩、絏、曁等都是避諱造成的俗字,帶有濃厚的主觀色彩。至於“弃”字,《説文》中已見,雖然“棄”字原本並不從“世”,但由於“棄”字的中部與“世”形近,所以人們亦避嫌從簡體作“弃”。宋孫奭《律音義》云:“弃,古棄字,詰利切,唐避太宗諱行焉。今從古。”可參。

《宋書·明帝紀》:“(明帝)末年好鬼神,多忌諱,言語文書有禍敗凶喪及疑似之言應回避者,數百千品,有犯必加罪戮,改‘騧’爲馬邊瓜,亦以‘騧’字似‘禍’字故也。”按:“馬邊瓜”即“駎”字,爲“騧”的俗字。又《玉篇·疒部》:“瓜,古禾切,瘡也。又古花切。”接云：“瘑，古禾切，疽瘡也。”“疝”實即“瘑”的俗字。“騧”“疝”都是避“禍”字形成的俗字。

主觀色彩的另一種表現是具體漢字正俗的認定帶有明顯的個人色彩。如玄應《一切經音義》卷二《大般涅槃經》第四十卷音義：“鈎鉺（餌），正字作蛡，同，如志反，服虔云鈎魚曰餌也。”（標目字“鉺”據《高麗藏》本《大般涅槃經》卷四十經文及慧琳《一切經音義》卷二六引校正）《字彙·虫部》云：“蛡，與餌同，釣魚食也。”又《墨子·魯問》“鈎者之恭，非爲魚賜也；餌鼠以蟲，非愛之也”畢沅校：“餌，舊作‘蛡’，非，據《蓺文類聚》改。”孫詒讓《閒詁》：“‘蛡’蓋‘餌’之俗體。《集韻》七志云‘蛡，釣魚食也’。”同一“蛡”字，或以爲正字，或以爲或體，或以爲訛字，或以爲俗體[①]，呈現出釋讀者個人的主觀色彩。

三、時代性

俗字具有時代性，往往因時而異。時代的發展，物質文化生活的改變或提高，往往會在語言文字上留下深深的痕迹。而這種痕迹在俗文字上表現得尤爲明顯。在筆者看來，俗字的時代性至少表現在如下三個方面：

（一）正俗關係因時而異

本書第一章第二節在談到正字和俗字的關係時，我們曾經寫道：正字和俗字是相輔相成的，正、俗字之間的關係並不是一成不

① 從字形演變的角度而言，當以孫詒讓之説爲長。“蛡”乃“餌”的後起换旁俗字（釣者亦用蚯蚓等蟲類作魚餌，故改其字作虫旁）。

變的,它們往往隨着時間的推移而不斷發生變化。不同的書體如此,單個的漢字也是如此。在那一節我們曾經舉過"策"與"筞"、"祕"與"秘"、"輩"與"軰"等正俗關係發生變化的例子。下面再舉幾個例子:

【⿰言截】

《説文》作"識",從言,戠聲。"戠"旁俗書簡省作"截",如"懺"俗作"⿰忄截","纖"俗作"⿰糹截",等等,故"⿰言截"當爲"識"的俗字。但《龍龕手鏡》則以"⿰言截"爲正字,而别無"識"字,説明當時俗字"⿰言截"已取代原來的正字"識"。

【鎁】

《龍龕手鏡·金部》:"釾,或作;鎁,正:音耶,鏌~,劍名。"按《説文·金部》:"釾,鏌釾也。从金,牙聲。"是"釾"本爲正字。後來"釾"字俗或作"鋣"(見《集韻·麻韻》。段玉裁《説文解字注》云"釾,漢《郭究碑》作鋣"),而"邪"俗又作"耶"(《干禄字書》:"耶邪:上通下正。"),故"鋣"俗又書作"鎁"。可見"鎁"本是"釾"一變再變的俗字。但在行均的時代,"鎁"已由俗變正,"釾"則已淪爲"或作"。

【⿰金⿱艹⿱云木】

《龍龕手鏡·金部》:"鐷,俗;⿰金⿱云木,今;⿰金⿱艹⿱云木,正:音⿱艹⿱云木,金鐵~也。"按《説文·金部》:"鍱,鏶也。从金,枼聲。"徐鍇繫傳:"今言鐵葉也。""枼"的後起字作"葉",故"鍱"字後來又寫作"鐷"。又我們在上一節説過,唐代避李世民諱,"世"旁或改作形近的"云"形,故"鍱"字改作"⿰金⿱云木","鐷"字改作"⿰金⿱艹⿱云木"(注文中"音⿱艹⿱云木"的"⿱艹⿱云木"是"葉"的避諱字)。避諱字既已流行,後世亦往往相沿而不改,以致成爲約定俗成的正字。行均以"鐷"爲俗體,以"⿰金⿱艹⿱云木"爲正字,便是一個明顯的例子。

(二)形旁或聲旁的變换與時代因素有關

陳原先生曾經説過:“語言—文字是人類社會生活的活化石。通過語言—文字可以尋出社會運動的軌迹,甚至在某些場合還可以找到社會史‘失去了的環節’。”①我們從俗文字本身也可窺知到若干時代留下的烙印。例如:

【飰】

“飯”的俗字,字又作“餅”。《玉篇·食部》:“飯,扶晚切,餐飯也。又符萬切,食也。餅、飰,並同上,俗。”敦煌寫本伯3867號《漢將王陵變》:“卿等遠來,上帳賜其酒飰。”“飰”即“飯”之俗寫。但是“飯”字從反得聲,爲什麽會寫作“飰”或“餅”呢?有人認爲是六朝前後統治者惡其從“反”而改之,猶“汳河”改作“汴河”之比(參看段玉裁《説文解字注》“汳”字下注,畢沅《中州金石記》卷三《大中五年重刻顏真卿宋州官吏八關齋會報應記跋》及今人黄焯《經典釋文彙校》第十一《禮記音義·曲禮》“三飯”條下引孫星衍語),這當然不是没有可能。但外因要通過内因起作用,其中最關鍵的,恐怕還是“卞”“反”古音相近(同在元部),纔爲這種變换創造了條件。錢大昕《十駕齋養新録》卷三云:“古音反如變,與卞相近,飯、飰非兩字兩音也。”其説允矣。今音則“反”、“卞”聲韻俱殊,聲旁“反”不得改而作“卞”矣。“飯”俗字作“飰”或“餅”(“弁”“卞”音同),反映了時代因素的影響。

---

① 見《關於漢字的社會語言學考察》,載《漢語大字典論文集》,湖北辭書出版社、四川辭書出版社1990年版。

【炮】

“炮”本爲烹炙義的本字。火炮之“炮”古本作“礮”，俗字作“砲”，原是以機發石的作戰工具，故字從石。《集韻・效韻》：“礮，機石也。或从包。”火藥發明以後，用火藥發射的“火砲”應運而生。趙翼《陔餘叢考・火砲火槍》：“火砲實起於南宋、金、元之間……魏勝創砲車，施火石可二百步，其火藥用硝石、硫磺、柳炭爲之。此近代用火具之始。”①火砲既以火藥爲主要原料，俗遂易“石”爲“火”，“砲”也就成了“炮”。漢字簡化後“炮”已取代“砲”、“礮”而成爲正字。“砲”變作“炮”，反映了物質文明對文字的影響。陳原先生把語言文字看作人類社會生活的活化石，在俗文字上也得到了驗證。

(三)同一字形在不同時代可用作不同漢字的俗體

如前所説，俗字具有任意性，同一形體既可充當甲的俗體，又可充當乙的俗體，但這種兼職往往不是共時的，而具有錯時的特點。如“厘”字唐代前後多用作“廛”的俗字。如《干禄字書》：“厘廛：上通下正。”慧琳《一切經音義》卷四《大般若波羅蜜多經》第三百九十八卷音義：“廛，經作厘，俗字略。”《龍龕手鏡・厂部》：厘，俗，音廛，居也，正作廛。“廛”旁俗書亦多寫作“厘”，如敦煌寫本斯388號《正名要録》“本音雖同字義各别例”：“厘，市；緾，束。”“緾”即“纏”的俗字。大約從宋代開始，“厘”又用作“釐”的俗字。如四部叢刊影印宋刊本《經進東坡文集事略》卷一八《省費用第十三》：“自是而推之，天下無益之費不爲不多矣。臣以爲凡若此者日求而去之，自毫厘以往，莫不有益。惟無輕其毫厘而積之，則天

① 有人認爲南宋前已有火砲，參看1993年10月24日《光明日報》六版《説礮、砲與炮》一文。

下庶乎少息也。”是其例。《改併四聲篇海·里部》“釐”字條下接云:“厘,同上義,《筭法》云:十毫爲一厘也。”“厘”亦即“釐”的俗字。於是同一“厘”字既用作“廛”的俗字,又用作“釐”的俗字,在實際用例中就有一個準確判斷的問題。如《改併四聲篇海·刀部》引《龍龕手鏡》:“⿱𫇦刀,直連切。”查中華書局影印高麗版影遼刻本《龍龕手鏡·刀部》:“⿱𫇦⿸厂刀,里之反,剥也,割也。”此外别無“⿱𫇦刀”字,疑“⿱𫇦刀”即“⿱𫇦⿸厂刀”的訛變字,亦即“⿱𫇦⿰夕刀”字。問題是“⿱𫇦⿸厂刀”字音“里之反”,怎麽會變作“直連切”呢?蓋引録者改“里之反”爲直音“厘(釐)”,傳刻者誤以“厘”爲“廛”的俗字,繼又變直音爲反切(《廣韻·仙韻》“廛”字音“直連切”),一訛再訛,於是“里之反”的“⿱𫇦⿸厂刀”遂變作“直連切”的“⿱𫇦刀”字了。其實“厘”字唐代前後多用作“廛”的俗字,而宋以後則多用作“釐”的俗字,如果讀者了解這一錯時的特點,就可以少犯或不犯判斷的錯誤了。

四、區别性

俗字的第四個特點是區别性。許多俗字的産生最初是與區别字形或字義相關的。如“土”字加點以區别於“士”,“王(玉)”字加點以别於“王(王)”(《廣韻·燭韻》:“玉,《説文》本作‘王’,隸加點以别‘王’字。”),都與區别字形有關。又如我們提到過的“準”字,隸變訛省作“淮”,因與淮水之“淮”同形,故俗又省點作“准”。這也是爲了區别字形。

又如“涎”字,古字本作“次”。《説文·次部》:“次,慕欲口液也。从欠,从水。”大約六朝前後,産生了俗字“涎”和“唌”(《説文》本有“唌”字,“語唌嘆也”,乃别一字)。慧琳《一切經音義》卷一六《大方廣三戒經》卷中音義:"㳄唾,上祥延反,俗字通用,正體從水從欠作㳄,《説文》口液也。或從水作涎,亦俗字也。"何以簡單明了的"㳄"要繁化作"涎"和"㳄"呢?原來這也和區别字形有關。慧琳《一切經音義》卷四九《大莊嚴論》第六卷"吐涎"條下云"㳄""雖正體,爲與次字濫,故時不用",是也。今本《玉篇·水部》云:"涎,似連切,口液也。㵪,同上。亦作㳄。"看來至遲宋人重修《玉篇》時,"涎"字已由俗轉"正",成了當時的通用字,而"㳄"則退居二綫,成了"亦作"或體字。由此可見,一定的區别度在漢字的消長演變中有時也會起關鍵的主導的作用。

分化是漢字孳乳的一條重要途徑。古人所謂的許多"分别文",最初往往是由俗字引起的。現已成爲正字的燃、搬、桌、睬、第、穩等等,原本就是然、般、卓、采、弟、隱等的俗字,這些俗字最初都是爲區别字義而産生的。又如古代第三身代詞有"它"字,可用來指人或指物,而無男女之别。後來爲了使意義明確,首先分化出一個指人的"佗",以區别於指物的"它"。如《京本通俗小説·碾玉觀音》:"當下夫妻兩個請住郭排軍,安排酒席來請佗。""佗"指郭排軍,相當於今天的"他"。"佗"隸變又寫作"他"("它"旁隸變多有作"也"的,參看《隸辨》卷六)。《集韻·戈韻》:"佗,彼之稱,或從也。"清徐灝《説文解字注箋》:"古無他字,假它爲之,後增人旁作佗,而隸變爲他。"清李賡芸《炳燭編》卷二云:"它與也二字,形既不同,聲亦不一,然篆形相似,古音相轉,後來未免溷淆,如'詑'之爲'訑','沱'之爲'池','佗'之爲'他',此皆當从它,而今易从也,非也。"儘管有人以"佗"作"他"爲非,但那些"俗人"們仍照用不誤。近代白話文興起以後,又比照"他"分化出指稱女性的"她"和指稱動物的"牠"。劉半農《她字問題》一文寫道:"一、中國文字中,要不要有一個第三位陰性代詞? 二、如其要的,我們能不能就用'她'字?""她"和"牠"都經常出現於五四以後的白話小説中。後來又有人比照"您"而别造"您"和"您"字,以表示尊稱,不過並没有廣泛流行。此外近世的《聖經》譯本中還經常出現"祂"字,這是一個專爲第三人稱的神造的分化字。這樣,原來泛指第三身的代詞"它",其作用就局限於指稱事物了。漢字簡化以後,"他""她"成爲正字而繼續使用,"牠"和"祂"則作爲俗體而被取締了("牠"合併於"它","祂"僅見於《聖經》譯本,未見字書收載)。同樣,第二身代詞"你"俗或作"妳"(宋代已見,今臺港地區流行),也是俗書區别字義的産物。

寫到這裏,筆者想起不久前去一個個體小店買自行車前面的車兜(亦稱"車筐"),店主把"車筐"寫作"車軭"。翻檢字書,卻找不到"軭"字的這一意義(《説文》有"軭"字,"車戾也",與車筐無涉)。推尋寫字者的心理,恐怕和俗字的區别性是相通的。

鳳凰衛視中文臺 2006 年 9 月 2 日晚 11 點播出一檔關於靖國神社的節目,主持人説靖國神社問題"如刺在喉,如何 bōqù",末二字屏幕下方字幕打出的漢字是"撥去"。當時總感到"撥去"的説法不大對勁。晚上躺在牀上一琢磨,纔恍然大悟:"撥去"當作"拔去"。大概編節目的人誤以"拔"爲"撥"的簡體"拨"而加以繁化,主持人不知其誤,遂照讀"撥"字,卻没有想到"撥刺"的説法其實並不通行。這個例子從反面説明漢字一定的區别度對於準確表達字義是何等的重要!

五、方域性

俗文字在其流延之初,總是在較小的範圍内被使用,因而或多或少帶有一定程度的區域特徵。《顔氏家訓・書證》云:“吴人……呼紺爲禁,故以糸傍作禁代紺字;呼盞爲竹簡反,故以木傍作展代盞字;呼鑊字爲霍字,故以金傍作霍代鑊字。”玄應《一切經音義》卷二《大般涅槃經》第一卷音義:“《埤蒼》:矟,長丈八尺也。……或作槊,北人俗字也。……或作鏰,江南俗字。”這裏提到的䌻、榐、鑵、槊、鏰都是帶有區域特徵的俗體字。《字彙補・戈部》云:“𢦏,子乃切,音宰,楚人有以此命名者,如范元𢦏、熊八𢦏是也。此係湖廣俗字。”按:“𢦏”字由未成人三字合成,蓋爲“崽”的會意俗字。這也是有區域特徵的俗體字。

有的原來在較小範圍内使用的俗字,由於種種原因,後來流行範圍不斷擴大,有些甚至達到全國通用的程度。如《顔氏家訓》中提到的“乱”、“甦”、“恶”等等,都曾在古書中被廣泛使用。又如“櫃”字清代以來俗或作“柜”,這是一個帶有明顯區域特徵的俗體字(櫃、巨普通話讀音相距甚遠,但有些方言〔如吴方言〕則讀音完全相同)。但漢字簡化以後,“柜”取代“櫃”而成爲全國通用的正體字。

不過也有相當一部分俗體字的流沿始終局限在某一區域的範圍之内。清李汝珍《鏡花緣》第三十二回記唐敖等到女兒國,見路傍挂着一道榜文,“唐敖道:‘……適因此榜,偶然想起桂海地方每每寫字都寫本處俗字,即如“奀”字就是我們所讀“穩”字,“歪”就是“終”字,諸如此類,取義也還有些意思,所以小弟要去看看,不知此處文字怎樣。看在眼内,雖算不得學問,廣廣見識,也是好的。’分開衆人進去,看畢,出來道:‘上面文理倒也通順,書法也好,就只有個“矮”字,不知怎講。’多九公道:‘老夫記得桂海等處都以此字讀作“矮”字,想來必是高矮之義。’唐敖道:‘他那榜上講的果是"隄岸高㚢"的話,大約必是"矮"字無疑。今日又識一字,卻是女兒國長的學問,也不虛此一行了。'"文內提到的"奀"、"歪"、"㚢"等字是宋代前後廣西等地流行的俗體字,宋范成大《桂海虞衡志》、周去非《嶺外代答》、莊季裕《鷄肋編》等書都有記載。如周去非《嶺外代答》卷四《風土門·俗字》下云:

廣西俗字甚多,如㚢音矮,言矮則不長也;奀音穩,言大坐則穩也;奀音動[①],言瘦弱也;歪音終,言死也;孬音臘,言不能舉足也;仦音嫋,言小兒也;奀徒架切,言姊也;閂音櫃,言門橫關也;砙音磡,言岩崖也;氽音泅,言人在水上也;氼音魅,言没人在水下也;毤音鬍,言多髭;硑東敢切,言以石擊水之聲也。

上文所列,多數爲區域性的俗字,有的至今仍在兩廣地區沿用不絕。如陳殘雲《香飄四季》第二章:"瘦的叫林奀,比盛伯稍爲年輕,人們喚他'奀叔',一個誠實的老蕉農。""奀"就是上文表示瘦弱之義的俗字"奀"。

清末徐珂《清稗類鈔》經術類"俗字之訓詁"條下也收載了不少區域性俗字,不妨把它們逐録於此:

各地通行之俗字頗多,今略舉之。京師人所用者如下:ㄘ,音近砌,陋也;您,音近凝,義似爾、汝,施之於較己爲尊者也。衡州人所用者如下:閮,音鑽,閮林,地名,産茶葉。蘇州人所用者如下:嫑,勿要切,不要也;朆,弗曾切,勿曾也。廣東

① "動"字《叢書集成初編》本誤作"勸",兹據文淵閣《四庫全書》本改正。宋范成大《桂海虞衡志·雜志》云:"奀音動,人瘦弱也。"(《四庫全書》本)亦其證。但清鈕琇《觚賸》卷七《粵觚上·語字之異》下則云:"粵中語少正音,書多俗字……人物之瘦者爲奀,音茫。"徐珂《清稗類鈔》經術類"俗字之訓詁"條下則云"奀"字廣東人"音茫",廣西人"音動",義皆爲"弱也"。未知孰是。

人所用者如下：亞，音阿，阿俱寫作亞；奀，音茫，弱也；奣，音矮，人不長也；閄，音或，隱身忽出也；砍，音勘，巖洞也；汆，音聘，水中磯也；氹，音泔，蓄水爲池也；圳，音浸，通水之道也；乪，音囊，水之曲折也；不，音墩，截木作墊也；冇，音磨，無也；嬲，銀去聲，牽扯不斷也；㚢，去聲，拙也。廣西人所用者如下：奀、閪俱音穩，穩也；奅，音矮，矮也；奣，音呆，矮也；奀，音動，弱也，與廣東異；孬，音臘，足不能舉也；歪，音終，人死也；……孞，音近某，假父也；仦，音嫋，小兒也；奻，音大，女大爲姊也；侸，音近陳，舊産也；𡥧，音近産，假子也；毜，音近滿，謂最少也。

其中有些俗字的使用範圍後來已逐漸擴大，如“您”字，這和京師（北京）的政治地位是有關係的。

除了地區性的俗字以外，各地還流行一些行業性或團體性的俗字。如清藍浦《景德鎮陶録》卷四“陶務方略”條：“景德鎮陶業俗呼貨料操土音，登寫器物花式字多俗省。其不見於字書字，如砧音又，俗當泑字、埞音篤，俗指坯足之類。其見於字書而俗借用者，如靶字典音霸，轡革也，俗借爲柄靶用、琢字典音捉，治玉也，俗借爲瓶罍器名、不字典岸入聲，《説文》櫱，同櫱，木曲頭不出也。俗借釉不，音近敦字上聲之類。他如飯作反、撇作丿、同作冂、盗作才、壺作乎、圾作件之類，雖土著，猶參問乃得也。”又云：“鎮陶字樣，又有通用者，如缸或作堈、鋼等字，窯或作窰、匋等字，泑或作釉、砧、油等字，羣書雜記亦多互見。”按《集韻・宥韻》：“釉，物有光也。通作油。”“砧”即“釉”之俗字。他多類此。《清稗類鈔》會黨類“三合會”下記録了清三合會（即天地會）專用的一些俗字，其中有彪（彩）、𧇽（壽）、䖦（合）、䖮（和）、䖇（同）、䖔（公）、䖘（侯）、䖷（伯）、虍（子）、䖮（男）、䖫（春）、𧇼

（夏）、⿺鬼秋（秋）、⿺鬼冬（冬）、⿺鬼季（季）、⿺鬼龍（龍）、⿺鬼虎（虎）、⿺鬼龜（龜）、⿺鬼它（蛇）、⿺鬼岁（岁）、⿺鬼陰（陰）、⿺鬼陽（陽）、⿺鬼合（合）、⿺鬼化（化）、⿺鬼成（成）、⿺鬼金（金）、⿺鬼木（木）、⿺鬼水（水）、⿺鬼火（火）、⿺鬼土（土）等三十字。這些團體性或行業性的俗字,同樣帶有區域性的特點。

第五章　俗字研究與古籍整理

我們在前面説過，俗文字學所要研究的對象，主要是由篆到隸的轉變完成以後，隸書及楷書階段所産生的通俗文字。與這一特定的歷史時期相涉的傳世古籍，大體上可分爲如下三個層面：1）石本；2）寫本；3）刻本。俗字的研究與這三個不同層面古籍的整理都有莫大之關係。下面請分而論之。

一、關於石本文獻的校理

石刻文字，素以保守見稱，端莊爾雅，每多可觀。然石文既非出於一人一時，字形之歧異變遷，亦正勢所必然。尤其六朝以來，像法流行，造像刻石，大抵出於石工之手，文字之業，既非素習，異體别字，隨之滋生。正如近人丁文雋所説："庸夫愚婦造像之記，武夫悍卒志墓之文，豈能盡由文人撰句，學士書丹，亦不過由田夫石匠，率爾操觚而已。"[①]清桂馥亦云："書石者不盡通人，難免謬誤。"[②]於是異構之字，盈碑滿目，每使讀碑考史者，望字而興歎。通過對俗字的深入系統研究，則可變難知爲易知；前人的一些辨識錯誤，也因之可以得到糾正。下面酌舉十例，藉以見其一斑：

---

① 見《書法精論》47 頁，北京中國書店 1983 年版。

② 見《札樸》卷八"金石文字"《張遷碑》跋語，322 頁，中華書局 1992 年版。

【罜】

《隸釋》卷三《楚相孫叔敖碑》:"宣嗅(導)川谷,波(陂)障源淭(泉),溉灌坂澤,堤防湖浦,以爲池沼。鍾天地之美,收九罜之利,以慇潤國家。"洪适跋云:"碑中……泉添水而爲淭,澤去水而爲罜。"

按:洪适以"淭"即"泉"的增旁字,誠爲確論(參看第三章);而以"罜"即"澤"的省旁字,則恐無據。竊謂碑中的"罜"當爲"皋"(字亦作"臯")的俗字。《後漢書·馬援傳》注引《東觀記》載馬援上書謂城皋丞印"皋"字"四下羊",即此是也。"皋"字俗又或作"皐"、"睪"、"睾"等形①,亦可資參證。《顏氏家訓·書證》謂當時俗書"皋分澤片",也是指"皋"的俗字"罜"、"睪"等而言②。《詩·小雅·鶴鳴》:"鶴鳴于九皋,聲聞于野。"毛傳:"皋,澤也。"是"九皋"猶"九澤",文義自安。據此而言,"罜"自以定作"皋"的俗字爲的當。

【禎】

《八瓊室金石補正》卷四七唐《故龍花寺内外臨壇大德比邱尼尊勝陁羅等幢記》:"常修當寺彌勒閣,并閣下大像等,攲危悉正,藹昧遍新。又創置五十二賢聖禎像,各有袈裟瓶鉢,開設供養。"陸增祥跋云:"'禎像'疑即'真像'。"

按:"禎"並非"真"字,而是"幀"的異體字,字又作"幢"、"橙"、"楨"、"椗"、"倀"等。《類篇·巾部》:"幢,張畫繪也。或作幀。"《正字通·巾部》:"幀、橙、幢並同,絹畫在竹格也。"慧琳《一切經音義》卷三五《佛頂尊勝念誦儀軌經音義》:"倀像,上擿更反,

① 參看《隸辨》卷二及《碑别字新編》131頁。

② "澤"字俗書有作"澤"者,見漢《景君碑》,"皋"分"澤"片則爲"罜"。

借用,本無此字,張展畫像也。或有從木,也作揁,或作椗,皆俗字也,非正也。”可見這個字當時還没有定形,所以有各種不同的寫法。碑文中的“禎”不過是其中的一個異體罷了。“禎像”指張展開來的畫像。敦煌寫本伯2305號《解座文匯抄》:“更遺言,相委記,畫取閻王禎子跪。”“禎子”就是張掛着的畫像,“禎”字的字形和意義都與碑文相同。同一寫本下文云:“望兒孫,囑神鬼,把閻王憕子千迴跪。”則字又作“憕”(“忄”即豎心旁的手寫體,俗書“巾”旁與“忄”旁相亂,故“憕”實即“幢”的俗寫),可謂變之又變者也。

又按:日本國圓仁《入唐求法巡禮行記》卷三云:“(開成五年十二月)廿二日,令永昌坊王惠始畫金剛界大曼荼羅四幅。……(開成六年)二月八日,金剛界曼荼羅幀畫了。”又云:“(開成六年四月)十三日,喚畫工王惠,商量畫胎藏幀功錢。十五日,齋了,睡見當寺老僧送四十疋絹來云:‘有施主知道和尚擬作胎藏像,故付布施來。’云云。……晚間,博士惠來,畫幀功錢同商量定了,五十貫錢作五副幀。”其中的“幀”即幀像,用法與碑文的“禎”相當,可資比勘。

【㓃】

《八瓊室金石補正》卷一六北魏《咸陽太守劉玉墓誌》:“值漢中譏(?),凶奴之患,季陵出計,軍㓃不利,遂没虜廷。”陸增祥跋云:“匈奴作‘凶’。‘季陵’蓋‘李陵’之誤。‘㓃’蓋‘㓞’之俗誤,‘略’之通借。《詩》‘有略其耜’,釋文:‘略,字書本作㓞。’《匡謬正俗》引張揖《古今字詁》云:‘略,古作㓞。’《玉篇》:‘㓞,今作略。’案《説文》:略,經略土地也;㓞,籀文剠,刀劍刃也。《詩》借‘略’爲‘剠’,碑借‘㓞’爲‘略’,非古今字也。”

按:陸氏辨正“㓞”、“略”之同異,甚是。但碑文的“㓃”恐非

“𫠣”字，而應是“勢”的俗字[1]。《龍龕手鏡·乃部》：“㔟，俗，音勢。”“㔟”應即“勢”的俗字[2]。而“㔟”則又是“㔟”手寫的變體（“刃”、“刀”俗書往往不分）。敦煌寫本俄羅斯藏弗101號《維摩碎金》：“弄影弄身左右轉，驅雲唱電㔟恢恢。”“㔟”亦正是“勢”的俗字，是其切證[3]。《敦煌變文集》卷一《李陵變文》：“看陵形㔟，言作長盈（嬴）。”啓功先生校“㔟”作“勢”。《八瓊室金石補正》卷二七隋《李君辯造像記》末有“大㔟至菩薩”，陸增祥跋謂“㔟”即“勢”字。清俞正燮《癸巳存稿》卷一〇唐《省堂寺碑》跋云：“（碑文）‘㔟’應作‘勢’……皆用俗怪。”凡此皆可爲校字之證。

【卡】

《八瓊室金石補正》卷一五北魏《贈營州刺史懿侯高貞碑》：“君稟岐嶷之姿，挺珪璋之質；清暈（暉）發於載卡，秀悟□乎齠齒。”陸增祥引清陸耀遹《金石續編》云：“卞別體作‘卡’，與‘弁’通。‘載卡’即‘載弁’。孝文太和十八年《弔比干文》‘執垂益而談卡’，亦即‘卞’字，通‘辨’。或釋‘卡’爲‘弄’，非。”

按：陸説非是。“卡”實爲“弄”的俗字。《龍龕手鏡·雜部》：“卡，古文，盧貢反。”《字彙補·卜部》：“卡，與弄同，見《海篇》。”《世説新語·規箴》：“王緒、王國寶相爲脣齒，並上下權要。”“上下”唐寫本作“卡”，亦即“弄”字，諸刊本誤分爲“上下”二字[4]。碑文之“談卡”即“談弄”（“弄”謂戲弄），“載卡”即“載弄”。“載弄”

---

① 羅振玉《增訂碑别字》即定作“勢”字。

② 齊《宋買造像》“勢”作“㔟”，是其比。

③ 寫卷下文云：“業水積來波浩渺，罪即添得㔟崢嶸。”“㔟”亦“勢”俗字。“㔟恢恢”與“㔟崢嶸”義近，指氣勢的恢宏廣大。潘重規《敦煌變文集新書》“㔟”作“𫠣”，誤。

④ 參看徐震堮《世説新語校箋》316頁，中華書局1984年版。

典出《詩·小雅·斯干》:“乃生男子,……載弄之璋。……乃生女子,……載弄之瓦。”“載”原爲語詞無義,後世則以“載弄”作爲誕生的代稱。“清暉發於載弄,秀悟□乎齠齒”,是指高貞自幼就具有穎悟過人的氣質。陸校“載卡”爲“載弁”,於義未安。趙萬里《漢魏南北朝墓誌集釋》第166通魏《故齊郡王妃常氏墓誌銘》:“明慧之鑒,允昭於載卡之春;恭順之規,克懋於未笄之日。”《八瓊室金石補正》卷二七隋《左武衛大將軍尉吴公女李氏墓誌》:“載予斯育,圖畫膺焉。”“載卡”、“載予”亦皆即“載弄”,用法與前揭《高貞碑》文相同,足資校證。

【椓】

《八瓊室金石補正》卷一二六金《京兆府提學所帖碑》:“(樓店巡)舍壹佰捌拾陸間柒分五厘,每間貳椓,計叁佰柒拾叁椓半,計叁佰柒拾叁步柒分伍厘。”又云:“秦順佃本街舍貳間,計壹拾椓,并地基,東西長壹拾柒,南北闊貳丈。”等等。陸增祥跋云:“其稱房舍曰椓,蓋本‘椓(椓)之登登’之‘椓(椓)’,一椓(椓)猶言一版。或曰是‘椽’字之省文。”

按:或曰是。“椓”應即“椽”的俗字。“椽”字俗書每有省寫作“椓”的。如敦煌寫本斯4511號《醜女緣起》:“兩腳出來如路(露)柱,一雙牖膊似枯椓。”後句伯3048號作“一雙可膊似龕椓”。又伯2718號《茶酒論》:“大枷榼項,脊上抛椓。”“椓”字伯3910、伯2972號同。又伯2305號《妙法蓮華經講經文》:“黄金作棟梁,白玉爲椓柱。”凡此“椓”字皆是“椽”的俗字,是其證。“椽”本是安在檁子上承接屋面和瓦片的木條,長度一米或二米左右不等,後或引申以指房屋的面積。(裘錫圭先生按:古人蓋以椽數表屋之寬度,與其長度似無涉。)杜甫《秋日夔府詠懷奉寄鄭監李賓客一百韻》:“甘子陰涼葉,茅齋八九椽。”陸游《夜雨》詩之二:“寒雨連三夕,幽居只數椽。”其中“椽”字的用法與碑文相合。陸説以碑文的“椓”即杵椓之“椓”,臆測不足據。

【灭】

《八瓊室金石補正》卷七六唐《修中嶽廟記》:“遂鳩工蕆事,四旬而就。見若赤白之交映兮,見若灭五之分輝兮,見若榱桷之粉繪矣,見若栱斗之光赫矣。”陸增祥跋:“灭字不見於字書,疑是‘烎’字,或‘耎’字。義不可解,未敢臆説。”又云:“嘗以《全唐文》及《説嵩》所載校勘之,……‘灭五’俱作‘金碧’……蓋原石無存,後人以舊拓本重摹勒於嵩山也。……‘金碧’與‘灭五’,形不相似,殆舊本此數字僅存一二筆蹤,故有此誤。”

按:推詳陸氏後説之意,似謂“灭五”原碑作“金碧”,後因原碑無存,後人據舊拓本重行摹寫刻石,而舊拓本“金碧”等字殘缺不全,重刻時遂誤而爲“灭五”。此説大謬。今謂碑本“灭五”不誤。“灭”乃爲“耎”的俗字。《龍龕手鏡·火部》:“灭,而兖反,柔也,弱也。”又大部:“耎,音灭。”“耎”字見載於《説文》,故《字彙·而部》以“灭”爲“耎”之譌字。陸氏謂字書不見“灭”字,乃屬查考不周。表柔、弱義的“耎”後世多寫作“輭”或“軟”。敦煌寫本伯3302號《大唐長興元年(930)河西都僧統和尚依宕泉建龕上梁文》:“鳳樓更多巧妙,李都尉繩墨難過。剸截木無棄者,方圓結角藤蘿。栱斗皇迴軟五,攢梁用柱極多。直向空裏架鏤,魯班不是大哥。”又伯2603號《讚普滿偈》十首小引:“再莊嚴普滿塔六層囊網,別置兩層板舍,抽換勾欄,及内外泥飾、赤白軟五等,都計料錢一千五百貫文。”又第八首云:“修後經今幾歲華,惡風狂雨莫能遮。勾欄總落朱膠色,枓栱全消軟五花。”其中的“軟五”和碑文的

“叐五”顯然同爲一物，“叐五”即“軟五”，蓋爲飾物之屬。至於所指究爲何物，則仍俟續考。[1]《全唐文》作“金碧”，恐爲編刻者不明“叐五”之義而妄改。陸氏乃竟從而是之，可謂疏於裁擇了。

【矩】

《八瓊室金石補正》卷五三唐《安宜令王晉妻劉氏合葬誌》：“君諱晉，謚康，其先太原人矣，遠祖因宦而播遷京兆。……以唐開元十一年廿三日卒於故里。……葬於龍泉故里矩陰山北平原。”陸增祥跋云：“晉葬於矩陰山北平原。《元和郡縣志》：咸陽有短陰原，在縣西南二十里。《陝西通志》云：短，一作矩。《水經注》：渭水與豐水會於短陰山内，水會無他高山異巒，惟原阜石激而已。《禹貢錐指》云：短陰原，即短陰山也。秦中諸原，類皆有山體，故或謂之山，不必峭拔也。晉所葬，蓋即其地。短、矩形似相淆，以誌證之，作‘矩’爲是。傳訛已久，賴此足以裁正焉。”

按：“矩陰山”或作“短陰山”，陸氏以碑文作“矩”爲是。竊以爲不然。蓋“短陰山”即少陰山，謂其地陽光之充足（此正宜於建墓之所），循名質實，義有可案，而“矩陰山”則令人費解。此其一。酈道元、李吉甫等人嫻熟山川地理，所記皆作“短”不作“矩”，如爲傳録之誤，不見得二書皆誤作“短”。此其二。從字形上來看，俗書“短”往往書作“矩”形[2]，如敦煌寫本伯 3211 號《王梵志詩·怨家煞人賊》：“怨家煞人賊，即是矩命子。”又伯 2122 號《佛説阿彌陀經講經文》：“矩髮天然宜剃度，空披荷葉作袈裟。”斯 2204 號

① 黄征《唐代俗語詞輯釋（二）》（載《唐研究》第四輯，北京大學出版社 1998 年版）謂“‘軟五’應是指丹青顏料，‘軟’者狀顏料調和後之質感，‘五’者泛稱顏料色彩之數（習稱‘五色’，即青、赤、黄、白、黑）”，其説近是。

② “短”字草書或作“”，楷正後即似“矩”字。

《十無常》:"每思人世流光速,時矩促。"其中的"矩"皆爲"短"的俗字。類似的例子尚多,此不贅舉。相反,"矩"字則一般不會寫作"短"形。所以碑文的"矩陰山","矩"字很可能就是"短"字的俗寫(該碑文俗字甚夥)。此其三。據此三證,我們認爲《水經注》、《元和郡縣志》等作"短陰山"或"短陰原"是正確的。陸氏對俗寫文字缺乏深入的研究,爲碑文的表面現象所迷惑,卻自矜爲創獲,其實是靠不住的。

【誈】

《八瓊室金石補正》卷四〇唐《新太令張文珪造像碑銘》:"其有誈誠遐感,大孝潛詠(陸增祥疑'該'字)。"陸增祥跋云:"'誈誠'當即'至誠'。《字彙補》云:誈,同'誣'。蓋誤。"

按:陸氏考定"誈誠"當即"至誠",極是。"誈"即"至"的增旁字,文中因與"誠"字連文,遂類化增旁作"誈"。漢字每有因受上下文影響而類化偏旁的傾向,"至誠"類化作"誈誠",即其一例(參看第三章"類化"一節)。"至誠"猶言志誠,指心意虔誠,切於文意[①]。但陸氏又以《字彙補》云"誈"同"誣"爲誤,則未爲確論。"巫"字俗或作"巠",又作"坙"(參看《碑別字新編》36頁),據此推論,"誣"俗寫作"誈"是完全可能的。《龍龕手鏡·言部》:"誈,誙,二俗;誣,正。"這正是唐五代前後寫本用字情況的實録。俗書每有一字二用甚或三用、四用的情況,"誈"既可作"至"的類化俗字,但也不妨礙它又用作"誣"的俗字。陸氏不明乎此,偏執於一隅,出現偏差和誤解便是難免的了。

---

① 敦煌寫本斯6836號《葉浄能詩》:"(浄能)長年廿,便入道門,身爲樗冠黄被(帔),卷不離手,志成(誠)敢(感)神,遂得神人而見。""志誠"義同。

【夭】

《隸釋》卷六《郎中鄭固碑》:"先是君大男孟子有楊烏之才……年七歲而夭,大君夫人所共哀也。""夭"字《漢語大字典》録作"叐",釋云"同'犮(拔)'"。

按:"夭"並非"犮(拔)"字,而應是"夭"的俗字。俗書爲使字形整體協調或其他原因,常有贅增筆畫的情況,"夭"書作"夭",便是這種傾向的反映("夭"頂部的一撇使整個字形有向左側傾倒之勢,俗書在其右下側加上一撇,全字便協調安穩了)。清顧藹吉《隸辨》卷三"夭"字下引上揭碑文,按云:"《説文》作夭,從丿從大。諸碑皆變作'夭',下復加丿。"顧氏的話是對的①。《八瓊室金石補正》卷八五《鄧王錢俶墓誌》:"浮休内達,惻隱兼濟,魚鱉不夭,草木恐傷。""夭"亦"夭"之俗字。同上卷四二唐《開元寺三門樓題刻二十九段·田伏寶造經像記》:"往爲門虧十善,不樹福緣,姪巖殞命於同羅,女子夭辭於白日。"陸增祥跋引沈濤《常山貞石志》云:"'夭'疑即'哭'字,言其女爲同羅所掠也。"陸氏云:"'夭'當即'夭'之俗譌。沈氏疑爲'哭'字,殆非。"陸説是。"夭"又爲"夭"的加點字。敦煌寫本斯2073號《廬山遠公話》:"幾箇能受世榮?求得人間資財,中路便遭身夭。""夭"也是"夭"的增撇增點俗字,足資校證。

【禬】

《隸釋》卷二《桐柏淮源廟碑》:"郡守奉祀,禬絜沈祭。"洪适跋:"字書無'禬'字,以文意推之,當爲齋戒之'齋'。"

按:洪氏據文意推斷"禬"當爲"齋"字,甚是。如果從俗文字

---

①《漢語大字典》393頁"叐"下引唐于志寧《隋柱國皇甫府君碑》:"高衢將騁,遽叐追風之足;扶搖始摶,早墜垂天之羽。"其中的"叐"亦當是"夭"的訛字,亦即"夭"的贅筆俗字。《漢語大字典》以爲"同'犮(拔)'",亦誤。

的角度去考察,這一推論便可以得到進一步的證實。俗文字字形結構不甚固定,字形偏旁的位置常常發生變化(參看第三章“變換結構”節)。“齋”字本是從示、齊省聲,俗書則移形旁於左,“齊”字不省聲,成爲左形右聲結構。清顧藹吉《隸辨》卷一云:“《説文》齋從示、齊省聲,此則不省齊而移示於傍耳。”顧説是也。

二、關於寫本文獻的校理

漢文寫本古籍,傳世的數量不是很多。但近一個世紀以來,數以萬計的敦煌、吐魯番文書的發現和發掘,寫本古籍的數量一下子豐富起來。這些寫本古籍,大抵抄録於六朝以迄五代宋初,它們湮埋一千多年,未經後代校刻竄亂,保存着當時寫本的原貌,其中俗字别字之多,爲其他載籍所罕覯。我們隨便打開一個敦煌、吐魯番寫卷來看,就可以發現俗字的使用不是個别的偶然的現象,而是連篇累牘,觸目皆是。它們或簡或繁,變化無端;點畫偏旁,隨意增損,確實令人眼花繚亂。這種情況,不但對這些寫本的閲讀和研究造成了特殊的困難,也對這些寫本的整理校勘提出了特殊的要求:即精通俗字。不明俗字,幾乎就讀不通敦煌、吐魯番的寫本文獻,更不要説正確校理了。可以這樣説,通曉俗字是整理校勘敦煌、吐魯番寫本的最基礎的一環。但由於以往重正輕俗的治學習尚的影響,俗字的研究恰恰又是過去研治敦煌、吐魯番文獻的學人們所輕忽的。在這種情況下,出現種種誤解和偏差便是不可避免的了。不久前,筆者曾撰作過一篇《敦煌文獻俗字誤校例釋》的論文①,把

① 此文後改題《敦煌俗字誤校示例》,編入拙著《敦煌俗字研究》第五章,上海教育出版社 1996 年版。

因不明俗字而造成的失誤歸納爲十五個方面,包括不明俗字而誤録、不明俗字而誤校、不明俗字而誤讀,等等,名目確是够繁多的了。下面我們就舉一些具體的例子,期望能藉以闡明俗字研究對於敦煌吐魯番文獻校理的重要意義。

【𡘜】

《敦煌歌辭總編》卷五第 1041 首《五更轉·太子入山修道讚》:"共奏天仙樂,龜兹韻宫商。美人無奈手頣[1]忙,聲繞梁。"任半塘先生校云:"'奈'甲寫'𡘜',即'拿';此字乙本寫'故',非,參看〔0001〕校。"

按:"奈"字甲卷(伯 3065 號)作"𡘜","𡘜"實爲"辜"的俗字。《龍龕手鏡·古部》:"𠅘,俗;辜,正。""𡘜"即"𠅘"俗寫的變體。俗書"古"旁上部的一豎多作撇勢,形與"右"相亂(如敦煌寫卷中"苦"與"若"往往不分),故"𠅘"字俗書作"𡘜"。敦煌寫本伯 2418 號《父母恩重經講經文》:"此者並是𡘜恩負德、五逆之人。"伯 3451 號《張淮深變文》:"黄天不許𡘜神德。""𡘜"字《敦煌變文集》675 頁、122 頁録作"辜",是也。任校謂"𡘜"即"拿",恐爲望形生訓耳。至於其字乙本(伯 3061 號)作"故",乃爲"辜"的音近借字。任校又謂參看〔0001〕首校,查該首《鳳歸雲》(征夫數載)"萬般無奈處"下校云:"'無奈'或'無那',在〔1041〕原寫'無拿',《漢將王陵變》同。"按:1041 首原卷"無𡘜"即"無辜",説已見上。任氏徑改作"無拿",並以之證明"無拿"即"無奈",實屬鑿空。至於《漢將王陵變》的"無拿",見於《敦煌變文集》42 頁,原文云:"斫營比

---

① 任半塘校云:"'頣'甲寫'頭',乙缺,從丙。"按:此當以從甲卷作"頭"爲是。丙卷"頣"則當是"頭"字俗誤。

是王陵過，無拿老母有何衍？”其中的“拿”字蔣禮鴻先生校作“辜”[1]，極是。原卷（斯5437號）其字本作“𡕶”，亦正是“辜”的俗字。任氏不考俗字。謬以傳謬，其郢書燕説，誠乎不免了。

【躭】

《敦煌歌辭總編》卷三《十恩德》第298首標題：“第一懷躬守護恩。”任校：“標題内‘躬’甲、戊、癸等原寫‘躭’，己寫‘躭’，壬寫‘貪’。其中寫‘躭’‘躭’者，下文〔0308〕〔0315〕〔0318〕均有同例。許書《父母恩重變文》稱‘十月懷躭’或‘懷躭十月’者凡六處之多，與此辭標題正合，而在《變文集》（696頁）所載同篇，對此六‘躭’字，則全改爲‘胎’，校記内並無説明。是否誤在許書？殊不可解。……查下文〔0315〕曰：‘第八爲避惡業緣，躭輕負重陌關山’，‘躭輕’明是‘躬親’之訛（泉按：着重號爲原書所有），不能作‘胎輕’，‘躭’之爲‘躬’，乃無從否認。……《燕子賦》（集251頁）：‘脊上躭個服子’，‘躭’一寫‘縫’，或‘擔’，若依聲得義，應寫‘躬’，拱曲隆起而成胉（堆塊）也。左録謂‘躭’乃‘躭’之俗體，‘貪’即‘貪’；又疑‘耽’‘貪’乃‘胎’之音訛。”

按：“躭”字不見於字書，《敦煌變文集》校録作“胎”，自屬無據；任校作“躬”，其誤更甚。左録（指左景權《敦煌詞曲識小録》）謂“躭”乃“躭”之俗體，極是。敦煌寫卷中“躭”字多寫作“躭”，如伯3079號《維摩詰經講經文》：“莫躭富貴不修行。”又云：“躭迷障岳逐時摧。”“躭”皆爲“躭”之俗寫。而“躭”又是“耽”的俗字（見《玉篇·身部》）。任編315首的“躭輕”之“躭”，正是“躭”字俗寫，亦即“耽”字。“耽輕負重”於義無取，“耽”乃是“擔”的假借字

① 見《敦煌變文字義通釋》“比”條下校。

(也可説“躭”即“擔”的俗字,參下文)。“擔輕負重”,“擔”“負”義同,“輕”“重”義反,詞意順適。任校乃謂“明是‘躬親’之訛”,實在難以令人信服。任編1032首《五更轉》:“處山窟,住禪林,入空定,便凝心。一坐還同八萬劫,只爲擔麻不重金。”“擔”字北圖露字6號和斯2679號作“躭”(斯6923號作“躭”),可證“擔”“躭”音近通用。《敦煌變文集》所載《燕子賦》例,“服子”當讀作“襆子”①;“躭”字甲卷如此,原卷作“縫”(通“膖”),乙、戊二卷作“擔”,“躭”即“擔”的借字。任校作“躬”,其誤同。至於“懷躭”或“懷耽”,亦當讀作“懷擔”;壬卷的“懷貪”,寫卷實作“懷貪”,“貪”亦應讀作“擔”。左録疑“耽”“貪”乃“胎”之音訛,非是。“懷擔”蓋爲近義複詞,今人稱懷孕有云“擔身孕”的,即此“擔”字。伯3919號《佛説父母恩重經》:“父母恩德有其十種。何等爲十?一者懷擔守護恩,二者臨産受苦恩,……”又臺北國立中央圖書館藏敦煌寫本《盂蘭盆經講經文》:“第一懷擔守護恩,十月之中常負重。”所述父母十恩德之首皆與上揭歌辭標題合,而字正作“擔”,是其切證。同篇又云:“想得當初養育我,受苦懷擔不可論。”又伯2044號《勸善文》:“第一囑,發願耶孃長萬福。懷擔十月受苦辛,乳哺三年□(相)鞠育。”亦俱有“懷擔”一詞,可資參證。任校不知“躭”即“躭”字,亦即“耽”字;更不知“耽”又借用作“擔”,遂悍然校改作“躬”,而於同書又多次出現的“懷躭”(見〔0308〕、〔0318〕、〔0541〕等首)俱徑改作“懷躬”,殊不知“懷躬”義之不可通也。

附按:“躭”字又作“軆”(見《龍龕手鏡·身部》),也可以説是“擔”的俗字。蓋“軆”字從身、詹聲,較之“擔”之從手、詹聲,更能

① 説詳先師郭在貽教授與筆者等合撰的《敦煌變文釋詞》,載《語言研究》1989年1期。

表現懷孕擔荷之意。清范寅《越諺·賸語》:“耽傡:身,妊也。《素問》作重身。”元曲中“懷躭”一詞屢見。清鄭旭旦《天籟集》第41首:“母親躭我十個月,那个月裏不擔心。”又《官場現形記》第51回:“其時我母親已耽了兩個月的身孕。”“躭”“耽”並指擔身孕而言,可參。

【鬦】

《敦煌歌辭總編》卷四《驅催老》第633首:“或經營,或工巧,文樣尖新呈妙好。”任校:“‘文’原寫‘聞’,費解。二字均讀無分切,‘文’‘聞’互代,初唐卜卷已然。改作‘文樣’,乃與營造‘工巧’之説相應。”

按:“文”“聞”音同通用,寫卷中誠有其例。然“文樣”怎解?“文樣”又何以與經營“工巧”相應?任校説之未了,不能使人無疑。查上辭係據《敦煌變文集》卷五《無常經講經文》①迻録,“聞”字寫本原卷(伯2305號)實作“鬦”。“鬦”並非“聞”字,而是“鬭”的俗字。《干禄字書》載“鬭”字俗作“鬪”,“鬦”又爲“鬪”的俗寫。同卷下文:“鬦艷争輝呈面峭(俏)。”第一字亦爲“鬭”的俗字,是其比。“鬭樣尖新”即比色樣的尖新,“鬭”謂競、比,“樣”謂色樣,文意順適。任編248首《水鼓子·宫辭》:“春天暖日會妃嬪,各各梳頭出樣新。”“鬭樣尖新”與“出樣新”義略近,可資比勘。

又《敦煌變文集》卷二《廬山遠公話》:“一人死了,何時再生。生聞英雄,死論福得(德)。隨業受之,任他所配。”“聞”字潘重規《敦煌變文集新書》同,費解,查寫本原卷(斯2073號)實作“鬪”,亦是“鬭”的俗字。“鬭”與下句“論”對文近義,爲競、比之意。斯

① 當改題《解座文匯抄》,説詳周紹良《〈敦煌變文集〉中幾個卷子定名之商榷》,載《敦煌吐魯番文獻研究論集》第3輯,中華書局1986年版。

5558號《無題》詩："生鬪英雄死論福，貴販（賤）更無別地獄。""鬪"亦"鬬"字。詩意與上揭《廬山遠公話》"生鬬英雄"數句同，可以互勘。

【橾醋】

《敦煌歌辭總編》卷三《失調名·送師讚》第447首："低頭整師履，躊躇内心悲。與師永長別，再遇是何時。律論今無主，有疑當問誰？"任校：甲、乙本"躊躇"寫"操醋"，丙本作"懷惜"。

按：上辭見於甲（伯4597號）、乙（伯3120號）、丙（斯1947號）三卷。"躊躇"甲、乙卷作"橾醋"；丙卷實作"慘惜"。任録作"躊躇"，與寫卷無一相合，其爲臆改無疑。竊謂原文當作"慘醋"。俗書"喿""參"不分，故"慘"字俗或書作"懆"（見隋《明雲騰墓誌》）。上辭蓋本作"慘"，俗寫作"懆"，傳鈔時復誤作"橾"。慘醋，羞愧義，"醋"乃"怍"的同音借字；丙卷作"惜"，當又是"醋"的換旁字（比較"酸"俗或作"悛"，見《敦煌變文集》471頁）。《敦煌變文集》卷四《降魔變文》："六師聞請佛來住，心生忿怒，頰脹腮高，雙眉斗豎，切齒衝牙，非常慘醋。"又云："兩度佛家皆得勝，外道意極計無方。六師既兩度不如，神情漸加羞恧。""外道"句丁卷作"外道傪（慘）酢口焦黄"。據此可知"慘醋（怍）"是唐代前後的俗語詞，可以爲證。然而如果對當時俗書缺少了解，是很難把"橾"與"慘"聯繫在一起的。

【羙】

《敦煌變文集》卷五《父母恩重經講經文》："（《太公家教》云）父母有病，甘羙（羹）不餐。"

按："羙"字敦煌寫本原卷（伯2418號）本作"[illegible]"，當是"美"的俗字。"美"字俗或作"羙"（見慧琳《一切經音義》卷一〇《理趣般若經》“美適”條音義)。上文所據引録之《太公家教》敦煌寫本伯 3764、2564 號“甘”後的字皆作“羙”,即“美”俗字。“”又爲“羙”手寫之變。原校作“羹”,誤。《敦煌變文集》同卷《維摩詰經講經文》(伯 2292 號):“辯才無礙衆降伏,威德難儔佛讚羙。”原校末字作“羨”,亦誤。其字寫卷本作“”,實亦即“美”字俗書。同書卷七《百鳥名》:“花没鴿,色能姜,一生愛踏伽藍地。”“能”猶如此、這般。下文:“青雀兒,色能青。”“能”字義同。“色能青”義安,“色能姜”則費解。“姜”字敦煌寫本原卷(斯 3835 號)如此,顯然是個誤字。蔣禮鴻師校作“美”①,是也。“姜”即“美”俗字“羙”的形近誤字。同一“美”字俗書,《變文集》或誤作“羹”,或誤校作“羨”,或原文誤作“姜”字而不能發正,明俗字之切要,於此可見一斑。

【惚】

《敦煌變文論文録》所附《佛報恩經講經文》:“特故朝参辭父母,願王令去無憂惚。”末字原校作“愁”。

按《干禄字書》:“惚惱:上俗下正。”《龍龕手鏡》卷一心部:“惚,俗;惱,今;惱,正。”“惱”爲“惱”的“今”體(即當時流行的字體),“惚”爲“惱”的俗體。上例的“惚”(原卷字形在“惚”與“惚”之間),當又爲“惚”手書之小變。“惱”與上文寶、老、掃、道、到等字押韻,校作“愁”則失韻矣。同篇下文:“只願父王深體察,莫將憂惚作遮攔。”“憂”後的字原卷(俄羅斯藏弗 96 號)實作“惚”,正是“惱”的俗字,原録字失真。

① 見《敦煌變文字義通釋》“能”條下校。

【扃】

《王梵志詩校輯》卷二《當鄉何物貴》:"當鄉何物貴? 不過五里官。縣扃南衙點,食並衆廚餐。"原校:"'扃'原作'冋',據文義改。"

按:敦煌寫本原卷(伯3211號)"冋"實作"扃",當是"局"的俗字。《干祿字書》:"局局局:上俗,中通,下正。""扃"即"局"的贅點俗字。"局"指曹局(政府機構),"縣局南衙點"指縣衙在南衙點名考勤。原録作"冋"、校作"扃",恐皆與不明俗字有關。同書卷三《官職亦須求》詩:"妄想①逢便宜,参差著房席。"原校:"房,原作'扃',據文義改。"實則"扃"亦"局"的俗字(由"局"變來)。"局席"指宴席。敦煌寫本伯3716號《新集書儀》"局(局)席散罷","局席"義同,可證。原校作"房席",大誤。

【筞】

《全唐詩外編》第二編《敦煌唐人詩集殘卷·馬云奇〈被蕃軍中拘係之作〉》:"何事逐漂蓬,悠悠過鑿空!世窮途運蹇(原作'桊'),戰苦不成功。"

按:"蹇""桊"形音俱大遠,校者改"桊"爲"蹇",恐爲無據。查該寫本原卷(伯2555號),該句本作"世窮徒運桊"。今謂"徒"字不誤,而"桊"則當作"筞"。蓋"策"字俗書作"筞",形近誤而爲"桊"也。《顔氏家訓·書證》:"簡策字,竹下施朿,末代隸書,似杞、宋之宋。"《干祿字書》:"筴筞策:上俗,中下正。"《龍龕手鏡·竹部》以"筞"爲俗體。敦煌寫本中"策"字多從俗作"筞"。如伯2003號《佛説十王經》:"筞髮仰頭看業鏡,始知先世事分明。"是其例。故上揭馬云奇詩"桊"當是"筞"的形近誤字,亦即"策"字。王

① "妄想"原卷作"王相",指王日及相日(皆爲吉日),宜據回改。

昶《金石萃編》卷一五九《金改建題名碑》"凡來書榮者"下李慈銘案云:"'榮'當作'策',因'策'隸作'筞',或省作'荣',遂誤作'榮'。"(王利器輯《越縵堂讀書簡端記》頁152,天津人民出版社1980年)可以比勘。"運策"猶云運籌。"世窮徒運策"與下句"戰苦不成功"儷偶,意亦密合。校者不明"榮"爲"策"字俗誤,遂改而爲"蹇";意不可通,復又臆改"徒"爲"途",以致一誤而再誤也。

諸如此類因不明俗字而造成失誤的例子,我們還可以舉出很多很多。這並不是説上述校本是敦煌寫卷整理中較爲糟糕的幾種,我們的看法恰恰相反。事實上,上述校本的作者都是國内外有影響的敦煌學家,他們大都有較深的小學根柢。然而即便如此,還是留下了不少的缺憾,俗字研究對敦煌寫卷校理的重要性,於此亦可見其一斑了。

除了敦煌、吐魯番寫本文獻以外,國内外公私藏書機構也還有少量其他寫本文獻保存於世,特别是日本保存的漢語寫本文獻頗爲夥頤,其中也有相當多的俗字别字,造成了校讀的困難,下面酌舉二例,以發其凡。

【宛】

王利器先生《文鏡秘府論校注》西卷《文二十八種病》"鶴膝"條下云:"且五言之作,最爲機妙,既恒宛口實,病累尤彰,故不可不事也。"王利器校注:"周校本云:'"宛",《鈔本》形近"充"。'按:當作'充'。"

按:《文鏡秘府論》是日僧空海(774－835)撰作的一部文學批評著作,"周校本"是指周維德先生的《文鏡秘府論》校點本[①],其所

① 人民文學出版社1975年版。

指《鈔本》是指日本東方文化學院影印的古鈔本。例中的“宛”，《鈔本》形近“充”，王利器先生以爲當作“充”。從文意上來看，“充”顯然是對的。但“充”爲什麼會誤作“宛”呢？原來這也是俗字在作怪。唐代前後“充”字俗或書作“宂”等形。如敦煌寫本伯3286號《十二時》：“貧窮人，若布施，實是教他力難置。若是生涯幸且，不解用心修善事。”又斯427號《禪門十二時》：“隨時麻褐且體，錦鋪羅衣莫將好。”其中“且”後的字都是“充”字的俗寫。空海的另一部著作《篆隸萬象名義》卷九“㐬”字下云：“齒戎反，足、居、滿、肥。”即“充”字。這種寫法的“充”字與“宛”字(《篆隸萬象名義》卷三五“宛”字作“宂”)字形十分接近，極易混淆，後來日本一些古寫本沿襲唐人俗寫，亦寫“充”字似“宛”，甚或竟徑寫作“宛”字①。如池田温《中國古代寫本識語集解》(日本東京大學東洋文化研究所1990年印行)406頁載日本國僧人圓珍《大毘盧遮那成佛神變加持經蓮華胎藏菩提幢標熾普通真言藏廣大成就瑜珈(法全集)批記》：“唐大中九年六月日，請青龍寺法全阿遮梨真本抄寫，將歸本國，永宛傳持。”其中的“宛”實即“充”字。《文鏡秘府論》古鈔本“形近‘充’”的所謂“宛”字很可能本來就是“充”字的俗寫，後人傳刻乃誤辨爲“宛”字耳。

【蔫】

同上書天卷《調聲》：“何遜《傷徐主簿》詩曰：‘……畢池論賞詑，蔣徑篤周旋。’”王利器校注：“‘篤’，《古鈔本》作‘蔫’，未可據。”

① 參看周一良《説宛》一文，載《紀念陳寅恪先生誕辰百年學術論文集》，北京大學出版社1989年版。

按:“蓠”字或作“蔦”,即“篤”字篆文隸定的變體,漢碑中已見其例。《干禄字書》:“蔦篤:上通下正。”《文鏡秘府論》的古鈔本“篤”字作“蓠”,不過是沿用了漢代以來的通俗寫法而已。

三、關於刻本文獻的校理

寫本文獻字多俗别,俗字研究對寫本文獻校理的重要性確實非同一般。而對刻本文獻的校理來説,似乎與俗字研究關係不大。其實不然。我們知道,古籍在流傳過程中,文字不斷地被“當代”化。傳世古籍一經六朝以迄唐五代人染指,無不打上俗字的烙印。至宋以後刊版流行,則又往往以正字改易俗字。古書在從寫本到刻本轉變的過程中,許多俗字被刊落了。如敦煌寫本伯 3821 號《定風波》詞(圖版見右側),原來幾乎無字不俗的寫本文字到鉛印本則變成了:

> 功(攻)書學劍能幾何,爭如沙塞騁僂儸。(見王重民《敦煌曲子詞集》19 頁,商務印書館 1950 年版)

便没有半點俗書的痕迹了。從這裏我們可以看出,從寫本轉化爲刻本、鉛印本,對漢字的規範無疑具有積極的作用。然而問題在於,如果刻書、校書的人對俗字缺乏了解,那他在據寫本傳刻的時候,就難免會犯無知妄改的錯誤,對古書造成損害。宋人王觀國的《學林》載有這樣一件事,便很能説明問題:

> 草書法,喿字與參字同形,故晉人書操字皆作摻,今法帖碑本中王操之書皆作摻之。殊不知摻字乃音所咸切,又音所

減切。《詩》曰"摻摻女手"是也。後漢禰衡爲漁陽參撾,參音七紺切。參撾者,擊鼓也。文士用參撾字,或用爲摻,或用爲傪,皆讀音七紺切,蓋假借也。徐鍇博學多識,時有修字官,凡字有從參者,悉改從喿,鍇曰:"非可以一例,如《漁陽參》'黄塵蕭蕭白日暗',則從參者,固不可改喿也。"衆皆服其説。古人草書繰字作縿字,蓋繰音騷,乃繹繭爲絲者;縿音衫,乃旌旗之斿也。又草書澡字作滲,蓋澡音早,而滲音所禁切也。又草書趮字作趻字,蓋趮音躁,而趻音驂也。若據草書而改變隸體,則礙矣。

"喿"旁俗書或作"參",文中提到的修字官便把從"參"之字一律回改爲從"喿",犯了據此例彼、妄改古書的錯誤。事實上,在舊時代的刻書家、校書家中,像徐鍇、王觀國那樣博學多識的人是不多見的,而像"修字官"那種强不知爲知、憑臆妄改古書的卻大有人在,因而給古書帶來的損害也至爲嚴重。我們今天要恢復古書的本來面目,掌握一定的俗字知識,便是一個必須具備的條件。不明俗字,不但不能發現錯誤,即使發現了錯誤,也不能弄清錯誤的來龍去脈並加以匡正。近人羅振玉在談到經學與俗字研究的關係時曾經這樣説過:

經典數經傳寫,別構之字多有因仍未改者。特先儒别字,後人弗識,而鄙陋之士又曲造音訓,不知妄作。小學之不講,無怪經注之多支離也。故治經貴熟精六書,尤貴審辨别字。(《碑别字·序》)

羅氏所謂的"别字",和我們所説的"俗字"是同一概念。"治經貴熟精六書,尤貴審辨别字",這是羅氏一生治學的經驗之談。其實,治經如此,治史、治子、治集又何嘗不是如此呢?下面就來看幾個具體的例子：

【斈】

唐蘇鶚《蘇氏演義》卷上云："只如田夫民爲農，百念爲憂，更生爲蘇，兩隻爲雙，神蟲爲蠶，明王爲聖，不見爲覔，美色爲豔，口王爲國，文字爲學，如此之字，皆後魏流俗所撰，學者之所不用。"（《叢書集成初編》本 11 頁）又宋孫逢吉《職官分紀》卷一五引韋述《集賢記注》載開元十九年集賢院四庫書中古代書云："齊、周書紙墨亦劣，或用後魏時字，自反爲歸，文子爲字，欠畫加點，應三反四，又無當時名輩書記。"（中華書局 1988 年影印《四庫全書》本）

按：《蘇氏演義》原書久佚，今本係清人從《永樂大典》中輯出。文中提到的後魏俗字"文字爲學"是指什麽字呢？《職官分紀》中提到的"文子爲字"又是指什麽字呢？實在令人費解。但如果我們知道敦煌寫本中"學"字多寫作"斈"，就會明白"文字爲學"、"文子爲字"皆當作"文子爲學"，即指"斈"字而言。宋祁《宋景文公筆記》卷中云："後魏北齊時里俗作僞字最多，如巧言爲辯，文子爲學之比。"又孫奕《履齋示兒編》卷二二《字說》引《字譜總論訛字》云："又如……齊之齐、齋之斎、學之斈……凡此皆俗書也。"亦其證。這種寫法的"學"宋元以後的俗文學刻本中也不難看到。很顯然，對俗字缺少了解的人是很難校訂上述引文的錯誤的。

【特勒】

《周書・突厥傳》："大官有葉護，次没（設），次特勒。"其中的"特勒"《新唐書・突厥傳》所載同，《北史》、《舊唐書》則作"特勤"。關於"特勒""特勤"的是非問題，學術界曾有過不同的看法。顧炎武《金石文字記》卷三歷引史傳中稱"特勒"者甚多，而唐《契苾明碑》"特勤"字再見，又柳公權《神策軍碑》亦云"大特勤嗢没斯”,顧氏以爲作“特勤”“皆書者之誤”。後來瞿中溶《古泉山館金石文編》亦以“特勒”爲是,他在唐《賢力毗伽公主阿那氏墓誌》跋中云:墓誌云“右賢王墨特勤”,而史傳云“墨特勒”,“明是石刻亦因字形相似,而革旁下誤多一畫耳”。錢大昕、陸耀遹等則以“特勤”爲是。錢大昕《十駕齋養新録》卷六云:“予謂外國語言華人鮮通其義,史文轉寫,或失其真。唯石刻出於當時真迹。況《契苾碑》宰相婁師德所撰,公權亦奉敕書,斷無譌舛,當據碑以訂史之誤,未可輕訾議也。”陸耀遹《金石續編·唐濮陽令于孝顯碑跋》云:“是碑‘敕勤地居□□’、‘敕勤犁纇’,一見再見,字皆作‘勤’。蓋‘敕’之作‘特’,以音近而通;‘勤’之作‘勒’,以形似而誤。……史多傳寫失真,碑乃當時手迹,必以爲書碑筆誤,焉有一碑屢誤,諸碑同誤,不謀而畫一耶?是史誤而碑不誤也。”

按:敦煌寫本斯6551號《佛説阿彌陀經講經文》:“諸天特懃,莫不赤心奉國,忠孝全身。”“特懃”即“特勤”(敦煌寫卷中“勤”字多有借用“懃”字的),可爲錢、陸説助證。從字形上來説,“勤”字俗書與“勒”相亂。敦煌寫本伯2305號《解座文匯抄》:“大丈夫,實風措,欲行弄影㔛迴顧。”又伯3718號《擣練子》:“娘子好,體一言,離别耶娘數拾年,早万(晚)到家鄉勒𩚬饊。”例中的“㔛”“勒”《敦煌變文集》658頁、《敦煌歌辭總編》582頁皆校作“勤”。《八瓊室金石補正》卷七三唐《陳少公母蔣氏墓誌》:“吾終之後,汝主奉家業,當謹節温㔛無哀毁,此即吾瞑目無憂。”陸增祥跋:“‘㔛’當是‘勤’之誤。”毛漢光《唐代墓誌銘彙編附考》第七册(臺北中央研究院史語所1987年印行)唐《婁敬誌》:“龍朔元年……授游擊將軍、檢校果毅同正府,領表㔛王也。”“表”後的字毛漢光釋作“勤”。由此可見,俗書“勤”字每寫作“㔛”形,與“勒”字相混無别。“特勤”之訛作“特勒”，蓋亦由“勤”俗書作“勒”，傳刻時遂誤辨爲“勒”字也。

【羔裘】

《越絶書·吴人内傳第四》：“蔡昭公南朝楚，被羔裘，囊瓦求之。”又云：“子胥於是報闔閭曰：蔡公南朝，被羔裘，囊瓦求之。”清孫詒讓《札迻》卷三云：“案古朝服玄端皆羔裘，通於上下，不足爲珍，‘羔’並當爲‘美’，形近而誤（原注：郭忠恕《佩觿》云：羙羊之美爲美惡。）。《公羊》定公四年傳云：‘蔡昭公朝乎楚，有美裘焉，囊瓦求之，昭公不與。’此書多用《公羊》説也。《吴越春秋·闔閭内傳》及《新序·善謀篇》並作‘美裘’可證。”

按：孫説極是。推其致誤之由，亦與俗字有關。“美”字本從羊從大，俗書易“大”爲“火”作“羙”。《五經文字·羊部》：“美，從羊從大，從火者訛。”其實這種寫法漢碑中已見其例，如漢《曹全碑》：“嘉慕奚斯考甫之羙。”唐寫本中仍沿用不絶。《敦煌歌辭總編》卷六《十二時》第1258首：“潘岳容，石崇富，美麗西施並洛浦。”任半塘校：“甲本‘美’作‘羙’。”是其例。而“羙”本身又是“羔”的本字（《説文》“羔”從羊、照省聲）。所以宋孫奕《履齋示兒編》卷二二引《藝苑雌黄》對這種與其他字同形的俗體提出了批評：“書美惡字爲羙，不知羙字從火乃羔羊之羔也。”上揭《越絶書》“羔裘”之“羔”蓋原本作“羙”，即“美”的俗字，以其與羔羊的“羙”同形，傳刻者遂誤辨爲“羔”，致與文意不合矣。

【滑錢】

《抱朴子内篇》卷二《論仙》：“若謂人稟正性，不同凡物，皇天賦命，無有彼此，則牛哀成虎，楚嫗爲黿，枝離爲柳，……其何故哉？”舊校：“枝離，一作‘滑錢’。”孫詒讓《札迻》卷一〇云：“《莊子·至樂篇》云:'支離叔與滑介叔觀於冥伯之丘,俄而柳生其左肘,支離叔曰:子惡之乎?滑介叔曰:亡,予何惡!'是生柳者乃滑介叔,非支離叔也。此'枝離'當作'滑叔',或本作'錢',即'叔'之誤。"

按:孫説謂生柳者乃滑介叔,極是。但謂或本"滑錢"即"滑叔"之誤,則未爲確論。以俗書筆法而論,"滑錢"當是"滑介"之誤。"介"字《説文》作"𠆰",從人從八,隸變後或作"不""不"等形,俗又作"介"(見《干禄字書》)。而"錢"字俗或作"分""彡"等形。敦煌寫本伯3808號《長興四年中興殿應聖節講經文》:"幾家歡樂夢先成,欠負官分勾卻名。"又伯3093號《佛説觀彌勒菩薩上生兜率天經講經文》:"喻如進士,爲見宰相身坐廟堂,日食万分,遂苦心爲詩作賦。"俄羅斯藏弗365號《妙法蓮華經講經文(二)》:"有分財,長富貴,一世不憂多稱意。"凡此"分"形字皆爲"錢"的俗字。宋孫奕《履齋示兒編》卷二二引《字譜總論訛字》云:"又如顧之頋、錢之彡,……凡此皆俗書也。"《京本通俗小説》中"錢"字多寫作"彡",例多不贅舉。"錢"字的上述俗體與"介"字及其俗體字形十分接近,上揭《抱朴子内篇》的"滑錢"顯然就是"滑介"俗書之誤。

【跼足】

《戰國策·齊策》:"有而(與'能'同)案兵而後起,寄怨而誅不直,微用兵而寄於義,則亡天下可跼足而須也。"宋鮑彪注:"跼,不伸也。"

按:鮑注訓"跼"爲不伸,則與"須"(等待義)字義不相屬。其實這裏的"跼"當是"蹻"字俗誤。"喬"俗書作"髙"(見《干禄字書》),故"蹻"俗或作"蹻"。《龍龕手鏡·足部》:"蹻,俗;蹻,正。"

“蹻”形與“蹻”相似,傳刻時遂誤書作“蹻”。《史記·河渠書》“山行即橋”,《漢書·溝洫志》“橋”誤作“梮”,可以比勘。“蹻足”謂舉足。《漢書·高帝紀下》:“大臣内畔,諸將外反,亡可蹻足待也。”字正作“蹻”。王念孫《讀書雜志·戰國策第一》“蹻足”條謂“蹻”“蹻”聲近而誤,似亦未達於一間。

上面我們列舉了幾個憑藉俗字知識匡正刻本古籍字形訛誤的實例,説明俗字研究對刻本古籍的校理同樣具有重要的意義。而且,宋元以後的一些刻本古籍,尤其是一些通俗文學作品刻本,其中也有大量的俗體字,校理這類刻本古籍,俗字研究的作用就更爲直接而明顯。陳垣先生在《元典章校補釋例》中曾列舉過許多沈刻《元典章》因不諳元刻本簡筆俗字而誤校誤刻的例子,如“自(着)”誤刻爲“省”,又誤爲“自”,又誤爲“看”;“厅(廳)”誤刻爲“所”,又誤爲“行”,又誤爲“斤”,又誤爲“片”;“边(邊)”誤刻爲“道”,又誤爲“口”,又誤爲“遷”,又誤爲“途”,等等,其例頗爲繁夥。這裏我們想以明刻《清平山堂話本》(據文學古籍刊行社影印本)爲例,就這一問題作些補充和闡發。

明刻《清平山堂話本》俗體字非常多,其中一部分是沿用了六朝以來的俗字别體,也有一部分是明代前後流行起來的俗字簡體,其中頗有一些今天所不經見的疑難字。1957 年,古典文學出版社出版了譚正璧先生的校注本,譚本對多數俗體的校録是正確的,然亦頗有校録失當或俗字失考者。例如:

【卓子】

《簡貼和尚》:“看這王氏時,放燭燈在卓子上。”譚校:卓,當作“桌”字。

按:桌子的“桌”,古本作“卓”,宋人或加旁作“棹”。宋黄朝英

《靖康緗素雜記》卷一:"今人用倚卓字,多從木旁。"孔平仲《珩璜新論》卷四:"古字通用,後人草則加草,木則加木,遂相承而不知也。如倚卓遂作椅桐之椅、棹船之棹。""桌"本是"卓"字的異體(《廣韻·覺韻》竹角切以"桌"爲"卓"字古文,實係"卓"字《説文》古文"[illegible]"的訛變字),但桌椅的"卓"宋代以前未見寫作"桌"者,後來大概寫字的人覺得桌椅與木有關,又受"棹"字影響,於是明代前後開始通行"桌"字。《清平山堂話本》明刻本中"桌"字皆作"卓",譚校皆謂當作"桌",可謂多此一舉。

【脨 哸】

《西湖三塔記》:"卯奴背了宣贊,耳畔只聞風雨之聲,用手摸卯奴,脨項上有毛衣。"譚校:脨,當作"脖"字。又《簡貼和尚》:"那漢見那婦人叫將起來,卻荒就把隻手去尅着他哸項,指望壞他性命。"譚校:哸,不詳何字,《小説》作"脖"。

按:"脨"當是"肢"的俗書。同書《花燈轎蓮女成佛記》:"又聽得鼓鋑聲喧。""鋑"爲"鈸"的俗字,可以比勘。後例的"哸"當是"脨"的傳刻之訛變。文中"肢"又是"脖"的俗字。"犮""孛"音近,用作聲旁俗書常常换用。敦煌寫本伯 3361 號《歎百歲詩》:"四歲騂寒初搭鞍,狐狸可得相逢值。""騂寒"即"駭輆",蕃馬名。元周達觀《真臘風土記》:"塔中之佛,相貌又别,皆以銅鑄成,無鐘磬鐃錊,亦無幢幡寶蓋之類。"(引文據《説郛》百卷本)"鐃錊"即"鐃鈸"。這二例中的"騂"、"錊"分别爲"駭"、"鈸"的通假字或换旁(聲旁)俗字,可以爲證。故"肢"當是"脖"的换旁俗字。《京本通俗小説·西山一窟鬼》:"看那從嫁錦兒時,……肢項上血污着。"《警世通言·三現身包龍圖斷冤》:"見一個人頂着竈牀,肢項上套着井欄,披着一帶頭髮,長伸着舌頭,眼裹滴出血來。"其中的

"胈"亦皆爲"脖"的俗字。《漢語大字典》"胈"字義項二"洁白的肉"下引後例,實誤。

【挩】

《洛陽三怪記》:"只見婆子取一箇大鷄籠把小員外罩住……(不多時)用指挑起鷄籠,青衣女童上下手一挽,挩住小員外,即時撮將去。"譚正璧校本把"挽"字亦録作"挩",而疑"挩"當作"挽"字。

按:"挩"即"挽"的俗字,不必疑。其前"挽"亦即"挽"字刻訛。"免"字俗書與"兑"字不分。敦煌寫本"免"及"免"旁多作"兑"。《夢溪筆談》卷一一:"律云:'免官者,三載之後,降先品二等敘。免所居官及官當者,期年之後,降先品一等敘。'降先品者,謂免官二官皆免,則從未降之品降二等敘之。免所居官及官當止一官,故降未降之品一等敘之。"胡道静校:"弘治本本條及下條'免'字皆誤作'兑',凡五見皆然。"其實所謂的誤字"兑",實即"免"的俗字。與"免"作"兑"相一致,"挽"字俗亦或書作"挩"。敦煌寫本斯778號《王梵志詩·雙盲不識鬼》:"向前十道挩,背後鐵鎚鎚。"又伯3724號《王梵志詩·夫婦生五男》:"户役差科來,牽挩我夫婦。"其中的"挩"皆即"挽"的俗字。又伯3833號《王梵志詩·思量小家婦》:"生活九牛挩,唱叫百夫敵。"其中的"挩"亦爲"挽"的俗字,可資參證("挽"作"挩"實由"挩"譌變而來)。很顯然,如果對俗書習慣有所了解,"挩"應即"挽"字便不會存有任何疑慮了。

諸如此類的例子,我們還可舉出一些。即此已足以説明,俗字研究對刻本古籍(尤其是俗字較多的俗文學作品的刻本古籍)的校理同樣具有十分重要的意義。不明俗字,同樣不能做好刻本古籍的校勘整理工作。

第六章　俗字研究與大型字典的編纂

大型字典是以收字數量多爲其顯著特點的。那些“多”於中小型字典的字其實絶大多數就是俗字。所以收録、辨析俗字的情況如何,是檢驗一部大型字典質量高低的重要標準。現有的幾部大型字典如《康熙字典》、《中華大字典》、《漢語大字典》在收録、考辨俗字方面都作出了自己的努力;尤其是後者,在繼承前人成果的基礎上,又汲取了今人的一些新成果,成就尤爲突出,用一句套語來説,可謂是“後出轉精”。然而由於受整個俗字研究水平的限制,無論是《康熙字典》、《中華大字典》還是《漢語大字典》,在俗字收録、辨析等方面都還存在着嚴重的缺陷。加强俗字的研究,則可在很大程度上彌補這種缺憾。具體來説,俗字研究對大型字典編纂的作用,主要表現在以下五個方面:

一、匡糾辨析之誤

正確辨析字形字義是每一部字典都應力求達到的基本要求。一般來説,常用字的考釋不會發生太多的問題;而生僻俗字的辨析由於可資借鑒的材料的限制,要做到這一點卻不很容易。大型字典收字繁富,其中俗字佔了很大的比例,因而發生辨析錯誤的可能

性也就相對高了一些。即以《漢語大字典》爲例,在俗字辨析方面便存在着不少的錯誤。試看以下四例:

【⿱竹析】

zhuó《改併四聲篇海》引《龍龕手鏡》之若切。①⿱竹奧⿱竹析。《改併四聲篇海·竹部》引《龍龕手鏡》:"⿱竹析,⿱竹奧⿱竹析也。"②籌策。古代計算用具。《馬王堆漢墓帛書·老子甲本·道經》:"善言者無瑕適(謫),善數者不以檮(籌)⿱竹析。"按:傅奕本《老子》第二十七章作"籌策"。③迷信用的占卜蓍草。清阮元《疇人傳·董峻鄭元偉》:"軌⿱竹析之術,妄刻水旱。"(册5頁2980)

按:根據原書的體例,這是一個音項下統率三個義項,其實不然。義項一與義項二、三應是兩個不同的字。"⿱竹奧⿱竹析"的"⿱竹析"今本《龍龕手鏡》未見,其實是"⿱竹斫"的錯字。《廣雅·釋器》:"⿱竹斫,⿱竹奧也。"《廣韻》入聲藥韻之若切:"⿱竹斫,⿱竹奧⿱竹斫。《玉篇》云盪米具。""⿱竹斫"字從斫得聲,故音之若切。"⿱竹奧⿱竹析"之"⿱竹析"爲"⿱竹斫"字之誤,殆可斷言。二、三義項的"⿱竹析"則當是"策"的俗字。"⿱竹析"從竹從析會意。(裘錫圭先生按:"策"、"析"上古皆錫部字,聲母也比較接近,"析"同時仍有表音作用。)帛書"⿱竹析"字今存《老子》各本皆作"策",即其顯證。《中山王壺》"策"字作"",從竹從斦,"斦"即"析"字(漢《司隸校尉魯峻碑》:"承堂弗構,斦薪弗何。"洪适《隸釋》謂"斦"即"析"字),亦其證。這一用法的"⿱竹析"俗又書作"⿱竹枬"(《干禄字書》:"枬析:上俗下正。")。明歸有光《易圖論後》:"龍虎之經,金石草木之卜,軌⿱竹枬占算之術,隨其所自爲説而亦無不合,豈必皆聖人之爲之乎?"《漢語大字典》"⿱竹枬"字下引該例,謂"⿱竹枬"同"策",是也。

【⿰礻玄】

zhī 同“祇”。《篇海類編·人事類·示部》:“⿰礻玄,詳祇。”唐玄奘《大唐西域記·羯若鞠闍國》:“諸王覩異,重增⿰礻玄懼。”按:今本作“祇懼”。(册4頁2390)

按:大字典據《篇海類編》謂“⿰礻玄”同“祇”①,竊恐未然,從字形上來説,“⿰礻玄”應是“祇”字俗訛。“氏”旁俗書作“互”。《干禄字書》:“互氏:上通下正。諸從氏者並準此。”又變作“玄”。如“低”俗作“伭”,“抵”俗作“⿰扌玄”,“詆”俗作“⿰言玄”,“坻”俗作“⿰土玄”,“邸”俗作“⿰玄阝”(皆見於《龍龕手鏡》),等等,皆是。故“祇”字俗或可書作“⿰礻玄”。而“⿰礻玄”則又當爲“⿰礻玄”的俗訛字②。大字典所引《大唐西域記》例,“⿰礻玄”正是“⿰礻玄(祇)”的俗訛字。四部叢刊本《大唐西域記》(據宋刊藏經本影印)即作“⿰礻玄”字,今人季羡林等校注本則作“祇”字。大字典稱“今本”作“祇懼”,大概是根據文學古籍刊印社1955年影印的明嘉興南藏本,其實南藏本的“祇”乃是“祇”字誤刻,不可爲據。《大唐西域記》的原文是説戒日王於曲女城廣設法會,突然失火,戒日王焚香禮請,奮身跳入火中,霎時火盡煙消,若有神助:“諸王覩異,重增祇懼”。“祇懼”是指諸王對戒日王增加

① 校按:查《續修四庫全書》影印明刻本《篇海類編·人事類·示部》四畫下云:“⿰礻玄,詳祇。”此外别無“⿰礻玄”字,《漢語大字典》引作“⿰礻玄”,當係引者臆改,殊屬不妥。

② “互”或“互”旁俗作“玄”,又訛作“玄”,其例經見。如日本弘法大師《文鏡秘府論·地卷·六志》:“俱論彼弱,玄識此强,假名具陳,方申指的。”王利器校注:“‘玄’疑當作‘互’,‘互識’與‘俱論’對文。”同書《北卷·帝德録》:“一角,三足,五蹄,雙觗等雜沓,陸離來游。”周維德校:“觗,原作‘⿰角玄’,據《鈔本》改。”王利器校注:“‘觗’,原作‘⿰角玄’,蓋即‘觗’之俗别字‘⿰角玄’(見《龍龕手鏡》三角部)而誤者,今改。”按:“玄”即“玄”之俗誤,王校是;“⿰角玄”則爲“⿰角玄”之俗誤(《龍龕手鏡·角部》有“⿰角玄”而無“⿰角玄”),王校以“⿰角玄”爲“⿰角玄”之誤,則非是。

敬畏之心(《爾雅·釋詁》:"祇,敬也。"),文義順適。而釋"袨"同"祇",則形義皆所未安,顯屬誤辨。

【窡】

同"窟"。《敦煌變文集·維摩詰經講經文》:"普使於魔窡稽首。"王慶菽校録:"窡,窟。"(册4頁2731)

按:"窡""窟"形音俱遠,何以能"同"? 且變文云"稽首",其動作發出者應是人或妖魔之屬,而何以能使"魔窟"稽首? 是誠令人百思而不得其解者。查上引書證見於《敦煌變文集》533頁,原文云:"普使於魔窡(窟)稽首,悉令於□□□□心清浄之皎月無殊。"這是一段駢偶文,當於"心"字讀斷,其前的缺文應是三個而不是四個。"清浄"以下七字當屬下讀。又查該篇的敦煌寫本原卷斯4571號,"窡"字本作"宨",實爲"冤"字俗書("⺈"形構件俗書多作"丷"形)。"魔冤"同"魔怨"("冤""怨"古通用)。敦煌寫本伯3697號《捉季布傳文》:"依卿所奏休尋捉,解宼釋結罷言論。""宼"亦"冤"的俗字,文中也通作"怨",可資比勘。"魔怨"爲佛教術語,指惡魔[①]。又上文第二句"心"字前原卷尚有一"傾"字可辨,"於"後的第一個缺字尚存半字,據此並推以文意,當是"外"字,"外"後的缺字當是"道"字。"普使於魔冤(怨)稽首,悉令於外道傾心",對偶爲句,文意愜當。該篇下文云:"調柔諸外道,伏煉衆魔冤(原卷似作'宼')。""魔冤"亦即"魔怨",《敦煌變文集》校作"魔窟",其誤正同。又考該篇係演繹姚秦三藏鳩摩羅什譯《維摩詰所説經》,經文《佛國品》云:"降伏魔怨,制諸外道。"講經

① 唐湛然《止觀輔行傳弘決》卷二云:"魔爲佛怨,故云魔怨。"敦煌寫本俄羅斯藏弗96號《佛報恩經講經文》:"爲有如斯德在身,魔怨所以長驚退。"又云:"長遣魔怨懷怕懼,方得名爲大比丘。""魔怨"即惡魔義。

文“普使於魔冤稽首”、“伏煉衆魔冤”云云實即由經文“降伏魔怨”一句化出，“魔冤”之即“魔怨”，更其確證。校者不明“魔宽”之即“魔冤”，亦即“魔怨”，乃誤録爲“魔窔”，又臆校爲“魔窟”，譌誤已甚；大字典的編寫者不知其誤，乃進而謂“窔”同“窟”，可謂誤上加誤了。

【边】

同“邊”，《敦煌掇瑣・太子入山修道讚》：“四更夜，亦偏①乘雲到雪山。端身正坐向欲前，坐禪边。”《敦煌曲校録》“禪边”作“禪邊”。任二北校：“‘禪’或是‘巖’。‘邊’原作‘边’，侍校。”（册 6 頁 3819）

按：“边”“邊”形大遠，何以能“同”？費解。任二北《敦煌曲校録》改“边”爲“邊”，但其正確與否，任氏本人已是不敢自必，故云“待校”以示存疑。實則“边”字敦煌寫本原卷（伯 3065 號）本作“延”；伯 3061 號載此辭，字亦作“延”。“延”並非“邊”字，而是“延”的俗字。斯 4173 號《南宗讚》：“四更闌，五更延。”斯 2947 號《緇門百歲篇》：“五十恩延入帝宫，紫衣新賜意初濃。”“延”皆即“延”字。《干禄字書》：“延延：上通下正。”可知“延”是當時通行的俗體字。校者不考俗字，録作“边”，改作“邊”，已屬大誤；編字典者乃竟從而“同”之，亦是疏於裁擇了。

值得特別指出的是，《漢語大字典》根據近一個世紀來的出土文獻（尤其是敦煌文獻）收録了若干舊辭書所没有的俗字及其書證，爲全書增添了幾分新的時代的氣息。然而遺憾的是，由於編寫者所依以爲據的主要是建國前後的一些校録本，而這些校録本本

① “亦偏”二字當屬上讀，“亦”通“已”，伯 3061 號作“以”，亦通作“已”。

身在俗字的迻録辨識方面往往錯誤百出,所以在這些新增俗字的辨析方面,謬以傳謬的情況便是屢見不鮮的了。上舉“窔”“迮”二字即其顯例。又如敦煌寫本斯 2144 號《韓擒虎話本》“香湯沐浴,改揬衣裝”,“揬”爲“揆”的俗字,其義爲换,《漢語大字典》據《敦煌變文集》乃謂“揬”同“换”(册 3 頁 1900。按:“揬”“换”同義但非同字);斯 3872 號《維摩詰經講經文》“定難除兇,作朝庭之籬屏”,“兇”即“兇”字俗寫,《漢語大字典》據《敦煌變文集》誤録作“㐫”,又誤“㐫”音初架切,凶危義(册 6 頁 3664);斯 4571 號《維摩詰經講經文》“鏘鏘穧穧狀嵬嵬”,“穧”爲“穧”的俗字(文中通作“濟”,“濟濟”形容充盛之貌),《漢語大字典》據《敦煌變文集》乃謂“穧”音“躋”,“穧穧”象聲詞,形容打擊樂器的聲音(册 5 頁 2625):諸如此類,郢書燕説,其例不在少數。我們只有在通曉俗字的基礎上,纔能明其謬妄,正其闕失,並從根本上杜絶這類錯誤的發生。

二、提供適當例證

字典辭書,舉例很重要。法國《新小拉魯斯字典》(*Nouveau Petit Larousse*)的卷頭語云:“一部没有例子的字典就是一具骷髏。”[①]一些大型字典在常用字的舉證方面通常是做得比較好的,而對那些俗字僻字,則由於主觀或客觀上的原因,往往是缺少適當的例證或者根本不舉例證。以舉證最爲詳備的《漢語大字典》爲例,以下幾個常用俗字都缺少例證,其實卻不難在石本或寫本、刻

① 轉引自王力《理想的字典》一文,載《龍蟲並雕齋文集》第一册 358 頁,中華書局 1980 年版。

本文獻中找到：

【斈】

《漢語大字典》云“同‘學’”（册 3 頁 2170），既無書證，亦無例證。其實俗字“斈”六朝時已見（參看第五章第三節），唐宋以後仍沿用不絶。如敦煌寫本斯 5588 號《求因果》詩：“在生不斈分毫善，惡事專心羨。”又伯 2999 號《太子成道經》：“（太子）漸漸長长，習斈人間伎藝，總乃得成。”又明刻本《清平山堂話本・西湖三塔記》：“又有一箇叔叔，出家在龍虎山斈道。”皆其例。

【冨】

《漢語大字典》云：“同‘富’。《正字通・冖部》：‘冨，俗富字。《正韻》富、冨兩存。’”（册 1 頁 305）按：唐顏元孫《干禄字書》：“冨富：上俗下正。”宋孫奕《履齋示兒編》卷二二引《字譜總論訛字》：富從宀，而俗書爲“冨”而從冖。宋陳師道《後山談叢》卷二：“金陵人喜解字，習以爲俗。曰同田爲富，分貝爲貧……”所謂“同田爲富”，也正是據俗字“冨”而言。敦煌寫本伯 2305 號《妙法蓮華經講經文》：“朕若在位時，冨貴難喻。”明刻《清平山堂話本・風月瑞仙亭》：“我父親營運家業，冨之有餘。”魏《兗州刺史元弼墓誌》已見書“富”作“冨”之例。又清顧藹吉《隸辨》卷四：“《石經・論語》殘碑：‘冨而無驕。’按：《説文》‘富’從宀，碑變從冖。”據此，則“冨”字漢魏六朝已見，唐宋以後承用之而不廢。

【抜】

《漢語大字典》云：“同‘拔’。《字彙補・手部》引《韻會小補》：‘抜，與拔同。’”（册 3 頁 1853）按：《干禄字書》：“抜拔：上俗下正。”魏《吐谷渾璣墓誌》已見“抜”字。又敦煌寫本斯 6836 號《葉浄能詩》：“我在岳神前拜堂之次，忽有一將軍……抜劍上殿，擬斬岳神。”“扷”即“拔”的俗字。俗書“拔”又有寫作“抜”或“扳”的(敦煌寫本經見),可參。

【举】

《漢語大字典》云:“同‘舉’。《五音集韻·語韻》:‘举與舉通用,俗字。’”(册3頁2170)按:“举”即“舉”的簡俗字(上部的“文”爲簡化符號。“譽”俗字作“誉”,是其比),宋元以後的寫刻本古籍中經見。如《京本通俗小説·菩薩蠻》:“(陳義)紹興年間,三举不第。”又云:“郡王見侍者言語清亮,人才出衆,意欲擡举它。”明刻本《清平山堂話本·死生交范張鷄黍》:“前者重陽日,夫主忽举止失措。”皆其例。又《京本通俗小説·拗相公》:“荆公夆手與老叟分别。”“夆”則又爲“举”的增筆俗字。

像上揭缺少例證的俗字條目,在《漢語大字典》中還不在少數,其實這些俗字大部分是不難找到用例的。

作爲一部大型字典,僅僅提供例證仍是不够的,還要“舉始見書的例子”①,即盡可能採用某字某義在文獻記載中較早出現的例子,藉以揭示其産生、流沿、消亡的歷史發展過程。這樣的舉證工作對古籍校理和文字研究是極其有用的。如“鄉”字作“乡”,乃是建國前後産生的簡化俗字(保留原字的左旁),如果字典中對此舉例予以反映,則碰到敦煌寫本中常見的“乡”(“多”的俗字),便不至於誤辨爲“鄉”了②。又如“櫃”字吴方言區或换旁作“柜”,約産生於清代前後(清嘉慶濟水太素軒刻本《金瓶梅》中有用例),如果字典中舉例予以反映,則碰到敦煌寫本中的“柜”(“拒”之俗誤),

① 王力《字典問題雜談》,載《辭書研究》1983年第2期。

② 斯6032號《王梵志詩·天下浮逃人》:“天下浮逃人,不啻多一半。”“多”字伯3418號作“乡”,即“多”的俗字,《王梵志詩校輯》誤録作“鄉”。

便不至於誤辨爲“櫃”了[①]。可見字典的例證並非可早可遲、可有可無的事，而是大有講究的，它需要編寫人員付出辛勤的勞動。現有的幾部大型字典在若干俗字條目下雖然也舉了例證，但所據往往是宋元以後的刻本古籍（多以《宋元以來俗字譜》爲依據），並不能反映該字産生的實際時代，許多俗字的用例還有進一步往前追溯的必要和可能。仍以《漢語大字典》爲例：

【囯】

同“國”。《龍龕手鏡·囗部》：“囯”，“國”的俗字。《宋元以來俗字譜》：“國”，《列女傳》、《取經詩話》、《嶺南遺事》[②]等均作“囯”。《五代史平話》上：“劉季殺了項羽，自立囯號曰漢。”（册1頁713－714）

按：今天流行的簡體字“国”是從“囯”變來的，那麽“囯”又是什麽時候出現的？這是一個令人感興趣的問題。根據《漢語大字典》提供的材料。“囯”似乎出現於遼宋之間（《龍龕手鏡》爲遼釋行均所編，書前有釋智光統和十五年〔公元1027〕作的序），其實不然。根據我們掌握的材料，“囯”大約産生於六朝（説詳第二章《古今俗字大觀》第四節），敦煌寫卷中則凡“國”字多作“囯”，如伯3375號《歡喜國王緣》：“忽然入定辭前世，歡喜王宫囯后妃。”是其例。大字典的舉證顯然太晚了些。

【恐】

同“恐”。《宋元以來俗字譜·心部》：“恐”，《嬌紅記》、《嶺南逸事》作“恐”。（册4頁2289）

---

① 伯3833號《王梵志詩·榮官赤赫赫》：“儻來［不］可柜，突去不可留。”“柜”即“拒”之俗誤，《王梵志詩校輯》誤録作“櫃”。

② “《嶺南遺事》”當作“《嶺南逸史》”，下文“《嶺南逸事》”同。

按:《宋元以來俗字譜》所據《嬌紅記》爲明宣德刊本,《嶺南逸事(史)》爲清同治刊本,只能反映明、清時代的用字情況。實則“恐”字作“㤟”,隋《謝岳墓誌》已見其例,敦煌寫本亦屢見不鮮。如斯 2073 號《廬山遠公話》:“㤟是他方聖賢,至我此山。又㤟有異類精靈,於此山中迴避。”又斯 4511 號《醜女緣起》:“萬事今朝總了,㤟怕朋友怪笑。”皆其例。

【畫】

同“畫”。《字彙·聿部》:“畫,俗繪畫字。”宋陸九淵《語録·包揚顯道所録》:“五日畫一水,十日畫一松。”明田藝蘅《留青日札摘抄·佛牙》:“十五年坐畫屋。”(册 5 頁 3166)

按:古書一經傳刻,便打上了傳刻者所處時代的烙印,而未必能反映著作者原來的用字情況。如上舉南宋陸九淵文,援引者未注明版本,“畫”字爲陸氏所寫原形,抑或出於後世刻工之手,實屬疑問。其實“畫”字敦煌寫本中已見用例,如斯 3872 號《維摩詰經講經文》:“顯名於鳳閣之中,畫影向麟臺之上。”又伯 2305 號《解座文匯抄》:“更遺言,相委記,畫取閻王禎子跪。”是其例。《干禄字書》:“畫畫:上通下正。”宋郭忠恕《佩觿》卷上亦云:“畫有胡賣、胡麥二翻,俗别爲畫……浮僞有如此者。”可見“畫”字早在宋代以前便已經相當流行了。

大型字典的例證除了出現較早以外,還要求其“適當”,尤其是例字本身不能有誤。俗字幾經傳刻,後來往往會變得面目全非,援引例證時必須慎之又慎。而對俗文字的深入研究,則有可能最大限度地避免援證錯誤的發生。試看以下二例:

《漢語大字典·囗部》:“国,同‘國’。清梁同書《直語補證》:‘国、孑、齐、斎、孝,今市儈書之,皆起於宋,見孫奕《示兒編》云。’

按:《履齋示兒編》卷二二作‘国’。今爲‘國’的簡化字。”(册 1 頁 716)

按:“国”字的出現時代,我們在第二章第四節已作過討論,這裏不再重複。這裏想討論一下大字典例證的問題。大字典所引《直語補證》是根據商務印書館 1958 年的鉛印本(附載於《通俗編》之後),引語中的“国”乃是“囯”的錯字。《直語補證》的幾個較早刻本,如清嘉慶二十二年仁和陸貞一刻《頻羅菴遺集》本、道光中吴江沈氏世楷堂刻《昭代叢書》本,字皆作“囯”。《直語補證》下文接云:“唐歷城縣千佛崖石刻,有‘家囯(引者按:商務鉛印本誤作“國”)安寧’語,從方内王,知唐已然矣。”清陸增祥《八瓊室金石補正》卷二九載《直語補證》所引的千佛崖石刻,正作“家囯安寧”,亦可證梁氏原文應是“方内王”的“囯”,而不是“方内玉”的“国”,這和《示兒編》的原字是一致的。像“囯”這樣的俗字由於没有現成的鉛字,排印時頗易誤辨爲“国”。援引書證的人如果缺乏一定的俗字方面的知識,是很難發其覆而正其誤的。附帶指出,《大字典》所引《直語補證》的“孑”字原書實作“夛”,乃爲“錢”的俗字(參看第五章第三節),《大字典》引作“孑”,恐爲不明俗字而臆改。

又同書足部“蹔”下音項二云:“cán《集韻》財甘切,平談從。往、去。《集韻·談韻》:‘蹔,往也。’《古今小説·裴晉公義還原配》:‘回寓喫了飯,就到相府門前守候。一日最少也蹔過十來遍。’”

按:大字典對“蹔”的注音釋義我們不想多加評論,這裏想説的是例證中的“蹔”字。以“往、去”解釋例證中的“蹔”,我們覺得不甚貼切。這個“蹔”字私意以爲當是“踅”的誤字。“車”旁俗書或作"丰"形,如"軒"作"扞"、"暫"作"晢"(見敦煌寫本伯3618號《秋吟》)、"輕"作"軽"(見清初刊《目連記彈詞》)等皆是。故"躄"俗書可作"趚"形。"趚"與"趚"字形相近,傳鈔傳刻時誤"趚"爲"趚(躄)"的可能性是存在的。"趚"意爲盤旋、來回走。如《金瓶梅》第二回:"這婆子正開門,在茶局子裏整理茶鍋,張見西門慶趚過幾遍。"又第八回:"那小妮子怎敢入他那深宅大院裏去,只在門首趚探了一兩遍。"是其義。以"趚"易"躄",前揭例證的意思便十分順暢。不明俗字,是很難把"躄"與"趚"聯繫在一起的。

總而言之,大型字典在俗字的舉證方面還存在着不少問題。王力先生在《理想的字典》一文中曾説:"一般的字典對於近代的字義所以不舉例者,一則是看輕俗字俗義,不屑舉例;二則是近代的書太多,要找始見的例子很難。古代的字義,有許多字書、類書可抄;至於近代的字義,就只靠自己去羣書中搜尋,所以不是容易的事。但是,看輕近代語是不應該的;無論如何困難,對於每一個近代常用的字義,是必須舉例的。這種責任,要放在後來人的身上了。"①這確是切中時弊之言。不過,要實現前輩們的遺願,恐怕還有很長的一段路要走。

三、增補漏收俗字

如前所説,大型字典是以收字多爲其顯著特點的,那麼收字多少、收字是否完備便成了判定其規模大小、質量高低的重要標尺。

---

①《龍蟲並雕齋文集》第一册360頁。

《康熙字典》、《中華大字典》是收列漢字較多的兩部巨型字典，唯以成書較早，難免缺漏；《漢語大字典》成書在後，收字 54678 個，精裝八巨册，理應兼收並蓄，網羅宏富，但以一些常見的俗字檢核之，結果卻往往令人失望。例如：

【薩】

即“菩薩”的“薩”字。菩薩之“薩”，古本作“薛”。宋張有《復古編》卷下云：“薛，艸也，從艸、辥。別作薛，非。又桑葛切，作薩，亦非。”“薛”見《説文》，隸變作“薛”（《五經文字》卷中艸部：“薛薛：上《説文》，下石經。”），又變作“薛”、“薛”等形（分別見《戰國縱橫家書》、《流沙墜簡》等），而“薩”則又爲其變體。張有以“薛”字作“薛”“薩”爲非，是從他“復古”的立場而言的。敦煌寫本伯 2621 號《事森》：“薩苞，字孟常，汝南人也。”“薩”即“薛”字。《後漢書》卷三九有薛苞，字孟嘗，汝南人，即其人。菩薩之“薩”因本淵源於“薛”，故亦寫作“薛”、“薛”、“薩”等形。如清陸增祥《八瓊室金石補正》卷二四《歷城千佛崖造像・李景崇題記》：“維大隋開皇十年……敬造阿彌陁像一區并二菩薛。”同卷《陶□題記》：“像主陶□……造□□壽像□□二菩薛。”又卷三〇《龍門山造像・崔貴本題記》：“（唐貞觀廿三年）弟子崔貴本敬造觀世音菩薛二軀。”敦煌寫本伯 3093 號《佛説觀彌勒菩薩上生兜率天經講經文》：“若令我等皆成佛，菩薩心中願始終。”其中的“薛”“薛”“薩”皆即“薛”字，亦即後來的“薩”字。玄應《一切經音義》卷三《明度無極經》第一卷音義云：“開士，謂以法開導之士也。梵云扶薩，又作扶薛，或言菩薩是。”清儒孫星衍云：“考菩薩‘薩’字不見《説文》，錢少詹據宋張有謂即‘薛’字。薛、薩聲形皆相近，字之誤也。及見此書，元（玄）應已云又作扶薛，知唐時尚未別出薩字。今《玉篇》

有'薩'字,桑葛切,云釋典菩薩也。此類并非孫强所增,乃宋所廣益矣。蓋艸書寫𠂤爲阝,寫辛先竪後畫,故以末畫居下爲形,今俗寫薩字譌從產,則又唐人字書碑碣所無也。"[①]今考敦煌寫本及唐五代以前碑刻,菩薩之"薩"皆作"薛""薛""薩"等形,而無一例作"薩"。《玉篇》、《集韻》、《類篇》皆有"薩"無"薩"。《鉅宋廣韻》入聲曷韻:"薩,釋典云菩薩。菩,普也,薩,濟也,能普濟衆生也。""薩"蓋"薩"的變體[②]。由此可見,"薩""薛"古本一字,唐五代前尚未分用,大約宋代以後,"薩"被用作菩薩之"薩"的專字,音桑葛切;再後來,爲免與薛姓的"薛"、"薛"、"薩"等相亂,又把菩薩的"薩"的右部改爲形近的"產"成爲今天的"薩"字,然宋以前未聞也。[③] 大字典有"薩"而無"薩",恐難免數典忘祖之譏矣。

【曼】

俗書"曼"字寫作"曼",又變作"曼"、"曼"、"曼"等形(説詳第三章第三節)。然大字典有"曼"無"曼"。又"曼"旁俗書亦多寫作"曼",如"慢"俗作"慢"(敦煌寫本中經見)、"縵"俗作"縵"(見《龍龕手鏡·糸部》)、"墁"俗作"墁"(見《龍龕手鏡·土部》)等等,然試檢《漢語大字典》,則有"慢"無"慢",有"縵"無"縵",有"墁"無"墁",而不知前者乃由後者之孳乳衍生也。

---

① 《叢書集成初編》本《一切經音義》卷三"開士"條校語,152 頁。

② 1957 年古典文學出版社影印元延祐刊本《東坡樂府》卷下《浣溪沙》:"紅玉半開菩薩面。""薩"字形與《廣韻》相近。

③ 上引《鉅宋廣韻》的"薩"字,其標目字《古逸叢書》影印《宋本重修廣韻》、《元泰定本廣韻》、清澤存堂本影宋刻本同,注文二"薩"字《古逸叢書》影印《元泰定本廣韻》同,《古逸叢書》影印《宋本重修廣韻》及清澤存堂影宋刻本則皆作"薩",可見當時"薩"與"薩""薩"的轉變尚未完成。

【㡪】

《龍龕手鏡·心部》:“㡪,俗,乎袁反,正作幡。”按:“幡”爲“幡”的隸變字①,“㡪”又爲“幡”的俗字。敦煌寫本伯2292號《維摩詰經講經文》:“捧數合之香花,擎幾般之㡪蓋。”“㡪”即“幡”字,亦即“幡”字。俗書巾旁與忄旁不分,故“幡”俗書作“㡪”。然試檢《漢語大字典》,“幡”字固已不收,“㡪”更是查無踪迹了。

不久前,筆者因參與裘錫圭先生主持的“325工程”,負責收録未見於《漢語大字典》的《龍龕手鏡》中的俗字僻字,結果僅在金、人、言三部就檢出未被大字典收録的俗字僻字數百個,數量大得驚人。由此可見《漢語大字典》尚未收録的俗字的數量一定非常可觀。造成這麽多遺漏的原因,大概是因爲大字典以《康熙字典》等書爲藍本,除此之外的羣書中的俗字僻字的大規模輯録還談不上。這也反映了俗字研究、輯録的緊迫性。據説有關部門正在編輯一部輯録漢字更爲完備的大型字典——《字海》,我們期待着該書早日問世。(校按:即《中華字海》,已由中國友誼出版公司、中華書局於1994年出版)

四、探明源流演變

作爲一部大型字典,不能滿足於孤立地、静止地羅列一個字的若干義項,而必須抉示字與字之間的内在聯繫,推本溯源,得其會通。對一個具體的俗字來説,就不但要使人知其然,而且要使人知其所以然;也就是説,要推求俗字與正字之间的演變軌迹,找出它的正字來。這種考鏡源流的工作,過去的一些大字典也做了一些,

① 《五經文字》卷上:“番畨:上《説文》,下經典相承隸省,凡潘、蕃之類皆從畨。”

但說實在的,做得很不够。《漢語大字典》在“楷書單字條目下收列了能够反映形體演變關係的、有代表性的甲骨文、金文、小篆和隸書形體”,並“酌附字形解說”①,這確是字典體例方面的“一個創舉”②。可惜這樣的體例僅限於那些“有古文字的單字”,而對那些漢代以後產生的新字(許多是俗字)的淵源流變,編者卻很少提及,或者語焉而不詳。這是我國文字研究中詳古略近、頭重腳輕的現狀的反映。加强俗字研究,纔是改變這種狀況的一條切實而有效的途徑。僅以《漢語大字典·金部》爲例:

【鎸】

《漢語大字典》云:“鎸 dì《龍龕手鏡》音帝,器也。《龍龕手鏡·金部》:‘鎸,器也。’”(册 6 頁 4242)

按:《漢語大字典》同部有“鑢”字,音 tí(《廣韻·齊韻》音杜奚切),引《說文》云:“鑢,器也。从金,虒聲。”“鎸”實即“鑢”的俗字。“虎”字的構件“几”篆文本作“𠘧”,即“人”字(《隸辨》卷三:“虎足象人足,故下從人。”),故“虎”旁亦或作“虍”,如“誂”作“諕”,“琥”作“琥”,“敓”作“敓”(參見《漢語大字典》有關部首)等皆是。“鑢”字作“鎸”,適其比類。也許有人會問,“鎸”“鑢”同字爲什麼字音卻不相同呢?其實大字典所引《龍龕手鏡》“音帝”的“帝”當是“啼”的錯字,中華書局影印高麗本《龍龕手鏡》正作“音啼”(《漢語大字典》所引《龍龕手鏡》大概是根據四部叢刊續編本,該本錯訛較多)。“啼”字《廣韻》音杜奚切,和“鑢”字的音切正同。“鎸”即“鑢”字,可以無疑焉。《漢語大字典》誤以“鎸”

① 《漢語大字典》前言及凡例語。

② 裘錫圭《40 年來文字學研究的回顧》,載《語文建設》1989 年 3 期。

“鎞”爲二字二音，固然與輕從誤本有關，但編寫者缺乏俗字知識恐怕也是一個不容忽視的因素。

【銆】

《漢語大字典》云：“銆 xiàng《龍龕手鏡》胡項反。似鍾而長。《龍龕手鏡·金部》：‘銆，似鍾而長。’”（册6頁4209）

按：“銆”當是“鋞”的俗字。《龍龕手鏡·辵部》：“逕，古走（定）切，路也。或作徑。”“逕”即“逕”的俗字，可以比勘。大字典所引《龍龕手鏡》，大概也是根據四部叢刊續編本，其中的“胡項反”，“項”乃是“頂”的形近誤字，中華書局影印高麗本正作“胡頂反”。大字典“鋞”字音項二下引《廣韻·迥韻》音胡頂切，又引《集韻·徑韻》：“鋞，長鍾也，鑮謂之鋞。”音義皆相吻合。《漢語大字典》誤以“銆”“鋞”爲二字二音，亦與不明俗書有關也。

【鏑】

《漢語大字典》云：“鏑 piāo《龍龕手鏡》音漂。刀劍鞘下的裝飾物。《龍龕手鏡·金部》：‘鏑，刀劍鞘下飾也。’”（册6頁4268）

按《廣韻·宵韻》撫招切：“鏢，刀劍鞘下飾也。”“鏑”字《龍龕手鏡》音漂，“漂”字《廣韻》亦音撫招切。據此，則“鏑”字與“鏢”音義皆同，“鏑”當即“鏢”的增繁俗字（“鏢”見《説文》）。復檢《龍龕手鏡》原文云：“鏁鏑：音漂，刀劍鞘下飾也。又必妙反。二。”“二”是指“鏁”“鏑”二字爲同字異體。“鏁”字《漢語大字典》未收，實爲“鏁”的俗字，“鏁”則爲“鏢”的篆文楷定字，據此，則“鏑”之即“鏢”，更其確證。《漢語大字典·金部》又有“鏰”字，引《集韻》卑遥切，釋云“刀鋒。……又刀劍鞘下飾”，後一意義的“鏰”亦正是“鏢”的俗字（“剽”俗作“剸”，“鏑”當由“鏰”變來。其演變軌迹是：鏢→鏰→鏑。“僄”字俗作“僩”，又作“僩”，可以比勘）。

《漢語大字典》把"鏢"、"鏀"、"鏉"當作三個不同的字來處理[1],根源也在於不明俗字。

【鋄　鍈　鐗】

《漢語大字典》云:"鋄 ruàn《龍龕手鏡》人絹反。柔銀。《龍龕手鏡·金部》:'鋄,柔銀也。'"(册6頁4240)又云:"鍈 ruàn《改併四聲篇海》引《龍龕手鏡》人絹切,柔銀。《改併四聲篇海·金部》引《龍龕手鏡》:'鍈,柔銀也。'"(册6頁4229)又云:"鐗 ruàn《玉篇》人絹切。銀。《玉篇·金部》:'鐗,銀也。'"(册6頁4259)

按:根據《漢語大字典》的體例(該書凡例第八條規定:"在通行的楷書繁體字條目下注音釋義,簡化字和異體字僅注明異體關係,不再注音釋義。")及第八册的《異體字表》,可知這是三個不同的字。其實不然。"鋄"實即"鍈"的譌變俗字。俗書"大""火"不分,故"耎"俗或作"烎"。《龍龕手鏡·火部》:"烎,而兖反,柔也,弱也。"又大部:"耎,音烎。"其實"烎"即"耎"的俗譌字,《字彙·而部》云"烎,耎字之譌",是也。"耎"俗作"烎",故"鍈"俗作"鋄"。《改併四聲篇海》引《龍龕手鏡》:"鍈,柔銀也。"今本《龍龕手鏡》有"鋄"無"鍈","鋄"即"鍈",引者易俗爲正也。編寫者既不知"烎""耎"爲一字(《漢語大字典·而部》以"烎""耎"爲不同的字),則"鋄""鍈"誤分爲二,亦正勢之必然。至於"鍈"與"鐗",亦爲同字異體關係。《龍龕手鏡·金部》云:"鐗鋄:人絹反,柔銀也。二同。"是其證。《漢語大字典》的編寫者引用了《龍龕手鏡》的這條書證,卻未能從語源上對"鋄""鍈""鐗"的異體關係作出必要的闡述,實在令人遺憾。

---

① 《漢語大字典》第八册《異體字表》"鏢"下的異體字只有"鑣"、"鏕"二字。

【鉚】

《漢語大字典》"鉚"字音項一云:"liǔ《集韻》力九切,上有來。美金。《集韻·有韻》:'鉚,美金。'"(册6頁4190)

按《説文·金部》:"鏐,黄金之美者。从金,翏聲。"《廣韻》平聲尤韻力求切:"美金曰鏐,即紫磨金也。"我們認爲"鉚"即"鏐"的後起異體字。也許有人會覺得奇怪。其實,只要具備一定的俗文字方面的知識,便不難窺知箇中的奥秘了:楷書"卯"旁有兩個來源,一是來源於寅卯之"卯",小篆作"丣(丣)";一是來源於"丣",《説文》以爲古文"酉"字。(裘錫圭先生按:"丣"實非"酉"之古文。"丣"、"丣"由一字分化,從"丣"之字金文仍從"丣"。)"丣""丣"隸變或楷變後皆可寫作"卯",前者如"昴",後者如"柳"。作爲"鏐"異體字的"鉚"從"丣"得聲,字本作"鉚"。《集韻·尤韻》:鏐,或從丣作鉚。《篇海類編·珍寶類·金部》:"鉚,美金,即紫磨金。亦作鏐。""鉚"即"鉚"的楷定字。"鏐"本爲平聲字,聲旁改換作"卯(丣)"後,因"酉"爲上聲字,故"鉚"字亦變音作上聲力九切,所謂音隨形變也。然而在《漢語大字典》中,"鉚""鏐"卻是互不相涉的。

此外如"釮"與"鉘","鉥"與"鉥","鑷(niè)"與"鑈","錝"與"鍐","鍦"與"鉈(shī)","銛"與"銛","鎦"與"鎦","鐓"與"鎚",等等,皆爲同字異體關係,但在《漢語大字典》中,卻都是互不相關的。只是一個小小的金部,在考源方面就存在這麽多的問題,俗字研究對大型字典探源的重要意義便是不言而喻的了。

五、考辨疑難俗字

大型字典是俗字研究成果的直接體現者。漢字研究中詳古略近、重正輕俗的情況,必然會對大型字典的質量産生嚴重的影響。舉例來説,《康熙字典》是收録俗字較多的一部字典,其間對歷代俗字頗下了一番鉤稽考討的功夫。但它也收羅了许多“無可考據”的俗體别字,有待後人去繼續考索(《康熙字典》末附《備考》一卷,收載“有音無義或音義全無”的字數千個,其中絶大多數是歷代民間流行的俗體字)。現在近三百年過去了,這些字辨識了多少?答案恐怕是不會令人滿意的。事實上,由於人們對整個俗字研究並没有给予應有的重視,這些“無可考據”的俗字也被擯斥於研究對象之外,以至董理無人,其義至今大都不甚了了。這種情況反映在大型字典的編纂上,就是許多俗字尚没有得到令人滿意的解釋。我們曾把《康熙字典》和《漢語大字典》進行過對比,發現對一些疑難俗字的辨識,《漢語大字典》似乎仍停留在三百年前的水平上,字音字義,每告闕如,令人殊多慨歎。下面我們就拈出幾個“無可考據”的俗字來,看看究竟有没有“考據”之可能。

【奓】

《康熙字典·備考》大部云:“奓,《五音篇海》音開。”《漢語大字典》同部下云:“奓 kāi《改併四聲篇海·大部》引《川篇》:‘奓,音開字。’《字彙補·大部》:‘奓,義未詳。’”(册1頁546)

按:與《康熙字典》相比,《漢語大字典》只不過增加了一個書證,而“奓”字的字義,卻仍是“未詳”。其實,只要具有一些俗字方面的知識,“奓”字的字義是不難考索的。考“彦”字俗書與“亥”相亂。魏《元彦墓誌》“彦”字作“彥”,魏《元楨墓誌》又作“产”。而“亥”字俗書亦或作上述形狀。如敦煌寫本伯2564號《齖齲新婦文》:“人定亥,君子須(雖)貧礼上(尚)在。”又伯3618號《秋吟》:“金言大啓,玉偈宏該。”伯2418號《父母恩重經講經文》:“孩子未降，母憂性命逡巡。”其中的“”“”“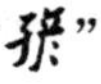”分别爲“亥”“該”“孩”的俗字，可見“亥”“彦”俗書混用無别，頗易互誤。敦煌寫本伯 2625 號《敦煌名族志殘卷》：“（陰）嗣業自天聰明，博經史。”“博”即“博該”，而《敦煌社會經濟文獻真跡釋録》第一册誤録爲“博諺”①。又北圖成字 96 號《目連變文》：“同名同姓有千。”“千”即“千姟”②，而《敦煌變文集》759 頁誤録爲“千嫁”。據此，我們認爲“奁”當是“奒”字俗誤。《龍龕手鏡·豕部》載“豥”字俗作“豶”，可資比勘。《玉篇·大部》：“奒，口才切，大皃。”《廣韻·咍韻》“奒”字音苦哀切，《集韻》音丘哀切，與“奁”字音“開”正相吻合。“奁”即“奒”字俗誤，可以無疑。

附按：“奒”當是從大、亥聲的形聲字。《廣韻·咍韻》苦哀切小韻下又有“㚊”字，義爲“多也”。“㚊”當是從多、亥聲的形聲字。敦煌寫本伯 2011 號王仁昫《刊謬補缺切韻·咍韻》苦哀反：“㚊，多。亦作奒。”以“㚊”“奒”爲一字，是也。

【㚣】

《康熙字典·備考》女部收“㚣”字，云：“《川篇》音卯，又音柳。”《漢語大字典》同部下云：“㚣 mǎo《改併四聲篇海·女部》引《川篇》：‘㚣，卯、柳二音。’《字彙補·女部》：‘㚣，義未詳。’”（册 2 頁 1048）

按：《漢語大字典》爲讀者提供了原始的書證，這是值得稱道

① 見該書 100 頁，書目文獻出版社 1986 年版。

② 玄應《一切經音義》卷六引《風俗通》曰：“十千爲萬，十萬曰億，十億曰兆，十兆曰經，十經曰姟。”“千姟”是形容人數之多。“姟”字又作“垓”、“侅”等，義同。

的。但對“娐”字的字義,卻無所發明。我們認爲“娐”當即“婯”字。“婯”字《集韻》有二讀,一讀莫飽切(上聲巧韻),云:“媌,《博雅》:好也。或作婯。”一讀力九切(上聲有韻),云:“懰,好也。或作婯。”“娐”字卯、柳二音,與“婯”字的音切正相吻合。從字形上來説,讀莫飽切的“婯”得聲於“丣”,讀力九切的“婯”得聲於“丣”(“丣”“丣”隸變後皆作“卯”,説詳上節),分别爲“媌”和“懰”的異體字,一身而兼任二職。但爲什麽“婯”又會寫作“娐”呢?窺知這一奥秘的關鍵便在於考明俗字。考《説文》“酉”字下云:“丣爲春門,萬物已出;丣爲秋門,萬物已入。”“丣”字兩户相背,象開門之形;“丣”字兩户相對,會閉門之意(“丣”是會意字,其上的一横,《説文》云“閉門象也”)。由於“丣”“丣”並與兩户有關,故俗乃造“户户”字,來代表“丣”“丣”二字。《龍龕手鏡·户部》云:“户户,音户。《玉篇》又莫飽反,又力酉反。”“莫飽反”的“户户”即“丣”字,“力酉反”的“户户”則即“丣”字①。“丣”旁“丣”旁俗書亦往往寫作“户户”,如“柳”字作“栌”(“柳”得聲於“丣”。《龍龕手鏡·木部》:“栌,古文,音柳,小楊也。”敦煌寫本中“柳”字多作“栌”),“昴”字作“昈”(“昴”字得聲於“丣”。《字彙補·日部》:“昈,音義同昴。”)。考論及此,“婯”寫作“娐”,答案便不難找到了,蓋“婯”字俗書作“妒”,而復形譌爲“娐”也。

【眂】

《康熙字典·備考》目部收“眂”字,引《搜真玉鏡》音是,而未詳其義。《漢語大字典》同部下云:“眂 shì《改併四聲篇海·目部》

① 《字彙補·户部》:“户户,莫飽切,闢户也。”則只據一邊立義。《康熙字典·備考》户部云:“戶,《川篇》音抑。”“戶”疑即“户户”的變體,《川篇》音“抑”,“抑”疑爲“柳”字之訛。

引《搜真玉鏡》:'眐,音是。'《字彙補·目部》:'眐,牀自切,見《篇韻》。'"(册4頁2481)

按:《漢語大字典》雖引證加詳,而字義仍付闕如。其實,"眐"乃是一個俗字,其正字不煩外求,就是大字典同頁下文的"眂"字。"眂"字從目、氏聲,而"氏"旁俗或書作"丘",如"詆"作"詚","抵"作"抸","砥"作"砶"(皆見於《龍龕手鏡》),等等,皆是。故"眐"應即"眂"的俗字。"眂"爲"視"字古文(見《説文·見部》"視"下注),"視"有"是"音(《廣韻·至韻》:視,常利切,又音是),《搜真玉鏡》謂"眐"字音是,正與"視"字讀音相合。"眐"爲"眂"的俗字,殆亦可以斷言。明乎俗字,則胡越成一家;不明俗字,則對面隔山河:明俗字之切要,於此可以概見矣。

【忪】

《康熙字典·備考》巾部收"忪"字,引《搜真玉鏡》音中。《漢語大字典》同部下云:"忪 zhōng《改併四聲篇海·巾部》引《搜真玉鏡》:'忪,音中。'《字彙補·巾部》:'忪,義未詳。'"(册1頁732)

按:這也是一個有音無義的字。較之《康熙字典》,《漢語大字典》只是書證加詳而已。今謂"忪"當是"帪"的俗字。《説文·巾部》:"幒,幝也。从巾,悤聲。一曰帙。帪,幒或从松。"《集韻·鍾韻》音諸容切。字又作"帹"。《改併四聲篇海·巾部》引《川篇》:"帹,七勇切。"即"幒"的俗字。又作"衳"。《廣雅·釋器》:"衳,幝也。"《集韻·鍾韻》諸容切:"衳,帙。""衳"字音義皆與"幒"字相合。蓋"忪"爲"帪"或"帹"之俗省,而"衳"又爲"忪"之換旁俗字也。

【鋑】

《漢語大字典·金部》下云:"鋑,人名用字。《新唐書·宰相

世系表四》:‘(郭)鋑,光禄卿。’”(册6頁4213)

按:人名用字也應該是有音有義的。《漢語大字典》只告訴讀者“人名用字”,其實等於什麼也没有説。那麼“鋑”的音義究竟如何呢?根據俗書規律,可以推知“鋑”當是“鏃”的俗字。“鏃”字俗或簡省作“鉃”,見《武威漢簡·泰射》四一簡。而“𠂉”旁俗書往往作“厶”,如“簇”俗作“簇”(見《龍龕手鏡·竹部》),故“鏃”字俗又或作“鋑”。《龍龕手鏡·金部》:“鍭鋑,二俗;鏃,正:作木反,箭鏃也。三。”其中的“鍭”即“鋑”字(比較“侯”作“俟”,“誒”作“誒”,俱見於《龍龕手鏡》。《隸辨》卷六云:“從矢之字‘知’或作‘知’,亦作‘知’,‘疾’或作‘疾’,‘雉’或作‘雉’,與從失之字無别。”),亦即“鉃”字。則“鋑”即“鏃”的俗字,更其確證。

以上的例子説明,只要大型字典的編寫者具有一定的俗字方面的知識,再多查查《龍龕手鏡》、《碑别字新編》一類的工具書,一些所謂的疑難俗字其實是不難辨識的。

有必要聲明的是,上面我們從五個方面論述俗字研究對大型字典編纂的重要作用,其中的二十來條例證,主要地擷取自《漢語大字典》。這並不是説,《漢語大字典》是幾部大型字典中問題最多的一部,我們的結論恰恰相反。我們只是想借以説明,漢語俗字研究的落後狀況,已對大型字典的質量造成了嚴重的影響;現代大型字典要在前人的基礎上前進一步,取得度越前人的業績,加强俗字研究是一個不容忽視的方面。

第七章　俗字研究與文字學

在前面兩章中，我們以較多的篇幅討論了俗字研究與古籍整理、俗字研究與大型字典的编纂的關係。在這一章中，我們打算來談談俗字研究與文字學的關係，即從文字學的角度來看，俗字研究有些什麽意義呢？我們認爲，這種意義至少表現在以下三個方面：

一、有助於建立完整的漢語文字學體系

漢語文字學古稱“小學”，是研究漢字發生、發展及其演變規律的一門科學。根據歷史的分期，有人把漢語文字學劃分爲如下五個方面：

1. 先秦古文字研究；
2. 秦漢篆隸文字研究；
3. 魏晉以後的行書、楷書研究；
4. 六朝唐宋以來的俗字、簡體字研究；
5. 近代方言字的研究。

——《中國大百科全書》語言文字分册）

其實，如果更概括一些，漢語文字學大體可以分爲兩個大的方面：

1. 古文字學,研究小篆及其以前的古文字;

2. 近代文字學,研究隸篆以下的近代文字。

近一個世紀以來,隨着甲骨文的發掘和金文的大量出土,吸引了衆多學者的注意,因而古文字學在文字學的領域中一枝獨秀,取得了了不起的成就。近代文字學包含的範圍很廣,也很重要。唐蘭先生指出:

> 近代文字的研究,也是很重要的。隸書、草書、楷書,都有人做過蒐集的工作。楷書的問題最多,别字問題,唐人所釐定的字樣,唐以後的簡體字,刻板流行以後的印刷體,都屬於近代文字學的範圍。西陲所出木簡殘牘,敦煌石室所出古寫本經籍文書,也都是極重要的材料。(《中國文字學》第 8 頁)

王力先生説:

> 無論怎樣"俗"的一個字,只要它在社會上佔了勢力,也值得我們追求它的歷史。……應該研究它在何時産生,何時死亡。(《新訓詁學》,載《龍蟲並雕齋文集》321 頁,中華書局 1980 年版)

李學勤先生也説:

> 研究漢字的發展不可輕視所謂"俗字",有的"俗字"來源很古,後來成爲正字。(《傘》,《綴古集》200 頁,上海古籍出版社 1998 年版)

但由於種種原因,近代文字學的研究(尤其是近代文字學的核心——俗文字的研究)卻一直是門前冷落鞍馬稀,顯得冷冷清清,乏人問津,處於空白或半空白的局面。在第一章中,我們曾引述過朱德熙先生在"漢字問題學術討論會"開幕式上的一段話,這段話很重要,我們有必要在這裏再重複一次:

漢字有悠久的歷史,這方面的研究很重要。但是過去太着重於古文字的研究,總認爲後代文字變化不大,没有什麽好研究的。從客觀上講,可以這樣説。……但仔細一看,變化還是不小。就説從漢朝到現在,許多字都經歷了很複雜的演變過程,這裏面有很多東西值得研究。古文字的研究不是不重要,但近代文字的研究尤其重要,因爲它與我們的關係更密切,就像古代史跟我們的關係不如近代史密切一樣。所以我們應花足够的力量去研究近代文字的歷史。現在的常用字裏有許多字的歷史我們不清楚,譬如説"抛棄"的"抛",40 年代唐蘭先生曾寫文章專門考證這個字的來歷。這種字過去人們不研究是不對的。我們應提倡近代文字的研究,俗字的研究。現在我們對古文字知道得比較多,近代文字反而知道得比較少,有點厚古薄今,這是不對的。

近代文字研究的這種落後狀況,不但對古籍整理和大型字典的編纂帶來了不利的影響,而且也嚴重制約了漢語文字學的健康全面發展。我們只有將近代文字(尤其是其中的俗文字)研究透了,纔能勾勒出漢字從甲骨文到簡化字發展演變的歷史進程,纔能建立一個完整的漢語文字學體系。

二、有助於對漢字簡化的正確認識

漢字的簡化已有很長的歷史,通過歷代俗字的研究,既可爲漢字簡化提供理論的依據,又可爲它提供實踐的借鑒。

從理論上來説,通過歷代俗字的研究,可以使人們加深對漢字簡化意義的認識。文字是語言的書寫符號,是人類社會最基本的交際工具。文字的這一性質決定了形體簡化的必要性。漢字由甲骨文、金文到小篆,由小篆到隸書,由隸書到真書,字體不斷向簡省的方向發展。用唐蘭先生的話來説,"新文字總就是舊文字的簡俗字"。這種由繁到簡的發展,是漢字本身發展的主要規律,也是推行簡體字的重要依據。在隸書到真書的轉變完成以後,漢字字體雖然一定的程度上趨於稳定,但字形簡化的進程並没有終止。六朝碑刻、敦煌寫卷、宋元以來通俗文學刻本中簡體俗字的大量出現,顯示了人民羣衆對於漢字簡化的不可遏止的要求和漢字簡化的必然趨勢。俗字發展的情形了解得愈清楚,漢字必須簡化的必然性也愈明確。七十年前,胡適在爲《國語月刊》第七期"漢字改革號"寫的卷頭言上指出:

> 這二千年的中國的小百姓,不但做了很驚人的文法革新,他們還做了一件同樣驚人的革新事業:就是漢字形體上的大改革,就是破體字的創造與提倡。例如一個錢字,有十六畫;小百姓嫌它太難寫了,就改用一個四畫的"㐩"字……這些驚人的大改革,處處都合於經濟的一個大原則。小百姓總算盡了他們的力了。

在那篇卷頭言中,胡適大聲疾呼學者文人去"觀察小百姓語言的趨勢,選擇他們的改革方案,給他們正式的承認"。然而時至今日,仍有人對簡化字存在着這樣那樣的偏見,指指點點,挑挑剔剔,這也不是,那也不對,肆加撻伐。有的人甚至提出要全面恢復繁體字。出現這種情況,在很大程度上與我們對俗文字缺乏深入研究是有關的。

從實踐上説,俗字研究可以爲今天的漢字簡化提供參考和借鑒。今天通行的簡化字,其實許多都可以在歷代俗字中找到依據。

諸如乱、辞、趋、继、断、门、坚、麦、尽,等等,都是幾百年甚至上千年前就已廣泛流行的,説明這些簡體字是經過長期演變約定俗成的,具有深厚的羣衆基礎,是切實可行的。但也有一些簡化字的選擇似乎不盡妥當。如"廟"簡化作"庙",似不如作"庿"爲得當。"庿"字《説文》中已見(《説文·广部》:庿,古文廟。),是一個從广、苗聲的形聲字。自漢以迄於近代,"庿"字在文獻中都有應用。如斯 5478 號《文心雕龍·頌讚弟九》:"魯以公旦次編,商以前王追録,斯乃宗庿之政哥(歌)。"又《京本通俗小説·拗相公》:"直進大門,就是三間庿宇。"例多不贅舉。可見"庿"字既有文字學上的依據,又有羣衆使用的基礎,符合於簡省易記的原則。至於"庙"字,雖然宋代已見(《履齋示兒編》卷二二引《字譜總訛字》稱"庙"爲"廟"俗書),形體也是簡省了,但"廟"爲什麼要從"由"旁,卻實在毫無道理可言①。此外,如"學"簡作"学",似不如據六朝以來俗字作"斈"爲妥當;"覺"簡作"觉",似不如據唐代俗字作"斍"爲合宜,等等。當然,既然"庙"、"学"、"觉"已爲廣大羣衆所接受,現在也就不必再大做翻案文章了,理由還是"約定俗成"。

對歷代俗字的輯録研究,還可以爲漢字的進一步簡化提供字樣。如"佛"不妨簡化作"仏","最"不妨簡化作"㝡"(《干禄字書》:"㝡最:上通下正。"),"耕"不妨簡化作"畊"(《干禄字書》:"畊耕:上通下正。"),"輩"不妨再簡化作"軰"(《干禄字書》以"軰"爲正字),等等。此外,俗書還常把兩個字合寫在一起,即所謂"合文",如"菩薩"作"𦬇","菩提"作"𦬊","涅槃"作"卄"或"卌",等等,也可供今後簡化時參考。舊時有人把"圖書館"寫作

① "廟"俗作"庙"當是由"庿"譌變而來。《京本通俗小説》中"庿""庙"雜出,説明當時"庙"尚未取代"庿"。

“圕”,“禁止煙火”寫作“㷊”,就是這種簡化方式的流延。當然,“合文”的方法是否合理和值得,還有進一步討論的必要。

歷代俗字的研究,還可從反面爲漢字的簡化提供經驗和教訓。像我們在前面幾章提到的俗字“同形異字”或“異形同字”的現象,容易造成字形的混亂和後人辨認的困難,是我們今後在選擇簡化字時應盡量予以避免的。另外,形體簡化的目的是爲了方便書寫,但簡化必須有一定的限度,必須照顧到文字自身的系統性。假如不顧系統,一味求簡,有時不但達不到簡便的目的,甚至會走向它的反面。所以俗文字在簡化的同時,又有大量繁化的實例。這裏舉一個繁化簡化交叉進行的例子:

“嘗”字《説文》從旨、尚聲,是一個形聲字(“旨”表示味美),但隨着字義的演變,後世“旨”多用於旨意等意義,加上“嘗”字的形旁是在字的下部,與多數漢字左形右聲的結構不合,於是俗書便增加口旁繁化作“噹”,達到顯化意符、明確字義的目的。另一方面,“嘗”字本身有十四畫之多,筆畫過於繁複,於是有人把“嘗”簡化作“甞”(見《集韻・陽韻》),形符易“旨”爲“甘”,少了一筆,意義也更加明確。稍晚又有人寫作“𠯫”(《清平山堂話本・簡貼和尚》有例),成了從㫖(“𠮛”即“旨”的俗寫)、尚省聲的形聲字。但“甞”或“𠯫”仍不够簡便,於是又進一步簡化作“尝”(《京本通俗小説・碾玉觀音》有例)。“尝”字僅九筆,庶幾可謂簡便了。但簡化字“尝”下部的“云”只是個簡化符號(比較“風”俗作“凨”[①],“繪”俗作“絵”[②]),不表示任何意義,這樣就背離了人們希望通過

---

①《清平山堂話本・羊角哀死戰荊軻》:“是夜聞凨雨之聲,如人戰敵。”“凨”即“風”字。

②“絵”見《宋元以來俗字譜》。

字形本身明確意義的原則，於是俗書又重新加以繁化，增加口旁作“嘗”（“嘗”也可以説是“嚐”的簡化）。現在小巷小弄上“請君品嘗”一類的字眼隨處可見，“嘗”字很少有人寫作“尝”。“嘗”字繁化、簡化、又繁化的矛盾運動過程，反映了漢字在簡化的同時，又存在着繁化的趨勢；字形的簡化不能超越一定的限度，一味求簡的做法是要不得的。正如唐蘭先生所説，“如果要字字而簡之，一個一個地減省、改造，在原有的一大堆記號外，加上一大套新的記號，往往連創造者自己也會忘了怎麼寫的，而要人家去記憶這些額外的記號，終究是行不通的”（《中國文字學·文字的變革》）。明王鏊《震澤長語》中説“太簡難辨”，説的也是這一意思。

三、有助於漢字的規範

俗字是人民羣衆創造的。由於造字者的時代、區域、文化素質等方面的差異，不同的造字者會用不同的形體來表示同一個“字”，或者用同樣的形體來表示不同的“字”，造成異形同字、同形異字等紛歧錯亂的現象。這種現象當然不利於記録語言和交換思想的需要，於是就需要正字的工作，選擇那些有羣衆基礎的俗體加以接受，加以規範，加以認定；同時淘汰那些純屬冥想臆造而缺乏社會基礎的别體俗字。這種被選擇、被淘汰的過程，其中除了政權的力量即統治者的提倡之外，約定俗成的原則在起着主要的作用。傳統的文字學以《説文》作爲正字的唯一依據，凡不見於《説文》者，皆斥爲俗字。清雷浚《説文外編》卷一二《俗字》下云：“俗字者，不見於經而見於《玉篇》、《廣韻》者也。”這又把是否見於經典（《十三經》）作爲確定正、俗的標準。這種觀點都是我們所不能同意的。

從歷史上看，俗字和正字有時會發生"易位"的現象（例見前），正字和俗字這種地位的變化，也是約定俗成的法則在作用。我們今天整理漢字，推行簡體字，也必須掌握約定俗成的原則。

俗字異體的紛繁，必然導致字樣之學的興盛。俗字學和字樣學以整理異體、擬訂正體爲宗旨，通過對俗字的研究，釐清正俗之關係，無疑有助於漢字的整理和規範。以"逄"字爲例，《廣韻·江韻》薄江切："逄，姓也，出北海。《左傳》齊有逄丑父。"《後漢書·劉玄傳》"同郡人逄安"，李賢注引《東觀記》曰"逄"字音龐。元李文仲《字鑑》卷一："逄，皮江切，姓也。《左傳》齊有逄丑父。从辵从夅，夅下江切，與逢遇字不同。《孟子》：逄蒙學射於羿，當从此正，傳寫作逢，誤。"按：《説文》有"逢"無"逄"，漢碑有逢盛、逢信、逢祈、逢訴等人名（分別見《逢盛碑陰》、《孔宙碑陰》、《景君碑陰》，參看《隸釋》卷十《逢盛碑陰》後洪适跋語），字皆從夆，而無從夅之"逄"。那麼這些作爲姓氏的"逢"是否爲"逄"字之誤呢？不然。唐顏師古《匡謬正俗》卷八云："逢姓者，蓋出於逢蒙之後，讀當如其本字，更無別音。今之爲此姓者自稱乃與龐同音。按：德公士元所祖自別，殊非伯陵尹父之裔，不應棄其本姓，混兹音讀，乃猥云逢姓之逢與逢遇字別，妄爲釋訓，何所取據乎？"顏師古的話是對的。如從俗書的角度去考察，對這個問題就會有更明確的認識。唐代前後俗書"夆"旁多寫作"夅"形，故"逢"字俗書作"逄"。如敦煌寫本斯 328 號《伍子胥變文》："今於水上泊（拍）紗，有幸得逄君子。"又伯 2603 號《讚普滿偈》之一："勝事難逄切要知，敢希聰鑒細尋思。"又之四："何人逄此不開顔，幾度遨遊意自閒。"凡此"逄"皆即"逢"的俗字。《干禄字書》云："逄逢：上俗下正。諸同聲者準此。”是也。而所謂逄姓之“逄”,其實也是“逢”的俗字。羅振玉《增訂碑别字》序云:“人姓之‘逄’,古與逢迎無别,亦無龎音。後儒别搆其畫,又别搆其讀,其實謬耳。”其説允也。只有把“逢”“逄”的這種正俗演變關係弄清楚了,我們整理相關的古籍纔不至於犯無知妄改的錯誤,對字形的擬訂纔有可靠的依據。

我們在日常生活中,也經常會碰到一些不規範的俗字别體。這時也需要我們通過對俗字的分析研究,告訴羣衆怎樣寫是正確的,怎樣寫是不正確的,不正確的原因又在哪兒,這樣纔能使羣衆心服口服,進而達到規範字形的目的。例如常常看到有人把表揚的“揚”寫作“扫”,説他寫錯了,對方也許還振振有詞:太陽的“陽”不是簡化作“阳”嗎?“揚”當然也可作“扫”。其實太陽的“陽”作“阳”是改形聲爲會意,而“揚”作“扫”卻無字理可言,故不可取。又如“貌”字俗或作“豼”,大街小巷上不時可以看到。這是一個仿照“兒”字簡化作“儿”類推而來的俗字别字。但“貌”的右旁是“皃”(即“貌”字小篆的寫法)而不是“兒”,所以“貌”字不能據“兒”類推簡化作“豼”。最近筆者在四川大學校園内某施工單位工地看到這樣一塊牌子:省二竍直屎处基础队。這個與“尿”相近的“屎”是什麽字呢?當時感到很納悶。後來琢磨再三,纔明白是“屬”的簡化字,“术”大概是它的聲旁。但無論是普通話還是四川話,“术”與“屬”讀音都不一樣,以“术”作爲“屬”的聲旁顯然是不合適的。加上“屎”字形與“尿”相近,易於誤認誤寫,所以“屬”不宜簡化作“屎”。當我們把這些道理告訴羣衆時,羣衆往往樂於接受,幡然棄俗從正,這樣我們的目的也就達到了。

第八章　考辨俗字的方法

所謂考辨俗字的方法，就是説當一個陌生的俗字（或錯别字）擺在我們面前的時候，我們採用什麽樣的手段去認識它，去找出它的正字呢？在這方面，前賢並没有給我們留下什麽現成的條條，時人的著作也絶少提及。這裏，只能根據筆者的摸索和體會，談幾點不成熟的想法，聊供參酌而已。

一、偏旁分析

漢字屬於表意文字體系，其中由兩個或兩個以上的偏旁組成的合體字佔了絶大多數。根據這一特點，運用偏旁分析的方法，因形求義，是我們祖先使用已久的有效方法。宋吴曾《辨誤録》卷下引宋景文公云："凡義有未通者，當以偏旁考之。"[①]即是指偏旁分析法而言。俗字的構成，往往與偏旁的增減、變换有關，如有增加意符的，有省略意符的，有改换意符的，有改换聲符的，有類化偏旁的；就改换意符來説，又有意符意近换用的，有意符形近换用的，有改旁便寫的，有改意符爲聲符的，等等，真是大道亡羊，逵徑百出。所以對通俗文字的考辨來説，偏旁分析法也就有了更爲重要的意

① 此語亦見於吴曾的另一部著作《能改齋漫録》卷五所引。

義。下面酌舉四例，以見一斑：

例一，敦煌寫本伯 3360 號《蘇莫遮・大唐五臺曲子》之三："上北臺，登險道。……定水潛流，一日三過到。駱駝⿰山馬，風裊裊，來往巡遊，須是身心好。羅漢巖頭觀淙河，不得久停，爲有神龍慄。"其中的"⿰山馬"字不見於任何字書載録，稱得上是超一流的疑難怪字了。任二北先生的《敦煌歌辭總編》卷七校作"崖"，而謂"⿰山馬"字斯 2080 號同，斯 467 號作"焉"，斯 2985 號作"⿰山丏"。任校云："王集、饒編[1]均取'駱駝⿰山馬'，但於'⿰山馬'之音義均不指示。王但注'⿰山馬'亦作'焉'，足見是崖。饒但注'"⿰山馬"作"焉"，誤，此依斯 2080'，仍作'⿰山馬'。足見'⿰山馬'不誤矣，二家宜負責交代其音義。茲徧查字書，實無'⿰山馬'字。使書手有知，於此將匿笑不置，因其欺得售，有人承認，而責任轉移矣。——校訂作風惡劣如此，乃二家所啓。"（泉按：着重號爲原書所有。）

按：王集、饒編取"⿰山馬"而復交代異文"焉"，態度殊爲客觀；任氏乃肆加斥責，恐有欠公允。其實王集、饒編作"⿰山馬"固屬非是，任書臆校作"崖"，更屬無據。以偏旁分析之，原字當是"墕"的誤字。蓋山旁土旁含意相近，故俗或換旁書"墕"作"⿰山焉"；"焉"俗書與"馬"相亂（俗諺有"書經三寫，烏焉成馬"之語），故"⿰山焉"俗又誤書作"⿰山馬"。斯 2985 號其字作"⿰土丏"（任録作"⿰山丏"，不確），正是"墕"字俗寫；斯 467 號作"焉"，則又爲"墕"的省旁字。"墕"又是什麼字呢？考《字彙補・土部》云："墕，與堰同。"《後漢書・循吏傳・王景》"（王）吴用景墕流法，水乃不復爲害。""墕"即"堰"字。蓋"匽""焉"音近。故俗書或改換聲旁書"堰"作"墕"。又《後漢

---

[1] "王集"指王重民《敦煌曲子詞集》，"饒編"指饒宗頤《敦煌曲》。

書·董卓傳》："（董）卓於望垣北爲羌胡所圍，糧食乏絶，進退逼急。乃於所度水中僞立隁，以爲捕魚，而潛從隁下過軍。"唐李賢注："《續漢書》'隁'字作'堰'，其字義則同，但異體耳。""隁"亦"堰"的後起形聲字，可以比勘。天臺山有東、南、西、北、中五臺，北臺下有龍池（詳斯529號《諸山聖迹志》），駱駝堰蓋龍池障水之隄堨，伯3931號《印度普化大師遊五臺山啓文》："二十五日往北臺。穿碧霧，過駱駝□，渡龍泉水，啓告再三，至東臺宿。""□"應是"焉"字俗書，亦即"㷻"字省借。伯4625號《五臺山讚》："北臺東腳有落馱堁，美付盤迴屈鞠連①。""落馱堁"即"駱駝堰"，"堁"爲"堁"字俗寫，"堁"又爲"堰"的聲旁變換俗字。北圖鹹字18號《五臺山讚》作"駱駞延"，斯5473號作"駱駝焉"，"焉"爲"㷻"之省，"延"則爲"堰"之借。至於斯5487號作"達羅延"，斯4429號作"那羅延"，則其誤之又誤者也。任書於《五臺山讚》下校"堁"、"焉"、"延"爲"巖"，定作"駱駝巖"，亦誤。上面的論證可作如下小結：

- 堰
  - 㷻（改换聲旁）
    - 焉（省略形旁）—俗誤→ □
    - 㷻（俗書）
    - 嫣（改换形旁）—形誤→ 嫣
  - 堁（改换聲旁）—俗書→ 堁
  - 延（音近借用）

如上的演變可謂繁矣！但如果我們把握住偏旁分析的鈐鍵，則自不難破除迷障，洞見本真。

① 此句《敦煌歌辭總編》校作"密覆盤迴屈曲連"，可備一説。

例二，宋洪适《隸續》卷二〇《斥彰長田君斷碑》："（上闕）史見勞醽，芳馨馥芬，布聞遠近。"洪适跋："碑中字札嫵媚，甚類《華租》、《華山亭碑》。書之者好用奇字，如……之類，皆它碑所無者。獨'醽'字未詳。"清顧藹吉《隸辨》列"醽"字於卷五"疑字"下，而無所發明。

按：以偏旁分析法及文意推之，"醽"當是"犒"的俗字。[①]《玉篇·牛部》："犒，苦到切，餉軍。與鎬同。"即以牛、酒等物犒勞軍士之意。因爲犒勞之物以牛最爲重要，故其字從牛。又因爲犒勞之物多爲食品，故俗又或從食作"鎬"。《玉篇·食部》："鎬，苦到切，勞也。"實即"犒"的換旁字。《廣韻·号韻》及《玉篇·牛部》以"鎬""犒"爲一字，是也。又《晉書·桓彝傳附桓沖》："又以酒三百四十石、牛五十頭犒賜文武。"因爲犒勞之物也有酒，故俗又換旁從酉作"醽"。作"犒"作"醽"作"鎬"，俱無乖於形聲會意之旨。"醽"之即"犒"或"鎬"，殆可無疑也。

例三，《清平山堂話本·快嘴李翠蓮記》："這裡不是烟花巷，又不是小娘兒家，不管三七二十一，我一頓拳頭打得你滿地趏。"譚正璧校："'趏'，當作'爬'字。"[②]《漢語大字典》第六册 3697 頁引上例，注音"guā《集韻》姑華切，平麻見"，釋作"爬"。

按：據譚校，則"趏"當是"爬"的誤字；據《漢語大字典》，則似"趏(guā)"字本有爬義，無煩改字。其實，這個"趏"和《集韻·麻韻》表示"足理文"的"趏"不同，乃是"趴"的譌俗字。俗書"爪""瓜"

---

① 校按："醽"即"犒"字，蔣禮鴻師《義府續貂》（41－42 頁，中華書局 1987 年版）"犒　罷"條實已發之；又胡吉宣《玉篇校釋·牛部》"犒"字條説略同（4524 頁，上海古籍出版社 1989 年版）。

② 譚正璧校點本，古典文學出版社 1957 年版。

不分(《龍龕手鏡·瓜部》:"瓜部與爪部相濫。"又爪部:"爪部與瓜部相濫。"),故"趴"字俗書作"趴",與姑華切的"趴"同形。"趴"字字書未載,又是"爬"的俗字。"爬"本是從爪、巴聲的形聲字,俗書作"趴",則爲二形俗字。《新語·匈奴》:"以匈奴之饑,飯羹啗膹炙,嗶潽多飲酒,此則亡竭可立待也。"清盧文弨校:"炙,俗炙字。""炙"本是"從肉在火上",俗書作"炙",也是二形俗字,可以比勘。

《漢語大字典》:"趴(guā)"字下又引《西遊記》第八十三回:"行者變得小小的,趴在咽喉之内。"其中的"趴"亦當是"爬"的俗字。人民文學出版社 1981 年出版的《西遊記》校云:"趴(guā):跳、越。"大誤。臺灣天一出版社 1985 年影印的清初刊本《新刻出像古本西遊記證道書》、康熙三十五年刻本《西遊真詮》、嘉慶二十年刻本《西遊原旨》徑作"爬"字,是也。

例四,《清康熙年間契約文書輯録》①第二十八通:"立賣契人汪國廉,今因錢糧并禩(禋?)祀無措,自情願將祖掮分竹山一塊,坐落本都五保,……盡數立契出賣與族叔公起鵜名下。"

按:"掮"字字書未載,也是"字面生澀而義晦"的疑難字。根據偏旁分析法,我們推斷"掮"當是"鬮"的俗字。《説文·鬥部》:"鬮,鬭取也。"王筠句讀:"鬭取即今之拈鬮,遇某則取某,不能豫必之也。""鬮"字共二十七畫,字形頗爲繁雜,那些時間很少而操勞很多的"俗人"們是寫不出來的,於是便簡化作"閹"(鬥、門俗書形近换用),"閹"字字書已載。又由於抓鬮表示動作,"俗人"們便索性把已失去表意作用的"門"旁换易爲"手",寫作"掮"。"掮"字的提手旁表示義類,全字只有十一畫,比起"鬮"來確實簡明得

① 張志清、楊晏平、伍躍輯録,載《文獻》1992 年 2 至 4 期。

多了。“鬮分”蓋指通過抓鬮的方式劃分家産。上揭文書第四通：“九都五圖立賣契人程嗣焜，今將承文(泉按：‘文’當作‘父’)鬮分原果字三千五百九十號……憑中立契出賣與七都張　名下爲業。”又四十二通：“立賣契人陳佐同侄日旻、日贔，今將承租鬮分得敏公房六都七作(保)皇右田山拾肆號……盡數立契出賣與古田汪起名下前去入山管業。”四十六通：“立賣契人吴長之同侄吴公如，今因欠缺糧差使用，自情願浼中將承父遺下鬮分田貳坵……憑中盡行立契出賣與……葉　名下爲業。”七十四通：“立出賣契人史叔佐，今因缺用，將父置鬮分受畢家衕坯房拾貳間……盡行立契出賣與程　名下爲業。”以上諸例中的“鬮分”一詞，功用與第二十八通的“掜分”相當，是“掜”之即“鬮”的俗字，可以無疑。

二、異文比勘

傳世古籍往往有不同的寫本或刻本(少數還有石本)流傳於世。由於抄手或傳刻者時代及其他因素的影響，這些不同的寫本、刻本的文字、内容都可能會有不同程度的差異。如前舉《西遊記》例，行者“踋在咽喉之内”，“踋”字一本作“爬”。用校勘學的術語來説，這叫做異文。通過這種異文的比勘，一些原本欲識無由的疑難俗字往往可以得到滿意的解釋。

例五，《晏子春秋・問下》：“讒鼎之銘曰：昧旦丕顯，後世猶怠，況日不悛，其竜久乎！”清孫星衍於“竜”字下校云：“此不成字，序云‘章爲長’，疑即爲此，則作長久也。《左傳》作‘能’。”[①]近人

① 見《晏子春秋音義》，上海古籍出版社 1980 年縮印浙江書局彙刻《二十二子》本。

劉師培《晏子春秋校補》則云:"黄本'竜'誤'龍'。"①

按:孫校謂"竜"不成字,而疑爲"章"之誤字("章"又通作"長"),臆説無據,斷不可從。但孫校謂《左傳》作"能",劉校又謂黄本作"龍",則爲我們認識"竜"字提供了可貴的綫索。其實"竜"即"龍"的俗字。宋郭忠恕《汗簡》卷下之一載"龍"字作""。《龍龕手鏡·立部》有"竜"字,云"古文龍字"②。《集韻·鍾韻》:"龍,古作竜。""竜"即"竜"楷書的變體,"竜"又爲"竜"的變體③。黄本(明黄之寀刻本)作"龍",不過是改俗爲正罷了,没有什麽可指責的。但從文義來看,"龍"字説不通,當是"能"字形訛④。《左傳》昭公三年引作"其能久乎",是矣。正是因爲借助於異文的綫索,纔爲我們推斷竜→龍→能的演變關係提供了條件。假如没有異文,這一認知過程就會困難得多。

例六,敦煌寫本伯 3608 號《垂拱職制户婚廐庫律殘卷》:"諸監臨之官,私役使所監臨,及借奴婢、牛馬駝騾驢、車船、碾磑、邱痁之類,各計庸賃,以受所監臨財物論。"據《説文》,邱,地名,從邑、丘聲;痁,有熱瘧,從疒、占聲:俱與文義無涉。劉俊文先生《敦煌吐魯番唐代法制文書考釋》第 59 頁校云:"邱痁,按據《律附音義》及今傳諸本《唐律疏議》當是'邸店'二字之訛。"

按:劉俊文先生把敦煌寫本唐律殘卷與今傳刻本《唐律疏議》

① 見吴則虞《晏子春秋集釋》上册 273 頁引,中華書局 1962 年版。

②《八瓊室金石補正》卷二六隋《蜀王美人董氏墓誌》:"含華吐艷,竜章鳳采。""竜"即"龍"字。

③《清平山堂話本·西湖三塔記》:"雲生在呼猿洞口,鳥飛在竜井山頭。""竜"亦"龍"字。今日本漢字"龍"字仍作"竜"。

④ 參用吴則虞説,見《晏子春秋集釋》上册 273 頁。

及《律附音義》比勘，考定“邱痁”即“邸店”二字，方法是正確的。但對其源流演變，卻缺乏深層次的探求，其實“邱痁”即“邸店”的俗字。俗書“广”旁與“疒”旁相亂。宋洪适《隸釋》卷一《濟陰太守孟郁脩堯廟碑》跋云：“（碑文）广之類多從疒。”可見“广”“疒”相亂漢碑已然，故“店”字俗書當可作“痁”。又“氐”旁俗書或作“丘”，如“詆”俗作“訢”、“抵”俗作“抳”、“祗”俗作“祇”（俱見於《龍龕手鏡》）等皆是，故“邸”字俗或作“邱”。《龍龕手鏡・邑部》：“邸、邱、邳，三俗；邸，正：丁礼反，舍也。”從字形演化的角度來看，“邸”當是正體，“邱”、“邳”等則是俗體。可惜“邱”作爲“邸”的俗體未被後來的一些大型字典（如《漢語大字典》）所載録，倘若没有刻本《唐律疏議》等的異文作比勘，要判定“邱”即“邸”的俗字便不那麽容易了。

例七，敦煌寫本伯 4625 號《五臺山讚》：“西臺嶮夋甚嵯峨，一萬菩薩變（徧）山坡。”

按：上文中的“夋”未見字書收載，要認識它頗有些難度，但一查異文，答案便出來了。考該讚文亦見於北圖鹹字 18 號、斯 5573 號、斯 4429 號等卷，各卷“夋”字分別作“峻”、“峻”、“陖”形，對這些異文綜合考察的結果，可知“夋”即“峻”的俗字。蓋“夋”旁俗書多寫作“夋”，如“酸”俗作“酸”（見斯 5601 號《十恩德》），“痠”俗作“痠”（見伯 2054 號《十二時》），“梭”俗作“梭”（見伯 3833 號《王梵志詩・我家在何處》），等等，故“峻”字俗或書作“峻”。斯 2204 號《太子讚》：“雪山嵯峨峻，崚嶒□□□。石壁重重近天河，險峻没人過。”其中“峻”字先後二見，皆即“峻”的俗寫。又俗書偏旁的位置往往比較隨便，上下左右不甚拘泥（參看第三章第九節），所以左右結構的“峻”便可寫作上下結構的“夋”了（比較

"峰"又作"峯")。至於斯4429號的"陖",乃"陖"的俗字,"陖""峻"爲古今字(《玉篇·阜部》:"陖,亦作峻。")。

例八,《漢書·司馬相如傳》:"夷嵕築堂,累臺增成,巖突洞房。"顔師古注:"於巖穴底爲室,若竈突然,潛通臺上。"

按:表面上看,《漢書》這段話文從字順,似乎没有什麼問題。但一查異文,問題就出來了:"突"字《史記·司馬相如傳》作"穾",司馬貞索隱引《釋名》以爲"穾,幽也";《文選》卷八則作"窔",李善引郭璞注曰:"言於巖窔底爲室,潛通臺上也。""突"與"穾""窔"哪個對呢?王念孫認爲"窔"與"穾"同,而《漢書》的"突"卻是"穾"的誤字[1]。王念孫的看法是正確的。如果從俗寫的角度來考察,我們還可以對"穾"之所以誤作"突"作出更進一步的説明:"犬"俗寫作"犮","夭"俗寫作"犮"(俱見《干禄字書》),其形至近,而且在實際運用中,"犬"與"夭"俗書往往混用不分。如敦煌寫本伯3883號《孔子項託相問書》"犮吠其主",前一字爲"犬"字。斯2073號《廬山遠公話》"中路便遭身犮",末字爲"夭"字。又如從"犬"之"淚"而寫作"淚"、"淚"、"淚";從"夭"之"妖"、"沃"而寫作"妖"、"沃"(以上俱見《碑别字新編》),可見"犬"旁"夭"旁俗書都可以寫作同樣的形狀。所以"穾"字俗書或寫作"穾"、"穾"、"穾"、"穾"等形狀[2],和"突"字俗寫並没有什麼不同。《漢書》的"突"顯然就是"穾"字的俗書之溷。顔師古不察俗書,望文生訓,妄釋"突"爲竈突,斯爲謬矣。這是據異文來訂正俗誤之字。

---

① 見《讀書雜志·漢書第十》"巖突洞房"條。

② 分别見魏《兗州刺史元弼墓誌》、唐《張琮碑》、魏《元融墓誌》、隋《易州易縣固安陵雲鄉民造像》。

三、歸納類比

歸納類比是科學研究的基本方法，俗字研究也不例外。有許多俗字，在單文隻字的情況下尋求確解通常是比較困難的。只有當你歸納了大量同一類型的俗字材料，然後加以比較和推勘，纔能作出近乎準確的判斷。假如你的判斷"揆之本文而協，驗之他卷而通"，這樣的判斷纔是可靠的判斷。没有歸納，没有比較，單靠涵泳文意、玩味章法那一套文學欣賞的功夫，俗字辨析是無法進行的。如：

例九，《歷代笑話集》載敦煌本《啓顔録・昏忘》："梁時有人，合家俱癡，遣其子向市買帽，謂曰：'吾聞帽擬成(盛)頭，汝爲吾買帽，必須得容頭者。'其子至市覓帽……歷諸行鋪，竟日求之不獲。最後，至瓦器行見大口兊子，以其腹中宛宛，正是好容頭處，便言是帽，取而歸。"其中的"兊"字不可識，王利器先生疑"當作雅"。

按：古代或稱樂器、酒器爲"雅"，校"兊"爲"雅"，文義似乎可通。其實不然。我們試比較以下的語言材料：敦煌寫本伯 2544 號《酒賦》："白日園裏訪仙桃(山濤)，夜向兊中尋壁琢(畢卓)。"按：畢卓晉時人，以善飲稱。又斯 5830 號《違反社約處分》："準條案合罰酒壹兊，合決十下。"伯 3037 號《庚寅年正月三日社司轉帖》："捉二人後到，罰酒壹角；全不來者，罰酒半兊。"斯 6614 號《社司轉帖》有同樣的話，而"兊"字作"兊"。伯 3211 號《王梵志詩・暫出門前觀》："富者造山門，貧家如破兊。"吐魯番阿斯塔那 150 號墓文書《唐翟建折等雜器物帳》："索永達酒兊(下殘)"。清陸增祥《八瓊室金石補正》卷八三《石魚題刻一百段·盛景獻題記》:"汎舟江南,折梅賦詩,復開帆至石瓮下步,磐石席坐。"比較以上的例句,我們不難得出這樣的結論:即其中加點的字都應是"瓮"的俗字。蓋"瓦"字或"瓦"旁俗書作"凡"(見《五經文字》和《干禄字書》),又或變體作"凡"、"几"等形,故"瓮"字俗或書作"瓮"、"瓮"、"瓮"等形狀。手寫時略帶草體,便變作"瓮"、"瓮"等形了。通過這樣一番歸納比較,則《啓顏録》的"大口瓮子"之即"大口瓮子",便是無可懷疑的了。

例十,敦煌寫本伯3418號《王梵志詩·五體一身内》:"五體一身内,蛆蟲塞破袋。中間八萬户,常無啾唧聲。膿流遍身逸,六賊腹中停。"其中的"逸"字舊時字書未載,《漢語大字典》始據馬王堆帛書《老子》甲本載録,而其用與"税"同,與王梵志詩無涉。戴密微《王梵志詩集》録"逸"作"浼",張錫厚先生《王梵志詩校輯》作"繞",似皆臆改無據;項楚師《王梵志詩校注》謂"逸"爲"遶"之形譌,證據亦嫌不足。竊謂"逸"當是"逸"的俗字,其證據是:1."免"俗寫作"兑",與兑换之"兑"同形。説詳第五章第三節"捝"字條。2."兔""免"形近,"兔"旁俗亦或作"兑"或"兑"。如伯2714號《十二時》:"得即欣,阻即怨,歡喜寃家相惱亂。"又云:"百般讒佞耳邊來,寃恨且爲含容取。"其中的"寃"皆即"冤"字,是其例(參看第六章第一節"寃"字條)。3."逸"字俗書亦或作"逸"。俄羅斯藏敦煌寫本弗365號《妙法蓮華經講經文》(一):"花下愛催《南浦子》,筵中偏送《剪春羅》。聽時一段滋奢逸,聞了令人業障多。"其中的"逸"即"逸"字。根據這些材料,前揭王梵志的"逸"爲"逸"之俗字,似可定案。唯"逸"字於詩意略有不安,或當讀作"溢"("溢""逸"《廣韻》同音夷質切),謂滿溢也。

例十一，敦煌寫本伯 2305 號《解座文匯抄》（《敦煌變文集》題作《無常經講經文》）：“閑向八德池中弄水，悶來七重樹下遊春。或登殿，或礼經文。……或即晨登殿，或時夜礼慈尊，鎮聞妙法，常歷耳根，到彼永超生死，因慈漸得佛身。”

按：這段韻文中出現了兩個“”字，這是個什麽字？單憑上面這段話很難找到答案。《敦煌變文集》逕録作“門”，不過是臆測之見，是靠不住的。於是我們注意搜集相關的語言材料。首先我們發現敦煌變文中常見“寶殿”一詞。如斯 4571 號《維摩詰經講經文》：“咸離寶殿，下到娑婆。”伯 2292 號《維摩詰經講經文》：“處花宫，居寶殿，皆於妙樂生貪戀。”伯 3808 號《長興四年中興殿應聖節講經文》：“一聲絲竹，迎堯舜君暫出深宫；數道幡花，引僧道衆高昇寶殿。”可見“寶殿”是俗講師的習用之詞。而與之相反，“門殿”連用則殊爲生硬，有關的書面材料中也未見到具體用例。這時我們開始懷疑“”可能就是“寶”的簡化俗字。後來我們的懷疑因爲下列語言材料的歸納得到了證實。伯 2133 號《妙法蓮華經講經文》：“空稱名号以難偕，決定將身座（坐）臺。”又云：“或乳糜蘇洛（酥酪），香飲朝嚴，同積之所陳，似純陁之所獻。”又云：“只將人世綺羅，裁作天宫模樣。或添纓絡身中，或綴冠頭上。”其中三個“”形字，《敦煌變文集》校録作“寶”，極是（“”當由“寶”字草書變來）。有了這一旁證材料，則“”就是“”之省變，亦即“寶”字，殆亦可以斷言了。

例十二，《敦煌變文集》卷二《廬山遠公話》：“今擬訪一名山，尋溪渡水，訪道參僧，隱鈍（遁）於巖谷之邊，以暢平生可矣。”

按：“鈍”字《漢語大字典》等大型字典未見，《敦煌變文集》校作“遁”，從文意看顯然是可取的。但爲什麽呢？我們同樣求助於歸納類比的方法。考俗書"屯"字或"屯"旁多書作"乇"①。如伯2553號《王昭君變文》:"驀水頻過及敕戍,□□□(望)見可(岢)嵐乇(屯)。"《隸釋》卷一《孟郁脩堯廟碑》:"遺訓垂歌,淵懿允紌(純)。"是其例,由"乇"形訛變,"屯"俗又書作"乇"。如俄羅斯藏敦煌寫本弗96號《雙恩記》:"乳無紌正醍醐亂,信不堅牢妄念侵。""紌"即"純"俗字。又《字彙補·土部》:"圫,知村切,地名。""圫"即"坉"俗字②。根據這些材料,我們可以推知"魹"當即"鈍"俗字。同篇上文:"弟子伏事和尚,積載年深,學藝荒蕪,自爲愚鈍。""鈍"字寫卷(斯2073號)亦書作"魹"。又考《龍龕手鏡·金部》云:"魹,《新藏》作飥。""飥"爲"鈍"之俗體③,"魹"又爲"飥"之變體。據此,則"魹"之即"鈍",更其確證。明白了"魹"即"鈍"俗字,則《敦煌變文集》校"魹"作"遁"也就不難理解了。④

四、字書佐證

古代的字典辭書以及其他一些文獻資料,記録或保存着豐富的漢語俗字資料(詳見第十章),值得我們珍視並充分加以利用。下面就舉幾個例子,看看字書佐證對考辨俗字的意義何在。

例十三,敦煌寫本斯2144號《韓擒虎話本》:"爲隨州楊堅,限百日之内,合有天分,爲戴平天冠不穩,與揬腦蓋骨去來。"又云:

---

①《干禄字書》:"屯乇:上屯厄,下乇聚。"實則屯厄、屯聚字本皆作"屯","乇"即"屯"的俗字。顔元孫分而爲二,不妥。

② 作爲地名的"坉"字又作"坉",皆爲"屯"的增旁字。

③《龍龕手鏡·金部》:"飥,徒悶反,頑也,不利也。"即"鈍"字。

④ 鈍、遁《廣韻》同音徒困切,變文中爲同音通用。

“香湯沐浴,改挨衣裝。”

按:“挨”字頗不經見,《敦煌變文集》校作“換”,蓋臆測之見。檢字書,金韓道昭《改併五音類聚四聲篇海》手部引《類篇》云:“挨,音携字。”根據這一綫索,我們在今本《類篇》(據中華書局影印姚刊三韻本)手部查到與“携”字音近的有“撓”字,釋云:“杭越之間謂換曰撓。”而別無所謂“挨”字。據此,我們初步推斷“挨”當即“撓”的俗字。又考《龍龕手鏡·言部》云:“謑,今;誒,正:胡礼反,恥辱也。”按《説文》作“謑”,“誒”當是“謑”的俗體,行均以爲正字,不確。據此,我們又進一步推斷“奚”旁俚俗或書作“关”。[①]敦煌寫本伯2553號《王昭君變文》:“嗟呼(乎)數月連(遭)非禍,誰爲(謂)今冬急解关。”“关”即“奚”字,文中又通作“攜”(俗字作“携”)。由此益可證明《改併四聲篇海》以“携”音“挨”,“挨”即“撓”的俗字。又斯2607號《浣溪沙》:“八十頽年志不迷,一竿長地坐磻碶。”“碶”即“磎”。由此可以斷定,“挨”必是“撓”的俗字無疑[②]。在這一論證過程中,《改併四聲篇海》和《龍龕手鏡》提示的綫索起了關鍵的作用。

例十四,《敦煌變文集》卷三《燕子賦》:“兒捻拽脚,婦下口齻。”王重民校記:“乙卷‘齻’作‘齽’。”蔣禮鸿師《敦煌變文字義通釋》云:“乙卷作‘齽’是對的。《廣雅》釋詁三:‘齽,齧也。’曹憲音丁皆、都來二切。”

按:根據《廣雅》的書證,乙卷作“齽”當然是對的;但甲卷(伯2491號)作“齻”也没有錯。《龍龕手鏡·齒部》:“齻,俗;齽,正:

① 今日本漢字“奚”旁寫作“关”,乃唐代俗寫之遺存。

② “挨”爲“撓”之俗字,先師郭在貽先生與筆者等合著的《敦煌變文集校議》已發之。另可參看蔣禮鸿師《敦煌變文字義通釋》該條。

卓皆反，䪼也。”可見“𪍿”即“𪍿”的俗字。這也是據字書記載辨識俗字的實例。

例十五，劉邵《人物志·八觀》：“犯其所乏則婟，以惡犯婟則姤。”劉昞注：“今伐其所能，犯人所婟，則姤害生也。”《漢語大字典》“姤”字音 gòu，古候切，釋義爲“忌妒、忌恨”。

按：“姤(gòu)”字通常指卦名或偶、遇之義，而以指忌妒、忌恨，則未見古代字書載列，大字典的注音釋義頗爲可疑。查敦煌寫卷，亦每見與上述用法相當的“姤”字。如斯 3872 號《維摩詰經講經文》：“戒身心，少嫉姤，逡速時光早已暮。”伯 2714 號《十二時》：“戒身心，少嗔姤，遮莫身爲家長主。”斯 2614 號《大目乾連冥間救母變文》：“世人[不]須懷嫉姤，一落三塗罪未畢。”這些“姤”字用法與“妒”相當，因疑“姤”或即“妒”之俗字。前二例“姤”爲韻脚字，分別與“暮”和“主”押韻，以 gòu 音“姤”，則失其韻；而以“妒”代“姤”，則韻安理順。筆者久蓄此疑，無從質正。後見慧琳《一切經音義》卷一四《大寶積經》第八十一卷音義云：“妒嫉，都固反……《説文》：婦妒夫也，從女、户聲。俗用從后或從石者，並非也。”同書卷三〇《大乘方廣總持經》音義：“嫉妒，下都故反……經作姤，非也。”又卷一百《止觀》上卷音義：“嫉妒，下都固[反]，《説文》：婦妒夫也。爲名利起。如準此，應知從女從户，形聲字也。有從后或從石，皆非。”儘管慧琳一再以“妒”字作“姤”爲非，但他還是不得不承認流俗甚至經本有把“妒”寫作“姤”的。北齊顔之推《顔氏家訓·書證》謂當時有人以“妬”(“妒”的異體字)字爲“姤”字注音，這也是當時“姤”作爲“妒”俗字讀音的實際記録。遼釋行均的《龍龕手鏡》説得更爲明白：“姤，俗；妒，通；妬，正：當故反，害也。"[1]得此數證，則宿疑頓釋，快何如之！執此以讀有關文句，則無不怡然理順矣。

例十六，敦煌寫本斯 4583 號《悉曇頌》："佛與衆生同體段，本原清浄魔𡋣散。"

按："𡋣"字不見於《康熙字典》、《漢語大字典》等大型字書，乍觀不知其爲何字。我們先借助於異文比勘的方法，發現上揭頌文的另外三個寫卷（伯 2204、伯 3082、伯 3099 號）"𡋣"字皆作"垢"，據此，我們初步推定"𡋣"當即"垢"的俗字。後來我們的這一推斷因爲《龍龕手鏡》的書證而得了進一步的證實：《龍龕手鏡·土部》云："𡋣，音垢。"其實就是"垢"的俗字。

附按：從字形演變的角度來看，"垢"俗字作"𡋣"當是先寫作"𪢭"。俗書"后"寫作"𠰩"。《干禄字書》："𠰩后：上俗下正。"故"垢"字俗書或作"𪢭"。上揭頌文的另一個寫卷伯 2212 號"垢"即寫作"𪢭"。又"𠰩"旁形與"舌"相近（俗書"十"字形構件中豎多作撇勢，故"舌"或作"𠰩"形，"苦"或作"若"形，例多不贅舉），故"𪢭"俗又訛變作"𡋣"。"妬（妒）"俗字作"姤"，後來又或寫作"𡛸"和"婄"，與"垢"演變作"𡋣"的軌迹正同。

---

[1] "妒"、"妬"的正俗關係歷來有不同看法。今本《説文》作"妒"，從女、户聲。段玉裁則認爲當作"妬"，從女、石聲，猶柘、橐、蠹等字皆從石爲聲旁（段説見《説文解字注》）。《干禄字書》："妒妬：上通下正。"《五經文字》卷下女部："妬，丁故反，作妒者非。"皆與段説相合。

五、審察文義

上面論述的考辨俗字的四種方法,無論偏旁分析、異文比勘,還是歸納類比、字書佐證,都離不開上下文義的探求。但在缺乏字書佐證,又無異文比勘,偏旁分析又用不上的情況下,歸納相關用例,審察文義便成了考辨俗字的主要手段。如:

例十七,《敦煌變文集補編·妙法蓮華經講經文(二)》:“人家若要收財利,須向堂前安下匱;門徒若要善緣多,須是將心收妙義。有身財,長富貴,一世不憂多稱意;聽經念佛得菩提,萬劫千生長出離。不收身,便窮悴,因困恓惶惡行止;不聞妙法聽真經,六道忙忙何準擬。……聞經入寺近花臺,還似收身匱裹排;向下金銀千萬挺,角頭綾絹百千塠。”

按:這段韻文是把信佛修行比作積聚錢財,藉以説明前者的妙用。其中的三個“身”字殊爲生硬,含義費解。檢核原卷(俄羅斯藏敦煌寫本弗365號背),“身”字實皆作“”形。“”字字書不載,又無異文比勘;從字形上來看,同卷與“”相近的還有“”字,“”即“身”的草書,但作“身”與上文文義不合。這時我們就不得不捨形而求義,通過審察文義的手段,推斷“”當是“錢”的俗字。以“錢”代“身”,則原文文意順適。試以這一推斷去檢驗其他有“”字的寫卷文書,亦無不允當妥洽,文意安穩(參看第五章第三節“滑錢”條)。這説明前面的推斷是正確的。不過“錢”爲什

麽會寫作"〓",則仍是一個有待繼續探究的"不解"之謎①。

在前面幾章中,我們曾不止一次地説過俗字常有"異形同字"或"異字同形"的情況。在這種情況下,審察文義的作用就更爲明顯了。如:

例十八,柳宗元《陸文通墓表》:"後之學者,窮老盡氣,左視右顧,莫得而夲。"

按《説文·夲部》:"夲,進趣也。从大从十,猶兼十人也。讀若滔。"又《廣韻·混韻》布忖切:"本,俗作夲。"這就是説,"夲"既爲進趣義的本字,又爲本末之"本"的俗字。那麽柳文的"夲"指進趣乎?抑或爲"本"之俗字乎?這就有賴於通過審察文義來裁決了。從文意看,前一種選擇顯然是更爲合適的。有人把它認作本末之"本"②,恐怕是靠不住的。

例十九,《敦煌變文集》卷五《維摩詰經講經文》(斯 4571 號):"菴園演唱,法會開宣,似須彌迴聳於千峯,似巨海淹流於萬泒。"

按:"泒"字寫卷本作"汖"。俗書"爪""瓜"不分,故"汖"即"泒"的俗寫。按《説文》,"泒"爲古水名;而據《干禄字書》,"泒"又爲"派"的俗字。清胡鳴玉《訂譌雜録》卷十亦云:"派,水之衺流也。俗作泒,非。泒,音孤,水名。"那麽上文"泒"字指泒水還是爲"派"之俗字,同樣得通過審察文義來決定。從文意看,以定作"派"之俗字爲合宜。北京房山雲居寺北塔旁有明正德八年《醫隱賈君阡表碑》,碑陰有"宗汖之圖",這個"汖"也是"派"的俗字。

---

① 今人易熙吾先生謂"錢"俗或作"〓"係由"泉"字簡化而來,疑未確。易説見《草書楷化可採爲簡體字》一文,載《文字改革論集》,新知識出版社1956年版。

② 參看桂馥《説文義證》、王筠《説文句讀》"夲"字注。

例二十，《敦煌變文集》卷五《父母恩重經講經文》："何名婚嫁宧學？婚姻又别，宧學又别。宧爲士（仕）宧，學爲學業。"

按：本篇見敦煌寫卷伯 2418 號，其中的"宧"字寫卷分别作"窅"、"宫"等形（後者即前者的俗變）。曩者曾有友人撰文商榷，略謂"窅"當是"官"的俗字，而以《敦煌變文集》作"宧"字爲誤。竊以爲不然。俗書"宀""穴"二旁通用，故"官"可以作"窅"，"宧"字可以作"窔"。如《隸釋》卷一二《戚伯著碑》："調窅沛土。"《隸辨》卷一釋云："（窅）即'官'字，變宀從穴。他碑從宀之字如'宇'爲'穻'、'寵'爲'竉'之類甚多。《字原》既釋作'官'，復誤釋作'宧'。"又《隸釋》卷一《孟郁脩堯廟碑》："官位窔學，皆不可測。"《隸辨》卷四釋云："《説文》'宧'從宀，碑變從穴。"所以一般來説"窅"應該是"官"的俗字。但俗書"臣"字或"臣"旁或作"目"形（伯 3128 號《菩薩蠻》詞："良目安國部。""目"即"臣"字），故"窔（宧）"俗亦或寫作"窅"，與"官"的俗字"窅"同形。《八瓊室金石補正》卷五一唐《嶽嶺軍副使王脩福墓誌》："漢稱古輔，舜宗北嶽；從窅遷改，運籌帷幄。"陸增祥跋："（誌）'宧'作'窅'。"敦煌寫本伯 3333 號《菩薩蠻》詞："自從涉遠違（爲）遊客，鄉關條（迢）遞千山隔。求官窅一無成，操勞不漸（暫）亭（停）。"其中的第三句《敦煌歌辭總編》定作"求宧一無成"。蓋抄手書"窅"而誤作"官"，故接書"窅"以正之。可見這個"窅"只能是"宧"而不是"官"。唐趙璘《因話録》卷五云："下輩不通義理者，使之寫文字甚誤，悉同一本。若'宧'字（原注：'仕宧，合著臣妾之"臣"。'）多作'官'（原注：'職官，合著目也。'）。"由此可見，"宧""官"二字俗書確乎混用不分，"宧"可以作"官"，也可以作"窅"。前揭《戚伯著碑》"窅"字《字原》一釋作"官"，再釋作"宧"，良有以也。那麽在具體的場合“窅”字是“宦”是“官”便得依據上下文義來決定了。上揭講經文的“窅學”與“仕窅”,筆者以爲當以定作“宦”字爲是。“宦學”一詞,較早見於《禮記·曲禮上》:“宦學事師,非禮不親。”鄭玄注:“宦,仕也。”此後載籍中“宦學”一詞沿用不絕,如《顏氏家訓·後娶》:“前妻之子,每居已生之上,宦學婚嫁,莫不爲防焉,故虐之。”上引《孟郁脩堯廟碑》中亦有“官位宦學”之語。而《顏氏家訓》稱“宦學婚嫁”,講經文稱“婚嫁宦學”,尤爲可注意者。又講經文上文引《父母恩重經》經文云:“嬰孩童子,乃至盛年,獎教禮儀,婚嫁宦學。”此一“宦”字伯 2418 號原卷如此。又伯 3919 號《佛説父母恩重經》亦正作“宦”字。由此而言,則“窅學”之當作“宦學”可以無疑。“窅學”既應作“宦學”,則“仕窅”應作“仕宦”也就思過半了。《説文·宀部》:“宦,仕也。”《廣韻·諫韻》:“宦,仕宦。”“仕宦”連文,載籍中頗爲經見。而“仕官”連文,則殊爲罕覯。上揭講經文“仕窅”承“窅學”之“窅”而來,“窅學”既是“宦學”,則“仕窅”自亦應是“仕宦”了。伯 2838 號《傾盃樂》詞:“一旦娉得狂夫,功(攻)書業抛妾求名窅。”其中的“窅”字據文意亦當是“宦”的俗字,《敦煌歌辭總編》卷一徑録作“宦”,是也。

又按:敦煌寫本斯 6947 號《佛説藥師經》:“仕窅皆得高遷,財物自然長益。”其中的“窅”字,有人定作“官”字①。其實這個“窅”也是“宦”的俗字,而絶非“官”字。該經“窅”字凡二見,“官”字凡六見,現迻録原文如下:“求男女得男女,求官位得官位。”又云:

① 《敦煌研究》1992 年第 3 期載《敦煌遺書中俗體字的諸種類型》一文,該文第三部分“偏旁通用類”謂從宀、從穴通用,所舉例子即《佛説藥師經》的“仕窅”。該文末附“本文例舉俗字與正字對照”,“窅”後所出的正字爲“官”字,實誤。

"人居世間,仕宫不遷,治生不得,……聞我説是藥師琉璃光佛,各各得心中所願,仕宫皆得高遷,財物自然長益,飲食充饒,皆得富貴。若爲縣官之所拘録,惡人侵枉……心當存念藥師瑠璃光佛。"又云:"大横有九:一者横病,二者横有口舌,三者横遭縣官,……"又云:"於是地下鬼神及伺候者奏上五官,五官料簡,除死定生。"("五官"即五官王,冥府中司秤罪人罪惡之輕重者)文中"官位"、"縣官"、"五官"各二見,而字皆作"官";"仕宫"二見,而字皆作"宫",這説明原卷抄手筆下的"宫""官"是有嚴格區别的,"宫"無疑就是"宦"的俗字。

上面我們舉例討論了考辨俗字的五種基本方法,但在實際運用中,這五種方法常常是交織在一起的。正如許多俗字的構成經歷了複雜的演變過程一樣,對一個個具體的俗字也必須善於從各種不同的角度、運用各種不同的方法去進行觀察,去進行分析,然後纔能探其奥窔,抉其精微,達到我們預期的目的。

第九章　研究俗字應當具備的一些基本條件

工欲善其事，必先利其器。要想做好一件事，就必須先具備做好這件事的條件。要從事漢語俗字的研究，筆者以爲以下幾個基本條件是應須首先具備的。

一、識文字

讀書須先識字，研究俗字則須先識古字。清何文煥在《歷代詩話考索》[①]中說："韓昌黎云：'凡爲文詞，宜略識字。'又詩云：'阿買不識字，頗知書八分。'葛公又云：'顔魯公有《干禄字書》行世，恐學書者不識字也。'按識字亦大難，微特古文奇字，即如'王''玉'、'剌''刺'，以及畫同而音義别者，非素講明，良多錯誤。""不識字"的阿買，卻"頗知書八分"，可見要達到"識字"的水準，並不是一件容易的事。漢字由甲骨金文而篆，由篆而隸，由隸而真而草，經歷了幾次大的變遷，再加上歷代的俗字别字，雜亂紛呈，構成了整個複雜的漢字系統。而俗字的來源，則或甲，或金，或篆，或隸，或真，或草，異途殊軌，逵徑百出。這就要求研究者以辨識文字爲

---

① 附見於《歷代詩話》之後，中華書局 1981 年版。

先務,對漢字在各個階段的淵源流變有一個總體的把握。清末樸學大師孫詒讓在《札迻序》中說:

> 秦漢文籍,誼恉奥博,字例文例,多與後世殊異。……復以竹帛梨棗鈔刊屢易,則有三代文字之通叚,有秦漢篆隸之變遷,有魏晉正艸之輥淆,有六朝、唐人俗書之流失,有宋、元、明校槧之羼改,逵徑百出,多歧亡羊。非覃思精勘,深究本原,未易得其正也。

逵徑百出,多歧亡羊,漢字紛繁的形體變遷是古書訛誤舛亂的重要原因,也是漢字俗體孳乳繁衍的重要原因。對這種變遷没有一個總的把握,俗字研究將無法進行。下面就舉幾個例子,看看辨識文字在俗字研究中的重要作用。

例一,《龍龕手鏡·斤部》:"斪,音斯。"

按:《康熙字典·備考》收"斪"字。《漢語大字典·斤部》亦據《龍龕手鏡》收"斪"字,音 sī,而無所發明。看來"斪"是一個"有音無義"的"無可考據"的疑難字①。其實不然。我們認爲"斪"即"斯"的俗字。"斯"字從斤、其聲,"其"字古或借"丌"爲之,字又作"亓"。《説文·丌部》:"丌,下基也。薦物之丌。象形。讀若箕同。"段玉裁注:"字亦作'亓',古多用爲今渠之切之'其'。《墨子》書'其'字多作'亓','亓'與'丌'同也。"《集韻·之韻》:"其,古作丌、亓。""亓"又或譌變作"开",與今"開"的簡化字"开"同形。《隸釋》卷一《韓敕碑陰》:"魯开煇景高二百。"顧藹吉《隸辨》卷一云:"《通志·氏族略》有亓氏,本作'亓',碑變作'开'。"又《隸釋》卷一《韓敕脩孔廟後碑》:"作大开(上文下文皆缺文)。"顧

① 節引《康熙字典·備考》卷端按語。

藹吉云:“即丌字。……碑書作‘开’,與前碑开姓之‘开’筆迹無異。”同書卷七《泰山都尉孔宙碑》:“於开時雍,撫兹岱方。”其中的“开”字碑本兼於“亓”與“开”之間。敦煌寫本斯5776號《孝子傳》“王裒”條:“裒葬开父廬前有柏樹。”又“王祥”條:“後母持刀欲往害祥,祥小便出外,誤斫开被。”其中的“开”亦皆“其”字,前例《敦煌變文集》作缺文,蓋不知“开”爲何字也。“其”字俗既作“开”,則“其”旁亦或從俗作“开”。“斯”之作“斨”,即其例也。《玉篇·斤部》:“斯,思移切,析也,又此也。亓,古文。”“斨”無疑就是“亓”的俗體。“亓”之變“斨”,亦猶“亓”之變“开”也。《詩·大雅·崧高》“往近王舅”,鄭玄箋:“近,辭也,聲如‘彼記之子’之‘記’。”宋毛居正《六經正誤》謂“近”當作“辺”,字譌作“近”。明楊慎《升庵經説》(《叢書集成初編》本)卷六“往近王舅”條云:“(元)朱公遷又按:‘《説文》近(泉按:當作“辺”)从辵从丌,丌音基。楷書作“迀”,與“近”相似而誤也。’其説尤究極根源。然則不識字者安可解經哉!”(着重號爲筆者所加)“辺”之變“迀”,與“亓”之變“斨”,軌轍相類,可資比勘。然則由“斯”變“斨”,“不識字者”恐怕是難以窺知箇中奥妙的。

例二,《漢語大字典》第七册“鮏”字和“鮭”字下俱引《篇海類編·鱗介類·魚部》云:“鮭,魚名。疑當作鮏。”又引《正字通·魚部》云:“鮭,俗字。俗作鮏,譌作鮭。”①

① 查《正字通》原文云:“鮭,俗字。《山海經》凡怪山、怪水、怪風、怪雨、怪鳥、怪魚皆作怪,魚無名鮭者,俗作鮏,譌作鮭。魚鳥與族類異者通稱怪。舊註音怪,汎云魚名,無稽。”所謂“俗作鮏”,是指“怪魚”之“怪”俗作“鮏”,而非“鮭”俗作“鮏”,大字典所引云云,有乖原意。

按:“鮏”爲“鮗”的俗字,可以無疑。但“鮗”爲什麽會變作“鮏”呢? 看了以上的書證,讀者恐仍如墮五里雲中,難得分明。但如果對“鮗”字所從的“圣”旁的形體演變有所了解,那麽這個問題便不難解答了。考“圣”字從土從又,“又”字篆書作“ㄋ”,隸定作“又”,亦或作“ナ”(右、有、灰等字從之),故“圣”字或“圣”旁亦可書作“左”。《龍龕手鏡·土部》:“左”,同“圣”。《干禄字書》:“恠怪:上俗下正。”“恠”即“怪”字。所以“鮗”字異體當可寫作“鮏”。而俗書又有把罕見的、生僻的偏旁改成常見的偏旁的通例(參看第三章第七節)。於是“鮏”右旁不常見的“左”便被寫作了常見的“在”。“怪”俗作“恠”,“㹦”俗作“㹦”(見《龍龕手鏡·多部》),適其比類。明於此,則“鮗”之所以作“鮏”,便霧解冰釋了。

例三,《敦煌變文集》卷三《秋胡變文》:“新婦夫聟(婿)遊學,經今九載。”

按:《禮記·昏義》“壻執雁入”唐陸德明釋文:“壻,字又作聟,女之夫也。依字從士從胥,俗從知下作耳。”可知“聟”即“壻”的俗字,原校“聟”作“婿”(即“壻”的異體),顯然是正確的。但“壻”“聟”字形相差懸殊,“壻”怎麽會變作“聟”呢? 這也得從考察字形演變入手。考“胥”俗或作“咠”(《干禄字書》:“咠胥:上通下正。”),故“壻”俗或作“堉”。而“咠”旁俗書亦或作“胥”,如“揖”俗作“揟”(敦煌寫本斯 2630 號《唐太宗入冥記》有例。《顔氏家訓·書證》云“揖下無耳”,即指俗字“揟”而言),“緝”俗作““縃”(《隸釋》卷十《童子逢盛碑》有例。《隸辨》卷五云:“《説文》‘緝’從‘咠’,碑變作‘胥’。”),是也。“胥”“咠”既然皆可作“胥”,則由“堉”回改,“壻”俗便可書作“埍”(比較“葺”唐《臨高寺碑》作

“脊”,其中間環節爲“肙”[①])。《五經文字》卷中士部:“壻,作聓訛。”《集韻・霽韻》:“壻,亦作聓。”《睡虎地秦墓竹簡・爲吏之道》:“贅聓後父,勿鼠(予)田宇。”“聓”即“壻”字。後來俗書爲使字形結構勻稱,又移“士”旁於左上(敦煌寫本斯388號《正名要録》以“聟”爲“壻”的楷體。陸德明《經典釋文》左傳文公八年釋文載“壻”俗作“䰅”,可以比勘),復訛作“工”,遂成“聟”字(也可能是受“恐〔恐〕”字類化)。《干禄字書》:聟壻:上通下正。敦煌寫本伯2633號《齖䶗新婦文》:“新婦乃色(索)離書:廢我别嫁可曾(憎)夫聟。”是其例。由“聟”或“聟”演變,“壻”俗又或作“聟”(《隸辨》卷六謂“夫”由“士”譌變而來),見《隸釋》卷三《仙人唐公房碑》[②]。“矢”字隸書或作“夫”(《隸釋》卷七《泰山都尉孔宙碑》“永夫不刊”,洪适謂次字即“矢”字),故“聟”字楷定後又寫作“聟”。顧炎武《金石文字記》卷二唐《孔子廟堂碑》跋云:“壻字一傳爲埍,再傳爲聓,三傳爲聟,四傳爲聟,皆胥之變也。”畢沅《關中金石記》卷三唐《王琦題名》跋亦云:“婿作聟者,《干禄字書》云:聟、聟、壻:上俗中通下正。壻一變爲埍,再變爲聓,三變爲聟,四變爲聟,皆由胥變爲肙致誤。”由“壻”到“聟”,字形一變再變,如果没有相當的文字學方面的素養,是很難探賾索隱,洞見其真的。

① 清陸增祥《八瓊室金石補正》卷五六唐《臨高寺碑》下引洪頤煊《平津讀碑記》云:“《尚書大傳》‘胥’作‘肙’。石壁寺《鐵彌勒像頌》借‘葺’作‘肙’,此碑復借‘葺’作‘脊’,其誤甚矣。”

②《仙人唐公房碑》云:“(上缺)期聟谷口山上,乃與君神藥。”又云:“賢者所存,澤流百世,故使聟鄉春夏毋蚊蚋,秋冬鮮繁霜。”洪适跋謂“聟”即“壻”字。但清葉奕苞《金石録補續跋》卷四《漢仙人唐君碑》跋則謂“漢隸‘智’字亦近‘聟’字”,碑中“聟”字兩見,“皆當作‘智’字”。録存二説,以俟質正。

例四,敦煌寫本伯 3418 號《王梵志詩・今得入新年》:“歲日食他⿱宀工,□是他家命。”

按:詩中的“⿱宀工”字未見古今字書載録。查上詩的異本伯 3724 號和斯 6032 號,“⿱宀工”皆作“宍”,據此可以初步推定“⿱宀工”當即“宍”的減筆俗字(比較伯 3211 號《王梵志詩・生坐四合舍》“冥”〔俗字或作“寘”〕字寫作“宜”)。那麼“宍”又是什麼字呢?這也就涉及到字形演變的問題。考漢《武梁祠畫像題字》有“”字,《史晨碑》又有“”字,皆爲“肉”字的古體。據上述二形隸定,則當可作“⿱宀亣”或“穾”一類的字形;而“穾”又變作“宍”(俗書“穴”“宀”通用)。《廣韻・屋韻》:“肉,俗作⿱宀亣。”《干禄字書》:“宍肉:上俗下正。”明方以智《通雅・身體》:“宍或古籀之形譌邪?諸書不收,惟孫愐收之,以爲俗作宍。”據此,則前揭“宍”字顯然就是“⿱宀亣”或“宍”手寫的變體。看來研究俗字者如果對文字的古今演變心中没有“一本賬”,是不易燭照幽微,作出有説服力的校釋的。

辨識文字,應以《説文解字》爲基礎。憑藉《説文》,可以上探甲骨、金文,下推篆隸演變之迹。研究隸書,可以參看宋婁機的《漢隸字源》、清顧藹吉的《隸辨》;草書,有清石梁的《草字彙》,近人洪鈞陶的《草字編》。至於俗字,我們要在下面辟專章介紹,這裏就不贅述了。

二、明訓詁

訓詁就是疏通解釋古代的語言(從郭在貽師説,詳《訓詁學》第一章)。古今異言,必得疏通解釋之纔能爲今人所明白。對於訓詁的重要性,清代的學者已有很深刻的認識。盧文弨説:“不識訓詁,則不能通六藝之文而求其義。”(《抱經堂文集·爾雅漢注序》)錢大昕說:“有文字而後有訓詁,有訓詁而後有義理。訓詁者,義理所由出,非別有義理出乎訓詁之外者也。”(《潛研堂集·經籍籑詁序》)訓詁對俗字研究的重要意義,其實我們在第八章第五節“審察文義”下已有闡述(所謂“審察文義”,其實就是訓詁)。這裏我們想着重談談俗字研究與俗語詞訓釋的關係。

所謂俗語詞,是指古代的方言、口語之類,它們大多“字面普通而義別”或“字面生澀而義晦”,含意較難把握。與之相關的作者,往往是文化水平不高的平民百姓,他們書寫時及後來傳抄時用的又常常是俗字。於是俗語詞披上了一層俗字的外衣,或者說俗字所表現的內容又是俗語詞,這樣無論是對俗語詞的訓釋還是對俗字的辨識,都增加了很大的難度。有人把俗字和俗語詞比作一對孿生姊妹,可謂知言之選。這也就要求讀者在通曉俗字之外,還必須明了當時的方俗語詞。否則俗字辨識就會遇到困難。例如:

例五,《敦煌變文集》卷一《伍子胥變文》:“自從一別音書絶,憶君愁腸氣欲絶,遠道冥冥斷寂寥,兒家不慣長欲別。”

按:“長欲別”費解。考上文底卷斯 328 號“欲”字實作“頭”,另一異本伯 2794 號則作“欿”。“欿”確爲“欲”的俗字,敦煌寫本中經見,無煩舉例(漢碑中已見書“欲”作“欿”之例)。那麼“長欲”“長頭”那個對呢?這就得憑藉訓詁手段來解決。《敦煌變文字義通釋》以爲“長欲別”就是長別,“欲”是沒有意義的語助詞①。竊恐不然,我們認爲“長頭”是對的。“長頭”猶言長時、長久,“頭”

① 見《敦煌變文字義通釋》“欲似”條。

爲詞尾[①]。《全唐詩外編》第一編《補全唐詩·樊鑄〈及第後讀書院詠物十首上禮部李侍郎〉》之十:"物情飜覆難可論,莫言權勢長頭存。"王重民校記引劉盼遂云:"'長頭'二字乃俗語。'頭',尾聲。"敦煌寫本伯 3211 號《王梵志詩·家中漸漸貧》:"家中漸漸貧,良由慵懶婦。長頭愛牀坐,飽喫没娑肚。"又伯 3418 號《王梵志語·吾死不須哭》:"只願長頭醉,作伴喚劉零(伶)。"以上諸例皆有"長頭"一詞,可見這是一個唐代前後習見的俗語詞。而"長欲"爲詞,則别無所見,顯然是錯誤的。那麽"長頭"怎麽會變成"長欲"呢? 這又得憑藉俗字知識來説明。考"頭"字俗或作"𰀁"(由草書楷變而來)。如敦煌寫本斯 2114 號《醜女緣起》:"妹子雖不端嚴,手𰀁裁縫最巧。"又云:"娘子莫顛莫强,不要出𰀁出惱(腦)。"伯 3128 號《解座文》:"白日起[□]無飯喫,夜𰀁擬卧没氈眠。"伯 3645 號《季布詩詠》:"千金不博老𰀁春,醉卧階前忘卻貧。"皆其例。"𰀁"與"欲"的俗字"㰻"字形十分相近,於是原本的"長𰀁(頭)"傳抄時誤書爲"長㰻(欲)",便是十分自然的了。

從這個例子可以看出,俗字研究必須和訓詁結合起來進行。不明訓詁,便無法判定異文的是非;不明俗字,則不能推明這種是非的來龍去脈。《敦煌變文集》不從底卷作"長頭",卻據異本臆改作"長欲",顯然與校録者不明俗語詞的訓詁是有關的。

例六,敦煌寫本伯 3418 號《王梵志詩·父母生兒身》:"父母生兒身,衣食養兒德。暫託寄出來,欲似相便僦。"其中的末三字

---

① "長欲"當作"長頭",拙作《〈敦煌變文字義通釋〉讀後》(杭州大學 1987 年青年教師學術報告會論文)已發之,蔣紹愚先生《〈敦煌變文集〉(上册)校補》説同。蔣文載《敦煌語言文學論文集》,浙江古籍出版社 1988 年版。

《敦煌掇瑣》作“相便賊”;《敦煌寫本王梵志詩校注》[1]作“相便㤀”;《王梵志詩校輯》謂原卷作“相便藏”,據文義改作“便相貸”。

按:“㤀”字既非“賊”亦非“藏”,而是“貸”的俗字。俗書“代”“伐”不分(例多不贅舉),故“㤀”即“貸”俗書及構形之小變。敦煌寫本伯3211號《王梵志詩·村頭語户主》:“在縣用錢多,從吾相便㤀。”“㤀”也是“貸”的俗字。同卷《受報人中生》詩:“今身不修福,癡愚膿血俤。”又《身如破皮袋》詩:“身如破皮俤,盛膿兼裹骨。”其中的“俤”則爲“袋”的俗字,可資比勘。那麼“相便貸”是否爲“便相貸”之誤倒呢?也不是。“便貸”亦作“貸便”,乃同義連文,“便”猶“貸”也。《資治通鑑》卷二七三後周同光二年“豆盧革嘗以手書便省庫錢數十萬”,胡三省注:“今俗謂借錢爲便錢,言借貸以便用也。”上引《村頭語户主》詩“從吾相便貸”,亦“便貸”連文,是其確證,又北圖鹹字59號《劉進國等貸麥種牒》:“右進國等貸便前件麥,其麥自限至秋依時進國自勾當輸納。”同卷《李庭秀等貸麥種牒》:“今人户等各請貸便,用濟時難。”“貸便”亦猶“便貸”,皆爲借貸之義。導致各家誤録誤校的原因,除了不明俗字以外,在很大程度上也是與校録者不明俗語詞的訓詁直接有關的。

例七,《敦煌歌辭總編》卷三《求因果·息争》十首之二:“太硬太剛全易折,枉用斤頭鐵。何如和和少添剛,輭硬恰相當。偏見豪强争意氣,全是凡夫智。不能方便禮圓融,剛强作悤悤。”又之六云:“豪强之人風火性,愛共人争競。等閒村戇便争論,追領入公門。”任半塘先生於後一首下校云:“‘豪’原寫‘㕞’,從吕校。”“吕校”蓋指吕秋逸《敦煌佛教歌辭校本》。

---

① 趙和平、鄧文寬著,載《北京大學學報》1980年5、6期。

按：以上二辭闡發太剛易折之理，而强調圓融忍讓。從辭意上看，校"素"作"豪"倒也文從字順。但怎麽"豪"會誤作"素"呢？實在令人懷疑。經查核原卷斯 5588 號，"豪强"實皆作"素强"。"素"並非"豪"字，而是"索"的俗字。敦煌寫本伯 3666 號《燕子賦》："燕子不分，以理從素。"又斯 4129 號《齖䶗新婦書》："已後與兒素婦，大須穩審，趁逐莫取媒人之配。""素"亦皆"索"字。《干禄字書》："素索：上俗下正。"是也。那麽"素"怎麽會誤校作"豪"呢？這仍與不明俗語詞有關。《敦煌變文集》卷一《李陵變文》："前頭有將名蘇武，早向胡庭自素强。""素强"亦即"索强"。又伯 2718 號《王梵志詩·罵妻早是惡》："罵妻早是惡，打婦更無知。索强欺得客，可是丈夫兒？"由此可見，"索强"是敦煌俗文學作品中習見的俗語詞，意爲争强、逞强。以此訓釋相關文句，無不怡然理順。俗語詞的訓詁對於俗字辨識的重要性，於此亦可見其一斑了。

研習訓詁學，除參看一些通論性的著作以外，還應熟讀《爾雅》（重在先秦詞彙）、《廣雅》（重在漢魏詞彙）和《通雅》（重在唐宋元明詞彙）。此外如揚雄《方言》、劉熙《釋名》以及後人有關上述幾種書的疏證之作，亦均應在通讀之列。俗語詞的研究，本是傳統訓詁學的附庸，向來不被重視。但在最近半個世紀以來，則出現了蓬勃發展的空前繁榮的局面，並先後出現了《詩詞曲語辭匯釋》（張相著）、《敦煌變文字義通釋》（蔣禮鴻著）、《詩詞曲語辭例釋》（王鍈著）、《元曲釋詞》（顧學頡、王學奇著）等一批高質量的著作，研究俗字者，自當取而研讀之。

三、辨聲韻

漢字有形、有音、有義，從傳統小學的角度來説，即包括文字、音韻、訓詁三者。關於這三者的關係,清代學者具有比較深刻的認識。段玉裁説:"聖人之制字,有義而後有音,有音而後有形;學者之考字,因形以得其音,因音以得其義。治經莫重於得義,得義莫切於得音。"又説:"小學有形、有音、有義,三者互相求,舉一可得其二。有古形,有今形;有古音,有今音;有古義,有今義;六者互相求,舉一可得其五。"(《廣雅疏證序》)王念孫也説:"訓詁之旨,存乎聲音。字之聲同聲近者,經傳往往假借。學者以聲求義,破其假借之字而讀以本字,則渙然冰釋;如其假借之字而强爲之解,則詰籟爲病矣。"(《經義述聞序》引)由此可見,音韻與文字、訓詁的關係至爲密切。而俗字研究應須識文字、明訓詁,則既已如上述,而識文字、明訓詁又須以辨通聲韻爲鈐鍵,那麼,辨聲韻在俗字研究中的重要性便是不言而喻的了。不辨聲韻,便很難做好俗字的研究工作。試看以下數例:

例八,敦煌寫本伯 3833 號《王梵志詩・古來服丹石》:"有生即有死,何後復何先。人人總邑活,注(拄)著上頭天。"

按:"邑"字《康熙字典》、《漢語大字典》等大型字典不載。法國戴密微《王梵志詩集》校作"存",張錫厚《王梵志詩校輯》又校作"巴"。張校云:"巴活,原作'邑活',據文義改。巴活:即巴望着活下去。"其實原卷作"邑"不誤,"邑"即"色"的俗字。俗書"⺈"旁多寫作"ソ"形,如"危"俗作"厃","免"俗作"兑"之類(俱見敦煌寫本伯 3697 號《捉季布傳文》),故"色"俗或作"邑"。敦煌寫本斯 5573 號《五臺山讚》:"五邑雲裏化金橋,大悲和尚把幡招。""邑"亦"色"的俗字。不過上揭王梵志詩的"色"又是"索"的假借字。"色"字《廣韻・職韻》音所力切,生紐曾攝,"索"字在鐸韻,音蘇各切,心紐宕攝,二字紐近韻異,但在唐五代西北方音中則趨於接近,故敦煌寫本中"色"每假借作"索"。如斯 2144 號《韓擒虎話本》："皇帝宣問：'嬋（單）于色寡人交戰，卿意者［何］？'"《敦煌變文集》校"色"爲"索"。又伯 2564 號《齖齣新婦書》："已後與兒色婦，大須隱審，趁逐莫取媒人之配。"《敦煌變文集》校記："乙卷（斯4129）'色'作'索'。按敦煌寫本，'色''索'二字常通用。"按甲卷伯 2633 號亦作"索"，"色"即"索"的假借字。又斯 5588 號《求因果》："侍奉比來居左右，邑喚專祇候。"其中的"邑"即"色"，亦通作"索"，這個"邑"字的字形與用法皆與前揭王梵志詩相當，更其切證。推尋各家誤校的原因，不明俗字固然是重要因素，但最根本的恐怕還是與不明假借有關。

例九，《敦煌變文集》卷六《不知名變文》："有一個小下女人族（逐）水如（而）來，沇（瓶）中有七支蓮花。"王慶菽校記："原'沇'字，疑是'瓶'字。"

按："沇"字敦煌寫本原卷斯 3050 號實作"[illegible]"，其右下部即"瓦"字的俗書（參看第八章第三節例九），故原字楷化後當作"⿰氵⿱工瓦"。"⿰氵⿱工瓦"，字又作"⿱江瓦"。敦煌寫本伯 2999 號《太子成道經》："撥棹乘船過大江，神前傾酒三五⿰氵⿱工几。"伯 2718 號《茶酒論》："酒爲（謂）茶曰：'三文一⿰氵⿱工乙，何年得富？……'""⿰氵⿱工几""⿰氵⿱工乙"皆即"⿱江瓦"的俗書。伯 3724 號《王梵志詩·吾死不須哭》："時時獨飲樂，[illegible]盡更須傾。""[illegible]"則又爲"⿰氵⿱工瓦"俗書的變體，或校作"沉"，或校作"飲"，皆非是。那麼"⿰氵⿱工瓦""⿱江瓦"是不是"瓶"字呢？絶不是。清王筠《説文句讀》云："瓨，字又作⿱江瓦。"以"⿱江瓦"爲"瓨"字異體，是也。"⿰氵⿱工瓦"則又爲"⿱江瓦"的變體。也許有人會問，"瓨"從工聲，"⿱江瓦"從江聲，"工""江"讀音不一，"瓨"怎麽會寫作"⿱江瓦"呢？這是只知其一不知其二。"江""工"後世讀音確實頗不相同，但在上古音系，卻完全相同(“江”字原本就是從“工”得聲),所以“瓨”不妨寫作“𤭛”。《敦煌變文集》校“[illegible]”爲“瓶”,恐怕與校者不辨古音是有關係的。

例十,《漢書・蕭望之傳》:“今將軍規橅,云若管晏而休。”顏師古注:“橅讀曰模。”

按《集韻・模韻》:“模,《説文》法也。亦作橅。”據此,則“橅”即“模”的異體俗字。但“橅”從“無”得聲,與“模”或“莫”(“模”的聲旁爲“莫”)的讀音頗不一致,“模”怎麽會寫作“橅”呢?這也得從辨明聲韻入手。“無”字《廣韻》音武夫切,微紐虞韻;“模”字音莫胡切,明紐模韻;“莫”字音慕各切,明紐鐸韻,讀音確實有些差異。但“無”“模”古音同在魚部,“莫”在鐸部,古無輕唇音,魚鐸對轉,所以“無”與“模”“莫”的古音相近。段玉裁《説文解字注》“無”字下云:“古音武夫與莫胡二切不别,故無、模同音。”《説文・肉部》“膴”下云“讀若謨”,亦其證。這種古音後來在一些方言地區仍有保留。宋馬令《南唐書・黨與傳・查文徽》:“越人謨信,未可速進。”原注:“謨信,無信也。閩人語音。”是其證。錢大昕《十駕齋養新録》卷五“古無輕唇音”條下云:“古讀無如模。……釋氏書多用‘南無’字,讀如‘曩謨’。梵書入中國,繹經多在東晉時,音猶近古,沙門守其舊音不改,所謂‘禮失而求諸野’也。”其説甚韙。明於此,則“模”之所以作“橅”,便豁然開解了。參看第三章十二節“囦”字下的闡釋。

學習音韻學,可以先看《廣韻》。《廣韻》係增廣《切韻》而成,是研究中古音的重要著作。憑藉《廣韻》,可以上探古音,下推今音。關於古音學的研究,雖然南宋吴棫、明陳第已經創始,但直到清代學者纔予以推衍光大,並逐漸至於精深邃密。其代表著作則有顧炎武的《音學五書》、段玉裁的《六書音均表》及江有浩的《音學十書》。初學可先讀《六書音均表》,再推之於其他各家。研究近代音則可參看元周德清的《中原音韻》。

四、熟典章

古籍中往往牽涉到歷史上的人名地名、典章制度及詩文典故之屬,而俗字有時又是和它們交織在一起出現的,這就要求從事俗字研究的同志必須對這方面的知識有一個初淺的掌握,把自己的視野放得開闊一些。井底之蛙,無以窺天地之大;讀書太少、知識過於狹窄,也很難在俗字辨識方面作出成績。北齊學者顔之推曾經説過:"校定書籍,亦何容易!自揚雄、劉向方稱此職耳。觀天下書未徧,不得妄下雌黄。"(《顔氏家訓·勉學》)顔之推的這段話,我們從事俗字研究的同志同樣可以得到某種啓發。下面我們就舉幾個例子,來進一步討論一下熟典章與俗字研究的關係。

例十一,《全唐詩外編》第一編《補全唐詩·丘爲〈答韓丈〉》:"長安落葉酒,或可此時望攜手。"劉盼遂先生校:"(落葉酒)當是落桑酒。"①

按:上詩係據敦煌寫本伯2567號迻録,其中的"落葉酒"原卷實作"桒落酒"。"桒"並非"葉"字,而是"桑"的俗字。對此我們在第三章第十一節已作過討論,這裏不再重複。所以上揭"桒落酒"即"桑落酒"。"桑落酒"爲美酒名。《水經注·河水四》:"(河東郡)民有姓劉名墮者,宿擅工釀,採挹河流,釀成芳酎,懸食同枯

① 見《全唐詩外編》頁25注〔二〕引。

枝之年,排於桑落之辰,故酒得其名矣。”杜甫《九日楊奉先會白水崔明府》詩:“坐開桑落酒,來把菊花枝。”並其證。假如校録者知道“桑落酒”爲酒名,恐怕是不至於把“桒落酒”誤録爲“落葉酒”的(校録者蓋先誤“桒落酒”爲“葉落酒”;“葉落酒”不辭,遂復臆乙爲“落葉酒”)。

例十二,《敦煌歌辭總編》一六九首《取性遊》:“林中鳴,種種有,更有醍酤沽美酒。”

按:“醍酤”費解,查原卷斯5692號,“酤”字實作“醐”。“醐”非“酤”字,文中乃是“胡”的增旁俗字;“醍”則當作“提”,涉“醐”字類化偏旁耳。“提胡”爲鳥名。敦煌寫本斯3835號《百鳥名》:“念佛鳥,提胡盧,尋常道酒不曾酤。”“提胡”即“提胡盧”。字又寫作“提壺”、“提壺蘆”、“提葫蘆”等。劉禹錫《和蘇郎中尋豐安里舊居寄主客張郎中》詩:“池看科斗成文字,鳥聽提壺憶獻酬。”歐陽修《啼鳥》詩:“獨有花上提葫蘆,勸我沽酒花前傾。”是其例。按宋王質《林泉結契》卷一云:“提壺蘆,身麻斑,如鷂而小,嘴彎,聲清重,初稍緩,已乃大激烈。”蓋“提壺”“提胡盧”等本因其鳴聲而得名,俗乃因“壺”、“胡盧”爲盛酒之器,而附會沽酒獻酬之意;上揭歌辭則復因與沽酒相涉而增易偏旁作“醍醐”。從這個例子可以看出,俗字的辨識是與歷史文化知識的掌握聯繫在一起的,缺乏這方面的學養,有關俗字的辨識就會出現偏差和困難。

例十三,《敦煌變文集》卷五《維摩詰經講經文》:“如似盡(畫)瓶,用盛糞穢,忽然破裂,一改(泉按:當據原卷作‘段’)乖張。”徐震堮先生校云:“原校改‘盡’爲‘畫’,非也。‘盡’乃‘浄’

之同聲字。”①

按:上文見於斯3872號,其中“盡”原卷本作“晝”。“晝瓶”爲“盡(净)瓶”乎?抑或爲“畫瓶”乎?且讓我們先來看看下面這段文字:姚秦沙門竺佛念譯《出曜經》卷一七《惟念品第十六》:有一婬逸之人得道後不近女色,其婦不解,問其緣由,其夫乃“彩畫好瓶,成(盛)滿糞穢,牢蓋其口,香華芬熏。還至彼衆,告其婦曰:‘審愛我不?若愛我者,可抱弄此瓶,如愛我身。’婦隨其語,抱瓶翫弄,意不捨離。夫主見婦已愛著此瓶,即打瓶破,臭穢流溢,蛆蟲現出。復語婦曰:‘汝今故能抱此破瓶不耶?’婦答曰:‘我寧取死,終不能近此破瓶;寧入火坑,投於深水,高山自投於下,頭足異處,終不能近此瓶。’夫告其婦:‘前言見汝正見此事耳。我觀汝身,劇於此瓶,從頭至足,分别思惟三十六物,有何可貪!’”看了這段文字,也許誰也不會否認“畫瓶”是正確的。現在再讓我們回頭來看原卷的“晝”字。“晝”即“畫”的俗字,已詳於第六章第二節。所以原録作“盡”,是錯誤的;徐校作“净”,更是誤上加誤。從這個例子可以看出,只要我們把俗字背後的典故制度搞清楚了,俗字的辨識也就不成其爲難事了。

例十四,《清平山堂話本·雪川蕭琛貶霸王》:“韓晃大駡:‘打眷匹夫,怎敢聚衆謀反?大軍到此,由(猶)自抗拒!’”譚正璧先生於“打眷”二字下校云:“以上二字意義不明,疑有誤字。”

按:譚正璧先生懷疑“打眷”二字有誤,極是,可惜僅僅是止於懷疑而已。其實,只要對古代的刑罰制度稍有涉獵,便可知道“打眷”就是“打脊”,乃是古時一種施於背部的杖刑。韓愈《論變鹽法

① 見《敦煌變文集校記再補》,載《華東師大學報》1958年第2期。

事宜狀》引唐張平叔所奏《鹽法條件》:“連狀聚衆人等,各決脊杖二十。”日本僧人圓仁《入唐求法巡禮行記》卷四:“如有違越者,綱維、三老及典直並守門人,各決脊杖二十。”《水許傳》第二回:“府尹把高俅斷了二十脊杖,迭配出界發放。”其中的“脊杖”就是杖脊之刑,“決”和“打”同義。五代孫光憲《北夢瑣言》卷七:“盧延讓《哭邊將詩》曰:‘自是磠砂發,非干礮石傷。牒多身上職,盎大背邊瘡。’人謂此是打脊詩也。”敦煌寫本伯 3418 號《王梵志詩·有錢不造福》:“有錢不造福,甚是老愚癡。自身不喫著,保拔受(授)妻兒。打脊眼不痛,十指不同皮。”“打脊”又作“棒脊”,義同。如斯 778 號《王梵志詩·雙盲不識鬼》:“雙盲不識鬼,伺命急來追。赤繩串著項,反縛棒脊皮。”伯 2653 號《燕子賦》:“阿你浦(逋)逃落藉,不曾見你膺王役,終遣官人棒脊,流向擔(儋)崖、象白。”後來“打脊”亦用作駡人的話,相當於説“該打”、“該死”。如《京本通俗小説·西山一窟鬼》:“只聽得……一個人道:‘打脊魍魎! 你這斯許了我人情,又不還我,怎的不打你!’”《張協狀元》第二十四齣:“(丑)打脊篭簪賴狗!”明徐渭《南詞敘録》云:“打脊,古人鞭背,故詈人曰打脊。唐之遺言也。”其説是矣。上揭《清平山堂話本》的“打脊”也是駡人的話,“打脊匹夫”猶言“該打匹夫”或“該死匹夫”,文義順適。明白了這個來龍去脉,“打眷”應作“打脊”便是無可懷疑的了。再從字形上看,“月”旁俗書與“日”旁“目”旁相亂(敦煌寫本中“月”旁多寫作“日”或“目”形,如前揭伯 3418 號《王梵志詩》“打脊”的“脊”字下部原卷即作“日”形);“脊”上半寫刻頗爲不便,俗書遂簡作“夫”形,復爲“眷”等字類化作“𠔉”,於是“脊”也就變成了“眷”。中國書店 1983 年影印揚州使院刻本《集韻·僊韻》:“趲,行曲眷皃。”其中的“眷”也是“脊”的譌俗字(清方成珪《集韻考正》據《説文》及宋本校作"脊",是也),可與上例互勘。在上述的考證過程中,對歷史典章制度的了解程度起了關鍵的作用。如果缺乏這方面的知識,碰到"打眷"這樣的問題恐怕也就束手無策了。

對古代典章制度的了解和掌握,是一個逐步積累的過程。我們平時在讀書時要養成勤查勤記的習慣;讀書的面要放得寬一些,中外古今文史哲,都要涉獵一些:這樣日積月累,各方面的知識自然會豐富起來。至於有關的書籍,品類很多,限於篇幅,這裏就不一一列舉了。

第十章　歷代俗字及俗字研究要籍述評

在前面的章節中，我們曾經一再指出，俗文字的研究是整個漢字研究中的一個最爲薄弱的環節，幾乎處於赤貧如洗的狀態。所以嚴格地説，真正稱得上研究俗字的著作，歷史上還不多見。這裏我們只能主要從資料的角度，把歷代與俗字及俗字研究有關的書籍作一個概略的介紹。筆者讀書無多，水平有限，所述未必恰當，掛一漏萬，更所不免，尚祈方家教正。

一、漢魏南北朝時期

漢魏南北朝時期，漢字由篆而隸，由隸而楷，是字形變遷最爲劇烈的時期，也是異體俗字最爲紛雜的時期，與此相適應，《凡將》（漢武帝時司馬相如作）、《急就》（漢元帝時史游作）、《元尚》（漢成帝時李長作）、《訓纂》（漢平帝時揚雄作）、《滂喜》（漢和帝時賈魴作）以及許慎《説文解字》、吕忱《字林》、顧野王《玉篇》等一些説"文"解"字"的字典辭書也就應運而生。這些字典辭書在記録正字的同時，也或多或少收載了當時流行的一些俗字異體。如《説文》除正篆九千三百五十三字外，還載録重文一千一百六十個，包括古、籀、奇、或各體，其中不少就是秦漢流行的俗字。另外，一些以收載俗字爲主體的俗字書也相繼出現，如漢無名氏之《别字》、服虔之《通俗文》、郭顯卿之《古今奇字》、《雜字指》[①]、魏周氏之《雜字解詁》[②]、張揖之《古今字詁》、《錯誤字》[③]、朱育之《異字》[④]、後魏楊承慶之《字統》[⑤]、晉葛洪之《要用字苑》、王羲之之《小學章》[⑥]、南朝宋謝康樂之《要字苑》[⑦]、何承天之《纂文》[⑧]、梁殷仲堪之《常用字訓》[⑨]、鄒誕生之《要用字對誤》[⑩]、王邵之《俗語難字》[⑪]、戴規之《辯字》[⑫]，北齊顔之推之《訓俗文字略》、《證俗音字略》[⑬]，

---

①《隋書·經籍志》：《雜字指》一卷，後漢太子中庶子郭顯卿撰；《古今奇字》一卷，郭顯卿撰。清人有輯本。

②《隋書·經籍志》：《雜字解詁》四卷，魏掖庭右丞周氏撰。《藝文類聚》等書或引周成《雜字解詁》，當即一書。清人有輯本。

③《隋書·經籍志》：《古今字詁》三卷，《錯誤字》一卷，並張揖撰。前者清人有輯本。

④《隋書·經籍志》：《異字》二卷，三國吴朱育撰，亡。清人有輯本。

⑤《隋書·經籍志》：《字統》二十一卷，楊承慶撰。《魏書·陽尼傳》："所造《字釋》數十篇，未就而卒，其從孫太學博士承慶遂撰爲《字統》二十卷，行於世。"姚振宗《隋書經籍志考證》謂"楊"字應依《魏書》作"陽"。清人有輯本。

⑥《隋書·經籍志》：《小學篇》一卷，晉下邳内史王羲撰。兩唐志皆題王羲之撰。《顔氏家訓·書證》及《魏書·任城王雲傳》皆引作王羲之《小學章》，今從之。清人有輯本。

⑦《隋書·經籍志》：《要字苑》一卷，宋豫章太守謝康樂撰。

⑧《隋書·經籍志》：梁有《纂文》三卷，亡。《舊唐書·經籍志》：《纂文》三卷，何承天撰。清人有輯本。

⑨《隋書·經籍志》：梁有《常用字訓》一卷，殷仲堪撰。清人有輯本。

⑩《隋書·經籍志》：《要用字對誤》四卷，梁輕車參軍鄒誕生撰，亡。

⑪《隋書·經籍志》：《俗語難字》一卷，秘書監王劭撰。

⑫《隋書·經籍志》：《辯字》一卷，戴規撰。

⑬《隋書·經籍志》：《訓俗文字略》一卷，後齊黄門郎顔之推撰。

以及佚名之《字書》[1],等等,數量頗爲繁夥。儘管這些書今天都已失傳,但據後人的引用,我們尚可藉窺全豹之一斑。如行陣之"陣",古本作"陳",義取陳列,而王羲之《小學章》"獨阜旁作車"[2];又如"騙"字,宋何承天《纂文》作"㷊"[3];"塑"字,《古今奇字》作"塐"[4],等等,可見這些字書多收俗字别體,是我們了解當時俗字的重要資料。除了字書以外,這時期的史書以及文集、筆記中也有一些與俗字有關的記載,下面我們擇要分别作些介紹。

(一)衛宏《古文官書》

衛宏,字敬仲,東漢東海(治今山東郯城西南)人。光武帝時,曾任議郎之職。

《隋書·經籍志》載衛宏《古文官書》一卷,兩唐志則稱作《詔定古文官書》一卷。原書今佚,清任大椿《小學鉤沈》、馬國翰《玉函山房輯佚書》等書輯有佚文。從這些佚文來看,該書收録的俗字異體頗爲繁夥。如玄應《一切經音義》卷一《大方廣佛華嚴經》第一卷音義"罣礙"條云:"衛宏《詔定古文官書》:㝵、得二字同體。"按:"㝵"見載於《説文》,以爲"得"字古文;字本作"㝵",隸變作

---

① 清陳鱣《小學拾存敘録》云:"《隋書·經籍志》列《字書》凡三:一曰《古今字書》,十卷;二曰《字書》,三卷;三曰《字書》,十卷。不言何人《字書》,亦不知何時《字書》也。嘗考《顔氏家訓》引《字書》云:'嵍即旄邱之旄也。'知六朝間人固所常用,今亦無所存,惟見於羣籍所引,而陸氏《經典釋文》、李氏《文選注》、釋氏《一切經音義》引之尤多。"清人有輯本。

② 見《顔氏家訓·書證》所引。裘錫圭先生云漢碑已見"陣"字,則《小學章》乃載録前代俗字耳。

③ 見玄應《一切經音義》卷一三《奈女祇域經》音義引。

④ 見《廣韻·暮韻》引。

"导"。又同書卷八《維摩詰所説經》下卷音義"所圖"條:"《詔定古文官書》:圖、啚二形同。達胡反。"按:"啚"本爲"鄙"字初文,流俗又用作"圖"的俗字,《廣韻·模韻》稱"啚,俗圖字",是也。由此可見,《古文官書》是把每個字的不同異體輯録在一起。這種做法,在一定程度上已開了後世字樣書的先河。

另外,玄應《一切經音義》等書中又常引用"古文"的字形,如該書卷一《大集日藏分經》第八卷音義云:"炒,古文鬻、炰、煼、𪌖四形。"又卷三《放光般若經第》十卷音義:"矛,古文戜、鉾、鋒三形,同,莫浮反。"又同卷《光讚般若經》第一卷音義:"垓,古文姟、奒二形,今作姟,同,古才反,數名也。"其中的"古文",馬國翰等人定作衛宏的《古文官書》,並把有關文句輯入《古文官書》,這恐怕是靠不住的。

(二)服虔《通俗文》

服虔,字子慎,河南滎陽人,漢靈帝時曾官九江太守。《後漢書·儒林傳》有傳。

服虔作《通俗文》,較早的記載是北齊顏之推的《顔氏家訓》,該書《書證》篇云:

> 《通俗文》,世間題云"河南服虔字子慎造"。虔既是漢人,其敍乃引蘇林、張揖,蘇、張皆是魏人。且鄭玄以前,全不解反語,《通俗》反音,甚會近俗。阮孝緒又云李虔所造。河北此書,家藏一本,遂無作李虔者。《晉中經簿》及《七志》,並無其目,竟不得知誰制。然其文義允愜,實是高才。殷仲堪《常用字訓》,亦引服虔《俗説》,今復無此書,未知即是《通俗文》,爲當有異?近代或更有服虔乎?不能明也。

按《隋書·經籍志》著録《通俗文》一卷,服虔撰;兩唐志則只著録李虔《續通俗文》二卷,顏之推雖然對《通俗文》是否出於漢服虔之手存有疑慮,但他在同書《勉學》中說:“世之學徒,多不曉字……不知書音是其枝葉,小學乃其宗系。至見服虔、張揖音義則貴之,得《通俗》、《廣雅》而不屑。一手之中,向背如此,況異代各人乎?”可見他對服虔之作《通俗文》,基本上還是肯定的。清人洪亮吉謂《通俗文》係服虔所作而李虔續之,而阮孝緒等混而爲一;至於書中的反語,可能是後人補入或只是李虔續書中語①,其說近是。

《通俗文》原書今已不存。據清人任大椿、臧庸、馬國翰等的輯本,可知這是一部解釋通俗用語的辭書,其中有不少當時流行的俗字異體。如玄應《一切經音義》卷二《大般涅槃經》第二十二卷音義引《通俗文》云:“悖(垺)土曰坌。”按《說文·土部》:“坋,塵也。从土、分聲。”“坌”即“坋”改變字形結構而形成的異體俗字。又同書卷三《金剛般若經》音義云:“筏,《通俗文》作‘艠’,《韻集》作‘橃’,同,扶月反。”按《說文》:“橃,海中大船。从木、發聲。”徐鉉注:“今俗别作筏。”“艠”即“橃”的後起俗字,形旁易“木”而爲“舟”也。又同書卷一九《佛本行集經》第十七卷音義云:“楫,《通俗文》作‘檝’,同。”按《說文·木部》:“楫,舟櫂也。从木、咠聲。”“檝”亦“楫”的異體俗字(“戢”從“咠”聲,故作“楫”作“檝”實皆從咠得聲,但“檝”字字形繁化了)。此外如“入口曰呞”、“直視曰瞪”、“去汁曰滰”、“密藏曰弆”、“蟲食曰唼”、“合袟曰繶”(據清任大椿輯《小學鉤沈》),等等,也顯示了“通俗”的特點。

---

① 見《更生齋文甲集》卷一《復臧文學鏞堂問〈通俗文〉書》。

（三）張揖《古今字詁》

張揖，字稚讓，清河（今河北清河縣）人，一云河間（今河北獻縣、河間縣）人。魏明帝太和中爲博士。著有《廣雅》、《埤蒼》、《古今字詁》等書。後二書今佚，清人有輯本。

《古今字詁》，《隋書・經籍志》三卷，《舊唐書・經籍志》二卷。《新唐書・藝文志》不載，可能宋初已經失傳。關於本書的內容，《魏書・江式傳》載江式上《古今文字》表云：

> 魏初博士清河張揖著《埤蒼》、《廣雅》、《古今字詁》。究諸《埤》、《廣》，綴拾遺漏，增長事類，抑亦於文爲益者。然其《字詁》，方之許慎篇，古今體用，或得或失矣。

據此，可知《古今字詁》也是《説文解字》一類的辨析字形之作，其特點是"古今體用"，也就是比較古今用字的不同，加以疏通訓釋。如《初學記》卷二一引《字詁》巾部云："紙，今帋。"《太平御覽》卷六〇六據王隱《晉書》則云："魏太和六年，博士河間張揖上《古今字詁》，其巾部曰：帋，今紙也。其字從巾。"按《干禄字書》："帋紙：上通下正。""帋"即"紙"的後起形聲字（參看第三章第三節）。又如玄應《一切經音義》卷一《大方廣佛華嚴經》第二卷"安跱"條下云："《字詁》：古文峙，今作跱，同，直耳反。"按孫星衍校云："《説文》無'跱'有'峙'，故以'跱'爲今字。"[1]又如《顔氏家訓・勉學》云：

> 吾初讀《莊子》"螝二首"，《韓非子》曰"蟲有螝者，一身兩口，争食相齕，遂相殺也"，茫然不識此字何音，逢人輒問，了

① 見《叢書集成初編》本《一切經音義》卷一該條下校。

無解者。案《爾雅》諸書，蠶蛹名螝，又非二首兩口貪害之物。後見《古今字詁》，此亦古之虺字，積年凝滯，豁然霧解。

按：慧琳《一切經音義》卷四六《大智度論》第四十二卷音義引《莊子》作"虺二首"，"螝""虺"蓋古今字。此外如《古今字詁》云"麾"今作"撝"；"怗"今作"惵"；古文"愍"，今作"閔"；"鎒"，古字也，今作"耨"；"舐"，古文"舓"；"慦"，笑貌也，"听"之別體，音語近反（以上並據清任大椿《小學鉤沈》所輯），等等，皆爲輯列古今異體（其中不乏後起俗字），加以比較疏通。

（四）吕忱《字林》

吕忱，字伯雍，晉代任城（治所在今山東微山縣西北）人，曾爲義陽王典祠令及弦令。

《字林》是繼許慎《説文解字》以後規模較大的一部字書。該書的最大特點是"更按羣典，搜求異字"①，以補"《説文》之所漏略"②。全書凡一萬二千八百二十四字③，多於《説文》三千四百七十一字。這些新增加的字，可能很大一部分是後世新造的俗字異體。清任大椿《字林考逸》序云："《字林》本集《説文》之成，非僅補闕而已。乃其補闕，又非一端。有《説文》本無而增之者，如《五經文字》所云祧、禰、逍、遥是也。有《説文》本有而文各異體者，如《説文》作'蜡'，《字林》作'褿'；《説文》作'珌'，《字林》作'琿'是也。……然則忱所補者，書非一體。"此外如《字林》之"齭"，《説文》作"齗"；《字林》之"窧"，《説文》作"榕"；《字林》之"槁"，《説

① 封演《聞見記》語。

② 張參《五經文字·序例》語。

③ 據封演《聞見記》。

文》作"麋",等等,也都顯示了《字林》"搜求異字"的特點。

《字林》在六朝以及唐代影響很大。唐代甚至連科舉考試也要考《字林》四帖。但在宋元以後,由於《玉篇》、《類篇》、《廣韻》、《集韻》等字書韻書的編撰或重修,《字林》的影響日漸縮小,最後便亡佚了。現存有清任大椿的《字林考逸》八卷、陶方琦的《字林考逸補本》一卷,凡所輯録一千七百餘字,可藉以窺見原書内容之一斑。

(五)葛洪《要用字苑》

葛洪,字稚川,號抱朴子,晉丹陽句容(今江蘇句容縣)人。

葛洪的《要用字苑》不見於《晉書》本傳,《隋書·經籍志》亦不載,兩唐志始著録之。但顔之推在《顔氏家訓》中卻一再提到該書。如顔書《書證》篇云:"凡陰景者,因光而生,故即謂爲'景'。……至晉世葛洪《字苑》,傍始加彡,音於景反。而世間輒改治《尚書》、《周禮》、《莊》、《孟》從葛洪字,甚爲失矣。"按:"影"爲"景"的贅旁俗字。黄侃《説文略説·論六書条例爲中國一切字所同循不僅施於説文》云:"形景連言,古今常語,形既從彡,景亦蒙之加彡。"[1]其説是也。葛洪書"景"字作"影",蓋載録民間俗字耳。

又《梁書·劉杳傳》云:"有人餉(任)昉榣酒而作'榐'字,昉問杳:此字是不?杳對曰:葛洪《字苑》作木旁𠳂。"《集韻》去聲稕韻直刃切:"榐,木名,汁可爲酒。或作榣。"按《集韻》同韻良刃切小韻下云:"吝,古作𠳂。"是"榣"即"梠",蓋從木、吝聲;"吝"音與"榐"近,"榣""榐"蓋異體字也。《太平廣記》卷四〇六引《扶南

① 文載《黄侃論學雜著》,上海古籍出版社1980年版。

記》:"酒樹出典遜國,名棍酒。"亦有"棍酒"之稱[1]。

《要用字宛》原書今已不傳,清馬國翰、任大椿等人有輯本。

(六)江式《古今文字》

江式,字法安,陳留濟陽(今河南蘭考一帶)人。他曾於北魏宣武帝延昌三年上表,請求編撰《古今文字》。他在表文中說:

> 敢藉六世之資,奉遵祖考之訓,竊慕古人之軌,企踐儒門之轍,輒求撰集古來文字,以許慎《説文》爲主,爰採孔氏《尚書》、《五經》音注、《籀篇》、《爾雅》、《三蒼》、《凡將》、《方言》、《通俗文》、《祖文宗》、《埤蒼》、《廣雅》、《古今字詁》、《三字石經》、《字林》、《韻集》、諸賦文字有六書之誼者,皆以次類編聯,文無復重,糾爲一部。其古、籀、奇、惑、俗、隸諸體,咸使班於篆下,各有區别;詁訓假借之誼,僉隨文而解;音讀楚夏之聲,並逐字而注;其所不知者,則闕如也。(《魏書·江式傳》)

根據表文所述,可知這將是一部集古今漢字之大成的巨著,書凡四十卷。可惜魏正光四年江式身卒,其書竟未能成,不免是一件憾事。

(七)顧野王《玉篇》

顧野王,字希馮,吴郡吴(今江蘇吴縣)人。初仕梁,後入陳。《玉篇》是他仕梁時所撰,故一般稱梁顧野王撰。

---

① 今人王利器先生以"梠"爲"椐",而斥其非義,他説:"棍酒者,乃謂盞酒,即此所謂鄉俗訛謬所造之字,是言量,非言質,任、劉不識俗别字,乃以椐字解之,非是。"其説不同。王説見《顏氏家訓集解》卷六頁 493 注〔八〕,中華書局 1993 年版增補本。

《玉篇》的編撰宗旨，顧野王在自序中說：

微言既絶，大旨亦乖。故《五典》、《三墳》，競開異義；六書八體，今古殊形。或字各而訓同，或文均而釋異。百家所談，差互不少；字書卷軸，舛錯尤多。難用尋求，易生疑惑。猥承明命，預纘過庭，總會衆篇，校讎羣籍，以成一家之製，文字之訓備矣。

現在通行的《玉篇》叫《大廣益會玉篇》，曾經唐孫强增字、宋陳彭年等重修，已非顧氏的原貌。據唐封演《聞見記》，《玉篇》凡一萬六千九百一十七字。今本《玉篇》二萬二千五百六十一字。無論是今本還是原本，字數都比《説文》及《字林》有大幅度的增加。其中"字各而訓同"（即異形同字）"文均而釋異"（即同形異字）的異體俗字的增加，恐怕是一個重要的原因。除現今通行的《玉篇》外，清末黎庶昌、羅振玉先後在日本發現了寫本《玉篇》殘卷，内多"野王案"云云，可能是（或接近）顧氏原本。下面我們試以言部爲例，討論一下寫本《玉篇》殘卷（以下簡稱"原本"）和《大廣益會益篇》（以下簡稱"今本"）收録異體俗字的情況：

1. 原本在每個字頭下對異體俗字的情況有比較詳細的説明，而今本則往往删去。如原本云："譞，呼緣反，《説文》：譞，慧也。野王案：謂慧也①。與'儇'字同，在人部。"按今本《説文・人部》："儇，慧也。从人，睘聲。"而未收"譞"字。"譞"實即"儇"的後起换旁俗字。而今本"譞"下云："呼緣切，慧也。"則"譞""儇"被一分爲二矣。又如原本云："誺，古協反，《字書》：或唊字也。唊，妄語也，在口部也。"按《説文・口部》："唊，妄語也。从口，夾聲。"

① 原本"慧"下有空格，不知是否有脱字。

“誸”亦“唊”的換旁俗字。顧野王引《字書》以“誸”爲“唊”字或體,是也。而今本僅云:“誸,古協切,妄語也。”(今本口部“唊”字亦云:“唊,古協切,妄語也。”)一字亦被割裂爲二矣。此外如原本云“誼”,今並爲“義”字;“託”,或爲“侘”字;“謳”,《埤蒼》或爲“嘔”字,《字書》或爲“慪”字;“諍”,今世以爲“争”字;“評”,今亦爲“呼”字;“謑”,《聲類》亦“傒”字也,或爲“謑”字;“詒”,《字書》或爲“貽”字;“誑”,《聲類》或爲“迋”字;“譸”,或爲“侜”字,《聲類》亦“嚋”字也;“誖”,或爲“悖”字;“訆”,《字書》或“叫”也,等等,這些對了解字形、字義演變極爲重要的話,今本則一併删去,顯然是不妥當的。

有些字原本録寫不盡準確,這可能是導致今本删去的一個因素。如原本云:“諔,徐歷反,《説文》亦寂字也。……或爲咊字,在口部也。”按:“諔”《古逸叢書》本如此,羅振玉影印本則作“誎”,其实這個字當作“詠”,見於《説文》,即“宗(後起字作‘寂’)”的或體。又注中的“咊”當作“哝”,乃“宗”或“詠”的換旁俗字。今本《玉篇》删去此條。

2. 今本增加了原本未收的一些俗字異體。今本較原本正文增加五千六百四十四字,俗字異體的增加自然是其中一個重要的方面。如今本云:“詑,俗作訑。”又云:“訾,俗作偨。”又云:“誏”,同“詍”。又云:“訮”,同“訡”,俗。這些俗體都是原本未曾收録的。其中有些俗體是唐代前後纔出現的,如“誏”字,是唐代避李世民諱而造成的。這種俗體顧野王的時代没有出現,當然也無法收到他的大作中去。

3. 今本對原本載録的一些異體的字形有所改動,或者對相關字形關係的提法有所改變。前者如原本:“謻,《聲類》亦誃字也。”

今本:“誃”,同“誃”。原本的“誃”當是“誃”的形誤字。又如原本:“諕,此亦婉字,在女部也。”今本:“詇,亦作婉。”按:《説文》有“詇”、“婉”、“嫛”三字,字義相當,實即一字的變體。以“嫛”亦作“婉”(朱駿聲《説文通訓定聲》以“嫛”爲“婉”字或體)而論,則“詇”自亦可寫作“諕”(《集韻》即作“諕”),故原本“諕”不改可也。又如原本:“遮,《説文》:籀文誕字。”今本:“這”,籀文“誕”。按:今本《説文》“誕”籀文作“這”,丁福保《説文解字詁林》引周雲青云:“唐寫本《玉篇》‘誕’注引《説文》:𨖷,籀文誕。蓋古本如是。今二徐本改作省正,誤甚,宜據改。”據此,則原本作“遮(𨖷)”不誤;而今本作“這(這)”,則爲據誤本《説文》而妄改也。又如原本:“訠,《聲類》:或矤字也。在矢部。”今本:“訠,或作矧。”按《説文·矢部》:“矤,況也,詞也。从矢,引省聲。”《爾雅》作“矧”,不省聲。而“訠”則爲“矤”或“矧”的俗字。原本引《聲類》以“訠”爲“或矤字”,即指“訠”爲“矤”之俗字。而今本“矤”改作“矧”,云“訠,或作矧”,則正俗顛倒矣。

今本對相關字形關係的提法有所改變的,如原本:“䚺,於驕反,字書:亦祅字也。祅,災也;地反物爲祅。字在示部。”今本增“訞”字,云:“於驕切,災也,又巧言皃。䚺,《説文》訞,同。”按《説文·示部》:“䄏,地反物爲䄏也。从示,芺聲。”段玉裁注:“䄏,省作祅。”而別無“䚺”字,亦無“訞”字。實則“䚺”“訞”皆爲“䄏”的後起分化字,原本謂“䚺”亦“祅”字,是也。今本云云,實欠允當。又原本:“訿,子尔反,《毛詩》:‘翕翕訿訿。’傳曰:‘訿訿然不思稱其上也。’……”又云:“呰,子移反,《國語》:‘呰相其質。’賈逵曰:‘呰,量也。’……”今本則云:“訿,子爾切,不善皃;不思稱其上也;又毀也。呰,同上。”按《説文·言部》:“呰,不思稱意也。从言,此聲。《詩》曰:翕翕訿訿。""呰""訿"爲改變字形結構造成的異體,今本以"呰""訿"爲一字,是也。至於"呰"的"子移"音和計量義,乃字義引申、發展的結果。原本"訿""呰"異字異訓,顯然是不妥當的。而今本删去"子移"音和計量義,也是不妥當的。

總的來説,儘管原本和今本《玉篇》在異體俗字的處理方面都有一些缺失,但它們(尤其是前者)都載録了大量的異體俗字。我們今天要研究六朝以及唐宋俗字,這兩種本子的《玉篇》是必不可少的參考書。

另外還值得一提的是今本《玉篇》卷末附有一個《分毫字様》,辨别形似字的不同,如:

絰經:上徒結反,孝絰;下古刑反,經書。

竉寵:上力董反,孔竉;下敕勇反,寵愛。

憧幢:上尺容反,往來;下宅江反,幡也。

杲果:上公老反,日色;下公禍反,果福。

這様的字總共一百二十四對。這些形近的字,儘管音義都不相同,但俗書往往混用不分,所以有區别的必要。但這一附録恐怕並非顧氏原書所有,而是後人加入的。我們在敦煌本《正名要録》和宋郭忠恕的《佩觿》中都可以看到類似的内容,可見今本《玉篇》有這様的附録並非出於偶然。

(八)顔之推《顔氏家訓》

顔之推,字介,琅邪臨沂(今山東臨沂)人。歷官南北朝,而以入齊任黄門侍郎最爲清顯,故《顔氏家訓》雖成於入隋以後,仍署曰"北齊黄門侍郎顔之推撰"。

《顔氏家訓》凡七卷,包括《序致》、《教子》等二十篇。該書涉及的範圍很廣，其中《書證》、《雜藝》、《音辭》、《勉學》等篇都有大量關於當時俗文字流行、繁盛的記載。如《勉學》篇云："近世有人爲子制名，兄弟皆山傍立字，而有名峙者①；兄弟皆手旁立字，而有名機者②；兄弟皆水傍立字，而有名凝者③。名儒碩學，此例甚多。"按："峙"、"機"、"凝"分别爲"峙"、"機"、"凝"的俗字，當時俗字之流行，以致取名也用了，可謂習非而成是。

又如《書證》篇云：

> 有人訪吾曰："《魏志》蔣濟上書云'弊攰之民'，是何字也？"余應之曰："意爲'攰'即倦之'𢾋'耳。張揖、吕忱並云支傍作刀劍之刀，亦是'剞'字。不知蔣氏自造支傍作筋力之力，或借'剞'字，終當音九僞反。"

按《廣韻·寘韻》詭僞切："𢾋，瘦極。"《集韻》："𢾋，疲極也。或作攰。"顏氏謂蔣濟書之"攰"或爲"𢾋"的生造俗字，或是借"攰（攰－剞）"爲"𢾋"，顯然都有可能。這短短七十餘字，簡直就是一篇考辨俗字的學術論文了。

又同篇云：

> 《古樂府》歌百里奚詞曰："百里奚，五羊皮。憶别時，烹伏雌，吹扊扅；今日富貴忘我爲！""吹"當作炊煮之"炊"。案蔡邕《月令章句》曰："鍵，關牡也，所以止扉，或謂之剡移。"然

① "峙"字從盧文弨抱經堂校定本。俗書"止""山"不分，故《説文》從止之"峙"俗或書作"峙"，而命名者因之，故顏氏譏其不典。

② "機"字從盧文弨抱經堂校定本。俗書"木""扌"不分，故從木之"機"俗或書作"機"，而命名者因之。

③ "凝"字從盧文弨抱經堂校定本。俗書兩點水旁與三點水旁不分，故從兩點水旁之"凝"俗或書作"凝"，而命名者因之。

則當時貧困,并以門牡木作薪炊耳。《聲類》作"扊",又或作"扂"。

這裏把"扊扅"的來龍去脉交代得一清二楚,同樣是不可多得的俗字辨析之作。如果要問漢字的俗字研究從什麽時候開始的話,那我們可以説顔之推的《顔氏家訓》已經導夫先路了。

另外,有許多六朝流行並爲後世所沿用的俗字《顔氏家訓》給予了正式的記載,諸如影、陣、乱、妬(妒)、悪(惡)、甭(罷)、甦(蘇)、老(老),等等,都首先見載於《顔氏家訓》。有關的敘述,我們在前面的章節中已經作過引録,這裏就不再重複了。

二、隋唐五代時期

魏晉南北朝時期,由於國家分裂,軍閥割據,造成了各地區間語言文字的隔閡,俗字别體,遍滿經傳;民間用字,更是譌俗滿紙,十分混亂。隋唐以後,隨着國家的統一,統治者對是正文字的工作也開始重視起來,並採取了一系列措施進行文字規範化的工作。與此相適應,一些以正字爲目的的"字樣"書相繼出現。其著首推顔師古之《字樣》。顔元孫在《干禄字書》序中云:

> 史籀之興,備存往制;筆削所誤,抑有前聞;豈唯豕上加三,蓋亦馬中闕五。迨斯以降,舛謬寔繁;積習生常,爲弊滋甚。元孫伯祖故祕書監貞觀中刊正經籍,因録字體數紙,以示讎校楷書,當代共傳,号爲"顔氏字樣",懷鉛是賴,汗簡攸資。

可見顔氏《字樣》當時影響很大。繼之又有杜延業《羣書新定字樣》、郎知本《正名要録》、顔元孫《干禄字書》、歐陽融《經典分毫正字》①、唐玄宗《開元文字音義》②、張參《五經文字》、唐玄度《九經字樣》等字樣書問世，一時間蔚爲鉅觀。然今所存者，則惟《干禄字書》、《五經文字》、《九經字樣》及敦煌寫本《正名要録》等三五種而已。

除了字樣書以外，這一時期與俗字研究有關的要籍還有陸德明的《經典釋文》、釋玄應和慧琳的《一切經音義》、顔師古的《匡謬正俗》，以及敦煌寫本王仁昫《刊謬補缺切韻》、《字寶》等等。下面就大體按照時代的順序分頭加以介紹。

（一）陸德明《經典釋文》

陸德明，名元朗，以字行，蘇州吴（今江蘇吴縣）人。歷仕陳、隋、唐各朝，以文學知名。兩《唐書》都把他列入儒學傳。

漢魏南北朝以後，傳世經典歷經篆隸之變遷、正草之混淆，俗書之流失，加上"楚夏聲異，南北語殊"，而"受之者非一邦之人，人用其鄉"，造成了"同言異字，同字異言"（《經典釋文》卷一序録）的現象，陸德明的《經典釋文》就是在這種情況下編撰的。

《經典釋文》所釋的經典，有《易》、《書》、《詩》、《春秋》三傳、三禮以及《孝經》、《論語》、《老子》、《莊子》、《爾雅》凡十四種。全書雖以考證字音爲主，但也兼及字義辨釋，並且廣載經典異文，其

① 《新唐書·藝文志》：歐陽融《經典分毫正字》一卷。元馬端臨《文獻通考》卷一八五《經籍考》十二："《經典分毫正字》一卷，《崇文總目》：唐太學博士歐陽融撰。辩正經典字文，使不得相亂。篇帙今闕。全篇止《春秋》中帙，餘篇悉亡。"

② 《新唐書·藝文志》：玄宗《開元文字音義》三十卷。清人有輯本。

中所列異文多爲漢魏六朝産生的俗字别體,是我們研究這一時期俗字的寶貴資料。如該書卷五《毛詩音義上·周南·關雎》"輾轉反側"之"輾"字下云:"本亦作展,哲善反。吕忱從車、展。"按:敦煌寫本斯2729號《毛詩音》殘卷即作"展轉",與陸氏所云"本亦作"者相合。《説文·尸部》:"展,轉也。"作"輾"字者,涉"轉"字而類化增加偏傍耳。據《釋文》,知吕忱《字林》已作"輾"字,爲晉代俗字也。又同卷《葛覃》毛傳"灌木,叢木也"下云:"叢,才公反,俗作藂。一本作最,作外反。"按《顔氏家訓·書證》云:"《詩》云:'黄鳥于飛,集于灌木。'傳云:'灌木,叢木也。'此乃《爾雅》之文,故李巡注曰:'木叢生曰灌。'《爾雅》末章又云:'木族生爲灌。'族亦叢聚也。所以江南《詩》古木皆爲叢聚之叢,而古叢字似冣字,近世儒生,因改爲冣,解云'木之冣高長者'。案衆《爾雅》及解《詩》無言此者,唯周續之《毛詩注》,音爲徂會反,劉昌宗《詩注》音爲在公反,又祖會反:皆爲穿鑿,失《爾雅》訓也。"按:"藂"爲"叢"之俗字,"冣"爲"最"之俗字。"叢"俗字又作"菆"作"菆"①,形與"冣"近。《詩》毛傳"一本作最"者,蓋因"菆""菆"形近誤而爲"冣",復又從正回改作"最"耳。據《釋文》,可知陸氏所見《毛詩》傳本尚有作"最木"者,足證顔之推所言爲不誣也。

《經典釋文》載録異文的方式,有云本亦作某的,如《毛詩音義上》"葛覃"下云"本亦作蕈"。有云本或作某的,如同卷"接余"下云"本或作萋荼"。有云本又作某的,如同卷"澣"下云"本又作浣"。有云一本作某的,如同卷"大蓱"下云"一本作苹"。有云俗

① 《集韻·東韻》:"叢,徂聰切,《説文》:聚也。俗作藂,非是。"又同一小韻下云:"叢,《説文》:艸叢生皃。或作菆、菆。"後世"叢"字類皆以"叢"代之,故"菆""菆"又爲"叢"之俗字。

本作某的,如同卷"殷勤"下云"俗本下並加心"。有云某本作某的,如同卷"洵"下云"《韓詩》作恂"。有云字又作某的,如同卷"愆期"下云"字又作諐"。有云俗作某的,如同卷"櫜也"下云"俗作槖",等等。形式雖少異,其所列多爲俗體則同。可以説,本書是六朝以前經典異文俗字的集大成之作。

本書有中華書局1983年影印清徐乾學《通志堂經解》本,並有今人黄倬《經典釋文彙校》與之相配套,最便讀者。

(二)顔師古《匡謬正俗》

顔師古,名籀,字師古,以字行。他是顔之推的孫子,顔之推撰有《顔氏家訓》、《訓俗文字略》等,前已述及;其叔父顔愍楚撰有《俗書證誤》,係辨别字形、釐定正字之作[①],實爲唐代"字樣"書之濫觴;而其侄孫顔元孫又有《干禄字書》之作,可見顔氏家族與俗文字學有着很深的歷史淵源。

顔師古精於文字訓詁之學。《舊唐書・顔師古傳》云:"太宗以經籍去聖久遠,文字訛謬,令師古於祕書省考定《五經》。師古多所釐正。……貞觀七年,拜祕書少監,專典刊正。所有奇書難字衆所共惑者,隨疑剖析,曲盡其源。"他的《字樣》和《匡謬正俗》大概就是上述工作的副産品。

《匡謬正俗》是顔師古的未完稿,"藁草纔半部,帙未終"[②],顔

---

①《隋書・經籍志》:《證俗音字略》六卷,無撰人名。《舊唐書・經籍志》:《證俗音略》二卷(《新唐書・藝文志》作一卷),顔愍楚撰。傳世有顔愍楚《俗書證誤》,爲辨正俗字之作,疑與隋、唐志所列同爲一書。王應麟《玉海》卷四五云:"顔之推《證俗音字》四卷,援諸書爲據,正時俗文字之謬,凡三十五目。"不知此書和上列三書的關係如何。

② 見其子顔揚庭《上〈匡謬正俗〉表》,載《匡謬正俗》卷首。

師古便去世了。後其子顔揚庭把遺稿編爲八卷,上表獻給朝廷。該書涉及的範圍很廣,“前四卷凡五十五條,皆論諸經訓詁音釋;後四卷凡一百二十七條,皆論諸書字義、字音及俗語相承之異,考據極爲精審”①。下面舉幾個與俗字有關的條目試作評騭。

【副】 副貳之字,“副”字本爲“褔”字,從衣、畐聲。今俗呼一襲爲一褔衣,蓋取其充備之意,非以覆蔽形體爲名也。然而書史假借,遂以“副”字代之。……後之學者不知有“褔”字,翻以副貳爲正體。……又張平子《西京賦》云“仰褔帝居”,《東京賦》云“順時服而設褔”,並爲副貳。傳寫訛舛,衣轉爲示,讀者便呼爲福禄之“福”,失之遠矣。

按清胡克家《文選考異》卷下《西京賦》“仰福帝居”下校云:“凡從衣之字,每與從示混。各本傳寫之誤,與顔云云正同。善自作褔,不作福也。”今驗敦煌寫卷,衣旁類皆書作示旁,與顔、胡云云若合符節。如斯 4504 號《乙未年龍弘子貸生絹契》:“貸生絹壹匹,長肆拾尺,福闊壹尺捌寸叁分。”“福”即“褔”的俗字②,是其比。

【飭】 飭者,謹也,敬也,音與勑同。字從食從力。其脩飾之字從巾。《書》云“飭天之命”,《月令》云“飭喪紀”,……並是謹、敬之義。諸如此類,文籍有用“飭”者,其意皆同。曲學之士,不能詳别,遂使書寫訛謬,“飾”“飭”兩字混而爲一,並食傍作芀,縱或知有勑音,止謂借“飾”爲“飭”耳。全不辨者,總讀爲“飾”,大失之矣。

按《干禄字書》:“餝飾:上俗下正。”又《碑别字新編》載魏《元寶月墓誌》“飭”字作“餝”,此即俗書“飾”“飭”俗書同形之證。又《集

① 《四庫全書總目提要》語。

② 敦煌寫卷中的“福”又爲“幅”的换旁俗字。

韻・職韻》:"飭,或作飾。"是直以"飭""飾"爲一字矣。

【繦】《食貨志》云"藏繦",謂繩貫錢,故總謂之"繦"耳。文云"算緡",亦云以緡穿錢,故謂貫爲"緡"也。而後之學者謂"繦"爲錢,乃改爲"鏹"字,無義可據,殊爲穿鑿。按孔子云"四方之人繦負其子而至",謂以繩絡而負之,故謂繦褓耳。豈復關貨泉耶?

按:"繦"本指繩索,特指穿錢的繩索;後來亦引申指成貫的錢,俗書以其義異異其形,遂變從糸之"繦"而爲從金之"鏹",所謂"形隨義變"是也。

此外如論"逄"爲"逢"之俗字(卷八"逄"條),"忉忉"乃"切切"俗譌(卷一"忉"條)、"款縫"之"款"古本作"窾"(卷六"窾"條),等等,亦皆元元本本,釐然有當。可以説,顔師古是繼其祖父顔之推之後又一個在俗文字研究方面作出開拓性貢獻的學者。

(三)杜延業《羣書新定字樣》

杜延業的履歷不詳[①]。據顔元孫的《干禄字書序》,知道他曾任"學士"一職,《羣書新定字樣》是他根據顔師古的《字樣》續修的。顔元孫似乎對此頗爲不滿,他在《干禄字書序》中指摘該書"雖稍增加,然無條貫;或應出而靡載,或詭衆而難依"。但顔氏《字樣》和杜氏《羣書新定字樣》今皆已失傳[②],無法知道它們各自

① 兩《唐志》載有杜延業《晉春秋略》二十卷,當同是一人。

② 顔氏《字樣》清人有輯本。如《廣韻・侯韻》:"鉤,《字樣》句之類並無著厶者。"但唐宋人《字樣》之稱並非專指顔書而言,如唐玄度《九經字樣》卷首陳夷行等請刻《九經字樣》牒文云:"其舊字樣歲月將久,畫點參差,傳寫相承,漸致乖誤。"其中的"字樣"實指《五經文字》而言。清人輯本把涉及"字樣"的文句即歸屬於顔書,恐怕未必妥當。

的本來面貌。

考敦煌寫本斯388號《正名要録》前有字樣書一種，首缺，無書名和作者名，存八十三行。該殘卷和其後的《正名要録》爲同一人所抄，避唐太宗及高宗諱①，而不避中宗及玄宗諱，可知其書寫年代當在唐高宗或武則天之世。殘卷末有説明云：

> 右依顔監《字樣》甄録要用者，考定折衷，刊削紕繆。顔監《字樣》先有六百字，至於隨漏續出不附録者，其數亦多。今又巨細參詳，取時用合宜者。至如字雖是正，多②廢不行；又體殊淺俗，於義無依者，並從删翦，不復編題。其字一依《説文》及《石經》、《字林》等書，或雜兩體者，咸注云“正”，兼云“二同”；或出《字詁》今文，并《字林》隱表（泉按：或以“隱表”二字屬下），其餘字書堪採擇者，咸注“通用”；其有字書不載，久共傳行者，乃云“相承共用”。

據此可知該書係依顔師古之《字樣》而增删考定者；其辨别文字之“正”、“同”、“通用”、“相承共用”，一以《説文》、《石經》、《字林》爲定。案前引顔元孫《干禄字書序》接云：“且字書源流，起於上古；自改篆行隸，漸失本真。若總據《説文》，便下筆多礙。當去泰去甚，使輕重合宜。”此段話似隱寓杜延業《羣書新定字樣》墨守《説文》等書而不知變通之意。該殘卷單字之排列似無一定之規，既非依聲，又非依形（部首），因而顯得比較散亂，這又與顔元孫指摘杜氏《字樣》“無條貫”云云相合。凡此種種迹象顯示，這一字樣

---

① 如《字樣》殘卷：“琱，理玉。”“理”爲“治”的避諱改字（唐高宗名治）。《正名要録》“泄”寫作“洩”，“泯”寫作“汦”，“諜”寫作“誺”，皆避唐太宗諱。

② 原卷重“正多”二字，蓋誤衍其一，今删。

殘卷很可能就是杜延業的《羣書新定字樣》①。

上揭字樣殘卷的内容，主要是辨别正字和異體字。其中包括正、同、通用、相承共用、俗等類型。作者把見於《説文》、《石經》、《字林》中的字定爲正體；如果這些書中字形不一致，則都定作正體，或者説“二同”或“三同”。如：“叔𠦑，二同。”據《五經文字》，前者爲《説文》的寫法，後者則是《石經》的寫法，故注云“二同”。又如：“壐璽壐：三同。”按：“璽”字籀文從玉，篆文從土，上列第一形當是篆文的隸定字，第二形爲其變體，第三形爲籀文的隸變字，由於它們都淵源於《説文》，故云“三同”。出於《説文》、《石經》、《字林》以外的其他字書中的異體字則作爲“通用”字。如：“競，正；竸，通用。”按：後一形漢碑中已見，可能六朝前後的字書已載録。又云：“隨，正；随，通用。”按：六朝碑刻中“随”字已見，可能唐代前已進入字書。那些字書未收，而又“久共傳行”的異體字，則注云“相承共用”（書中簡稱“相承用”）。如：“互，正；䇘，相承用。音護。”又云：“職，正；軄，相承用。”“䇘”“軄”都是唐代以前便已流行的異體，故云“相承用”。至於何者爲“俗”，作者没有説明，但從稱“俗”者往往與“非”等一類字眼聯繫在一起，可見所謂的“俗”者大概是於義無據的譌字别字。如：“頽，徒回反，從禿。從秀作，俗。”又云：“美，從大或火。從犬，俗，無依。”又：“啚，音鄙，俗用作圖字，非。”皆其例。

從作者上述對異體字的分類來看，其確定正俗的標準主要是根據見於《説文》、《石經》、《字林》與否來決定，這和當時統治者的

① 參看周祖謨先生《敦煌唐本字書敘録》和朱鳳玉先生《敦煌寫本字樣書研究之一》，分别載《敦煌語言文學研究》（北京大學出版社 1988 年出版）和臺北《華岡文科學報》第 17 期(1989 年 12 月出版)。

提倡是有關係的。唐代科舉考試要考《説文》六帖、《字林》四帖，國子監生員的學習科目有《説文》、《石經》、《字林》等内容，規定"《石經》三體書限三年業成，《説文》二年，《字林》一年"①；還規定宏文、崇文兩館學生的考試"楷書字體，皆得正様"②。這所謂"正様"，很可能就是指《説文》、《石經》、《字林》中的字形而言。在這種情況下，殘卷作者以見於《説文》等書與否作爲確定正俗的標準，就是理所當然的了。

殘卷中有許多字並不出現異體，如："館、綏、彝（彝）、攝、粤、蚩、喚（喚）、量。"這些字排列在一起，相互之間並無什麽聯繫，這時作者的目的大概只是告訴讀者某字正體如何寫罷了。有時是把形近的字或偏旁相同或相近的字排列在一起，而有區别字形的意義。前者如："奔、莽。"又："柳（栁）、抑（抑）。"後者如："弘、私、晉。"又："雙、隻、護、售。"有時是把字音相同或相近的字排列在一起，如："倏（倐），倏忽；儵，青黑繒。並音叔。"但這種字數量不是很多。

總的來看，上揭《字様》過於墨守《説文》、《石經》、《字林》等書，而缺乏變通；一些字形的辨析不盡妥當（如上舉"美"字云"從大或火"，從火作"羙"者實爲俗譌字）；字頭的序列也缺少條貫。顔元孫對杜延業《羣書新定字様》的一些批評是切合於該殘卷的實際情況的。

（四）郎知本《正名要録》

敦煌寫本《正名要録》接抄在斯388號《字様》殘卷之後，書名

① 見《唐六典》卷二一。
② 見《册府元龜》卷六四〇。

下題“霍王友①兼徐州司馬郎知本撰”。霍王爲唐高祖第十四子，名元軌，太宗貞觀十年封爲霍王，“授絳州刺史。尋轉徐州刺史。元軌前後爲刺史，至州，唯閉閤讀書，吏事責成於長史、司馬。……二十三年，加實封滿千户，爲定州刺史”(《舊唐書》本傳)。據此，郎知本任霍王友兼徐州司馬應在貞觀十年以後至二十三年之間。考《隋書・郎茂傳》云“有子知年”；《舊唐書・郎餘令傳》云“餘令從父知年(即郎茂之子郎知年)爲霍王友”。據此，郎知本與郎知年當同是一人。如上所説，本卷抄寫時間約在高宗、武后之世，去原書撰作時間不過一二十年；原卷“本”字作“夲”，乃爲“本”之常見俗字(《干禄字書》：“夲本：上通下正。”)，字形分明，故其名疑當從寫卷作郎知本爲是②。至於正史所載，展轉傳鈔，翻刻屢易，容或有誤也。又日本藤原佐世《日本國見在書目録》小學家：“《正名要録》一卷，司馬知羊撰。”“司馬知羊”顯屬郎知本或郎知年之誤(原書蓋以官名司馬而誤以爲姓氏，“羊”又爲“本”或“年”形近之誤)。

《正名要録》的内容，據原書標列，有以下六個方面：

1. 正行者雖是正體，稍驚俗；脚注隨時消息用。如：貴貴、北丘、歬前，其中前一形爲《説文》篆文隸定字，後一形爲隸變字(《九經字樣》謂“貴”、“前”爲隸省；《五經文字》云“丘”見《石經》)。郎氏所説的“消息用”爲酌情使用之意(原本《玉篇》水部“消”字下顧野

---

① “友”爲古代王府官名。《新唐書・百官志四下》：“友一人，從五品下，掌侍游處，規諷道義。”

② 劉燕文認爲“郎知本”爲“郎知年”的同輩，説見其《敦煌唐寫本字書〈正名要録〉淺介》，載《文獻》1985年第3期。朱鳳玉則謂“郎知本”當是“郎知年”之誤，説見其《敦煌寫本字樣書研究之一》。

王案云:“消息猶斟酌也。”)。《顔氏家訓·書證》云:“吾昔初看《説文》,蚩薄世字,從正則懼人不識,隨俗則意嫌其非,略是不得下筆也。所見漸廣,更知通變,救前之執,將欲半焉。若文章著述,猶擇微相影響者行之,官曹文書,世間尺牘,幸不違俗也。”郎氏的“驚俗”近似於顔氏所説的“從正則懼人不識”;而顔氏“若文章著述”以下云云,則爲郎氏“隨時消息用”之一端也。

2. 正行者正體,腳注訛俗。如:歸皈、蘓(蘇)甦、罷甭、婦奺、後彶、覓覔、聽(聽)珊、逃逊、舉夆、學斈、農畏(畏)、變䛘、國囯、俗佁,等等,其中腳注的字大多數爲會意俗字。言反爲變、不用爲罷、更生爲蘇見《顔氏家訓·雜藝》;自反爲歸、文子爲學見《職官分紀》卷十五;田民爲農、不見爲覓、口王爲國見《蘇氏演義》卷上。

3. 正行者楷,腳注稍訛。如:觸𧤼、希帣、商啇、聟智、斷断、牀床、弄卡、貌皃、雙雙、楞稜,等等。有必要指出,郎氏所確定的“楷”或“稍訛”的字形有些是有問題的。如正行的“聟”,乃是“壻”的俗字(《五經文字》:“壻,作聟訛。”“聟”即“聟”之變);“楞”乃是“棱”的會意俗字(玄應《一切經音義》卷一八引《通俗文》:“木四方爲棱。”《干禄字書》:“楞棱:上俗下正。”),郎氏把它們定作“楷”字(《廣雅·釋詁》:“楷,法也。”又云:“楷,式也。”郎氏所謂的“楷”字實爲正字的代名詞),恐怕是不妥當的。又如“皃”即“皃”(比較正行“貌”寫作“貌”),爲《説文》小篆的寫法(“貌”爲籀文),郎氏把它劃歸“訛”字之屬,顯然也不妥當。又“商”“啇”字别,“商”寫作“啇”,實在也不僅僅是“稍訛”的問題了。

4. 各依腳注。如:章從音、切從七、恥從心、妬從石、博從十、曹須兩畫、弘晉從尖口、瓜上不須草、鼻不從皐、因從大亦從火、燮從又、火、卸思夜,等等。從這些例子來看,腳注有提示原字應作什麽偏旁的,或不應作什麼偏旁的;有提示原字的筆畫的(如"曹"字腳注"須兩畫",蓋指上部宜作二竪畫,言外之意是說俗作"曺"是不對的);有提示原字的讀音的(如末例"思夜"即"卸"字的反切)。腳注還指出有的字可以從不同的偏旁(如"因"字又從火作"囚")。不過其中有些字並非正字,而是當時流行的俗體。如"囚"字便是俗字。《龍龕手鏡·口部》:"囚,音因。"即"因"的俗字。又如"噐"腳注"從工",也是俗寫。《玉篇·㗊部》:噐,同器,俗。是也。

5. 字形雖別,音義是同,古而典者居上,今而要者居下。如:㐰信、炁氣、跡迹、宍肉、胥咠、憐怜、騧䯄、驅駈、準准,等等,這樣的字總共有二百四十對。其中有的是《説文》等書就已經載録的異體字,如"㐰"、"信"皆見於《説文》;有的則是正字和俗字的關係,如後五例。前面的字是否都是"古而典者",其實是有問題的。如"迹"字見載於《説文》,而"跡"字則不見於《説文》,後者産生的時代可能要晚一些。又如"宍"爲"肉"隸書的變體,《干禄字書》定作"肉"的俗字,郎氏卻以爲"古而典者",恐怕是不合適的。

6. 本音雖同,字義各別。如:增益憎惡、綸經倫理淪溺、雕刻彫落鵰鳥,等等,這樣的字總共七百八十個,所佔的比重最多。如前所説,斯 388 號《字樣》殘卷已見把字音相同或相近的字排列在一起以區别其意義的先例,但數量不是很多;而有意識地把這種音同義别的字輯録在一起,藉以區别其不同用法,郎知本的《正名要録》恐怕是第一本。

根據以上論列,可知《正名要録》是一部辨别字形正、俗及音同義别之字的字樣書,它是現存的第一部完整的字樣學著作,書中所提出的"隨時消息用"的原則,説明了作者能够用歷史發展的觀點去看待漢字,能够隨時變通,這是難能可貴的。許多後世流行的俗字已在該書中被載録,如怜、床、粮、断等等,儘管這些俗體此前已經出現,但在字書中被載録恐怕還是第一次。尤爲可貴的是,一些後人不甚了然的俗字在該書中有明確的記載。如《顔氏家訓·雜藝》説北朝俗字“言反爲變,不用爲罷”,但何以“言反”爲“變”,“不用”爲“罷”,以前人們是不大清楚的。而《正名要録》則云:變䛀、罷甭。這纔使人恍然大悟:原來“言反爲變”是“䛀”字,“不用爲罷”是“甭”字,都是會意俗字。而其他各種字書“䛀”、“甭”下都没有這一用法,亟應據以增補。又如《蘇氏演義》卷上説後魏俗字“田夫民爲農”,有人據《龍龕手鏡》以爲指“畓”字[①],但《龍龕手鏡》“畓”字“音同”,與“農”並非一字。其實“田夫民爲農”乃指“㽟”字,《正名要録》“農”下脚注“𤱈”(“㽟”的避諱缺筆字),是也。又如《漢語大字典·口部》云:“囙 yīn《龍龕手鏡·口部》:‘囙,音因。’《字彙補·口部》:‘囙,見《篇韻》。’”《康熙字典》把“囙”字列入“有音無義”“無可考據”的《備考》。實則“囙”即“因”的俗字,《正名要録》云“因”字“亦從火”,正是指俗字“囙”而言。

(五)玄應、慧琳《一切經音義》

佛教在東漢傳入我國以後,很快便在全國傳播開來。隨着漢譯佛典的大量出現,爲它們作注釋的“音義”一類的著作便應運而生。玄應的《一切經音義》(以下簡稱玄應《音義》)和慧琳《一切經音義》(以下簡稱慧琳《音義》)就是其中的代表之作。

玄應的履歷不詳。唐釋道宣《續高僧傳》卷三〇《智果傳》末稱玄應爲“京師沙門”,“通造經音,甚有科據”云云。本書卷端題

---

① 見王利器《顔氏家訓集釋》卷七頁576注〔一三〕。

"大慈恩寺翻經沙門玄應撰"。書前有終南太一山釋氏(道宣)序,稱大慈恩寺玄應法師"以貞觀末歷,敕召參傳,綜經正緯,資爲實録。因譯尋閱,捃拾藏經,爲之音義"云云。據以可知此書完成於唐太宗貞觀之末或稍晚。全書二十五卷,摘録注釋的佛教經典凡四百五十部。

慧琳俗姓裴,西域疏勒國人,精通梵漢文字聲韻之學。據慧琳《音義》卷端景審序,慧琳爲大興善寺法師,從唐德宗建中末年(783)開始編撰此書,到憲宗元和二年(807)完成①。全書一百卷,所音注的佛典凡一千三百部。其中《法華論》等三部係據玄應《音義》重訂,《摩訶般若經》等三百多部係轉録玄應《音義》,《大般涅槃經》音義係據雲公音義删補,《妙法蓮華經》音義係據窺基音義修訂,《大方廣佛華嚴經》音義係轉録慧苑音義,另外還有一百多部經但有書名而無音義,慧琳自撰的仍達八百餘部。所以慧琳《音義》是一部佛經音義的集大成之作。

玄應《音義》和慧琳《音義》的體例相當,都是按原書的卷次摘録詞語,然後廣引羣書加以音注,並且備載異體俗字。許多其他字書中很難見到的俗字都可以在這兩部書中找到踪迹。如《顏氏家訓·書證》云劉宋裴駰《史記》注"以姤字音垢",敦煌寫本中亦每見"姤"用同"妬"的實例。"妬""姤"音異,"姤"用同"妬"顯然與音近假借無涉。查唐代字書,也找不到答案。而一查慧琳《音義》,答案便出來了:該書卷一四《大寶積經》第八十一卷音義云:"妒嫉,都固反……《説文》婦妒夫也,從女、户聲。俗用從后或從

① 《宋高僧傳》卷五《慧琳傳》則稱該書自德宗貞元四年(788)動筆,至憲宗元和五年(810)完成,時間略有出入。

石者,並非也。”[①]同書卷三〇、卷一百也有相似的記載,據此可知“妬”用同“妬”,實即“妬”(異體作“妒”)的俗寫。遼釋行均《龍龕手鏡·女部》云“妬,俗;妬,正”,殆即據慧琳《音義》而爲説也。又如《説文新附》有“剎”字,云“柱也。从刀,未詳;殺省聲”。“剎”字許慎《説文》不載,它的來歷是怎樣的,實在是一個疑問。查玄應《音義》卷一《大方廣佛華嚴經》第一卷音義云:“切剎,剎,書無此字,即剎字略也。剎音初一反。浮圖名剎者,訛也。應言剌瑟胝。剌音力割反。此譯云竿。人以柱代之,名爲剎柱。”據此可知“剎”實即“剎”字訛省。徐鉉不達於此,以爲從刀、殺省聲,而以篆文偏旁書之,實屬大謬[②]。又如菩薩之“薩”,宋代以後始見,唐代以前則多作“薩”,宋張有《復古編》把“薩”視作“薛”的訛字,清儒錢大昕在《跋〈復古編〉》一文推崇其説云:“曩與族子獻之論俗書之譌,謂薩當爲薛,自矜剏獲。今讀是編,則謙中已先我言之。”[③]而不知玄應《音義》固已視“薩”“薛(薛)”爲一字,其説又更在謙中(張有字)之前矣[④]。其書有裨於考證俗字如此,研究俗字者,固當寶而貴之也。

當然,玄應、慧琳二家《音義》對俗字異體的辨析並不一定完全可靠。清儒莊炘指摘玄應《音義》“説字則以異文爲正,俗書爲古”(《唐一切經音義序》),是頗能擊中其要害的。其實,這也正是許多釋氏音義之作的通病。

---

① 段玉裁認爲字本當作“妬”,從女、石聲,説詳《説文解字注》“妬”字下。

② 參看玄應《一切經音義》卷一該條下孫星衍校語。

③ 見《潛研堂集》卷二七,上海古籍出版社 1989 年版。

④ 説詳本書第六章第三節。

版本方面,玄應《音義》在宋《磧砂藏》等藏經中有收録,惜未引起世人的注意。至清乾隆年間,孫星衍、任大椿等人在佛藏中發現此書,纔注意到它的重要價值。乾隆五十一年(1786)武進莊炘據明南藏本重雕,纔開始有單行本(其中有莊氏和錢坫、孫星衍、洪亮吉等人的校記)。後來道光間潘仕成又據此翻刻,收入海山仙館叢書(《叢書集成初編》又據後者影印),較爲方便易得。但錯字較多,有必要據麗藏本、磧砂藏本和日本古寫本及敦煌殘卷(敦煌文獻中有該書殘卷近四十號)等出一個新的校訂本。至於慧琳《音義》,國内失傳已久,直到清光緒初中日通使時,纔從日本傳回我國。近年上海古籍出版社影印出版了日本元文二年(清乾隆二年,公元 1737 年)洛東獅谷白蓮社刊本,附有清末陳作霖編的《通檢》和近人沈兼士等編的《引用書索引》,最便實用。

(六)王仁昫《刊謬補缺切韻》

王仁昫,字德温,唐中宗神龍年間(705－706)曾任"朝議郎行衢州信安縣尉"。撰有《字樣》等書[①],今不傳。

王仁昫的《刊謬補缺切韻》現存有寫本兩種,一種出自敦煌,編號爲伯 2011;一種爲故宫博物院所藏。前者有殘闕;後者完整無損,但脱誤較多。周祖謨《唐五代韻書集存》皆有影印本。以下據敦煌本爲主,對該書作一簡要的介紹。

王仁昫的書是爲補正陸法言的《切韻》而作的。故宫本書名下注云:"刊謬者,謂刊正誤謬;補缺者,謂加字及訓。"敦煌寫本伯 2129 號有該書王仁昫的自序,序文説到自己作該書是受江東道巡

① 見敦煌寫本伯 2129 號《刊謬補缺切韻》王氏自序。

察黜陟大使、侍御史平嗣先的啓示。平氏對他説:“陸法言《切韻》,時俗共重,以爲典規,然苦字少,復闕字義,可爲《刊謬補缺切韻》,削舊濫俗,添新正典,并各加訓,啓導愚蒙。”這就是王書所作之緣起。王書的内容,如自注及序文所言,主要是刊正陸氏《切韻》的謬誤;補充訓解;增加字數。這裏要特別指出的是凡是字有異體的,王書都在注文中一一注明。故宫本王仁昫自序後有注云:“或朱(字?)有正體及通俗者,皆於本字下朱書。”又自序中云:“字該樣式,乃備應危疑。”又云:“其字有疑涉,亦略注所從,以決疑謬。”可見王氏備載異體的目的是爲了明其“様式”,“備應危疑”,使人們書寫時有所遵循。根據異體的不同性質,王氏在載列異體時使用了不同的表述方式,其中包括:

1. 正作某。如旱韻“偘”正作“侃”;至韻“致”正作“致”,“弃”正作“棄”;遇韻“屢”正作“屢”,“數”正作“數”;末韻“達”正作“逹”,等等。與正字相對的標目字大概是當時通行的寫法,諸如“偘”、“屢”、“數”等其實就是俗字。

2. 本作某。如晧韻云“昊”本作“夰”[①];霽韻“丽”本作“麗”;隊韻“對”本作“對”,等等。“本”近似於“正”。

3. 古作某。如晧韻“寶”古作“珤”;燭韻“属”古作“屬”;軫韻“准”古作“準”,等等。按《玉篇·玉部》:“珤,《聲類》云古文寶字。”“属”“准”則爲後起俗字。

4. 亦作某。如姥韻“覩”亦作“睹”;至韻“愧”亦作“聭、媿、謉”;翰韻“凋”亦作“碉、嵋”,等等。

5. 或作某。如厚韻“阧”或作“陡”;遇韻“諭”或作“喻”;麌韻

① “夰”當是“昦”之誤書。《九經字樣》云:“昦昊:上《説文》,下隸省。”

“憮”或作“儛”,等等。

6. 又作某。如齊韻“隄”又作“堤”;侵韻“襟”又作“衿”;軫韻“筍”又作“笋”,等等。

按:“亦作”、“或作”、“又作”含義大抵相當,其後往往是變換形旁或聲旁形成的異體俗字,而且這種異體俗字通常是流行已久。

7. 通俗作某。如鹽韻“潛”通俗作“潜”;晧韻“考”通俗作“考”,“棗”通俗作“枣”;迥韻“竝”通俗作“並”,等等。

8. 俗作某。如蒸韻“繩”俗作“絙”;止韻“恥”俗作“耻”;哿韻“鎖”俗作“鏁”;襇韻“辨”俗作“辧”,等等。

按:“通俗作”“俗作”後的往往是字形訛變形成的俗字。相對而言,稱爲“通俗作”的俗字流沿的時間往往要長一些,要“正規”一些,其含義近似於顔元孫所說的“通”字;而稱爲“俗”的字則更不“正規”一些,其含義略等於顔元孫所說的“俗”字。王仁昫在説到“俗作”時,往往把它們和“非”“失”聯繫在一起,如蒸韻説“矜”俗從令,失;姥韻説“簿”俗作從草,非,等等,由此可見他所謂的“俗”字是不可用的訛别字。(裘錫圭先生按:“矜”本應作“矝”,“矜”纔是俗體。請閱段注。秦漢簡帛確作“矝”,可證段説之確。涌泉謹按:清臧庸《拜經日記》於此字有詳考,裘先生所云甚是。)

除了上述載録異體的方式外,王仁昫有時還在注文中加以辨析。如模韻下云:“啚,思度。《説文》音鄙,訓云難意,今因循作圖云。”又云:“圖,畫。《説文》:畫計難。從囗,音韋;從啚,啚,難意。用啚作圖,非。”又仙韻“燃”字下云:“燒。上然從火,已是燒。更加火,非。同‘梁’加木,失。”皆其例。

總而言之,王仁昫對當時流行的異體俗字作了廣泛的輯録和歸納,從而形成了本書多載俗體的特色。周祖謨先生指出:“本書所載的唐代的通俗字體相當完備,可做爲一部唐代通俗字字典來看。"[①]事實確是如此。後來顏元孫作《干禄字書》,很多俗字可能就是取材於本書,這一點我們在下面就要講到,此不詳述。與敦煌本相比,故宫藏本《刊謬補缺切韻》删去了相當大一部分異體俗字,因而也就在很大程度上失去了原書本來的特色,這是很可惋惜的。

(七)顏元孫《干禄字書》

顏元孫,字聿修,唐武后垂拱(685－688)初年進士,曾任太子舍人、濠州刺史等職。

顏元孫出身於宦學世家,他的祖輩顏之推、顏愍楚、顏師古和父親顏昭甫都對文字訓詁之學有精湛的研究。顏元孫之對文字學發生興趣,和這種家學淵源顯然是有直接關係的。至於他作《干禄字書》的直接動機,可能是因不滿於杜延業對其伯祖顏師古《字樣》一書的增删改易。這一點,我們看他在《干禄字書》自序中對杜延業《羣書新定字樣》的指摘,便不難得出結論。

《干禄字書》"以平、上、去、入四聲爲次",同一聲調的字再按大韻、小韻的順序排列,"每轉韻處朱點其上"(以上引文見該書序),也就是說在每個大韻的頭上用朱點爲標識。但今本係據石刻傳拓,因而没能把朱點保留下來,不免是件憾事。本書主要是辨别正字和俗體字。顏元孫把每字異體分爲俗、通、正三體(有的字則只有俗、正或通、正二體)。俗者是不能登大雅之堂的淺近字體;通者是相承久遠的俗體字,施用範圍也廣一些;正者則是可登大雅之

① 見《唐五代韻書集存》下編《考釋四・王仁昫刊謬補缺切韻一》。

堂的於古有據的字體。如“局局局:上俗,中通,下正。”“冨富:上俗,下正。”“蹔暫:上通,下正。”“峙峙跱:上俗,中、下正。”“聡聦聰:上、中通,下正。”凡是偏旁相同的字,一般舉一字爲例(或只舉俗寫偏旁單獨成字者),其他有同一偏旁的字的俗體則不再出。如:“互氐:上通,下正。諸從氐者並準此。”也就是説:“氐”旁的字通俗寫法都可寫從“互”,如“抵”可作“抵”,“蚳”可作“蚳”,“低”可作“低”(並見《龍龕手鏡》),等等,但《干禄字書》則只舉“氐”字爲例,其他從“氐”旁字的通俗寫法就都從略了。又如:“逄逢:上俗,下正。諸同聲者並準此。唯降字等從夅。”亦可比例以推。

除了辨别異體字以外,“字有相亂,因而附焉”(自序)。“相亂”的有形近字,也有音近字。前者如:“彤肜:上赤色,徒冬反;下祭名,音融。”這是因爲“彤”“肜”形近,易於相亂,所以有必要加以辨别。後者如:“慴慑:上懼,下失氣也。”按《説文·心部》:“慴,懼也。”“慑,失氣也。”本義有别,但“慴”“慑”同音(《廣韻·葉韻》並音之涉切),後世多混用,故顔元孫特意加以區别。

有必要指出,顔元孫所謂的正、俗是根據唐代用字的實際情況來確定的,而不是“總據《説文》”。如“皃”“貌”皆見於《説文》,爲篆文與籀文之不同,但後來“貌”字流行,故顔元孫説“貌”正“皃”通,以前者爲正字;又如“啚”“圖”本爲兩字,但唐代前後俗書“圖”多書作“啚”,故顔元孫説“啚圖:上俗,下正”;“虫”“蟲”《説文》字别,但唐代俗書“蟲”多作“虫”,故顔元孫説“虫蟲:上俗,下正”;“策”字作“筞”,《顔氏家訓》斥爲“末代隸書”,而顔元孫則云“筴筞策:上俗,中、下正”,以“筞”爲正字,蓋“筞”字流沿既久,爲公衆所認同,遂由俗而爲正也。凡此種種,都體現了顔元孫自己所説的“去泰去甚,使輕重合宜”的宗旨,是具有其進步意義的。後來有些保守文人卻抓住這一點對《干禄字書》加以攻擊①,適足以反映他們的無知和不知變通。

當然,本書確實也有一些不盡妥當的地方,對此段玉裁《經韻樓集》卷七《書〈干禄字書〉後》、羅振玉《干禄字書箋證》都有論列,可以參看。

最後我們討論一下《干禄字書》吸收前人成果的問題。據近人研究,《干禄字書》的編成約在八世紀的一二十年代間②,也就是説,它比王仁昫的《刊謬補缺切韻》的成書晚了一二十年。《干禄字書》的編撰參考過顔師古的《字樣》、杜延業的《羣書新定字樣》以及郎知本的《正名要録》,這大概不會有什麽疑問。那麽它有沒有參考過王仁昫《刊謬補缺切韻》呢?我們覺得這種可能性很大。據王顯先生研究,《干禄字書》是照着《切韻》系韻書的體制編排的,其聲、韻類别以及整個音韻結構方面都跟王仁昫《刊謬補缺切韻》相同③。從文字方面來看,也跟王仁昫書有着很大程度的一致性。以平聲仙韻字爲例,顔書云"仝全:上俗,下正",王書云"仝,或作全";顔書云"燃然:然燒字上通下正",王書云"然從火已是燒,更加火,非";顔書云"鐫鐫:上通,下正",王書云"鐫,通俗作鐫";顔書云"鈆鉛沿、船並同:上通,下正",王書云"鉛,通俗作鈆","沿,俗作沿","船,通俗作舩";顔書云"企企:上高舉皃,許延反,

① 參看《四庫全書總目提要》及段玉裁《經韻樓集》卷七《書〈干禄字書〉後》一文。

② 參看王顯《對〈干禄字書〉的一點認識》一文,載《中國語文》1964年第4期。

③ 見《對〈干禄字書〉的一點認識》一文。

鮑明遠《書勢》云：鳥仚魚躍[①]；下企望，丘賜反”，王書云“仚，輕舉皃”，許延反，又云“企，去知反，望”；顏書云“䢋延：上通，下正”，王書有“䢋”無“延”；顏書云“㦖愆：上俗，下正”，王書（以下據故宫本）云“愆，俗㦖”；顏書云“専專：上通下正”，王書云“專，俗作専字”，等等，相互之間存在着驚人的相似之處。據我們比勘，顏書與王書文字方面相同或相近之處約佔百分之七十左右，這種情況，恐怕只能用顏元孫參考過王仁昫《刊謬補缺切韻》的事實纔能得到解釋。

另外，還有必要交代一下《干禄字書》的版本流傳情況。唐大曆九年（774），顏元孫的侄子著名書法家顏真卿任湖州刺史時把《干禄字書》摹勒上石，立於刺史院東廳。自此《干禄字書》大顯於世。至開成年間，湖州刺史楊漢公又重摹勒石。南宋紹興十二年，潼川府尹宇文公又據顏、楊二刻的拓本重摹刻石，是爲蜀本（前二刻則皆稱湖本）。湖本今已不可見。蜀本清陸增祥《八瓊室金石補正》卷六三據墨拓迻録全文；另紫禁城出版社 1990 年據明拓影印全書，可藉窺石刻之本來面目，惟殘泐頗多，未爲善本。至於木刻方面，南宋初已有刊本流傳[②]。但現在常見易得的則只有據《夷門廣牘》本影印的《叢書集成初編》本，然錯誤較多，讀者慎之。

（八）張參《五經文字》

張參，唐代宗大曆（766－779）中任國子司業，受命勘校當時流

---

① 段玉裁《書〈干禄字書〉後》云：“‘仚’字本無高舉之義。鮑氏《書勢》摘用《景福殿賦》‘鳥企山峙’句，隸體或寫‘止’作‘山’，淺者讀爲許延反。而《廣韻》‘仚’字下‘輕舉’一義，踵其誤也。”

② 參看施安昌《唐人〈干禄字書〉研究》，附載於紫禁城出版社影印本《干禄字書》之後。

傳的《五經》本文。《五經文字》就是這次工作的副産品。

本書收集《五經》經文"疑文互體,受法師儒,以爲定例",以防歲月滋久,"失其本真"(《序例》)。凡與《五經》經文無關的文字,"雖切於時,略不集録,以明爲經不爲字也"(同上)。書凡三卷,按部首排列,計一百六十部,三千二百三十五字[①]。他在《序例》中云:"近代字樣,多依四聲,傳寫之後,偏傍漸失。今則采《説文》、《字林》諸部,以類相從,務於易了,不必舊次。"這就是他打破《干禄字書》等字樣書以四聲爲次的舊例而改從部首相次的原因所在。

張參校定文字,以《説文》、《字林》、漢《石經》以及經典、《釋文》相承隸省爲依據,而又加以變通採擇,以取合時用。他在原書《序例》中説:

> 《説文》體包古今,先得六書之要。(原注:"若古文作'明',篆文作'朙';古文作'坐',篆文作'㘴'之類,古體經典通行,不必改而從篆。")有不備者,求之《字林》。(原注:"若裷、禰、逍、遥之類,《説文》漏略,今得之於《字林》。")其或古體難明、衆情驚懵者,則以《石經》之餘比例爲助。(原注:"若'宐'變爲'宜','晉'變爲'晋'之類。《説文》'宐''晉'人所難識,則以《石經》遺文'宜'與'晋'代之。")《石經》湮没,所存者寡,通以經典及《釋文》相承隸省,引而伸之,不敢專也。(原注:"若'𠷎'變爲'壽'、'㮚'變爲'栗'之類,《石經》湮没,經典及《釋文》相承作耳。")

由此可見,張參繼承了顏之推、郎知本、顏元孫等人不墨守、能通變的傳統,歷史地看待漢字,這是難能可貴的。至於張參辨析字形的

① 見《五經文字·序例》。

具體方式,要而言之,約有如下數端:

1. 凡見於《説文》、《字林》、《石經》及經典相承隸省的字用大字標列,並一一説明其來源。如:"桃桃:上《説文》,下《石經》。""本夲:上《説文》,從木,一在其下;下經典相承隸省。""稃稃:上《説文》,下《字林》。""辭辤辝:上《説文》,中古文,下籀文,經典相承通用上字。""對封:左旁上從籀文丵,下從土,不從圭;上《説文》,下隸省。"這些用大字標列的字於古有徵,大概就是張參心目中的正字。也有少數字形繁複、"衆情驚懵"難明的古體放在注文中出現,如:"桲:《説文》作橔,《石經》作桲。"是其例。

2. 在注文中載明異體。如:"樝,側加反,又作柤,見《禮記》。""櫌,音憂,覆種,見《論語》。經典及《釋文》皆作耰。""楫,音接,經典及《釋文》或作檝。""埽,先老反,經典及《釋文》多作掃。"這些在注文中出現的異體也是於古有徵,但它們卻没有用大字標列,或許作者認爲它們還不够格吧。

3. 在注文中載明俗譌别體。如:"崙,俗作崙。""憜惰:二同,並徒臥反,不敬也。俗作墮、堕,火規反。""莊,作庄非。""極,作極譌。""處,俗作處,非。""果,從木,上象子形,是果實字。相承加草者,於義無據。"這類"俗"、"譌"、"非"、"於義無據"的字,顯然是不能登大雅之堂的。與郎知本的《正名要録》、顔元孫的《干禄字書》相比,張參的《五經文字》把許多俗字都斥爲"譌"、"非",似有尺度過嚴之感。其實這和他研究的對象是有關係的。他寫本書的目的是要爲《五經》文字留下一個"定體",自然容不得那些俗字有隱身之地。儘管如此,張參還是把一些頗有譌俗之嫌的字如"夲"、"妻"、"樓"、"桃"、"冝"等列入大字的行列,可見他並不是墨守而不能變通的。

另外,《五經文字》也有辨析形近或音近字的異同以及只注音、釋義的體式,這裏就不詳説了。

《五經文字》書成以後,在唐文宗開成年間和唐玄度的《九經字樣》一起附刻於開成石經之末。清鮑廷爵的《後知不足齋叢書》收有上述二書石刻宋拓的覆刊本(《叢書集成初編》又據此本影印收入),字大清晰,最便使用。

(九)唐玄度《九經字樣》

唐玄度,里籍未詳。《唐會要》稱太和七年(833)二月,敕唐玄度覆定石經字體。本書唐玄度自序前的撰者題銜及卷首開成二年(837)八月十二日牒文皆標作"覆定石經字體官朝議郎權知沔王友翰林待詔",據此可知其生活的大致年代。

《九經字樣》全名《新加九經字樣》,是爲補正《五經文字》而作。唐文宗太和、開成年間刻立石本《九經》,及《孝經》、《論語》、《爾雅》三種,用字自然大大多於張參所據的《五經》。唐玄度作爲這次刻經的校字官,接觸到許多《五經文字》所未載録的"疑誤"之字,實有加以輯補辨析之必要。另外《五經文字》本身也有若干需要修訂的地方。這就是唐玄度編撰本書的動機所在。唐氏在自序中云:"大曆中,司業張參掇衆字之謬,著爲定體,号曰《五經文字》,專典學者,實有賴焉。臣今參詳,頗有條貫,傳寫歲久,或失舊規。今删補冗漏,一以正之。又於《五經文字》本部之中採其疑誤舊未載者,撰成《新加九經字樣》一卷,凡七十六部,四百廿一文。其偏旁上下本部所無者,乃纂爲雜辨部以統之。"據此可知《九經字樣》是沿用《五經文字》的成規,增補其未備,而修訂其疏略。增補的字,其辨析方式略同於張書,如:"㪅更:改也,從攴,丙聲,上

《説文》,下隸省。”“舌舌:在口所以言,從干從口,上《説文》,下俗字。”“嘗甞:上《説文》,下隸省。”“飯,作飰者訛。”“頓,敦去,從屯;屯音窀,從屮貫一,屈曲之也。俗作乇者訛。”“切,從刀、七聲,作切者訛。”其中“頓”下的“敦去”是指“頓”字應讀作“敦”字的去聲。本書注音不用反切,只取直音,没有同音字可注的,即以四聲之轉來標音。這是它和《五經文字》不同的地方。另外,《五經文字》未立部首的字,則歸之於雜辨部,這也是它的獨特之處。

《九經字樣》所收而已見於《五經文字》的字,唐玄度自己説有八個,它們是:笑、賓、莫、蓋、芈、廱、鼎、隸[1]。這八個字之所以重出,或者是因爲原書語焉而不詳,或者是因爲原書的説解有疏漏。前一種情況,如張書云:“蓋,户荅反,苫也。《説文》又音公害反,亦苫也。”唐書則云:“蓋,案《字統》公艾翻,苫也,覆也。《説文》公害翻,從++,從盍,取盍蓋之義。……今或相承作‘盖’者,乃從行書++,與荅、若、着等字並皆訛俗,不可施於經典,今依《孝經》作蓋。”兩相比較,則唐書内容豐富得多了。又如張書云:“廱:廱,辟廱、廱和也。”唐書云:“廱雍:上正,下俗,今經典相承辟廱用上字,雍州名用下字。《爾雅》作雝。”這也比前者充實得多了。後一種情況,如張書云:“鼎,象足、耳形。”唐書云:“鼎,音頂,《説文》云:和五味之寶器也。上從貞省聲,下象析木以炊。又《易》鼎卦巽下離上,巽爲木,離爲火。篆文𣎳如此,析之兩向,左爲爿,爿音牆;右爲片。今俗作‘鼎’,云象耳、足形,誤也。”這裏雖然没有點張參的

① 見《九經字樣・竹部》“笑”字下注。

名,但唐玄度的話顯然是衝着張參來的[①]。除了唐氏自己説的八字外,另外“於”“邪”二字其實也是《五經文字》已經載録的。如“於”字張書只注“象形”二字,亦太簡略;唐書則云:“本是烏鳥字象形,古文作[illegible],篆文作[illegible],隸變作於,本非從㫃。作扵者訛。”就詳明得多了。

對於字體的古今演變,唐玄度也能客觀地去對待。本書卷首所載工部侍郎陳夷行等人請刻《九經字樣》牒文云:“古今體異,隸變不同。如總據《説文》,即古體驚俗;若依近代文字,或傳寫乖訛。今與校勘官同商較是非,取其適中。”這實際上是反映了唐玄度對字體古今演變的態度和看法。

(十)敦煌本《字寶》

敦煌寫卷中有《字寶》一種,主要見於五個卷子,分别爲伯2058號、3906號、2717號(首缺,平聲部分第十一行至第二十行近二十條殘缺,在俄敦5260、5990、10259號)、斯6204號(首缺)、619號(尾缺,爲節抄本)。其中伯2058號首題“大唐進士白居易千金字圖　次鄭氏字圖　鄭氏字寶　千金亦曰碎金”。斯619號首題“白家碎金一卷”。伯2058號、3906號及斯6204號、伯2717號首有序文(後二卷殘缺不全),兹據伯2058號並參考其他各卷迻録如下:

凡人之運[手]動足,皆有名目。言常在口,字難得知。是以兆人之用,每妨下筆,修撰著述,費於尋檢,雖以談吐,常

① 近人馬衡則謂鼎本象形字,象三足兩耳碩腹之形,和張參《五經文字》説相近。馬説見《凡將齋金石叢稿》,中華書局1977年版。

致疑之。又俗猥剌之字,不在經典史籍之内,聞於萬人理論之言,字多僻遠,口則言之,皆不之識。至於士大夫及轉學之客,貪記書傳典籍之言,計心岂暇繁雜之字。每欲自書,或被人問,皆稱不識。何有恥之下輩,而慙顔於寡知,則有無學之子,劣智之徒,或云俗字不曉,斯言謬甚。今天下士庶同流,庸賢共處,語論相接,十之七八,皆以協俗,既俗字而不識,則言話之訛訑土戈反矣。在上者固不肯録如(而)示之,小學者又貪輕易而慠之,致使曖昧,賢愚蒙細無辯。余今討窮《字統》,援引衆書,《翰苑》、《玉篇》,數家《切韻》,纂成較量,緝成一卷。雖未盡天下之物名,亦粗濟含毫之滞思。號曰《字寶》,有若碎金。然零取救要之時,則無大段,而副筆濟用之力,實敵其金,謂之"碎金"。開卷有益,讀之易識。取音之字,注引假借。余思濟衆爲大,罔以飾潔爲美,擕(擬?)持疑從("從"字伯2717號作"之",意較佳,宜從)來者也。成之一軸,常爲一卷,俯仰瞻矚,寔有所益,省費尋檢也。今分爲四聲,傍通列之如右。

據此可知原書本名《字寶》;以其可貴,故又稱《碎金》。又斯619號《白家碎金》係節録《字寶》而成,其稱"白家",當與白居易有關。伯2058號有題"大唐進士白居易千金字圖",可以爲證。又考斯6204、619號、伯3906號各卷皆有詩四首,分别爲沈侍郎、白侍郎、吏部郎中王建《讚碎金》和白侍郎《寄盧協律》詩。其中後詩云:

滿卷玲瓏實碎金,　　展開無不稱人心,
曉眉歌得白居易,　　𪐴𪐳盧郎更敢尋。

推詳詩文,似有謂白居易即"碎金"作者之意。而這與王建(約公元767－831)同時的白侍郎,也許就是白居易(772－846)本人。

但伯 2058 號又稱“次鄭氏字圖　鄭氏字寳”,“鄭氏”是誰? 其所著《字圖》、《字寳》與白居易《千金字圖》、《白家碎金》的關係如何? 這些都還是疑問。

《字寳》按四聲排列,計收語詞四百餘條。本書的内容,如同序文所説是輯録“不在經典史籍之内”,而“聞於萬人理論之言”的“俗猥刺之字”,亦即民間的口頭語詞。而書中記録這些口頭語詞的又往往是没有“憑據”的俗體字。以斯 6204 號爲例,如“相偨倚烏皆反,又挨”,今作“挨”字;“人眼蘤音花”,今作“花”字;“相嫽妭音寮,下鉢”,殆即今之“撩撥”;“人紕欸音比姿”,殆即《廣雅》、《玉篇》之“矲紕”,短也;“面縻攞莫我反,力我反”,殆即《廣韻》之“懡㦬”,羞慚貌:諸如此類,不勝枚舉。更爲可貴的是,本書保存了大量唐代民間俗語俗字,是我們今天研治敦煌俗文學作品的重要參考資料。如《敦煌變文集》卷四《降魔變文》:“(金翅鳥王)遥見毒龍,數迴博接,雖然不飽我一頓,且得噎飢。”原校“博接”爲“搏接”,徐震堮又校作“搏擊”①。按本書云:“口嚩喋博接。”據此,“博接”實爲“嚩喋”的同音借字,文中指金翅鳥咬嚼毒龍之肉的動作,而與“搏擊”無涉。又《降魔變文》下文云:“是日六師漸冒慘,忿恨罔知無□控。”“慘”字伯 4524 號作“㛗”。按本書云:“人毦髞冒燥。”“毦髞”應是“眊矂”的俗寫(俗書“目”“月”多不分),亦即唐李肇《國史補》卷下之“毷氉”,而變文的“慘”、“㛗”乃“懆”、“燥”的俗寫,“冒懆”也就是“眊矂”或“毷氉”。又如《敦煌變文集》卷四《太子成道經》:“努力向鷲峯從聖道,新婦莫慵讒不擊(禁)卻回來。”按本書云:“慵饞石容反。”“饞”即“饞”的俗寫,變文中的“讒”乃“饞”的借

① 見《敦煌變文集校記再補》,載《華東師大學報》1958 年第 2 期。

字。“慵饞”謂既懶且貪也。類似的例子尚多,在此不能備舉。可以説本書既是唐代的一部民間俗語詞詞典,又是一部俗字字典。

不過書中這些記録俗語的文字並非作者杜撰,而是作者從《字統》、《玉篇》及數家《切韻》等書中輯録而得。宋趙叔向《肯綮録》曾據陸法言《切韻》摘録一些俚俗之字,其中頗有與本書所載相一致者,下面試録數條,以資比勘:

《肯綮録》	《字寶》
膖肛音龐缸,肥大也。	膖肛疋江反,許江反。
攲以箸取物曰攲,音羈。	攲掎物音飢,又剞。
竵斜物之不正曰竵斜,音咼。	物竵斜苦乖反,又喎。
扠以拳加物,丑皆反。	拳扠人丑皆[反],又摢。
小兒衣曰繃褯下慈夜切。	兒褃褯百耕反,下謝。
稱量曰敁敪上丁兼反。	拑(拈)掇下(丁)兼反,又敁量。
齒傷于酸曰齭音楚。	齒齭使音。
器破未離有痕曰璺音問。	物璺罅音問。
垢曰垢圿音戞。	垢圿音苟,下戞。

不難看出,《字寶》與《肯綮録》的來源是相同的或相近的。儘管有些條目字形不盡不一致,但往往是同一字的變體而已。

除了《字寶》而外,敦煌寫卷中還有《俗務要名林》(見伯2609號、斯617號),也是相同體式的辭書,此不詳述。

除了上文介紹的字書、韻書及音義書之外,隋唐五代之際的一些文集筆記也有不少涉及俗字的内容,如唐李匡文《資暇集》、蘇鶚《蘇氏演義》、趙璘《因話録》、張守節《史記正義·論字例》、五代邱光庭《兼明書》等等,都有若干與俗字有關的記載。這裏僅舉趙璘《因話録》卷五的一則以示例:

武宗皇帝廟諱啖,改兩火相重,其偏旁,言談字已改爲譚,淡改爲澹。其噉字,俗多不定,舊或書餤。餤音譚,《爾雅》訓進,本非飯食名。世重餅噉,庖人以意相傳,及下俚,凡關食物,偏傍盡從食。又啗字,聲不同,索前史及諸家并佛經,多作口邊敢,其音與著兩火同,徒敢反。又《玉篇》、《切韻》,噉字是正也,著兩火俗也,並徒敢反,正合作噉不疑矣。啗馬即合用啗字,音徒濫反。以義言之,以物自食謂之噉,以物餧人謂之啗。又案《漢書·高帝紀》云:"使酈食其、陸賈往説秦將,啗以利。"顔監注曰:啗者本謂食啗耳,音徒敢反;以食餧人,令其啗食,則改變爲徒濫反;今以利誘之,取實爲辭也。顔監講啗字雖未分明,亦無口傍兩火之説則明,是字俗相傳,而後人爲姓,亦因俗耳。近日書餅噉字,至有食邊、口邊作覃及口邊作詹者,率意而爲,其誤甚矣。《切韻》是尋常文書,何不置之几案旋看也。

案敦煌寫本斯2071號《切韻箋注》上聲三十四敢韻:"噉,噉食,或作啖。徒敢反。"《玉篇·口部》:"噉,徒敢切,噉食也。亦作啖。"皆以"啖"爲"噉"字或體,與趙璘之説合。然今本《説文·口部》云:"啖,噍啖也。从口,炎聲。一曰噉。"段玉裁注謂"蓋《説文》本作噉",是也。

三、宋元明清時期

宋元明清時期,版刻盛行,以正楷爲主體的印刷體的地位不斷得到鞏固和加强,漢字日漸向標準化、規範化的方向發展。與這種發展趨勢相適應,對正字以及相應的俗字的研究也進一步開展起來。這一時期與俗字有關的著作主要有以下幾種類型：

1. 辨析字形正俗的字樣書。主要有宋郭忠恕的《佩觿》、張有的《復古編》；遼釋行均的《龍龕手鏡》；元周伯琦的《六書正譌》、李文仲的《字鑑》、舒天民的《六藝綱目》；明焦竑的《俗書刊誤》；清畢沅的《經典文字辨證書》、龍啓瑞的《字學舉隅》，等等。這些書和《干禄字書》等唐代的字樣書是一脉相承的。

2. 新編的一些辭書。這時期編的辭書數量不少，其中收録俗字較多的有宋代官修的《廣韻》、《集韻》、《類篇》；金韓道昭編的《改併五音類聚四聲篇海》；明梅膺祚編的《字彙》、張自烈編的《正字通》及清官修之《康熙字典》等。

3. 碑刻俗字的輯釋。宋代以後，金石之學大盛，金石文字的辨析考證是其中的一個重要方面。像宋洪适之《隸釋》、《隸續》、婁機之《漢隸字源》；清顧藹吉之《隸辨》、王昶之《金石萃編》、陸增祥之《八瓊室金石補正》、顧炎武之《金石文字記》、畢沅之《中州金石記》、《關中金石記》、邢澍之《金石文字辨異》、趙撝叔之《六朝别字記》及清末民國初羅振鋆、羅振玉之《增訂碑别字》等，都或多或少涉及到碑刻俗字的辨析或輯録。

4. 雜著筆記。這時期的雜著筆記數量很多，其中有不少涉及到俗文字的辨析。舉其要者有宋歐陽修的《歸田録》、宋祁的《宋景文公筆記》、沈括的《夢溪筆談》、陳師道的《後山談叢》、孔平仲的《珩璜新論》、黄朝英的《靖康緗素雜記》、朱翌的《猗覺寮雜記》、吴曾的《能改齋漫録》、莊季裕的《鷄肋編》、范成大的《桂海虞衡志》、周必大的《二老堂雜志》、羅大經的《鶴林玉露》、洪邁的《容齋隨筆》、邵博的《聞見後録》、袁文的《甕牖閒評》、陸游的《老學庵筆記》、周去非的《嶺外代答》、王楙的《野客叢書》、孫奕的《示兒編》、葉大慶的《考古質疑》、趙與旹的《賓退録》、周密的《齊東野語》、俞德鄰的《佩韋齋輯聞》、陳叔方的《潁川語小》、戴埴的《鼠璞》;元李治的《敬齋古今黈》;明陶宗儀的《輟耕録》、方以智的《通雅》、陸容的《菽園雜記》、楊慎的《譚苑醍醐》、《藝林伐山》、《丹鉛雜録》、《俗言》、郎瑛的《七修類稾》;清馮班的《鈍吟雜録》、周亮工的《字觸》、鈕琇的《觚賸》、錢大昕的《十駕齋養新録》、趙翼的《陔餘叢考》、王鳴盛的《蛾術編》、《十七史商榷》、盧文弨的《龍城札記》、《鍾山札記》、胡鳴玉的《訂譌雜録》、李調元的《卍齋瑣録》、《勦説》、李賡芸的《炳燭編》、何琇的《樵香小記》、淩揚藻的《蠡勺編》、顧張思的《土風録》、李富孫的《説文辨字正俗》、王筠的《菉友蛾術編》、俞正燮的《癸巳類稿》、《癸巳存稿》、雷浚的《説文外編》,等等。

以上四類,數量頗爲繁雜,在這本小書中不可能全面地加以介紹,只能擇其要者略作評述,其有漏略,讀者諒之。

(一)郭忠恕《佩觿》

郭忠恕,字恕先,洛陽人。宋太宗時曾官國子監主簿,令其刊定歷代字書,以精於小學稱。所著除《佩觿》外,尚有《汗簡》三卷,爲古文字之匯編。

《佩觿》凡三卷,上卷分"造字"、"四聲"、"傳寫"三科,分析古今字形的變遷以及後人的憑臆妄改造成文字的譌變;時代的更替,方言的不同,世變人移,又使得"音訛字替";傳寫的差互,又使得形近音近字使用混亂。其中舉例頗爲賅博,幾乎把漢魏以迄唐五代文獻中提到的一些重要的俗字材料都搜羅到一起了。如"刑罰从寸"引《元命苞》,"應對从士"引漢文帝言,"疊惡太盛"引新莽改字,“平生之爲外甥”引李涪説;又如“《三蒼》用⺁作尼丘之尼”,“《字林》用准爲平準之準”,“文帝之隨中去辵”,“次山之昏畔加荒”,等等,這對人們了解某些俗字的來歷和産生年代無疑是很有幫助的。

本書的中、下兩卷,是把字形、字音相似而容易混淆的字按四聲分爲“平聲自相對”、“平聲上聲相對”等“十段”,辨析其音義的不同。如“平聲自相對”下云:“惟帷:上以雖翻,思也;下于威翻,在旁曰帷。”又“平聲上聲相對”下云,“抄秒杪:上初交翻,抄録,亦初教翻;中下並彌小翻,中禾芒,下末也。”又“去聲入聲相對”下云:“茂茷莜筏:上莫候翻,艸盛;二徒再翻,艸皃;三扶乂翻,艸皃;四防曰翻,桴栰。”這些形近音近的字,雖然意義不同,但民間俗書往往混用,如“茂”字俗書亦寫作“莜”和“茷”①。所以在某種意義上,這種形近音近的字也可當作俗字來看待。

《佩觿》辨别音義,多用前人成説,但也有自己的創見。如“這”字,《玉篇》云“迎也”,宜箭切;後來用作指示代詞,其來歷如何,人們是不大清楚的。而本書則云:“迎這之這爲者回。”即是説“者”是“這”的本字。後來毛晃《增韻》即沿襲此説。但郭氏辨析字形有時過於拘泥正字,而缺乏歷史發展的觀點(如斥“華”字俗别爲“花”爲“浮僞”)。在這一點上,顔元孫等人卻要比他高明得多。至於郭書云“賜棐先知”(原注:“漢武帝呼東方朔‘來來’,遂

① 《碑别字新編》載魏《叔孫協墓誌》“茂”字作“莜”。敦煌寫本伯3808號《長興四年中興殿應聖節講經文》:“百穀滋繁,桑麻鬱茷。”末字亦“茂”字。

進前，帝再叱之。朔曰：‘兩來，棗字；再叱，四十九也：陛下欲賜臣棗四十九枚也。’”），《四庫全書總目提要》以爲“東方朔以來來爲棗，本約略近似”言之，而以郭忠恕遂造“棗”字爲疏略，這種指責是冤枉的。“棗”字作“棗”，至遲東漢已見（武威醫簡中已有例；比較漢《梁休碑》“棘”字寫作“棶”），六朝碑銘中其例更夥（參看《碑別字新編》207 頁）；而“來”字的隸書或作“来”（漢《史晨奏銘》即作此形），所以東方朔析“棗”字爲“來來”，正是根據當時的隸變字形言之，而非僅是“約略近似”。在郭忠恕之前，顏元孫的《干禄字書》即已云“棗棗：上俗，下正”，可見“棗”字作“棗”並非郭氏的杜撰和創造，而是自古已然。

本書有據《鐵華館叢書》本影印的《叢書集成初編》本，刊印精良，方便實用。

（二）張有《復古編》

張有，字謙中，湖州（今浙江湖州）人。出家爲道士。

《復古編》凡二卷，據《説文解字》以正俗體之譌。全書以四聲分隸諸字，正體用小篆，下載其楷定形，别體俗體則附載於注中。如：“悤，多遽悤悤也，从心、囱。别作怱，非。倉紅切。”“痾，病也，从疒、可。隸作痾，俗。烏何切。”“岡，山脊也，从网。隸作岡，别作崗、罡，非，古郎切。”書後附載辨證六篇：一曰聯緜字；二曰形聲相類；三曰形相類；四曰聲相類；五曰筆迹小異；六曰上正下譌，大抵皆爲辨别形近音近而易於混淆的字。

《復古編》對字形的辨正，“剖析毫釐，至爲精密”（《四庫全書總目提要》語），對於我們研究古今字形的變遷，俗體的來歷，都有一定的參考價值。如云桑葛切的“薩”即“薛”字；“恍惚”之“惚”

本作“忽”；“袈裟”本作“加沙”，從衣爲葛洪《字苑》所加[①]，等等，多發人所未發。又其書所載俗體多有爲其他字書所未載者，極具參考價值。如《老子·德經》：“終日號而不嗄，和之至。”其中的“嗄”各本有作“啞”、“嚘”、“歔”的不同。《莊子·庚桑楚》：“兒子終日嗥而嗌不嗄，和之至也。”陸德明釋文：“嗄，本又作嚘。”《説文·口部》：“嚘，語未定貌。”而别無“嗄”字。揚雄《大玄·夷》：“嬰兒于號，三日不嚘。”范望注：“嚘，氣逆也。”《玉篇·口部》：“嚘，於求切，《老子》曰：‘終日號而不嚘。’”字皆作“嚘”。近人羅振玉《碑别字序》據碑别字“憂”旁多省作“夏”，推斷“嗄”爲“嚘”之别字。今按張氏《復古編》云：“嚘，語未定貌。从口、憂。……别作歔、嗄，並非。”是張氏固已云“嗄”爲“嚘”之俗别字矣。是書之有裨於字形辨析者如此。

不過，該書的缺點也是非常嚴重的。張有以“復古”名書，而他要復的古不過是《説文》所載的小篆。但和更古的甲骨金文、籀文等相比，小篆本身就是譌體俗體。更何況張氏所據的乃是大徐校定本，經過數百千年的流傳，字形的譌誤更是盈紙滿目。所以張氏要以小篆正俗字，不過是以譌正譌。在“復古”思想的主導下，張氏甚至把一些後世通行的隸定字、孳乳字也一概斥爲譌體俗體，如：“鏠，别作鋒，非”；“㶻，别作烽，非”；“須，别作鬚，非”；“涂，别作塗、途，並非”；“緐，别作繁，俗”；“秊，别作年，非”；“淖，从水朝

① 玄應《一切經音義》卷一四《四分律》第一卷音義云：“袈裟：舉佉反，下所加反，《韻集》音加沙，字本從毛作毠毟二形，葛洪後作《字苑》，始改從衣。案外國通稱袈裟，此云不正色也。諸草木中若皮若葉若花等不成五味、難以爲食者則名迦沙……”按：“袈裟”爲梵文 kasāya 的音譯，最初很可能是寫作音近的“加沙”或“迦沙”，後因其爲絲織物，遂增旁作“毠毟”或“笳毟”，至葛洪《字苑》又改從衣旁作“袈裟”。

省,隸作潮,俗",等等,這就有些泥古不化了。要廢除通行已久的"鋒"、"繁"、"年"等隸體楷體而復於古,這是把歷史拉向倒退,這種"古"是永遠也"復"不了的。

《復古編》有《四部叢刊三編》影印影宋精鈔本,較爲易得。

(三)釋行均《龍龕手鏡》

行均,字廣濟,俗姓于,遼國僧人。本書撰於遼聖宗統和十五年,相當於宋太宗至道三年(997)。書名《龍龕手鏡》,因"新音偏於龍龕,猶手持於鸞鏡,形容斯鑒,妍醜是分,故目之曰《龍龕手鏡》"(釋智光序)。宋人重刻時,避太祖趙匡胤祖父趙敬的嫌諱,改題《龍龕手鑑》。書凡四卷,分二百四十二部,部首的先後和各部之字均按四聲的順序排列,始於金部,終於雜部。全書收字二萬六千四百三十餘,注文十六萬三千一百七十餘(據智光序)。

《龍龕手鏡》的編撰體例略同於《干祿字書》,每字下詳列正、同、或作、今、通、古、俗、誤各體,其中正、通、俗三體與《干祿字書》所云大體相同;"今"相對於"古"而言,是指當時流行的寫法,其字大體與"通"體相當;"古"相對於"今",是指過去曾經使用的形體(而未必是甲骨金文、小篆等較古的字體);"同"、"或作"大體都是指變易偏旁結構而形成的異體字;"誤"就是誤字,是指錯誤的寫法。例如心部:"㫖,正;恉,今:音指,意也。二。"金部:"鈃,或作;鈃,正:音形,酒器,似鍾而長頸。二。"同部:"錞,誤;錞,正:音純,~于,樂器也。"山部:"岩,古;嵒,《玉篇》同;巖:五銜反,峯也,險也,峻也,崿也。三。"矢部:"敒,俗;矧,或作;欦,古;矤,正;矧,今:失忍反,詞也,況也,長也。五。"人部:"仾係,二俗;侲,古;伭,通;低,正;侹,今:都奚反,~昂,垂免(俛)也。六。"最後的數字是指該字的正俗等各體總共多少個。注中的“～”原書作一短豎(下同),爲標目字的省代符號。除以上各體外,有時還出現“俗通”的提法,如人部:“儋,俗通;儋,正:都甘反,人名。又音談,又姓。二。”心部:“怜,俗通;憐,正:音蓮,哀矜、愛念也。二。”所謂“俗通”,大概是處於“俗”體與“通”體之間的字體。

要讀懂《龍龕手鏡》,還必須了解該書的以下特點:

1. 據寫本用字的實際情況劃歸部類。《龍龕手鏡》是根據寫本(主要是佛經寫本)編纂而成的一部字書。注中屢引《舊藏》、《新藏》、《隨文》、《隨函》、《江西隨函》、《西川隨函》及《僧護經》、《拔悲經》、《阿含經》、《賢愚經》、《西域記》等等,都是指寫本佛典而言。注中所引應法師、琳法師、郭迻諸家之説及《經音義》等等,也與寫本佛典相涉。宋沈括《夢溪筆談》卷一五説《龍龕手鏡》“集佛書中字爲切韻、訓詁”,可謂知言之選①。既然是收集寫本文字,於是行均便根據寫本用字的實際情況劃歸部類,如寫本“巾”“忄”不分,“幌”亦寫作“愰”,“帔”亦寫作“忮”、“幄”亦寫作“惺”,行均便將這些字既收入巾部,又收入心部。又如寫本“瓜”“爪”不分,《龍龕手鏡》卷一瓜部“瓜”字下云:“瓜部與爪部相濫。”又卷二爪部“爪”字下云:“爪部與瓜部相濫。”這就是説寫本用字“瓜”旁與“爪”旁混用不分,於是行均便根據寫本用字的實際情況來劃歸部類,如“瓠、瓢、瓤、瓟”等字入瓜部,而其俗體“瓠、瓢、瓤、瓟”則劃

---

①《四庫全書總目提要》卷四一《經部·小學類·龍龕手鏡》下云:“(該書)於《説文》、《玉篇》之外多所捜輯。雖行均尊其本教,每引《中阿含經》、《賢愚經》中諸字以補六書所未備,然不專以釋典爲主。沈括謂其集佛書中字爲切韻訓詁,殊屬不然,不知括何以云爾也。”這是對原書了解不深而得出的皮毛之見。

歸爪部。如果寫本字形有誤,行均仍據誤字的形體收入相關部類。如卷四麥部:"麸,誤,《舊藏》作'赽',其月反,舉尾走也。又居言反。"這是説《舊藏》"赽"誤作"麸",行均據誤字收入麥部。又同部云:"麸,《舊藏》作'熱(熱)'字,在《僧護經》。"這是説《舊藏·僧護經》"熱"誤作"麸",行均據誤字收入相近的麥部。《龍龕手鏡》這種據俗寫字形歸部的方法,有利於讀者據形檢字。尤其是那些字面晦澀而難以識別的手寫文字,據形歸部對讀者的好處更大。但《龍龕手鏡》的這一創例,卻一再遭到後人的攻擊,如清儒錢大昕説:

> 六書之學,莫善於《説文》,始一終亥之部,自《字林》、《玉篇》以至《類篇》,莫之改也。自沙門行均《龍龕手鏡》出,以意分部,……其中文、支不分,臼、臼莫辨;峊、旹入於山部,鬬、鬥入於門部,糞、弅入於米部,瓢、瓟入於爪部;……滴音商,而又讀都瀝反,則混商於啇;鐫音子泉反,而又音户圭反,則混巂於雋;辥則多、辛複出,弓則弓、雜兩收;丕、歪、甭、孬,本里俗之妄談;斋、悳、生、卡,悉魚豕之訛字。而皆繁徵博引,污我簡編,指事形聲之法,掃地盡矣!(《潛研堂集》卷二七《跋〈龍龕手鏡〉》)

李慈銘《越縵堂讀書記》也説:"此書俗謬怪妄,不可究詰,全不知形聲偏旁之誼。又轉寫訛亂,徒淆心目,轉滋俗惑,直是廢書,不可用也。"之所以會出現這種偏見,與他們不了解該書的編寫目的和體例是有關係的。

2. 正俗關係未必"總據《説文》"。《龍龕手鏡》對正字的確定常常有與《説文》等字書不一致的地方。如卷一金部云:"釾,或作;鋣,正:音耶,鏌~,劍名。"按"釾"見《説文》,"鋣"爲"釾"的後起字(中間環節爲"鉚")。又同部:"鍼,今;鐵,正:音針,~線也。"按:"鍼"見《説文》;後者則爲後起字,《正字通》以爲俗字。又:"鏑,正;鏑,今:都歷反,箭鏃也。"按:"鏑"見《説文》,前者《正字通》以爲俗字。又:"鏃,俗;鐩,或作;鐆,正。"按:"俗"字見於《説文》。又:"鉚,古;鑛,正。"按:《干禄字書》以前者爲正字,以"礦"爲"通"字;"鑛"爲"礦"的換旁字。出現這種歧異,可能是與寫本用字的實際情況相關的。

3. 異體同部别出。異體形旁不同,則劃歸不同的部類,自然無可非議。但《龍龕手鏡》又有形旁相同的異體同部别出的情况,如金部:"鏉,音漂,刀劍鞘下飾也。又必妙反。"下文隔開二十餘字後又云:"鏢,音漂,刀劍鞘下飾也。又必妙反。""鏉""鏢"音義完全相同,顯然是同一字的變體("鏉"字又作"鏰",爲"鏢"的後起俗字),但《龍龕手鏡》卻把它們分置二處。又同部:"蹇,古文,音證。"隔開二十餘字後又有"蹇"字,云"古文,音證"。這兩個字顯然也是同一字的變體,但行均卻把它們分隔開了。又人部平聲:"低,正;彽,今:都奚反。"下文一百多字後又云:"佂佂:丁奚、都礼二反。二。"表面上看起來似乎是不同的字,其實後二形即"低"的俗字(比較同書言部"詆"俗作"詎",手部"抵"俗作"抧",示部"袛〔祇〕"俗作"祇")。如果讀者不了解《龍龕手鏡》有異體同部别出之例,就會誤認作不同的字了。又人部入聲:"倏,犬走也。"下接云:"倐,~忽,疾也。""倏""倐"意義不同,字形有别,也好像是不同的字。其實"倐"即"倏"的訛俗字,其倏忽義不過是犬走義之引申。《干禄字書》云"倐倏:上俗,下正",是也。

4. 有時以正字注音。《龍龕手鏡》有時以正字爲俗字、誤字注音。如卷四穴部:"寅,音寅。"前者即"寅"的俗字。敦煌寫本伯

3116號《十二時》:“平旦賓,發意斷貪嗔。”又斯5567號《十二時》:“平旦賓,洗足燒香禮世尊。”“賓”皆即“寅”字,可證。又卷一人部:“佁,音俗。”即“俗”的俗字。魏《元彦墓誌》已見書“俗”作“佁”之例。又“欲”字俗字或作“歆”(敦煌寫本伯2054號《十二時》有例),亦可資比勘。又卷四雜部:“石,音后。”即“后”的俗字。《干禄字書》:“石后:上俗下正。”是也。又卷四頁部:“傾,誤,音傾,側也。在《西域記》第六卷。”即“傾”的誤字。掌握了《龍龕手鏡》的這一通例,我們碰到類似使用直音的俗字誤字有時便能很快確定它的正字,如看到“觧,音斛”(卷四雜部),便可推斷可能是“斛”的俗字;看到“寛,音寬(寬)”(卷四穴部),便可推斷可能是“寬”的俗字。但必須注意,並非所有注音字都是正字;相反,大多數注音字僅起標音的作用,而與被注字的正字無關。

《龍龕手鏡》問世以後,長時期没有得到應有的重視。清代後期研究碑刻文字成爲風氣,纔有人注意到它的價值。《四庫全書總目提要》謂其書“於《説文》、《玉篇》之外多所搜輯”,可以“補六書所未備”,持論尚稱公允。近人羅振玉亦稱其“多存六朝鄙别字,《玉篇》、《廣韻》均所未收者甚夥,行均撰集成書,有功於文字甚大”①。但知道的人還是不多。直到本世紀初在敦煌藏經洞發現數萬卷寫本文書,其中俗寫文字多與《龍龕手鏡》相合,人們纔逐漸認識到它的重要作用。許多敦煌寫本中的俗字别體,只有依賴於《龍龕手鏡》的幫助,纔能找到正確的答案。有人説《龍龕手鏡》是一部爲敦煌寫本編纂的專用字書,可謂恰如其分。另外,《龍龕手鏡》對碑刻文獻的整理,對大型字典的編纂,都有一定的參考價

① 見《面城精舍雜文乙編·龍龕手鑑跋》,臺北文華出版公司1960年印行《羅雪堂先生全集三編》本。

值。當然,《龍龕手鏡》也有不少的缺點和錯誤(如前面所説的異體同部别出),限於篇幅,這裏就不詳説了。

《龍龕手鏡》的版本,較爲易得的有中華書局1985年影印高麗本,該本係據遼刻本摹刻,比較接近原本。此外還有《續古逸叢書》本、《四部叢刊續編》本(均據宋刊本影印)等,但錯訛之處較前者爲多。

(四)李文仲《字鑑》

李文仲,長洲(今江蘇蘇州人),自署"吴郡學生",其生平始末無考。

《字鑑》書成於元英宗至治(1321－1323)以後,凡五卷,按平上去入四聲和二百零六韻隸字。本書的主旨是"辨正點畫,刊除俗謬"①。每字下先注反切,次引《説文》等字書,以明其點書偏旁及後世字形的變遷,最後指出俗書之譌。偏旁同者往往在偏旁字下詳加羅列,其他字則不復廣出。如卷一平聲上欣韻:"筋,舉欣切,《説文》肉之力也,从力、从肉、从竹,竹,物之多～者。《九經字樣》云作筯譌。又作觔,誤。"卷二平聲下麻韻:"荼,除加切,茗也。又音徒。《説文》:苦～也;从艸、余聲。俗作茶,蓋省文爾。"卷五入聲錫韻:"啇,丁歷切,《廣韻》本也。木根、果蔕、獸蹏皆曰本。與宫商字不同。凡適、嫡、摘之類諧聲者从～。"

與同類的字書相比,《字鑑》有如下幾個特點:

一是對字形的辨析較爲詳明準確。如卷五入聲末韻下云:"犮,蒲撥切,《説文》:犬走貌,从犬加丿,與朋友字不同。凡跋、

① 元張楧《字鑑·序》。

拔、䟦、䣭、髮、鈸諧聲者从～。俗作友、叐。”俗書往往書“犮”爲“友”，看了《字鑑》的辨析，就會明其所以爲誤了。清儒朱彝尊稱李氏之學“元元本本”（《〈字鑑〉後序》），這是恰如其分的。

二是糾正了前人的一些誤失。《字鑑》的撰作動機本是“以《説文》箴《增韻》之誤，以六書明諸家之失”（元顔堯焕《〈字鑑〉序》及李文仲自序）。《增韻》是指宋毛晃的《增注禮部韻略》。本書對《增韻》及《干禄字書》、《五經文字》等字書、韻書的錯誤皆有所糾正。如卷四去聲至韻云：“棄，磬致切，《説文》捐也，古文作弃，从廾推𠦒、从㐬。𠦒，北潘切；㐬，他忽切。中非从世。《增韻》作棄，誤。”按：“棄”作“棄”，中從“世”，爲俗譌字。又如卷一平聲魂韻：“昏，呼昆切，《説文》日冥也，从日、从氏省。氏者，下也。會意。或從民作昬。凡婚、㛰、婚、閽之類从～。《增韻》於‘婚’字下云：‘本作婚，誤作婚，今不敢去。’又《五經文字》云：‘本从民，先朝避諱改作～。’案：从氏省者會意，从民者諧聲也，二字皆通。然《説文》本字从氏省，於下注云：一曰民聲。則昬乃或作之字，昭然可見。偏旁俱當从此。二説皆誤。”按：张參謂“昏”字本作“昬”，緣廟諱偏旁凖式省從“氏”，後人多從其説。李文仲則不爲所移，明確指出字本從“氏”省，偏旁俱當從此。段玉裁《説文解字注》云：“（昏）字從氏省爲會意，絶非从民聲爲形聲也。蓋隸書淆亂，乃有从民作昬者，俗皆遵用。”而以《説文》“一曰民聲”四字爲淺人所增。段説實即本李氏之説而又加以推闡。考“昏”字古亦作“昬”（此字甲骨文作“”“”等形，似即從氏省的“昏”；但漢代簡帛及碑刻皆作“昬”形，“民”旁諧聲兼會意），唐時避太宗諱，則通行“昏”字。李文仲謂“昏”“昬”“二字皆通”是也。

三是載録了宋元之際新出現的一些俗體字。如卷三上聲薺韻

"體"字下云"俗作躰,或作体","体"用作"體"的俗字,宋代已見(詳下《示兒編》評述),但爲字書所載録,則恐當以《字鑑》爲嚆矢。

四是遵古而不泥古。李文仲據《説文》以正俗書之訛,但對約定俗成的隸變楷變字體或混用字,也並不强改。如"墮落"字《説文》本作"陊",而"墮"原爲"隓"(俗作"隳")字篆文,而後世"以墮代陊,本非其正。然相承已久,遽難改也"(卷三上聲果韻"墮"字注),採取了一種實事求是的態度。《四庫全書總目提要》稱其書"但於本字下剖析其所當然,深得變通之宜,亦非泥古駭俗者所可比也"。所論尚稱公允。

本書有據《鐵華館叢書》影印的《叢書集成初編》本,精刊細刻,堪稱善本。

(五)陳彭年等《廣韻》

隋陸法言的《切韻》是韻書中影響較大的一部。該書在隋高祖仁壽元年(601)完成以後,便廣爲流傳。有唐一代,曾先後有長孫訥言、郭知玄、關亮、薛峋、王仁昫、祝尚丘、孫愐、嚴寶文、裴務齊、陳道固、李舟等人爲它增字加注①。到宋真宗景德四年(1007),鑒於舊本韻書年代久遠,傳鈔差訛,義訓踳駁,遂命陳彭年、丘雍等重修。大中祥符元年(1008)書成,改名《大宋重修廣韻》。

《廣韻》對《切韻》系韻書的修訂,包括刊謬、審音、增字、加注,等等,頭緒繁多,不可能一一加以討論。這裏只就《廣韻》收録俗字的情況作一個簡單的介紹。我們在前面説過,王仁昫的《刊謬補

① 據《廣韻》卷首所載。參看王國維《觀堂集林》卷八《唐諸家〈切韻〉考》。

缺切韻》是《切韻》系韻書中收録俗字較多的一部著作，下面就以敦煌寫本伯 2011 號王仁昫《刊謬補缺切韻》（以下簡稱“王一”）爲主，參考故宫藏本王仁昫《刊謬補缺切韻》（以下簡稱“王二”）及其他敦煌寫本韻書，與《廣韻》收録俗字的情況試作比較：

1. 舊本韻書標目字多用通俗字體書寫，《廣韻》一般改用正體，而在注中標明俗作某。如斯 2071 號《切韻箋注》平聲支韻：“宜，魚[羈]反。”王二同。《廣韻》則云：“宜，《説文》本作宐，所安也。俗作宜。”又如王一去聲卦韻：“畫，胡卦反，圖。”王二同。《廣韻》則云：“畫，俗作畫。”

2.《廣韻》對字形的辨析多較舊本韻書爲詳確。如敦煌寫本伯 3695 號《切韻》殘葉模韻：“啚，思度。”接云：“圖，畫。”王二同。《廣韻》則云：“圖，《爾雅》曰謀也，《説文》曰畫計難也。啚，俗，本音鄙。”“思度”義的“啚”即“圖”的俗字，寫卷分屬二字，顯然是不妥當的。又斯 2071 號《切韻箋注》上聲董韻：“揔，作孔切。”同一小韻下又出“總”字，注云“聚束”。王二同韻下云：“揔，作孔反，率。俗作捴。”又云：“総，聚束。”“総”即“總”的俗字。這兩家韻書皆以“總”“揔”爲二字。《廣韻》則云：“總，聚束，合也，皆也，衆也。作孔切。揔，同上。惣，俗。”“揔”即“總”的後起换旁俗字，《廣韻》定作一字，是也。元李文仲《字鑑》卷三董韻：“總，俗作緫、揔。”錢大昕《十駕齋養新録》卷三“石經俗體字”條所列唐石經俗字有“總作抱”，“抱”又爲“揔”的變體。

3.《廣韻》增加了一些舊時韻書所未收的俗體字。如上聲厚韻：“斗”，俗作“㪷”。“㪷”字舊本韻書不載。又去聲祭韻：“洩”，同“泄”；“呭”，亦作“㖂”。“洩”“㖂”是唐代避太宗諱産生的俗體字，舊本韻書不載。又上聲獮韻："𧭎"，俗"辯"字。段玉裁校改作"䛒"①。按："䛒"爲"辯"的會意俗字，始見於六朝，"𧭎"則爲"䛒"的譌變俗字。《玉篇·言部》："𧭎，俗辯字。"亦作"𧭎"字。又《龍龕手鏡·言部》："𧭎，古文辯字。""𧭎"又"𧭎"字之變。段玉裁徑改其字則有所不妥。"䛒""𧭎""𧭎"舊本韻書皆未載。又平聲虞韻其俱切："朐，脯也。"②同一小韻下又云："眗，脯名。"按《玉篇·句部》："眗，巨俱切，脯也。亦作朐。"又《龍龕手鏡·句部》："眗，俗；朐，正：其俱反，脯也。二。""眗"即"朐"的聲旁類化俗字。《廣韻》分"眗""朐"爲二字自屬不當，段玉裁徑改《廣韻》"眗"作"朐"③，亦太輕率。"眗"字舊本韻書不載。

4.《廣韻》根據當時用字的實際情況對字形的寫法及用法作了一些適當調整。如"逄"字，本爲"逢"的俗字，顔師古《匡謬正俗》、顔元孫《干禄字書》等皆已著其説。舊本《切韻》系韻書亦無"逢""逄"的區别。如敦煌寫本伯3696號《切韻》殘葉："逄，苻容反。"同一小韻"縫"寫作"綘"。又斯2055號《切韻箋注》平聲鍾韻："逄，苻容反。"同一大韻下"夆"寫作"夅"，"縫"寫作"綘"，而皆别無"逢"字。"逄"、"逄"實皆即"逢"字的俗寫。又王二平聲鍾韻："逢，符容反，遇。俗作逄，音□，誤。"這裏更明確指出"俗作逄，音□"爲"誤"，可證"逢""逄"本非二字二音。但正如顔師古所説，唐時已有人讀姓氏之"逢"爲"龐"；後來或更異其形寫作"逄"，以與逢遇字相别。至宋初郭忠恕之作《佩觿》，乃更猥云

① 據周祖謨《廣韻校本》所引。
② 《鉅宋廣韻》"朐"字左旁作"目"，兹據周祖謨《廣韻校本》改正。
③ 據周祖謨《廣韻校本》所引。

"逄""逢"本爲二字二音，而斥顔師古爲妄[①]。後來習非成是，"逄""逢"遂成爲二字二音矣。《廣韻》平聲鍾韻符容切："逢，值也，迎也。"又江韻薄江切："逄，姓也。"以"逢""逄"爲二字二音，即是當時世俗用法的實際反映。又如"燉煌"之"燉"，古時實只作"敦"，舊本《切韻》系韻書亦有"敦"無"燉"。如王二平聲魂韻："敦，鄉名，都昆反。"而别無"燉"字。但因與"煌"字連用，"敦"字俗書每類化增旁作"燉"（"敦煌"六朝寫本中偶或已見寫作"燉煌"的用例，唐五代寫本則多作"燉煌"）。《廣韻》平聲魂韻都昆切："敦，迫也，厚也，又姓。"又徒渾切："燉，火熾。又燉煌郡，燉，大；煌，盛也。"[②]分"敦""燉"爲二，便是受了俗書的影響。又如獅子之"獅"，古只作"師"，如敦煌寫本伯 2305 號《妙法蓮華經講經文》："路上見個師子，威德甚是希奇。"是其例。舊本《切韻》系韻書中亦有"師"而無"獅"。約在宋代前後，師子之"師"增旁作"獅"，以區别於導師之"師"。《廣韻》平聲脂韻疏夷切（與"師"字同一小韻）："獅，犬生二子。"就是這種轉變的反映。

總的來看，《廣韻》在唐本《切韻》系韻書的基礎上，載録了大量唐代前後流行的俗字别體，字形的辨析也較詳確，對我們研究這一時期的俗字有較大的參考價值。當然，《廣韻》在俗字的處理方面也有錯誤（如分"䏝""朐"爲二字）。另外還有唐本《切韻》系韻書收録的俗字《廣韻》不收的情況，如王一上聲止韻："恥，俗作

---

① 見該書卷上。《四庫全書總目提要》卷四一《經部·小學類二·佩觿集》下卻以此例作爲郭氏"洞解六書，所言具中條理"的實例，可謂無知而妄説。

② 《漢書·地理志》"敦煌郡"下應劭注："敦，大也；煌，盛也。""敦煌"的"敦"原本與"火"無涉。

耻。"《廣韻》不載"耻"字,是其例。不過,這種情況不是很多。

《廣韻》一書有詳注本與略注本之別。詳注本現在較爲流行的是上海古籍出版社1983年影印的宋孝宗乾道五年(1169)閩中建寧府黄三八郎書鋪刻本,名《鉅宋廣韻》;中華書局1960年重印的周祖謨《廣韻校本》,以清康熙四十三年(1704)張士俊澤存堂校刻宋本爲底本,校以各種刻本及唐本《切韻》,最便實用。略注本爲元人據宋本删削而成,以元泰定刻本爲佳。

(六)丁度等《集韻》

《廣韻》成書不久,鑒於其書"多用舊文,繁略失當"(《集韻》卷首《韻例》),遂於宋仁宗景祐四年(1037)詔宋祁、鄭戩、賈昌朝、王洙等同加修定,而實際工作則由刑部郎中知制誥丁度、禮部員外郎知制誥李淑"典領",故一般題丁度等撰。寶元二年(1039)書成,詔名曰《集韻》。

《集韻》對《廣韻》的修訂,包括調整韻部、修訂音注、增收字數等等。其中最爲人們所稱道的就是收字增多。《集韻》收字五萬三千五百二十五,較《廣韻》增加二萬七千三百三十一字(據卷首《韻例》)。這些新增加的字,絶大多數爲歷代産生的異體俗字。有人把《集韻》稱作"一部按韻編排的異體字字典"①,這話是有一定道理的。在筆者看來,《集韻》在異體俗字方面不同於《廣韻》的特點在於:

1. 廣載古籀異體。隋唐《切韻》系韻書通常只載當時通行的字形,至王仁昫《刊謬補缺切韻》乃始稍稍增益之。《廣韻》在王韻

① 劉燕文《〈集韻〉與唐、宋時期的俗字、俗語》一文語,載《語言學論叢》第16輯,商務印書館1991年版。

的基礎上，又增加了一些古文異體，然仍未詳備。《集韻》則又在《廣韻》的基礎上，增補其未備，諸凡古文、籀文、或體等等，罔不廣搜博採，備載無遺。如《廣韻》平聲東韻："怱，速也。倉紅切。"《集韻》增"悤"字，云"怱"字"古作悤"。相應地又在"聰"下增"聦"字，"葱"下增"蔥"字。又如《廣韻》平聲鍾韻"龍"字無異體，《集韻》則增"竜"等古體五；《廣韻》平聲模韻"黏"字下載異體三，《集韻》則載異體七；《廣韻》入聲錫韻"鬲(鬲)"下載異體三，《集韻》則載異體九。這種於古有據的異體，原書都排列在本字的下面，即卷首《韻例》所謂"先標本字，餘皆並出"。

2. 排斥"流俗用字"。《集韻》對那些於古有據或者流行已久的古籀異體，確實收集得比較齊備。我們説《集韻》多載異體俗字，也主要是指這類字體而言。但對那些民間流傳的俗體字，《集韻》的觀點則顯得相當陳舊。凡是《廣韻》稱俗作某的，《集韻》往往要加上"非是"二字。如《廣韻》平聲東韻云"怱"俗作"忩"，平聲真韻云"珍"俗作"珎"，上聲緩韻云"斷"俗作"断"，等等，《集韻》皆斥爲"非是"。該書卷首《韻例》云："凡流俗用字，附意生文，既無可取，徒亂真僞。今於正文之左直釋曰'俗作某，非是'。"即指此而言。更有甚者，《集韻》還删去了《廣韻》收録的一些俗體字，如《廣韻》云"胥"俗作"肙"(平聲魚韻)，"競"俗作"竸"(去聲映韻)，"亦"俗作"亣"(入聲昔韻)，等等，這些俗體皆不見於《集韻》。不過《集韻》也收了一些《廣韻》所未收的"流俗用字"，如"駈(驅)"、"躰(體)"、"垡(穩)"、"惱(惱)"、"死(葬)"、"斛(斛)"、"覔(覓)"、"囯(國)"等俗字，都是《集韻》新增加的。

3. 字形辨析更爲翔實。《集韻》因其多載古籀異體，一些異體俗字的源流演變就顯得比較清楚。如《廣韻》去聲怪韻云：怪，俗作“恠”。但“怪”怎麽會寫作“恠”呢？不免使人感到納悶。《集韻》則云：“怪，亦書作恠。俗作恠，非是。”加上了“恠”這個中間環節，“怪”之所以變“恠”便不言而喻了。又如《廣韻》入聲職韻：“敕，誡也。……今相承用勑。勑本音賚。”《集韻》則云：“敕，《説文》誡也。……从攴、束聲。古从力（作勅）。或作勑，本音賚，世以爲敕字，行之久矣。”兩相比較，亦以《集韻》爲詳明。又如《廣韻》平聲元韻於袁切小韻下云：“冤，屈也，枉也。”又云：“寃，寃枉。”又云：“怨，怨讎。”《玉篇》與《廣韻》同，都作爲三個不同的字來處理。而以其所釋字義論之，“寃”近於“冤”。唐顏元孫《干禄字書》云：“寃寃（冤）：上俗，下正。”以“寃”“冤”爲一字。《廣韻》對“寃”字的解釋蓋淵源於顔書。而《集韻》則云：“怨，讎也，恚也。或作寃。”以“寃”“怨”爲一字。兩説不同。從字形上看，我們認爲《集韻》的歸屬是正確的。“夗”旁字形較爲生僻，俗書每有繁化改而作“宛”的，故“怨”俗或繁化作“寃”，敦煌寫本伯 3409 號《行路難》：“欲得學道，須捨寃親。”“寃”亦即“怨”字（參看第三章第七節），可證。又如《廣韻》平聲模韻倉胡切小韻有“麄，米不精也”條，未收“粗”字，而《集韻·模韻》則把“麄”歸併於“粗”字之下，云：“粗，大也，疏也，物不精也。或作觕，通作麤。俗作麄，非是。”從字形演變的角度而言，當以《集韻》爲長。據《説文》，糙米曰“粗”，引申指一般的粗疏之義，而古書亦或借用本指“行超遠”的“麤”字；“麤”俗省作“麁”，“麄”則是“粗”字受“麁”影響産生的後起俗字。再如《廣韻》“汳”“汴”無涉（分别見去聲願韻、線韻），“賸”“剩”分立（去聲證韻），《集韻》則云“汳”或從卞作“汴”（去聲願韻），“賸”俗作“剩”（去聲證韻），俱以爲一字，似皆以《集韻》爲近真。

《四庫全書總目提要》在評論《集韻》時説:“韻主審音,不主辨體,乃篆籀兼登,雅俗並列,重文複見,有類字書,亦爲繁所不當繁。其於《廣韻》,蓋亦互有得失,故至今二書並行,莫能偏廢焉。”其實正如王力先生所説,“韻書也應該起字典的作用,只是檢字法有所不同,字書按部首檢字,韻書按韻目檢字罷了”①。在我們今天看來,《集韻》“篆籀兼登,雅俗並列”,正是它最大的優點。至於《提要》云《集韻》《廣韻》互有得失,莫能偏廢,這倒是知言之論。

《集韻》的版本,以前比較流行的有清康熙間曹寅刻《楝亭五種》本、光緒間姚覲元刻《姚刊三韻》本。近年上海古籍出版社影印出版了清錢曾述古堂影宋鈔本《集韻》,並附索引一册,最稱善本。另外清方成珪有《集韻考正》八卷,訂正原書譌誤頗夥,宜當參閲。

(七)張玉書等《康熙字典》

繼《集韻》以後,收載異體俗字較多的字書韻書有宋王洙等編的《類篇》、金韓道昭編的《改併五音類聚四聲篇海》(據其父韓孝彦編的《四聲篇海》改併增訂而成。明代有《篇海類編》,又係據韓道昭書分類改編而成)、明梅膺祚編的《字彙》、張自烈編的《正字通》及清吴任臣編的《字彙補》等,而尤以後四書採載異體俗字最爲繁夥。《康熙字典》晚出,它吸收了上述諸書的成果,而又“旁羅博證”(《御製康熙字典序》),因而異體字的載録更加繁富,在一定程度上可説是俗字異體的集大成之作。所以下面我們着重討論《康熙字典》收載異體俗字的情況。

---

① 見《中國語言學史》第二章第八節《韻書(下)》,山西人民出版社 1981 年版。

《康熙字典》是清聖祖康熙四十九年(1710)命大學士張玉書、陳廷敬等三十餘人編撰,至康熙五十五年成書。編撰此書的目的,是要"增《字彙》之闕遺,删《正字通》之繁冗",以便"詳略得中,歸於至當"(《康熙字典》卷端所載上諭),所以本書實際上是《字彙》、《正字通》兩書的彙編增訂本。《字彙》、《正字通》所未載的字,又備採《字彙補》、《海篇》、《大成文房心鏡》、《五音篇海》、《龍龕手鏡》、《搜真玉鏡》及其他"字書、韻書、經、史、子、集來歷典確者並行編入,分載各部各畫之後,上加'增'字以别新舊"(該書卷首《凡例》)。另有《補遺》一卷,收"有音義可入正集而未經增入者"。又有《備考》一卷,收"無可考據有音無義或音義全無者"。全書收字四萬七千零三十五個,是清代以前收字最多的一部字典。在收録異體俗字方面,該書有以下幾個特點:

1. 集以往字書之大成。清代初年以前各家字書中的俗字異體,除《龍龕手鏡》等書尚有較大的遺漏外,大抵已薈萃其中。如引《正字通》"國"俗作"国",引《篇海類編》"你"俗作"您",引《正韻》"富"俗作"冨",引《字彙》"燈"俗作"灯",引《篇海》"獻"俗作"献",引《海篇》"弄"俗作"卡",引《五音集韻》"竈"俗作"灶",引《字彙補》"陽"俗作"阳","陰"俗作"阴",等等,彙集衆書,極便參閲。

2. 增各家字書之闕遺。《康熙字典》的撰作動機之一是"增《字彙》之闕遺",除根據其他字書、韻書以補其所未備外,還博採經、史、子、集中的僻字、奇字加以載録,甚至連許多唐宋以後流行的俗體也盡行載入。如人部云"仾,俗低字",又云"俗書四體之體省作体";口部云"呆,今俗以爲癡獃字";手部云"携,俗攜字";木部云"梦,俗夢字";水部云"氷,俗冰字";辵部云"迁,俗遷字",等等,這些俗體原書均未標明所據,其中有些是以往的字書已經載録的(如“佰”、“携”、“氷”等字),有些則是首次見載於字書(如癡獃的“呆”)。

3. 獨特的處理疑難俗字怪字的方式。古代的字書韻書以及其他文獻中都有一些有音無義或音義全無的疑難字,《康熙字典》把它們抽出來,單獨作爲《備考》一卷附見於書末,這可以説是一個創舉。後來顧藹吉作《隸辨》卷五有《疑字》録,大概就是受了《康熙字典》的啓發。蔣禮鴻師《敦煌變文字義通釋》末附《變文字義待質録》,王鍈《詩詞曲語辭例釋》末附《詩詞曲語辭存疑録》,也是這一傳統的發揚。

4. 或出按語,考其源流。《康熙字典》在一些俗字的下面,加有一段編者按語,或明其正字,或討其源流,其中不乏探本之論。如門部云:“閲,《篇海》:口圭切,小視也。○按即闚字之譌。”圓圈後的話即《康熙字典》編者的按語。“闚”字從門、規聲,爲形聲字,“閲”則是“闚”形近譌變而成的會意俗字,《康熙字典》所説是也①。又同部:“闉,《字彙補》:伊申切,音因,闉闍。○按即闉字之譌。”又八部:“皃,《字彙補》:同貌。○按即皃字譌文。”又又部:“叐,《正字通》:犮字之譌。○按:犮从犬加丿,《説文》:走犬貌,从犬而丿之,曳其足則剌犮也。凡祓、茇、犮、拔、沷、跋等字皆从此,無作叐者。《字彙》友上皆丿,入又部,誤。”諸如此類,所説大抵可從(後例“犮”作“叐”爲俗譌字,元李文仲《字鑑》已載之,敦煌寫本中每見“犮”旁書作“叐”的,《康熙字典》稱“無作叐者”,這話説得過於絶對)。但也有一些按斷未必可靠。如艸部“茶”字下云:

① 《龍龕手鏡・門部》:“閲,俗;闚,正。”已指出二者爲正、俗字關係。

"《正字通》引《魏了翁集》曰：'茶之始，其字爲荼，如《春秋》"齊荼"，《漢志》"荼陵"之類。陸、顔諸人雖已轉入茶音，未嘗輒改字文。惟陸羽、盧仝以後，則遂易荼爲茶，其字从艸、从人、从木。'○按：《漢書·年表》'荼陵'師古註'荼'音塗，《地理志》'茶陵'从人从木，師古註弋奢反，又音丈加反，則漢時已有'荼''茶'兩字，非至陸羽後始易'荼'爲'茶'也。"按：《康熙字典》按語謂漢時已見"茶"字，所據爲《漢書·地理志》"茶陵"作"茶"。然古書屢經傳刻，安知《漢志》之"茶"非後人傳刻改易？且現存《漢書》的一些較早刻本（如據宋景祐刊本影印的百衲本《二十四史·漢書》）《地理志》仍作"荼陵"，《康熙字典》所引宋人魏了翁《邛州先茶記》亦稱《漢志》"荼陵"，其字爲"荼"，《康熙字典》編者不顧前後矛盾，輕從誤本立説，殊非其當①。

不過，無論對也罷，不對也罷，這種表明編者見解的按語《康熙字典》中數量並不很多。更多的情況是照搬前人成説，而缺乏編者自己的熔裁和按斷。如入部"仐"下引《字彙補》云"通刀切，音叨，取也"，而不知"仐"即"夲"的譌俗字；刀部"紃"下引《字彙》云"居尤切，音鳩，出罪也"，而不知"紃"乃"糾"的譌俗字；同部"紏"下引《篇海類編》云"姜酉切，音九，出罪也"，而不知"紏"又爲"紃"的譌字；力部"助"下引《篇海類編》云"莫各切，音邈，勤也"，而不知"助"即"勀"之譌字；補遺人部"**佳**"下引《篇海》云"音綢，任身也"，而不知"**佳**"乃"傷"之俗字；同部"侳"下引《海篇》云"音惱，姓也"，而不知"侳"乃"堖(惱)"之譌字；補遺瓦部"瓬"下引《字彙

① 清顧炎武據唐碑用字指出"荼"變作"茶"在中唐以下，説近是。顧説見《唐韻正》卷四及《日知録》卷七。參看今人吴小如先生《字義叢札·荼 茶 塗》，載《讀書叢札》，北京大學出版社 1987 年版。

補》云“古湯切，音岡，大甕”，而不知“瓬”乃“甿”之謁俗字；補遺石部“砵”下引《龍龕手鏡》云“古壞切，音怪，石似玉也”，而不知“砵”乃“砝（砮）”之謁字；備考木部“柽”下引《字彙補》云“其月切，音撅，出釋典”，而不知“柽”乃“栓”（“橛”的會意字）之謁字：如此等等，稍一案尋，數量已頗驚人。近人錢玄同謂《康熙字典》“殆是學究多人亂抄元明時種種不高明之書而成者，凡所采引，什九錯誤”云云[①]，良有以也。

《康熙字典》成書後，王引之於道光間奉諭旨撰有《字典考證》十二卷，凡所校正二千五百八十八條。今人王力先生復有《康熙字典音讀訂誤》，着重糾正音讀的錯誤，都應當參閱。

（八）顧藹吉《隸辨》

金石文字的研究，較早可上溯到漢代。《漢書·郊祀志》載張敞好古文字，考釋美陽所出周鼎，即其顯例。宋代金石學大盛，出現了一系列金石學方面的專著。其中與俗字研究有關的著作有洪适的《隸釋》、《隸續》、婁機的《漢隸字源》等。洪書迻録漢魏碑碣數百種，並辨析其文字；婁書亦爲集録辨析漢魏碑碣文字之作，唯分韻隸字，與洪書迻録全文者不同。清康熙間長洲顧藹吉（號南原）作《隸辨》一書，就是在洪、婁二家之書基礎上的集大成之作。

《隸辨》凡八卷，前五卷採摭漢碑之隸字，依宋《禮部韻略》分韻編次，每字之下均注出碑名，並引碑語；第六卷《偏旁》，按《説文解字》五百四十部進行分析，最後兩卷爲《碑考》，按年代先後介紹碑石的存亡去處。顧書在隸字辨析方面的特點在於：

---

① 見王森然《錢玄同的一封信》，載《光明日報》1982年3月14日第四版。

1. 集舊説之成。顧書大抵是以婁機《漢隸字源》(顧氏自序引作《漢隸字原》,文中則簡稱《字原》)爲藍本,並參考洪适的《隸釋》、《隸續》,而又增補其未備。所以婁、洪二家的研究成果已大致薈萃其中。如卷一平聲冬韻"莀"下引《隸釋》云:"農上安西之類,顔之推以世俗爲非,今隸字皆然,蓋各是一家之書,不可拘以古法也。"又卷五曷韻《馮君開道碑》"蹶賓"二字下引《字原》云:"即蹷頞字。"此外,顧書還經常引用宋歐陽修《集古録》、趙明誠《金石録》、顧炎武《金石文字記》等書的内容,可以説清初以前有關漢隸碑石文字考證的重要成果都已經包容在本書之中了。

2. 正舊説之誤。漢隸文字,字畫增減,偏旁移易,辨識殊非易事。前人在這方面有不少説解悠謬之處。顧書則詳考博辨,多所匡正。如卷一平聲東韻:"蕺,《殽阬碑陰》:'~鵠伯鸞。'按:即叢字。《隸釋》以爲'散'字,非也。《通志·氏族略》云:叢氏見《姓苑》。《爾雅》'灌木,叢木'釋文云:'叢,或作蕺。'《漢書·東方朔傳》'蕺珍怪','叢'亦作'蕺'。"又同卷鍾韻云:"殁,《三公山碑》:'攘去寇~。'按《廣韻》:'殁,古文凶字。'《字原》釋爲'訩',非也。《詩·思齊》箋曰'其將無有殁禍',釋文云:'殁,音凶,本亦作凶。'《漢書·藝文志》'星事殁悍',師古曰:'殁,讀與凶同。'又《樊敏碑》:'米巫殁瘧。'《冀州從事郭君碑》:'降此殁菑。''凶'亦作'殁'。"像這樣的例子顧書所在多有,其辨正大抵是可以信從的。

3. 比較歸納,尋其通例。顧氏善於通過具體的文字材料的比較歸納,紬繹出一般性的條例來;然後又反過來用這種通例去指導具體的文字辨析工作,因而能够多所創獲。如《張納功德敘》云:"抽扷孤□。"其中的"扷"字頗爲陌生。顧氏定作"拔"字。他解釋説:"他碑變'犮'爲'叐',與'夭'相混,故碑遂譌'夭'。"(卷五入聲黠韻)這是説“犮”旁其他碑有寫作“叐”的(如同卷末韻“拔”作“扳”,“坺”作“坂”),而“夭”旁俗亦作“叐”(卷二平聲宵韻“妖”字下注云:“即妖字。妖從夭,諸碑‘夭’或作‘叐’。”),這樣就形成了“犮”與“夭”旁俗書皆可作“叐”相混無别的局面,由“叐”加以回改,“扳”就有可能譌寫作“扷”了。顧氏的分析是令人信服的。此外如卷一平聲支韻云“從虍之字諸碑或變從雨”,同卷微韻云“諸碑從希之字或書作㣿”,卷二平聲豪韻云“諸碑從毛之字或省作乇”,同卷尤韻云“諸碑從芻之字或省作彐”,同卷覃韻云“諸碑從耳從身之字相混無别”,卷五入聲緝韻云“咠碑變作胥,他碑胥亦作胥,咠與胥相混無别”,等等,這種從具體的文字材料中歸納出來的結論,是具有指導性的意義的。尤其是顧書卷六按《説文》分部對五百四十個部首篆隸演變的分析,元元本本,細緻入微,極具條理。讀者如細細加以研讀,則對漢隸文字的辨識,也就思過半了。

漢隸文字的研究,與俗字的研究關係至爲密切。我們在第二章曾經指出,東漢以後俗字的盛行與隸變的影響有關。我們試讀顧氏《隸辨》,相信會對此留下更深的印象。許多俗字只有追溯到漢隸,纔算找到了它真正的源頭。像今天採用的簡化字麦、携、粮、来等等,其實在漢隸中便已出現,可謂源遠而流長了。從這個意義上來説,《隸辨》是值得我們重視的一部著作。

《隸辨》有康熙五十七年項絪玉淵堂刊本,爲該書最早的刻本。近年中華書局曾據以影印,並附有筆畫索引,極便使用。

(九)王昶《金石萃編》和陸增祥《八瓊室金石補正》

王昶,字德甫,號述庵,人稱蘭泉先生,江蘇青浦人。《金石萃編》書成於清嘉慶十年(1805),凡一百六十卷,收録三代至宋、遼、金金石文字一千五百餘件,都“摹其點畫,加以訓釋”(《金石萃編·自序》)。録文之後彙録前人有關論述,最後再加上自己的按語。

陸增祥,字魁仲,號星農,江蘇太倉人。他的《八瓊室金石補正》是爲補正《金石萃編》而作的。書成於晚清,凡一百三十卷。其書一方面增加了大量《金石萃編》未及採録的材料,另一方面對《金石萃編》本身作了大量校正缺譌的工作。録文之後亦彙録前人有關論述,並加上自己的按語,内容較《萃編》更爲豐富。

《金石萃編》和《八瓊室金石補正》對俗字研究的意義,我想可以分兩方面來談。一方面是這兩部書摹存了大量金石材料中的俗字别體,字體包括篆、隸、行、楷,時間則自先秦至宋、遼、金(陸書還附有《元金石偶存》一卷,時間更延伸到元代),這比《隸釋》、《隸辨》等書只限於漢魏隸體範圍就寬廣得多了。陸書還録有朝鮮、越南、日本等國的漢文碑石,時間更延長到了明代。所以如果要了解金石碑刻俗字别體的情況,確實可以説“取足於此,不煩他索”了(王昶《金石萃編·自序》)。

另一方面這兩部書匯録的前人論述和作者自己的按語中有大量辨析俗字别體的内容,如陸書卷一六北魏《韓顯祖等建塔像記》題名“邑子平馬栓”下陸增祥跋云:“栓見《篇海》,同橜,木入土也。”據此可證《康熙字典備考·木部》音撅的“桯”爲“栓”字之誤,即“橜”的會意俗字①。又如同書卷二六隋《蜀王美人董氏墓誌》“氷寒淚枕”下陸氏引清瞿中溶《古泉山館金石文編》云:“仌寒

---

①《龍龕手鏡·木部》云:“栓,古文,其月反,木入土也。今作橜。”“栓”爲“栓”的增點俗字,可以比勘。

之仌作氷,即後代俗書作氷之始。"據此可知《康熙字典·水部》云"冰,俗作氷",實在也是源遠而流長了。又同書卷四二唐《開元寺三門樓題刻·僧惠詈等題名》後陸氏引清沈濤《常山貞石志》云:"右題名僧人中有惠詈、思詈者。《玉篇》:'詈,俗辯字。'《宋景文筆記》曰:北齊時里俗多作僞字,始以巧言爲辯;至隋有柳䛒,其字又以玑易巧矣。案:今本《北史·柳䛒傳》,'䛒'亦作'䛒'。又磁州響堂寺隋造象,有李君䛒;《唐書·禮樂志》,有將作大匠康詈素。蓋'詈'本作'䛒',後譌作'䛒',又作'詈'。此又作'詈',譌以傳譌,無足深究。"據此可知《廣韻·獮韻》云"詈"俗"辯"字,乃據唐宋譌俗字而言,段玉裁校改作"䛒",可謂似是而實非。類似的例子很多,這對我們研究俗字别體的人來説是很可寶貴的。

不過,古書一經傳刻,便難免會發生這樣那樣的錯誤。王陸二書靠摹録、刊刻而成,錯誤自亦在所難免,其中所録俗字别體的可靠性更成問題(王書的問題更嚴重),這種缺陷,只有靠現代先進的照相影印技術纔能得到彌補。

《金石萃編》有清嘉慶十年經訓堂刻本。清沈欽韓有《讀金石萃編條記》、方履籛有《金石萃編補正》、近人羅振玉有《金石萃編校字記》,都可以參看。《八瓊室金石補正》有 1925 年吴興劉氏希古樓刻本,近年文物出版社有重印本。

(十)孫奕《示兒編》

孫奕,字季昭,號履齋,廬陵(今江西吉安)人。其履歷不詳。據該書卷一〇稱紹熙丁巳三月,侍讌春華樓,聞大丞相周益公議論云云,蓋宋紹熙、慶元間嘗官侍從(紹熙無丁巳,丁巳當是寧宗慶元三年,即公元 1197 年)。

《示兒編》又稱《履齋示兒編》，書凡二十三卷，其中總説一卷，經説五卷，文説、詩説共四卷，正誤三卷，雜記四卷，字説六卷。其前有宋開禧元年（1205）自序，稱“考評經傳，漁獵訓詁，以立總説、經説……凡七條，大抵論焉而不盡，盡焉而不確，非敢以污當代英明之眼，姑以示之子孫耳。故名曰《示兒編》”。其書雜引衆説，往往失於冗雜，然“其中字音字訓，辨别異同，可資考證者居多”（《四庫全書總目提要》）。在俗字異體的辨析方面，本書值得稱道的有以下二點：

1. 歸納類比，辨析精核。該書與俗字異體有關的内容主要集中在《字説》六卷（卷十八至二十三）之中。卷十八包括“畫譌”、“聲譌”兩端。“畫譌”是指古書中因筆畫相近而用字混亂的現象，如“鍊近錬音東”、“鉛近鈆音鐘”、“趨近趍音擿”、“忉近切音砌”、“美近羙音羔”，等等，這些字原非一字，但由於筆畫相近，故俗書往往混用。這樣的字凡一百三十餘對，孫氏一一加以辨别。“畫譌”下還列舉偏旁之譌，如虚、盧等從虍而俗從户；決、減等從水而俗從冫；具、埴等從且而俗從旦；曉、饒等從垚而俗從尭；印、卸等從卩而俗從阝；陵、陽等從阝而俗從卩；廚、廳等從广而俗從厂；曷、竭等從匃而俗從匂；偏、徧等從户而俗從尸；顛、塡等從眞而俗從真；譖、潛等從兓，贊、鑽等從兟，而俗從扶；參，謬等從㐱而俗從尒；富、寇等從宀而俗從冖；吳、娛等從吳而俗從吴；瞻、擔等從詹而俗從詹，船、沿等從㕣而俗從公；諍、靜等從爭而俗從争；指、脂等從旨而俗從百；效、敫等從攵而俗從力；羈、羇等從网而俗從襾；博、協等從十而俗從忄；補、裸等從衣而俗從示，等等，這類從大量的語言材料中歸納出來的通例，對俗文字的辨識和研究具有指導性的意義。“聲譌”是指字音之譌，如“底定之底致也，至也，平上無點與旨同音，俗呼爲底見十一薺韻，上有點，止也，下也，滯也”，等等。“聲譌”與某些俗字的産生是有直接關係的。

該書卷十九前面部分是“字異而義同”的字，如“天地一也，《潛虚》温公作‘萸墜’古天地字”，“(《論語》)侃侃如也，唐《張嘉貞傳》作‘偘偘’”，“《僖二十四年》‘狄固貪惏’，屈子《離騷》作‘貪婪’”，等等。這種“字異而義同”的字，有的是同字異體關係(如上三例皆是)，有的則與假借等因素有關，此不詳述。

卷十九後面部分及卷二十的前面部分是“字同而義異”的字，如“《太甲》‘惟明明后’君也；《曲禮》‘再拜稽首而后對’與後同”，這種同形異義的現象，多數也是與假借有關的。卷二十的後面部分是“字異而音同”的字，其中所舉不少是異體俗字，如“《項籍傳》‘楚蠭起之將’古蜂字；《過秦論》‘豪傑蜂起’”；“《王莽傳》‘封剿胡子’子小反，《西域傳》王莽封郭欽爲‘剿胡子’子小反”，其中“蠭”“蜂”爲古今字，“剿”“剿”則爲正俗字①。孫氏把這種相關的字分門别類集中在一起，一一加以比較分析，是很富啓發性的。

2. 匯集衆説，方便尋檢。該書卷二十一至二十三爲《字説·集字》。孫氏在卷二十一之首云：“凡諸家小説，奥篇隱袤，有字音異同，皆裒集左方，以便考閲，庶急于肄業者免泛觀之勞也。”其中所輯絶大多數與俗字異體有關。如引史炤《通鑑釋文》云：“(晉愍帝建興二年)聽事，他丁切，古者治官謂之聽事，後語省，直曰聽，故加广。”又引《字譜總論訛字》云：“久矣俗書字體分毫點畫訛失，後學相承，遂成即真。今考訂其訛謬疏于後。且如蟲之虫，虫音虺字；須之湏，湏古頮字；關之閞，閞音弁字，又扶萬反；船之舡，舡音航；

① 清鮑廷博知不足齋刻本《示兒編》卷二〇所引《漢書·西域傳》“剿胡子”下清徐鯤案云：“師古注《西域傳》云：剿，絶也。字本作剿，轉寫誤耳。”

商之商，商音的；蠶之蚕，蚕音腆；鹽之塩，塩音古；美之羙，羙音羔；體之体，体音坌；本之夲，夲音滔；匹之疋，疋音雅，又音所；麥之麦，麦音陵：凡此非爲訛失，是全不識字也。○又如顧之頋，霸之覇，喬之乔，獻之献，國之囯，廟之庙，辭之辞，殺之煞，趨之趍，虧之虧，錢之尕，齊之斉，齋之斎，學之孛，臺之臺，寶之宝，驅之駈，棲之栖，甕之瓮[①]，兔之兎，遲之遅，著之着，桌之栗，繩之縄，飯之飰，備之偹，豬之猪，鄒之邹，若之若，肅之粛，襄之襄，繼之継，斷之断，嬭之妳，獮之猕，診之詠，珍之珎，參之叅，……醉之酔，凡此皆俗書也。"如此等等，與俗字有關的論述頗爲繁夥，幾可謂以往俗字論述的集大成者。其中如"體"俗作"体"、"廟"俗作"庙"、"錢"俗作"尕"等等，都是較早見諸前人載録。特别是其中有些書（如上揭《字譜總論訛字》）後世失傳，而憑藉孫氏所引纔得以保存隻言片語，因而顯得彌足珍貴。

該書有清鮑廷博知不足齋刻本，刊刻前曾經盧文弨、孫志祖、徐鯤、錢馥、顧廣圻等校勘，堪稱善本。《叢書集成初編》即據此本排印。

① 清鮑廷博知不足齋刻本《示兒編》清錢馥案云："'瓮'見《説文》，'甕'見《玉篇》，是'瓮'古而'甕'今也。"

第十一章 “五四”以後的俗字研究及今後的展望

從上一章鳥瞰式的述評中我們可以看出,歷代與俗字及俗字研究有關的著作實在也是汗牛充棟,種類繁多;但它們多是資料彙編性質,系統性和理論性都談不上。而且這些著作大都有一個致命的弱點,即它們載録俗字的目的是爲了消滅俗字,而缺乏一種實事求是的客觀分析的態度,從而也就限制了俗字研究的正常進行。這種情況,只有在“五四”以後纔略有改變。在這一章中,我們就來介紹一下“五四”以後的俗字研究,並對今後的研究試作展望。在進入正題以前,有必要先對簡化字運動的歷史作一個簡要的回顧。

一、簡化字運動的歷史回顧

在清代後期(尤其是清末維新運動以後),隨着中西經濟、文化交流的增繁,觀念的更新,人們對俗字的看法已有所改變。如清光緒間范寅《論雅俗字》一文云:

天地生人物,人物生名義,名義生字,無俗之非雅,無雅不自俗也……雅俗之分,在吐屬不在文字耳。今之雅,古之俗也;今之俗,後之雅也。與其雅而不達事情,孰若俗而洞中肯繁乎？……桌椅之名見始唐宋，而《通雅》必引黄朝英言椅木名、棹與櫂通，但當用卓倚。然則卓亦與卓立混，倚亦與偏倚通矣。善哉，《正字通》收入桌字。而《廣韻》注與卓同者，漏矣。椅字則見陸龜蒙詩、《程子語録》、張子《理窟》、《朱子家禮》……必斥爲不雅，豈不侹歟？又如凳字惟《傳燈録》用之，論者必執《王獻之傳》、《晉陽秋》舊史作橙，《涪翁雜説》謂凳爲橙非。可知天地生人物，人物生名義，名義生字，不能因其俗造而抹摋也。……如必生今反古，勢必字書數萬文義，盡從掃去，歸本於宓犧一畫，始快樸雅，而萬世宇宙事物，聖賢道理，憑何傳信乎？（《越諺》附）

像這種通達的議論，在沉悶的封建社會確有令人耳目一新之感。稍後沈學説“夫字，士人之利器，以愈利爲愈妙”（《盛世元音》第四篇），林輅存説“蓋字者，要重之器也，器惟求於適用”（《上都察院書》），也提出了漢字改革的要求。

清宣統元年（1909），以鼓吹俗體字爲主要宗旨的《教育雜誌》創刊。陸費逵在創刊號上發表了《普通教育應當採用俗體字》的著名論文。他認爲俗體字筆畫簡單，易習易記，用它施及於普通教育，事順而易行。他在文章中寫道：

萬，古作万，算，古作祘，万、祘二字實古之正體字，今則視之與俗體無異矣。後之視今亦猶今之視昔。

可見正、俗的關係並不是萬古不變的。在《教育雜誌》第三期上，陸費逵又發表《答沈君友卿論採用俗字》的公開信，他説：

夫文字本言語之記號，自蒼頡造字至今，由蝌蚪而籀文，而篆隸，而行楷，變遷亦不一矣。率皆由繁而簡，由難而易，蓋吾人之心理然也。即以楷書論之，其改變亦不鮮，而因歷代廟諱而變者,尤更僕難數,不聞其有不便也。且正體亦何常之有?特視功令爲轉移耳。功令可以今之正體爲正體,又何不可以今之僞體爲正體哉。俗體字之由來,雖不可考,然必習用之字乃有之。蓋因其用處極多,而苦筆畫之繁重,其始偶有人作省筆字。不知不覺,轉相仿傚,遂成今日之俗體字。以其易寫易記,合乎人之心理也。

這段話把採用俗體字的主張闡述得更加透徹。

1919 年的"五四"運動,揭開了中國新民主主義革命的序幕。毛澤東在《新民主主義論》中,對"五四"以來的文化作了如下的概括:

二十年來,這個文化新軍的鋒芒所向,從思想到形式(文字等),無不起了極大的革命。其聲勢之浩大,威力之猛烈,簡直是所向無敵的。其動員之廣大,超過中國任何歷史時代。

在"五四"運動的影響下,改革漢字的呼聲更加高漲。許多報刊雜誌紛紛發表文章,主張採用簡體俗字。1922 年,錢玄同在國語統一籌備委員會提出"減省現行漢字的筆畫案",由陸基、黎錦熙、楊樹達連署(載 1923 年《國語月刊》"漢字改革號"),主張推行簡體俗字。提案指出:

這種通行於平民社會的簡體字,在明清以降,今日以前,都是用在帳簿、當票、藥方、小說、唱本……上面,所謂不登大雅之堂者。我們現在應該將它竭力推行,正式應用於教育上、文藝上,以及一切學術上、政治上。我們不認它是現行漢字的破體,認它爲現行漢字的改良之體。正如我們對於白話文學一樣,不認它是比古文淺鄙的通俗文學,認它是比古文進化的優美文學。

這就把簡體字提到了前所未有的高度。後來錢玄同又提出"搜採固有而較適用的簡體字案"。正是在這種主張的倡導下,一些推行簡體字的書籍先後面世,如胡懷琛的《簡易字説》(商務印書館1928年版)、杜定友的《簡字標準字表》(中國圖書館服務社1934年版)、容庚的《簡體字典》(燕京大學1936年版)、陳光垚的《常用簡字表》(北新書局1936年版),等等,數量不少。

三十年代,有些人提倡大衆語運動。與此相呼應,《太白》、《世界知識》等十五個雜誌社和文化界二百人在1935年2月共同發表"推行手頭字緣起"(見《申報》1935年2月24日),呼籲印刷品採用手頭字。一些報刊雜誌隨之付諸實施。正是在這種情況下,當時的教育部也不得不在1935年8月頒行"第一批簡體字表",共三百二十四個。但次年二月卻又明令"不必推行"。一時轟轟烈烈的簡體字運動終於没能推行開來。

中華人民共和國成立以後,人民政府十分重視漢字字形的簡化工作,並在廣泛調查研究的基礎上,於1955年12月和1956年1月先後頒布了《第一批異體字整理表》和《漢字簡化方案》,共簡化漢字二千二百多個(包括偏旁類推的簡化字),精簡異體一千多個,廣大人民群衆渴望漢字字形簡化的願望終於成爲了現實。

二、"五四"以後的俗字研究

由於時代因素的影響,"五四"以後的俗字研究的性質就發生了根本的變化。這時期俗字研究的主要目的是爲漢字字形的簡化服務,或者是爲古籍的校勘整理服務。1930年,劉復、李家瑞編的《宋元以來俗字譜》問世(中央研究院歷史語言研究所出版)。該書根據《古列女傳》、《大唐三藏取經詩話》、《京本通俗小説》、《古今雜劇》、《全相三國志平話》、《朝野新聲太平樂府》、《嬌红記》、《薛仁貴跨海征東白袍記》、《岳飛破虜東牕記》、《目蓮記彈詞》、《金瓶梅奇書前後部》、《嶺南逸史》等十二種宋元明清通俗文學作品刻本,收集俗字(主要是簡體俗字)一千六百多個。編者在序中説:

> 這十二種書,當然未必能將宋元以來所有的俗字完全包括,但就大體説,要借此看一看八九百年以來俗字的演進和變化的程迹,也就十不離九了。

編者在序中還説:

> 這十餘年來,頗有人提倡寫簡筆字,我以爲漢字在没有能找到極好的方法改爲拼音制之前,寫簡筆字實在是一種必不可少的過渡方法。若説簡筆字不合於六書,則太陽並不是方的("日"),狗並不是兩條腿("犬"),試問楷書之合於六書者安在? 亦許這一部書出版之後,對於簡筆字運動上,可以稍有一點用處。

儘管編者宣稱該書編寫的目的"只是爲研究俗字而已,並没有想到要在實用上有何種貢獻",但客觀地説,該書實在是當時簡筆字運動影響的産物。

該書每頁分十三横欄,第一欄是正楷,其下十二欄是十二種書的俗字,某書如果没有該字的俗字,則作空缺。全書按部首編排,部首相同的則以筆畫爲序。遇有部首不甚明顯的字,或者同部首的字不足三個的,則在部首字後按筆畫數編排。該書的優點是搜集了許多宋元以後新産生的俗字,諸如伤、仪、刘、势、劝、单、寿、图、峦、对、时、圣(聖)、声、听(聽)、举、灵、医,等等,其中許多字爲以前的字書所不載,該書把它們匯集在一起,直接爲當時及後來的字形簡化提供了字樣。

該書的缺點是編者往往根據後世或編者自己的習慣寫法來確定字形的正俗。如“爺”字古本作“耶”,“爺”爲其增旁俗字,大約宋代始見(敦煌寫本中尚未見“爺”字),而《俗字譜》卻以“爺”爲正楷,以“耶”爲俗字。又如“欵”爲“款”的俗字(《字彙·欠部》:“欵,俗款字。”),而《俗字譜》卻以“欵”爲正楷,以“款”爲俗字。此外如正楷欄的“鬬”當作“鬭”,“闊”當作“濶”,等等,數量不在少數。由於編者對正俗的判斷有問題,一些本應在收羅之列的俗字就出現了漏收的現象。如《俗字譜》誤以“步”(“步”的贅點俗字)爲正楷,便漏收了真正的俗字“步”(《京本通俗小説》等書中經見);以“粮”(“糧”的變換聲旁形成的俗字)爲正楷,便漏收了真正的俗字“粮”(《京本通俗小説》中有例)。另外,其他俗字漏收的情況也很嚴重。如《京本通俗小説》“劍”或作“劒”,“忍”或作“忍”,“認”或作“認”,“劫”或作“刼”,然試檢《俗字譜》,卻查不到它們的踪迹。

儘管《宋元以來俗字譜》存在着不少的缺點,但該書在當時的影響卻是相當的大。那時編的許多推行簡化字的字典,往往是以此書爲藍本。如1932年出版的《國音常用字彙》,就據該書收録了不少簡俗字。《國音常用字彙》説明第十九條云:“宋元以來有一種通俗的簡體字,舊稱破體或小寫,其筆畫較普通之體鋭減,赴速急就,頗切實用。現在把它推行,使書寫處於約易。故本書對於習見之簡體字,酌收若干,用小字附注於普通體之下,以示提倡。”後來國語統一籌備委員會在錢玄同的主持下編輯《簡體字譜》(其中的一小部分成爲1935年教育部公布的“第一批簡體字表”),亦多取材於《宋元以來俗字譜》。甚至近年編輯的大型字典《漢語大字典》,所收俗字也常常以《宋元以來俗字譜》爲依據。其實宋元以後的俗字大都因承六朝、唐五代而來。《宋元以來俗字譜》作爲一部斷代俗字書,固然無可厚非。但如果把它作爲許多俗字的源頭,那就難免數典忘祖之譏了。

除了《宋元以來俗字譜》以及上一節中提到過的一些鼓吹簡俗字的論文或小册子外,三十年代以後可以一提的還有以下諸項:

1935 年,唐蘭在《古文字學導論》中提出創立"新文字學"的設想,研究對象包括現代楷書、俗字、簡字等。

1936 年,黎錦熙在《辭海序》指出"奇文共欣賞"應是中國大辭典特别的任務,應收"常俗用字"。他説:"這個'奇'實在就是'常',因爲'常'則必'俗'。常俗用字,每爲舊時字書所不屑道。近今辭典偶道之而不能探其源。所以變爲'奇'了。"

1949 年,唐蘭在《中國文字學》中强調俗文字學、字樣學的研究,指出"俗文字在文字學史上應該有重要的地位"。

中華人民共和國成立以後,隨着簡俗字的被重新認識和漢字簡化方案的公布,報刊上出現了許多討論簡俗字的文章,並出版了《簡體字原》(易熙吾著,中華書局 1955 年版)、《簡化漢字字體説明》(陳光垚著,中華書局 1956 年版)等探討簡體字來歷的專著。但這些探源論著往往是淺嘗輒止,探到《碑别字》甚至《宋元以來俗字譜》便算是完成了任務。這時期一篇重要的論文是蔣禮鴻先生的《中國俗文字學研究導言》(載《杭州大學學報》1959 年 3 期《中國語文專號》)。文章對俗字與正字的關係、俗字研究的現狀和俗字研究的意義、以及俗字研究的步驟和方法等作了獨到的分析和闡述。文章呼籲從事語文工作的同志專力搞一下俗文字學,使文字學的研究趨於完整，填補文字學領域中的一大段空白。這是一篇在俗字研究史上具有導夫先路意義的重要論文。可惜蔣先生的呼籲没有受到人們應有的重視。此後二十年中，除了蔣先生自己在《敦煌變文字義通釋》中不時涉及到敦煌俗字的辨析外，俗文字的研究幾乎處於沉寂的狀態。一直到八十年代前後，隨着國學的復蘇和世界性敦煌學研究的高漲，這種狀況纔有所改變。

1978 年，臺灣著名學者潘重規先生偕弟子王三慶、曾榮汾、鄭阿財等十餘人編輯出版了《敦煌俗字譜》（臺北石門圖書公司 1978 年版）。潘先生在序文中指出：

> 敦煌寫本，字體殽亂，正俗糾紛，斯譜之作，所以爲敦煌寫本導夫先路也。……凡欲研究某一時代之作品，必須通曉某一時代之文字；欲通曉某一時代之文字，必須通曉某一時代書寫文字之慣例。吾人苟不研究敦煌之俗字，即難望通曉敦煌之作品。此俗字譜之作所以不容或緩也。

該譜取材於臺灣中央圖書館所藏的敦煌卷子（臺北石門圖書公司 1976 年影印出版）和日本神田喜一郎編的《敦煌祕籍留真新編》（臺灣大學 1947 年影印出版），包括敦煌寫卷一百七十八種。全書依《康熙字典》分二百十四部，同部之字依筆畫多少爲次。所採俗字以正字標領，每個正字下編字號，凡 2546 號。每個俗字下標明出處；隸古定及武后新字附於俗字之末，分别以㊀和◎符號表示之。

該譜收録了大量唐五代前後流行的俗字異體，對古籍整理尤其是敦煌寫本的整理具有很大的參考價值。如敦煌寫本伯 3724 號《王梵志詩·身是五蔭城》：“總在糞尿中，不解相蛆（怚）姡。”“姡”字費解，或讀作“括”，或改字作“蛞”，均所未安。查該譜

“妬”字下有俗字“姡”,據此可以推知“姡”當又是“妬”的訛俗字(上揭王梵志詩伯 3418 號正作“妬”)。校“姡”作“妬”,原詩便豁然貫通了①。

該譜將《宋元以來俗字譜》全部收入,附於敦煌俗字之後,其中正字下未收録敦煌俗字者,則以※符號標識之。兩相比較,可以發現許多《宋元以來俗字譜》中載録的俗字其實是前有所承的。如屡、师、粮、麦、床等等,皆見於敦煌寫卷。所以我們可以憑藉此書了解到一些俗字的更早的淵源。

該書的缺點一是取材過窄,難以代表整個敦煌寫卷俗字的狀況;二是缺乏簡擇,往往同一形體連篇累牘,眉目不清,昏人耳目;三是印刷不精,模糊漶漫,頗難辨認;四是一些字頭的分屬未盡妥當。如“蹔”“暫”一字,乃分而爲二;“皈”爲“眅”之訛俗字,而“眅”又爲“歸”的會意俗字(宋孫逢吉《職官分紀》記後魏俗字“自反爲歸”是也。參看第三章第十二節),《字譜》“歸”“皈”既一分爲二,又以“皈”爲正字,以“眅”爲俗字,可謂顛倒甚矣。

1983 年,中華書局推出周祖謨先生編著的《唐五代韻書集存》。該書分上下編,上編包括總述、唐五代韻書三十種(主要爲敦煌寫本)、及韻字摘抄等寫本九種,下編包括考釋、輯佚和附表。因爲該書收録的韻書中包含有大量的俗字資料(如我們在上一章專門介紹過的王仁昫《刊謬補缺切韻》即載列其中),周祖謨先生又有頗爲精到的敘評,所以有必要在這裏提一下。

1985 年,文物出版社出版了秦公輯的《碑别字新編》。在介紹該書之前,得先補敘一下上虞羅氏輯集碑别字的情況。清光緒間,

① 參看郭在貽師《唐代白話詩釋詞》,載《中國語文》1983 年第 6 期。

羅振玉伯兄羅振鋆採輯碑刻别構之字不載字書者仿吴玉搢《别雅》之例爲《碑别字》五卷,嗣後羅振玉又採其遺佚而成《碑别字補》五卷,並有刻本。民國初年,羅振玉復取兩書而合編之,而又命子羅福萇、羅福葆增廣所未備,最後成《增訂碑别字》五卷。洎後羅福葆又增輯《碑别字續拾》一卷。秦氏此書則是在上述諸書的基礎上改編增訂而成。羅氏原書據四聲按韻編列,是書則改按筆畫排列;羅氏原書載碑版别字五千餘,是書則增輯至近一萬三。所收别字按朝代先後排列於各該字頭下,並注明出處。凡見於《增訂碑别字》者於字例出處後加"○"號爲記,見於《碑别字續拾》者加"※"號爲記,無記號者即爲秦氏新增。

該書的優點是採集了大量碑版異體俗字,數量之多,幾二倍於羅氏原書,大致反映了各個時代碑刻俗字的面貌。誠如啓功先生在序文中所言,該書"不獨爲讀碑之助,亦足爲探究文字演變者之鑑"。然歷代碑别字數量浩繁,個人所見畢竟有限,其有闕漏,勢所不免。即以一些常見碑版俗别字檢核之,該書亦每多失載。如"佛"字俗字作"仏",《八瓊室金石補正》卷二三北周《强獨樂文帝廟造像碑》:"願一切法界衆生,早得作仏。"末字即"佛"字。又同書卷四三唐《開元寺三門樓題刻二十八段·靳文恪等造經像題名》:"敬造阿弥陀仏,合家供養。"陸增祥引清沈濤《常山貞石志》:"仏,古佛字。"又清畢沅《中州金石記》卷二《幽棲寺尼正覺浮圖銘》(開元六年七月立,正書)下跋云:"文不甚工,字帶隸體。云'入仏法海'者,即佛字,關中有《鄭州刺史爲子禱疾疏》,亦作此。"然試檢秦公書,"仏"字失載(有"仫"字,乃爲"仏"字變體)。類似的例子極多,此不贅舉。

另外,該書也重複了《宋元以來俗字譜》的老毛病,即編者常常根據後世或自己的習慣寫法來確定字形的正俗。如第 89 頁以"恠"爲正字,以"恠"爲俗字,實則"恠"乃"怪"隸定形成的異體,而"恠"纔是貨真價實的俗別字;111 頁正字"倏"當改作"倐","倏"爲"倐"的俗別字;136 頁正字"耻"當改作"恥","耻"爲"恥"的後起俗字;138 頁"荼"下收別字"荼",實則後者乃"茶"的俗別字,中唐以前有"荼"無"茶"(參看顧炎武《唐韻正》),"茶"即"荼"的後起分化字,此條當歸併於第 181 頁"茶"字;250 頁"甞"當歸併於 278 頁"嘗","甞"爲"嘗"的形旁換易俗字;360 頁"窺"字下收別字"闚",後者實爲"闚"的俗字(《龍龕手鏡·門部》:"闚,俗;闚,正。"),"闚""窺"皆見於《説文》,原本爲兩個不同的字,不當混而爲一;437 頁"闘"字下收別字"閗"(見魏《元遥墓誌》,原文云:"懸軍遠襲,……人無閗志。""無"後的俗字"門"裹面的部分拓本不甚清晰,疑爲"斗"之殘泐),"闘"實爲"鬬"的俗字(見《集韻》),當以"鬬"爲正字;464 頁"竸"爲"競"的隸變異體(參看《隸辨》卷四),當改以"競"爲正字,等等,問題不少。這樣一來,不但使得一些本該在收羅之列的俗別字没有被收入,而且也反映不出字形的淵源流變。如前面提到的"茶"字,它是什麽時候産生的?顧炎武據會昌元年柳公權書《玄祕塔碑銘》、大中九年裴休書《圭峰禪師碑》"荼"字寫作"茶",推斷此字産生於中唐以下(《唐韻正》卷四),事實是否果真如此?如果編者以"茶"爲正字,把"荼"出現的較早用例在"茶"下加以反映,那對探究文字演變來説便是十分有益的了(當然,考慮到"茶""荼"後世已分化爲二字,必要時可加注説明或在索引中加以反映,以便讀者索檢),遺憾的是《碑別字新編》"茶"下根本就没有"荼"字。

1987 年,商務印書館出版了李榮先生著《文字問題》。這是一本薄薄的小册子,全書僅一百零八頁,七萬一千字,但它卻是一本有份量的近代文字研究專著。該書主要討論明容與堂刻《水滸傳》等晚明刻本小説用字及其演變的情況。全書分序論、俗字、五種晚明刻本小説用字釋例、五種晚明刻本小説用字的演變釋例、漢字演變的幾個趨勢等五章。書中對許多俗字的淵源演變作了深入的分析,對與俗字相關的字形分化、簡化、類化、改换偏旁、增減筆畫、同音替代和音近替代等問題作了獨到的闡述。全書例證豐富,文筆洗練,讀來引人入勝。本書雖非專門討論俗字問題,但卻可以説是俗字研究方面的一部最爲重要的理論著作。

1988 年,臺灣學者曾榮汾博士推出他的新作《字樣學研究》(臺北學生書局印行)。所謂“字樣學”,作者認爲即研究文字書寫法式諸種問題之科學。由於字樣學以擬訂用字標準爲宗旨,勢必牽涉到俗文字之辨識,故字樣學與俗字研究的關係至爲密切。曾書包括緒論、字樣學之學術價值、字樣學發展史略、字樣學之重鎮——《干禄字書》研究、字樣學理之探析、研治字樣學之方法、結論等七章。這是第一部對字樣學進行系統研究的理論著作,在一定程度上填補了這方面的空白。

這期間還有一件比較重大的事件,即從 1986 年開始,四川辭書出版社、湖北辭書出版社聯合推出了徐中舒先生主編的《漢語大字典》,全書共八巨册,1990 年出齊。本書收字 54678 個,比以收字多著稱的《康熙字典》還多 7643 個。其中收録俗字之多,尤爲歷代字書之冠。在俗字辨析方面,該書在繼承前人成果的基礎上,汲取了今人的一些新成果,所以在反映俗字研究成果的總體水平上又有所提高。但該書在俗字辨析、探源、收録等方面都還存在着不少缺憾。對此,本書第六章已有所擿發,這裏不再重複。

另外還值得一提的是岳麓書社 1990 年出版了先師郭在貽先生和筆者及黄征同志合著的《敦煌變文集校議》,該書糾正了前人在敦煌變文校勘方面的大量錯誤,其中在"俗字和俗語詞考釋方面,尤多獨得之秘"①。在某種意義上,可以把該書當作研究俗字的著作來看。

除了上述俗字輯録及相關研究著作之外,這時期還發表了一些與俗字研究有關的學術論文,舉其要者,有臺灣潘重規先生的《敦煌卷子俗寫文字與俗文學之研究》、《〈龍龕手鑑新編〉序》、《用敦煌俗寫文字校釋文心雕龍刊本中殘存俗字考》、《敦煌卷子俗寫文字之研究》②,朱鳳玉《敦煌寫本字樣書研究之一》、《敦煌寫本"碎金"系字書初探》③,施安昌《唐代正字學考》、《唐人〈干禄字書〉研究》④,周祖謨《敦煌唐本字書敘録》⑤,趙超《論漢唐間的異體字及〈干禄字書〉》⑥,劉燕文《敦煌唐寫本字書〈正名要録〉淺

---

① 郭在貽師致趙逵夫先生信中語,轉引自梅季坤《系統嚴密,創獲良多——郭在貽等〈敦煌變文集校議〉讀後》一文,載《杭州大學學報》1991 年第 1 期。

② 分别載《孔孟月刊》1980 年第 7 期、《龍龕手鑑新編》卷首、《第二屆敦煌學國際研討會論文集》(臺北漢學研究中心 1991 年版)、《敦煌學》第 17 輯(臺北敦煌學會 1991 年版)。

③ 分别載《華岡文科學報》1989 年第 17 期、《第二屆敦煌學國際研討會論文集》。

④ 分别載《故宫博物院院刊》1982 年第 3 期、《顔真卿書〈干禄字書〉》附録(紫禁城出版社 1990 年版)。

⑤ 見《敦煌語言文學研究》,北京大學出版社 1988 年版。

⑥ 見國家文物局古文獻研究室編《出土文獻研究續集》,文物出版社 1989 年版。

介》①,顧之川《俗字與〈説文〉俗體》②,陳五雲《俗文字學芻議》③,吴小如《字義叢札》④,郭在貽師與筆者合撰的《關於敦煌變文整理校勘中的幾個問題》、《俗字研究與古籍整理》、《俗字研究與敦煌俗文學作品的校讀》⑤,以及拙撰《“别字”正名》、《試論敦煌寫卷俗文字研究之意義》、《敦煌寫卷俗字的類型及其考辨方法》、《〈漢語大字典〉讀後》、《“鉒鉾”解詁》、《仙、卌、卌辨析》⑥等。

此外還值得記上一筆的有:

1986 年,朱德熙先生在“漢字問題學術討論會”閉幕式上發言,呼籲加强近代文字的研究、俗字的研究,他指出近代文字的研究比古代文字的研究更重要。

1989 年,裘錫圭先生在《40 年來文字學研究的回顧》一文(載《語文建設》1989 年第三期)中指出:“對漢以後各代文字在字形和結構上的特點以及各代用字的特點,進行研究的人少得可憐。這方面已發表的比較重要的研究成果,見聞所及的只有一些研究敦煌卷子所用文字或其他唐代文字的論文,以及一本研究晚明刻本小説用字的薄薄的專著(引者按:指李榮先生的《文字問題》),這方面的研究工作很需要加强。”

---

① 見《文獻》1985 年第 3 期。

② 見《青海師範大學學報》1990 年第 2 期。

③ 見《上海師範大學學報》1990 年第 2 期。

④ 見《讀書叢札》,北京大學出版社 1987 年版。

⑤ 分别見《古漢語研究》1989 年創刊號、《古籍整理與研究》第 5 期(中華書局 1991 年版)、《近代漢語研究》(商務印書館 1992 年版)。

⑥ 分别見《語文建設》1989 年第 4 期、《敦煌研究院 1990 年敦煌學國際學術討論會論文集》、香港《九州學刊》1992 年第 2 期、《古籍整理出版情況簡報》263、264 期連載(中華書局 1992 年 10 月、11 月出版)、《文學遺産》1993 年第 2 期、《敦煌研究》1993 年第 2 期。

三、俗字研究的展望

從上節粗綫條的勾勒中我們可以看出,“五四”以後,尤其是七八十年代以後,俗字研究的意義已被越來越多的人所認識,有關的論文、著作日見甚多,並且出現了《文字問題》這樣高質量的著作。更令人欣慰的是,著名學者潘重規,蔣禮鴻、李榮、周祖謨、朱德熙、裘錫圭以及先師郭在貽教授等都曾在不同場合倡導近代文字、俗字的研究,他們有的還親自撰寫這方面的論文、著作,這對於俗字研究工作無疑是很大的鼓舞和推動。另外,近年國家社會科學基金的申報指南上也把“近代漢字”的研究作爲一個重要研究課題,這對今後漢字的研究方向將具有指導性的意義。可以預言,今後漢語俗文字的研究將會出現蓬勃發展的局面,俗字研究作爲一門新興的學科,必將獲得空前的發展。爲了迎接這一大好形勢,筆者認爲以下幾個方面是今後所應特别致力的:

1. 歷代俗字的輯録。如前所説,我們的前輩已在這方面做了不少的工作,這是值得我們表示感謝的。但説實在的,這些工作是不够全面或不成系統的,存在的問題也很多,需要全面加以修訂和增補。進一步的輯録可以採取兩種形式,一是按材料的部門,編纂專題性的俗字字典,比如《敦煌俗字典》、《碑刻俗字典》、《宋元刻本俗字典》、《佛經俗字典》等;一是按時間的順序,編纂斷代性的俗字字典,比如《六朝俗字典》、《唐五代俗字典》、《宋元以來俗字典》等。輯録時最好用摘句的方式而不要摘字,因爲離開一定的上下文就無從取信;只要提供了一定的上下文,纔能给讀者以進一步研究的餘地。當我們把上述兩方面的輯録工作做得差不多的時候,就可以進一步編纂一部集大成的《漢語俗字字典》。

2. 歷代俗字書的整理。這方面的工作以前還没有什麽人做過,應該積極開展起來。比如《敦煌俗字書輯校》、《干禄字書校證》、《龍龕手鏡校箋》、《六朝唐五代俗字資料匯編》,等等,都是很有價值的課題(前兩項筆者已在着手進行)。整理工作可包括校勘、疏證和編制索引等。

3. 俗字的辨析考證。在歷代俗字輯録、整理的基礎上,我們就可以進行更爲微觀的研究,勾勒出每一個具體俗字淵源演化的譜系來。比如現代的簡化字“国”是怎麽來的?“茶”字是什麽時候産生的?作爲國名的“隨”究竟是什麽時候省作“隋”的?“娘”“孃”是什麽時候混用的?“備”或“陪”是什麽時候變爲“賠”的?“花”字是什麽時候出現的?等等,像這一類的問題都有必要逐個加以研究,作出有説服力的結論。這樣的研究最後可形成爲《簡化字原》(易熙吾有《簡體字原》,那太簡略,需要加以重寫)、《俗字探源録》一類的專著。另外,歷史上還有許多“有音無義或音義全無”的“無可考據”的字(《康熙字典·備考》語),是否真的“無可考據”?事實恐怕並非如此。相信當我們把歷代俗字的家底摸清楚的時候,我們就能對其中的許多疑難俗字作出令人信服的説明和破譯。

4. 俗字的理論探討。俗字的産生、流行有它自己的客觀必然性。過去有人把俗字斥爲“訛火”而不認真加以研究,那是不對的。我們要研究俗字的成因、俗字和正字的關係、俗字的類型、俗字的特點,等等,並進而編著一部具有條理性、系統性、科學性的《漢語俗字研究概論》,使俗字研究由感性階段上昇到理性階段,以指導今後的研究工作。至於本書,那只是這方面的一個小小的嘗試。拋磚意在引玉,黄鍾大吕,實所望於來者。

附録一　字海雜俎

一、“弓”字探源

俗字有“弓”字，用與“卷”同。明楊慎《譚苑醍醐》卷四云：“道書以卷爲弓，與軸同，陶九成《説郛》用之。”清章學誠《文史通義·内篇·篇卷》：“道書稱弓，即卷之别名也。元人《説郛》用之。”字又作“弓”。明陶宗儀《輟耕録》卷二“弓字”條：“弓即卷字。《真誥》中謂一卷爲一弓。”《真誥》乃梁陶弘景所作的一部道教著作，可知“弓”或“弓”字的應用六朝時已然。不過它們的應用並不限於道書。如北魏《兗州刺史滎陽文公鄭羲下碑》：“遂乘閑述作，注諸經論，撰《話林》數弓。”①即是其例。

“弓”或“弓”的用法無需深究，但它們的來歷卻是千百年來紛如聚訟的一大難題。宋黄伯思《東觀餘論》卷上“論弓字”條云：“小宋《太一宫》詩：‘瑞木千尋竦，仙圖幾弔開。’注云：《真誥》謂一卷爲一弔。殊不知《真誥》所謂弓即卷字，蓋從省文。《真誥》音亦爾，非弔字也。碧虚子陳景元據《真誥》以此字即‘篇’字，蓋亦

① 載清陸增祥《八瓊室金石補正》卷一四，文物出版社 1985 年版。

誤云。"[1]清錢大昕《十駕齋養新録》卷四"䍡"條則云："《説文》：䍡，讀爲書卷之卷。道書以一卷爲弓，蓋即艸書䍡字。凡艸書横目多作乛，文有兩目，故以'二'代之，非從弓從二也。楊用修以爲糾字之訛，此臆説不足信。"由於錢氏素以考訂精密著稱，故此説一出，後人翕然信從。近年出版的《漢語大字典·弓部》"弓"字下引用《十駕齋養新録》的書證，蓋亦附和其説。

竊以爲前人謂"弓"爲"弔"字、"篇"字、"糾"字者固屬非是，錢氏以"弓"即"䍡"字草書恐亦未得。黄伯思以"弓"爲"卷"字省文，則堪稱卓見。惜乎其説未詳，今試申論如次：

"卷"字《説文》從卪、𢍏聲；"卪"字篆書作"ㄗ"，隸定或作"弖"（《字彙·弓部》："弖，即卪字。"），故"卷"字或書作"弮"。敦煌寫本斯1437號《大方等陀羅尼經》："《大方等陀羅尼經》弮第二。"日本學者池田温《中國古代寫本識語集録》[2]（以下簡稱"池録"）所附新町三井家藏水（癸）卯年（公元403或463年）《大雲无想經》寫卷圖版："《大雲无想經》弮第九。清信女張宜愛所供養。"又京都博物館藏丁卯歲（427）《優婆塞戒》寫卷圖版："《優婆塞戒》弮第七。"上述三例中加點的字皆即"弮"字手寫的變體。

"卪"字或省點作"卩"，所以"弮"亦常省點作"卷"。《龍龕手鏡·弓部》："卷，丘員反，古縣名。又音眷，曲也。又書弮，今作

① 據清邵武徐氏叢書初刻本。宋孫奕《示兒編》（《叢書集成初編》本）引"弓"字作"弓"。

② 東京大學東洋文化研究所1990年發行。

卷。"《廣韻·綫韻》:"券,書券,今作卷。"①

由"劵"形簡省,"卷"俗又書作"弓"。敦煌寫本斯 2942 號《大智度論》卷五九:"復更自説,有人書寫經弓与人……其福勝前。"又斯 4492 號《大智度論》末署"第五十七弓"。敦煌研究院藏敦煌寫本 20 號《大般涅槃經》卷六如來性品(北朝寫本):"若有衆生於三恒河沙等佛所發菩提心,然後乃能於惡世中不謗是法,受持讀誦書寫經弓,雖爲他説,未解深義。若有衆生於四恒河沙等佛所發菩提心,然後乃能於惡世中不謗是法,受持讀誦書寫經弓,爲他廣説十六分中一分之義,雖復演説,亦不具足。"又 21 號《大般涅槃經》(北朝寫本)首題"大般涅槃經如來性品中弓第六"。又 23 號《大般涅槃經》(北朝寫本)首題"大般涅槃經梵行品中弓第廿"。敦煌市博物館藏敦煌寫本 11 號《妙法蓮華經》末有"第八弓"字樣,又 12 號《妙法蓮華經》末有"第七弓"字樣。甘肅省博物館藏敦煌寫本 136 號《道行般若經》末有"第九弓"字樣。斯 737 號《大般涅槃經》末題"《大般涅槃經》第廿九",其中的掃描字又爲"弓"的變體。

由"劵"或"弓"形省變,"卷"俗又書作"弓"或"弓"。後晉釋可洪《藏經音義隨函録》第貳拾貳册《四品學法經》音義:"有弓,居願反,正作弓,古文卷,亦作劵。"("正作弓"的"弓"有誤,參下)又

① 徑直寫作"劵"字的,敦煌寫卷中罕見。池録所附建衡二年(270)張虹舊藏《太上玄元道德經題記》和咸寧四年(278)栗原貞一舊藏《陀羅尼神咒經卷四題記》寫卷圖版皆有"劵"字,但有的學者懷疑它們是僞作,不可信。又敦煌研究院藏敦煌寫本 16 號《自在王菩薩經》卷上,卷背題籤"自在王菩薩經上劵"。該件係莫高窟土地廟出土,土地廟出土的寫經多件卷背有題籤,彼此字體、用墨都非常相似,這些題籤是否爲原卷所有,也很可疑。

第貳拾捌册《弘明集》第一卷音義:"小弓,居願反。"(《大正藏》本《弘明集》相應位置作"小卷")又第伍册《正法華經》第六卷音義:"經弓,古願反,正作弓。"(《大正藏》本《正法華經》相應位置作"經卷")敦煌寫本斯751號《十誦毗尼初誦》末題:"比丘法騰書此《十毗尼》一弓。"池録所附書道博物館藏普泰二年(532)《律藏初分》寫卷卷十四題記圖版:"東陽王元榮……爲梵釋天王造摩訶衍一部百弓,四十弓爲毗沙門天王,三十弓爲帝釋天王,三十弓爲梵釋天王。"伯2735號《老子道德經》末至德二載(757)吴紫陽題記:"(《老子道德經》)上下二弓,合八十一章,四千九百九十九字。"寫於天寶十載的伯2417號《老子道德經》末索棲岳題記也有這樣的内容,唯"弓"字作"弓","弓""弓"皆爲"卷"的俗字。

由"弓"形小變,"卷"俗又書作"弓"或"弓"。《藏經音義隨函録》第拾册《十地經論》第一卷音義:"餘弓,居願反,亦作劵,經書軸也。"又第貳拾叁册《經律異相》第二十八卷音義:"五弓,音卷。"又第捌册《海龍王經》第四卷音義:"經弓,音卷。"敦煌研究院藏敦煌寫本196號《妙法蓮華經》(北朝寫本)末題"妙法蓮華經弓第十"。池録所附書道博物館藏熙平元年(516)《律抄》寫卷題記圖版:"《律抄》壹弓,熙平元年七月十三日於昌梨寺寫訖。"又天監十一年(512)《摩訶般若波羅蜜經》寫卷卷十四題記圖版:"建安王蕭偉敬造衆經一千弓流通。"又天寶十二載(753)《法華經玄贊》寫卷圖版:"《法華經玄贊》弓弟七。"敦煌寫本伯2189號大統三年(537)《梁武帝東都發願文》卷末題記:"大統三年五月一日,中京廣平王大覺寺涅槃法師智嚴,供養《東都發願文》一弓。"按《龍龕手鏡・弓部》云:"弓,或作;弓,古文:音眷,今作卷。"其實"弓""弓"都是"弓"俗寫的變體,可洪以"弓"("弓"手寫之變)爲正字,行均以"弓"爲古文,皆非確論。

俗寫文字常有贅增筆畫的習慣(也許是受"弱"字的影響),於是一點的"弓"就有可能訛變作兩點的"弖"。《漢語大字典》尸部引明董斯張《廣博物志》"卷"字寫作"局",當又是由"弖"訛變而來。至於"卷"字作"弓"作"弖",變點爲横,敦煌寫卷及其他唐五代以前的寫(刻)本古籍罕見其例,當是傳刻訛變而然。考論至此,我們可以得出以下三點基本結論:

一、"弓"或"弖"係由"卷"字訛變而來,其訛變軌迹是:

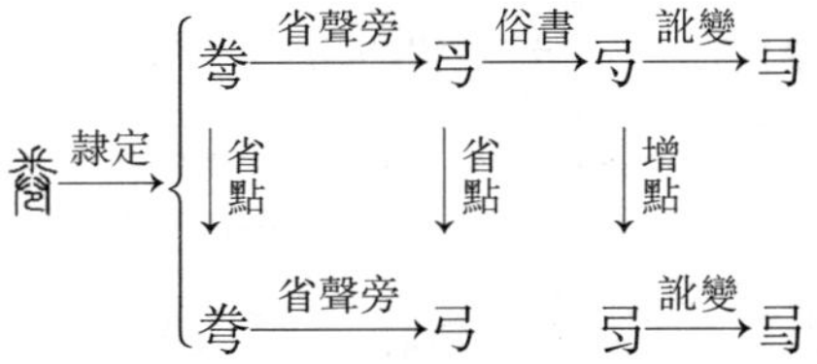

二、"弓"及其孳乳字流行於六朝及唐代前期(上文引例中最晚的一個有確切年代的敦煌寫卷是作於至德二載〔公元757年〕的《老子道德經》題記,其他未標明寫作年代的敦煌寫卷亦大抵是唐代前期以前的産物),唐代後期已很少使用。宋元以後則已基本絶迹(少數的幾個用例是撰作者刻意仿古的結果)。

三、"弓"及其孳乳字的使用並不限於道教著作。

最後我們附帶談一下"弔"與"卷"的關係問題。前引《太一宮》詩"仙圖幾弔開",其中的"弔"確實用與"卷"同,但並非"弔"本身有"卷"的意思,而是這個"弔"乃是"卷"的誤字。前面我們説過"卷"字俗或作"弓"和"弖",由之演變,俗又寫作近似於"弔"的形狀。《藏經音義隨函録》第拾捌册《阿毗曇毗婆沙論》第六十卷音義:"百弔,居顔反。"(《大正藏》本《阿毗曇毗婆沙論》相應位置作"百卷")又第貳拾叁册《經律異相》第十一卷音義:"五弔,音卷。”(《大正藏》本《經律異相》相應位置作“五卷”)又第貳拾貳册《法句喻經》第一卷音義:“經,居願反。”其中的“”“”“”皆爲“弓”或“弓”手寫的變體,其形與“弔”字至近,極易發生訛混。敦煌寫本伯 2143 號普泰二年(532)《大智度論》第廿六品題記:“東陽王元榮……敬造《无量壽經》一百部,卌卷爲毗沙門天王……造《摩訶衍》一百卷,卌卷爲毗沙門天王,卅卷爲帝釋天王,卅卷爲梵釋天王。”又斯 996 號《雜阿毗曇心經》卷六題記:“(太和三年,公元 479 年)洛州刺史昌梨王馮晉國,仰感恩遇,撰寫十一切經,一一經一千四百六十四卷,用答皇施。”其中的“卷”字寫卷皆作“”形,即“卷”的簡俗字,後例池録誤作“弔”字,可見二字確有相混者。《敦煌變文集·大目乾連冥间救母變文》:“太山都要多名(冥)部,察會天曹並地府。文牒知司各有名,符弔下來過此處。”“符弔”不辭,“弔”亦當是“卷”字俗誤。或校作“符書”①,似不可從。

校按:《説文·ㄐ部》:“,相糾繚也。一曰瓜瓠結ㄐ起。象形。”段玉裁注:“《真誥》一卷爲一弓,弓當即是字。一ㄐ猶言一縛。ㄐ、卷雙聲,故謂卷爲ㄐ也。”“”字故宫博物院舊藏裴務齊正字本《刊謬補缺切韻·幽韻》楷定作“弓”,《鉅宋廣韻》作“弓”,故就字形而言,段説是有道理的。問題在於上揭“弓”、“弓”等字古人皆讀“卷”而不讀“ㄐ”,而“卷”“ㄐ”雖同屬見紐而韻則大異,且古書並未見直接用“ㄐ”指稱卷數的實例,故段説似是而實非,恐不可從。

---

① 如項楚師《敦煌變文選注》頁 677 注〔18〕,巴蜀書社 1990 年版。

二、“鉐鉾”解詁

宋郭茂倩《樂府詩集》卷二五載梁横吹曲辭《企喻歌辭》四首，其中的第二、第三首云：

放馬大澤中，草好馬著臕。牌子鐵裲襠，鉐鉾鸐尾條。

前行看後行，齊著鐵裲襠。前頭看後頭，齊著鐵鉐鉾。

其中的“鉐鉾”一詞，字面生澀而義晦，所指云何，殆可謂千古之謎。元左克明輯《古樂府》“鉐”字作“鉉”，同樣令人費解，近人朱東潤先生主編的《中國歷代文學作品選》注云：“鉐鉾(máo 矛)，未詳。鉐，左克明《古樂府》作‘鉉’；鉉，同‘弦’。鉾，同‘矛’。”① 逯欽立先生編《先秦漢魏晉南北朝詩》校云：“鉐，鋹之異體。”②近年出版的《漢語大字典·金部》“鉐”字下云：“鉐，hù。鉐鉾：兜鍪(頭盔)之類。《樂府詩集·横吹曲辭·梁〈企喻歌辭〉》：‘牌子鐵裲襠，鉐鉾鸐尾條。’按：朱東潤主編《中國歷代文學作品選》注：‘鉐，左克明《古樂府》作“鉉”；鉉，同“弦”。鉾，劍端。’”(末三字非朱注原文，不當包括在朱書引文之內)

按：上引三説，朱東潤先生稱“鉐鉾”未詳，態度頗爲謹慎；但又從左録謂“鉉鉾”同“弦矛”，則大無義理。《漢語大字典》的解説前後矛盾，其以“鉐”字音 hù，未知所據，蓋想當然耳(當是“秀才識字讀半邊”)。逯欽立先生以“鉐”爲“鋹”字異體，則堪稱卓見，惜乎其説未了(“鋹”字不見於字書)，今試申論如次：

兩漢以迄晚唐五代，俗寫文字“氏”旁每書作“互”形，諸如

① 中華書局 1962 年版。

② 中華書局 1983 年版。

“低”作“伍”,“抵”作“掗”,“祇”作“袻”[1],等等,其例至爲紛繁。唐顔元孫《干禄字書》云:“互氐:上通下正。諸從氐者並準此。”顔元孫所謂的“通”是指通行已久的俗體字,可見“從氐者”作“互”是當時流行已久的通俗寫法。所以逯欽立先生判定“鉧”爲“鋲”的異體,是和俗書的這一通則相吻合的。至於左克明《古樂府》“鉧”字作“鉉”,詩中並非“弦”的異體,而是“鉧”的訛變字。何以言之?蓋“氐”旁由“互”形演化,俗又或書作“玄”(“玄”寫起來較順手,且可避免與“互相”的“互”相混),如“低”俗作“伭”,“抵”俗作“抾”,“詆”俗作“誸”[2],等等,其例亦頗爲繁夥。故“鋲”字俗寫或可書作“鉉”。而俗書又常有贅增筆畫的習慣,於是“鉉”就有可能進而誤作“鉉”。季羡林先生等校注本《大唐西域記》卷五《羯若鞠闍國》:“諸王覩異,重增祇懼。”其中的“祇”字四部叢刊影印宋刊藏經本作“袨”,而《漢語大字典》所據録的本子卻誤作“袨”(見該書示部“袨”字下所引)。可見“鋲”傳刻時誤作“鉉”的可能性是存在的。朱東潤先生據《古樂府》的誤字立説,詩義未安,顯然是不可取的。

論述至此,“鉧鉾”當作“鋲鉾”大概可以定論。然“鋲”字未見於古今載籍;“鉾”字辭書有同“矛”(《龍龕手鏡》)與“劍端”(《玉篇》)二義,詩義仍然不明。竊謂詩中的“鋲鉾”乃爲“鞮鍪”的俗字,請進而申論之。

玄應《一切經音義》卷一《大方廣佛華嚴經音義》:“《廣雅》:胄,兜鍪也。中國行此音。亦言鞮鍪,江南行此音。鞮音低,鍪,莫侯反。”《文選》卷九揚雄《長楊賦》:“鞮鍪生蟣蝨,介胄被霑汗。”

---

① 並見《龍龕手鏡》,敦煌寫卷中亦多見。

② 並見《龍龕手鏡》。

李善注:"鞮鍪,即兜鍪也。鞮,丁奚切;鍪,音牟。"可見"鞮鍪"即"兜鍪"的方言音變字,音同"低牟"。《敦煌變文集》卷一《捉季布傳文》:"順風高綽低牟熾(幟),逆箭長垂鎖甲衵 "又云:"憶昔揮鞭罵陣日,低牟鎖甲氣如雲。""低牟"正是"鞮鍪"的借音字。大概是由於"鞮鍪"經常寫作同音的"低牟",爲使意義明確,民間遂又變換和增加形旁造出一對新的形聲俗體字——鉞鉾。[1] 漢史游《急就篇》:"弓弩箭矢鎧兜鍪。"近人高二適按:"鍪,顔(師古)本作'鉾',王(應麟)補注云:一作'鉾'。"[2]又玄應《一切經音義》卷四《大方便報恩經》第二卷音義:"兜鍪,莫侯反,《廣雅》:兜鍪謂之胄。經文作鉾,非字體也。"《集韻·東韻》蒲蒙切"鏠"字下云:"首著兜鉾也。"其中的"兜鉾"即"兜鍪"。可見"鉾"用作"鍪"的俗字,初非僅樂府詩爲然也。可惜"鉾"的這一用法未被《康熙字典》、《漢語大字典》等大型字書所載録,從而也妨礙了人們對"鉦鉾"一詞確切含義的探尋。

上面的考辨,我們可以作如下概括:

兜鍪$\xrightarrow{\text{音變}}$鞮鍪$\xrightarrow{\text{假借}}$低牟$\xrightarrow{\text{換旁、增旁}}$鉞鉾$\xrightarrow{\text{俗書}}$鉦鉾$\xrightarrow{\text{訛變}}$鉉鉾

最後我們附帶討論一下"頭毛"一詞。

《樂府詩集·企喻歌辭》正文前有一段解題,其中引《古今樂録》云:"《企喻歌》四曲,或云後又有二句:頭毛墮落魄,飛揚百草頭。"其中的"頭毛",實亦即"兜鍪"的借音字。上文引《捉季布傳文》"低牟鎖甲氣如雲"句,"低牟"伯3697號作"頭牟"。又敦煌寫

---

① 居延漢簡有"鐵鞮(鎧)鍉瞀"(《居延新簡》下册破城子探方 17·26),"鍉瞀"即"鞮鍪","鞮"字變革爲金,可能和古代兜鍪質的變化有關;"鉞鉾"皆從金旁,當亦與此因素有關。

② 上海古籍出版社 1982 年版。

本伯 3867 號《漢將王陵變》:"霸王親問,身穿金鉀,揭去頭牟,搭箭彎弓,臂上懸劍,驅逐陵母,直至帳前。""頭牟"猶"頭毛",亦即"兜鍪"。又敦煌寫本斯 2144 號《韓擒虎話本》:"忽然十字地烈(裂),涌出一人,身披黄金鎖甲,頂戴鳳翅頭毛。""頭毛"亦正是"兜鍪"的借音字,足資比勘。

三、"棖"字源流考

(一)

《中國語文》1986 年第五期載袁賓先生《〈五燈會元〉詞語釋義》一文,謂"棖"字用作動詞,有接觸、碰觸的意思。袁文引劉宋謝惠連《祭古冢文》並李善注,説"最遲在初唐以前'棖'字已經有了動詞的用法"。今考晉葛洪《抱朴子内篇》卷十四《勤求》篇云:"此亦如竊鐘棖物,鏗然有聲,惡他人聞之,因自掩其耳者之類也。"又《抱朴子外篇》卷二十五《疾謬》篇云:"雅而可笑,中而不傷;不棖人之所諱,不犯人之所惜。"其中的"棖"字,正是碰觸之義。玄應《一切經音義》(以下簡稱玄應《音義》)卷十四《四分律》"相棖"條引《字苑》云:"棖,丈庚反,棖觸也。"[①]所引《字苑》,大概就是葛洪作的《要用字苑》(兩《唐志》並著録葛洪《要用字苑》一卷,隋顔之推《顔氏家訓・書證》則稱"葛洪《字苑》")。這樣看來,至遲在晉朝"棖"字已有了動詞的用法。

"棖"字又作"振"。《大方等大集月藏經》卷一:"如是諸物互

---

① 《叢書集成初編》本。下同。

相捔觸，出於種種妙法音聲。”①其中的“捔”字，玄應《音義》卷一引作“根”，“捔”大概就是“根”的俗字。因爲手旁木旁俗書往往是混用的（這在敦煌寫本中可以找到無數的例證），而且，“根”字用作動詞，改從木爲從手，意義上似乎也更合適一些。所以袁賓先生認爲“捔”是“人們爲了區别於名詞‘根’，或者無意中受了‘根’的詞性變化的影響”而造出的新字，這大抵是可信的。但至遲從唐朝開始，作爲動詞，手旁的“捔”已上升到正字的地位，並逐漸取“根”而代之。慧琳《一切經音義》（以下簡稱慧琳《音義》）卷八一《南海寄歸内法傳》音義：“根（引者按：據文意‘根’似當作‘捔’）觸，從手從長，傳文從木作根，人名也。”②又卷五十七《須摩提長者經》音義：“相根，宅庚反，俗字也。”又同書卷六二引《文字典説》（唐張戩撰）、卷六十五引《韻詮》（唐武玄之撰）並謂其字“從手長聲”。至宋代編的《廣韻》、《集韻》，作爲動詞的“根”便讓位於“捔”而從辭書上消失了。這種變化，反映了當時人們對“根”“捔”二字的認識以及它們的實際使用情況。

（二）

考《説文·木部》：“根，杖也。”朱駿聲《説文通訓定聲》：“根，與樘略同，柱也。”《爾雅·釋宫》：“根謂之楔。”郭璞注：“門兩旁木。”郝懿行義疏引《論語》皇侃疏云：“門左右兩槏邊各豎一木，名之爲根，根以禦車過，恐觸門也。”可見，“根”是指古時門兩旁所豎的木柱。那麽，作爲木柱的“根”怎麽會用作動詞而含有碰觸的含義呢？對此，古人已經表示了他們的懷疑。慧琳在上引《南海寄歸

① 《中華大藏經》影印明永樂南藏本。

② 上海古籍出版社影印日本獅谷白蓮社刊本。下同。

内法傳》音義中指出:“棖,人名也。”[①]他認爲傳文用“棖”表示碰觸義是不合適的。在《禪秘要法經》音義中,慧琳更明確地指出:“(碰觸義)經從木作棖,誤也。”[②]那麽,“棖”(動詞)的本字究竟是哪個呢? 慧琳在《須摩提長者經》音義中指出:“相棖,宅庚反,俗字也。正作敞,亦作敦,又作棦,先儒隨意作之,散在墳典。《集訓》云:‘棦,撞也,𦥑(引者按:“𦥑”同“觸”)也。’轉注字而說之也。”[③]慧琳認爲“棖”正字作“敞”,大概是採用了唐張戩《古今正字》的說法。慧琳《音義》卷三二《觀彌勒菩薩上生經》音義中說:“敞觸,宅耕反。《字書》:敞,橦也,或作棦,亦作棖。《古今正字》從殳作敞。經作樘,柱也,非經義。”

考“敞”字不見於秦漢古籍,這個字的來歷是值得研究的。最早收載“敞”字的辭書似是南朝梁陳之間顧野王編的《玉篇》。該書殳部云:“敞,丈耕切,推也。”這個音切和釋義與棖觸字自然是接近的。但今本《玉篇》屢經唐宋人增訂,已非原貌,我們懷疑“敞”字是唐宋人加進去的。宋人編的《廣韻》不載“敞”字,便是明證。《廣韻》後的另一部韻書《集韻》收了“敞”字,也只是作爲“敹”的或體出現的(《集韻·耕韻》:“敹,除耕切,揬也,或作敞。”關於“敹”“敞”的來歷,詳見下文)。所以張戩、慧琳把“敞”這樣一個比較晚起的字當作棖觸字的正字,顯然是不合適的。

慧琳認爲“敞”字亦作敦,又作棦,這倒爲我們探求棖觸字的本字提供了一些綫索。考《集韻·耕韻》:“朾,《說文》:橦也。或

---

① 見慧琳《一切經音義》卷八一。《論語·公冶長》篇有“申棖”,何晏集解云:“包曰:申棖,魯人。”

② 見慧琳《一切經音義》卷五五。

③ 見慧琳《一切經音義》卷五七。

作挬、敦、撑、敳。”其中的“挬”就是“棦”的變體(説詳下文),“敦”則即“敦”字(唐唐玄度《九經字様》:“攵,音撲。《説文》作攴,隷省作攵。”)。“敿”字亦作敦,又作棦,敦、棦的正字又爲朾,那麽“敿”也就是“朾”了。慧琳又説敿“亦作棖”,那麽“棖”亦即“朾”了。考《説文・木部》:“朾,橦也。从木,丁聲。”段玉裁改“橦”爲“撞”,注云:“撞從手,各本誤從木從禾,今正。《通俗文》曰:撞出曰朾,丈鞭、丈莖二切。與《説文》合。謂以此物撞彼物使出也。”又莫友芝《説文木部箋異》云:“黔蜀間呼撞出物曰棖,或呼曰挺,或呼曰頂,皆宜用朾字。”“朾”字古音在十一部,“棖”字在十部(分部據段玉裁《六書音均表》。“朾”耕部字,“棖”陽部字,“朾”字作“棖”爲耕陽旁轉);《廣韻》“朾”宅耕切,“棖”直庚切,聲母、聲調相同,韻母很接近;撞有撞擊義,又有碰撞義,“朾”和“棖”(動詞)意義上也是很接近的。所以筆者認爲“棖”的本字爲“朾”,這大概不會有太大的偏差。

(三)

“朾”字異體作“棦”。《廣雅・釋詁一》:“棦,刺也。”王念孫改“棦”爲“挬”,云:“(挬)各本訛從木,今訂正。”又云:“挬者,《説文》:朾,撞也。朾與挬同。”按《廣雅》各本從木作“棦”,不誤。慧琳《音義》卷十二《大寶積經》第二十七卷音義“振𨍏”條引《廣雅》亦作“棦”。《龍龕手鏡・木部》:“棦,宅耕反,撞也,觸也。”字亦從木作“棦”。朾從丁聲,棦從亭聲,亭又丁聲,故從亭亦猶從丁也。作“挬”者,“棦”之俗;“棦”變爲“挬”,猶“朾”俗又變而爲“打”;“挬”爲“棦”之俗,“棦”又爲“朾”之俗也。“棦”有撞擊義,又有碰觸義。慧琳《音義》卷五七《須摩提長者經》音義引《集訓》:“棦,撞也，牚也。”《廣韻・耕韻》作“掙”，云“撞也，觸也”。宋釋道原《景德傳燈録》卷二八：“切須防御，莫教掙觸。”“掙觸”是同義連文。

“朾”字别又作“掙”，又作“敦”。“掙”應該就是“掙”的形近誤字；“敦”則應是“掙”的換旁字。清徐灝《説文解字注箋》云：“攴，疑本象手有所執持之形，故凡舉手作事之義，皆從之。”從手從攴義近，故俗或書“掙”作“敦”。慧琳《音義》卷十二《大寶積經》第二十七卷音義：“振牚，上宅衡反，《廣雅》作棖，棖，刺也。《考聲》：振，撞也。從手長聲也。或作敦，訓用亦同。”從攴從殳義近（近人林義光《文源》：“古〔殳〕象手持殳形，亦象手有所持以治物。故從殳之字與又、攴同意。”），故“敦”或變作“㲉”。《字彙補・殳部》：“㲉，徒孟切，音鄧，義闕。”《康熙字典》以爲“即敦字之訛”，是也。唯其字當音宅耕切，《字彙補》音徒孟切，未確。慧琳《音義》卷三九《不空羂索經》第十一卷“敯觸”條音義又出或體“敦”字，《龍龕手鏡・文部》又有“敦”字，“敦”、“敦”當皆爲“敦”的訛俗字（《龍龕手鏡・文部》：“敦，俗，宅耕反，正從攴。”“敦”訛作“敦”可比較“掙”訛變作“掙”）。《龍龕手鏡・攴部》有“敦”字，云：“俗，宅耕反。”《改併四聲篇海・攴部》引《搜真玉鏡》又有“敦”字，持行切，“敦”爲“敦”之訛，“敦”又爲“敦”之訛也。

（四）

“朾”别又作“橖”、作“撐”。“橖”“棖”古通用（古音同在十部）。慧琳《音義》卷十七引玄應《大集日藏分經》第六卷音義：橖柱，上敕耕反，經文作棖，非體也。經文“棖”即“橖”的借字。“棖”可以借作“朾”，“橖”自然也可借作“朾”了。玄應《音義》卷二《大般涅槃經》第八卷音義："撜觸，音紂庚反。《説文》：撜，柱也。何承天《纂文》云：撜，觸也。"按：今本《説文》無"撜"字，考同書卷十引《説文》作"橙，柱也"，"橙"字是，"撜"則是"橙"的俗字。"橙"變作"撜"，和"朾"變作"打"、"棖"變作"振"是同樣的道理。慧琳《音義》卷十七引玄應《大集月藏分經》第一卷音義："棖觸，《説文》作橙，柱也，音紂庚反。《字統》作棖，丈庚反，棖觸也。"此謂"棖觸"字《説文》作"橙"，雖然這並不確切，但也可藉以證明"棖""橙"音近義通，棖觸字亦可作"橙"。

"橙"字俗作牚，又作橕，亦作樘。《集韻・庚韻》："橙，或作橕、牚、樘。"橕、牚、樘也有棖觸的意義。《廣韻・庚韻》："橕，撥也。"《改併四聲篇海・牙部》引《餘文》："牚，撥也。"（"撥"也是碰觸之義，謝惠連《祭古冢文》"以物棖撥之"，"棖撥"是近義連文。）慧琳《音義》卷三九《不空羂索經》第十一卷"敯觸"條音義謂棖觸字"經本作'樘'，誤也"。其實，"樘"爲"橙"之俗，"橙"又爲"棖（朾）"之借也。慧氏以爲誤，蓋不然矣。"樘"字從木、棠聲，佛經中亦或借"棠"爲棖觸字。慧琳《音義》卷六五《五百問事經》音義："棖（振）食，上宅耕反，《韻詮》云：棖（振），觸也，從手、長聲。經文從木從尚作棠，音唐，棠梨，木名也，非經義也。"又"樘"字用作棖觸字，故俗又改從手作"搸"（《正字通・手部》："搸，俗撐字。""撐"即"橕"之變，亦即"樘"字）。唐釋流志譯《不空羂索神變真言經》卷十一："與相交往，受他供養，亦不形影互相搸觸。"[1]從手與從攴義近，故"搸"俗或變作"敹"，"撐（橕）"或變作"敦"（比較"揨"又作"敦"）。《廣雅・釋詁四》："觸、冒、搪、敹、衝，揬也。"

① 中華書局影印金藏廣勝寺本。

(《集韻·没韻》:"揬,搪揬,觸也。"是"揬"亦爲觸義)王念孫疏證:"敞、棖並與敹通。"又《廣韻·耕韻》:"敹同揨,揨,撞也,觸也。"從攴與從殳義近,故"敹"或變作"瞉","敹"或變作"瞉"。《龍龕手鏡·殳部》:"瞉,俗,宅耕反,正作敹。"《集韻·庚韻》:"瞉,《博雅》:揬也。"《博雅》即《廣雅》,今本《廣雅》作"敹,揬也"。慧琳《音義》卷三九《不空羂索經》第十一卷"敞觸"條音義謂棖觸字《古今正字》(唐張戩撰)作"瞉,從殳、棠聲"。又《類篇》卷三下殳部:"瞉,除庚切,《博雅》:撥也。"又"瞉"字或作"撜"。《集韻·庚韻》:瞉,或從長作棖,或從登作撜。韓愈等《石鼎聯句》:"豈比俎豆古,不爲手所撜。""撜"即棖觸之義。

(五)

"敹"字的孳乳演變,已如上述。那麽作爲"敹"字或體的"敞"的來歷,現在也可以得出結論了:比照"敹"字俗作"瞉","敹"字俗作"瞉",我們認爲"敞"應即"敞(敞)"的孳乳字。《龍龕手鏡·殳部》謂"敞"字"俗,昌兩反",根據這個音切,"敞"即是"敞"字,可見"敞"確實曾經被當作"敞"的俗字來使用過。"敞"字有棖觸義。玄應《音義》卷三《放光般若經》第十七卷音義:"牢敞,下又作敦、樗(引者按:'樗'原作'亭',據慧琳《音義》卷九引訂正)二形,同,丈鞕、丈莖二反。《三蒼》:敞,橦(引者按:慧琳《音義》作'撞')也。《通俗文》:撞出曰打(引者按:慧琳《音義》作'朾')。今之以木若鐵撞出孔中物更補之謂之敞。"其中的"敞"字,慧琳《音義》引並作"敞"。又玄應《音義》卷十五《僧祇律》第三十五卷音義:"敦觸,又作敞、棖、樘、橙四形,同,丈衡反,敞亦觸也。"又卷二十一

《大菩薩經》第八卷音義:"敦觸,古文敞,掙三(?)形,同,宅庚反。"根據玄應的音切和釋義,"敞(敞)"即"棖"字,亦即"朾"字。據《説文》,"敞"指"平治高土,可以遠望",本與朾撞、棖觸義無關。"敞"用作"朾"或"棖",大概也只是音近假借的關係(比較樘、撐、橖、摚、敹諸字並從尚得聲,"敞"亦尚聲)。又《龍龕手鏡·攴部》有"敳"字,云"宅耕反,觸也"("甞"即"嘗"的俗字,見《集韻·陽韻》),"敳"大概也是"敞"的俗字。

總括上文意思,關於"棖"(動詞)的淵源流變可表列如下:

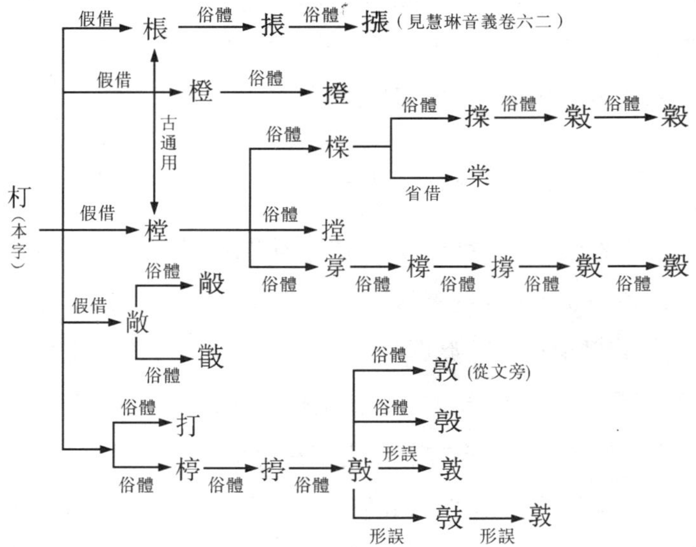

四、"雙"字孳乳考

文字學的開山祖師許慎在他的經典之作《説文解字》的序裏説:"倉頡之初作書,蓋依類象形,故謂之文。其後形聲相益,即謂之字。字者,言孳乳而浸多也。""孳乳而浸多",這確是漢字的一個非常鮮明的特點。在這則短文中,我們就想通過"雙"字俗體的繁衍來驗證一下許慎老先生的這一觀點。

"雙"字的孳乳最初大概是向着簡省的方向發展。《説文·雔部》云:"雙,隹二枚也。从雔又持之。"又隹部"隻"字下云:"鳥一枚也。从又持隹。持一隹曰隻,持二隹曰雙。"這裏的"隹"是鳥的通名,"又"就是手。也就是説,用手抓住一隻鳥是"隻",抓住兩隻鳥是"雙","隻""雙"都是會意字,含意本不相同。但漢代前後"雙"也有省作"隻"的。如《隸釋》卷九漢《故民吴仲山碑》:"吴公仲山少立名迹,約身剛己,節度無隻,不貪仕進。"宋婁機《漢隸字源》謂"隻"即"雙"字省文。《史記·龜策列傳》:"玉櫝隻雞,出於昆山。"裴駰集解引徐廣曰:"隻,一作雙。""隻"亦即"雙"字俗省。《穆天子傳》卷二:"於是載玉萬隻。"郭璞注:"雙玉爲穀。"清陳逢衡補注:"萬隻之隻即古省雙字,玉必以雙獻。"①"雙""隻"聲韻調皆不同,"雙"字作"隻",只能從省文的角度纔能得到解釋。《漢語大字典》謂"隻"通"雙",那是靠不住的。②

"雙"省作"隻",則與表示"鳥一枚"的"隻"相混,這當然不符合文字要求音義明確的原則,於是"雙"字又回過頭來向繁化的方向發展。大約六朝前後,"雙"產生了一個繁化的俗體"雙"(魏《三級浮圖頌》有例)。慧琳《一切經音義》卷七《大般若波羅蜜多經》第五百四十三卷音義云:"雙,朔牕反,……《字要》云:雙字從隹,

① 陳逢衡《穆天子傳注補正》,江都陳氏叢書本。

② 清顧藹吉《隸辨》卷一疑"隻""雙"二字"古或通用",這個"通用"是指字形通用,而不宜作"通假"去理解。

隹，鳥也；從又，又，手也；手持二鳥曰雙。經文從反作雙者，非也，謬已久矣。"《干禄字書》云："雙雙：上俗下正。"說明這個字唐代還在流行。這個俗體的產生，中間可能經過"雙"字的媒介。宋張有《復古編》卷一說：雙，作雙非。元李文仲《字鑑》卷一江韻下也說："雙，俗作雙。"俗書每有贅加筆畫的情況（參看第三章第七節），"雙"就是"雙"的贅撇字。"夊"旁比較生僻，而俗書又有把生僻的或不成字的偏旁改爲常見的成字的偏旁的通例，於是"雙"便進一步繁化成了"雙"。不過筆者見到的"雙"字的較早用例是在敦煌寫本，時間約在唐五代。如斯5643號《曲子送征衣》："每見庭前雙飛燕，他家好自然。"又斯2071號《切韻箋注·江韻》所江反小韻"雙"字寫作"雙"，斯2055號同一小韻則寫作"雙"。《鉅宋廣韻·江韻》"雙"及"雙"旁皆作"雙"。這方面的用例還可進一步向前追溯。

在"雙"繁化爲"雙"的基礎上，稍後又產生了"雙"。清陸增祥《八瓊室金石補正》卷二九唐《駝山造像一百五段·尼曇雙題字三段》："像主比邱尼曇雙，爲亡姊敬造。"又："像主比邱尼曇雙，爲亡妹敬造。"又："□主比邱尼曇雙，爲一切法界衆生。"其中的"雙"即"雙"的俗字。魏《廉富及子天長造義井佛像記》"雙"或作"雙"，可見這一類俗體六朝前後已見，而"雙"字的出現自然會更早一些。

在"雙"、"雙"和"雙"之間，恐怕還有一個"雙"字。在"俗人"們看來，"鳥一枚"是"隻"，鳥二枚自然得寫作"雙"了。《字鑑·江韻》："雙，俗作雙。"《八瓊室金石補正》卷一七東魏《龍門山造像七十七段·比邱慧敢等題名》："趙女生□雙壽。"又浙江博物館藏古寫本78、44、77號《金剛經注》[1]:“名相䨇泯,取捨兩忘。……道果䨇亡,無靜第一。……無爲福勝,福慧䨇修。”四部叢刊影印吴興劉氏嘉業堂藏手稿本清查繼佐《罪惟録·五行志》:“(明嘉靖二十二年)八月,内苑嘉禾,一莖䨇穗者六十有四。”凡此“䨇”應皆即“雙”字。由“雙”到“䨇”,其演變可能有如下兩條路綫:1.“雙”繁化爲“䨇”,相應地“雙”繁化作“䨇”;2.“雙”繁化爲“雙”,相應地“䨇”繁化作“䨇”。不管是那一條路綫,“䨇”都是其間的一個重要的媒介或參照物。不過“䨇”字的具體用例也仍有進一步向前追溯的必要和可能。[2]

在“雙”字原來的字形不斷繁化的同時,民間的“倉頡”們又另辟蹊徑,用會意的方式創造了一系列全新的俗體。《漢語大字典·又部》云:“䨥,同‘雙’。《五音集韻·江韻》:‘雙,俗䨥、双。’《字彙·隹部》:‘䨥,俗雙字。’”“双”字暫置不論,先表“䨥”字。“䨥”

---

① 此三件浙江博物館及《浙藏敦煌文獻》分編作三號,《浙藏敦煌文獻》(浙江教育出版社2000年版)擬題“佛教禪宗文稿”,並皆定爲“唐寫本”,不確。宗舜《浙藏敦煌文獻佛教資料考辨》(《敦煌吐魯番研究》第六卷,北京大學出版社2002年版)指出此三號爲同一《金剛經》注解的寫本,甚是。從一些字詞的用法來看,這三件應爲宋元之間的寫本。參看拙作《敦煌卷子辨僞研究》,載《文史》65輯。

② 《漢語大字典》第六册4111頁“䨇”字下引《切韻·江韻》:“䨇,按:《説文》此[作]雙。”查周祖謨先生輯《唐五代韻書集存》第二類斯2055號《切韻箋注》云:“雙,所江反,按《説文》作此雙(雙)。”疑《漢語大字典》的引文有誤。《漢語大字典》同字下又引唐岑參《北庭西郊候封大夫受降回軍獻上》詩:“驛馬從西來,䨇節夾路馳。”據大字典第七册所附的《主要引用書目表》,岑參詩的“主要版本”是四部叢刊影印明正德刊《岑嘉州詩》,“參考書及其版本”是上海古籍出版社1981年版的《岑參集校注》,但該兩本前述“䨇”字分别作“雙”和“雙”,而無所謂“䨇”字。大字典的引文疑亦有誤。

字六朝時已見。唐蘇鶚《蘇氏演義》卷上云:“只如田夫民爲農,百念爲憂,更生爲蘇,兩隻爲雙,……如此之字,皆後魏流俗所撰,學者之所不用。”所謂“兩隻爲雙”,即指“⿱兩隻”字而言。又慧琳《一切經音義》卷六八《阿毗達磨大毗婆沙論》第六十二卷音義:“雙,從雔從又,論從兩作⿱兩隻,非也。”“⿱兩隻”字的創制,也許是受了“⿰隻隻”字的啓發:兩個“隻”合在一起爲雙,“兩”和“隻”合在一起不是同樣是雙嗎?所以“⿱兩隻”不過是“⿰隻隻”的另一種表現形式罷了。

俗書“兩”與“雨”不分[1],故“⿱兩隻”俗又書作“䨇”。敦煌寫本斯388號郎知本《正名要録》“正行者楷,腳注稍訛”類,“雙”下腳注“䨇”。又故宫博物院舊藏裴務齊正字本《刊謬補缺切韻·江韻》:“雙,所江反,手持二雔,從又者手也。亦䨇,非。”儘管文字學家們以“䨇”爲“訛”爲“非”,但這種寫法在六朝以迄唐五代卻非常流行。魏《劉雙周造塔記》“雙”作“䨇”,已開先例。《吐魯番出土文書》第六册211頁《唐缺名隨葬衣物疏》:“鷄鳴枕一枚,玉團一䨇。”俄羅斯藏敦煌寫本弗96號《雙恩記》,標題“雙”“䨇”雜出,文中云:“憫念衆生業所爲,袖掩䨇淚旋還垂。”又云:“仰天深夜倍號哭,䨇眼痛兮痛難觸。”又斯2104號殘卷:“打破彫梁䨇燕。”“䨇”皆即“雙”字。敦煌寫本伯2754號《麟德安西判集殘卷》:“高頭、阿龍,久諧琴瑟。昨因貪病,遂阻參商。龍遊蕩子之家,忽悲鸞而獨舞;頭寄[邊]隅之徼,恒驚鵲以空栖。事非出於兩情,運以徵於䨇意。”這是一件有關鰥夫寡婦再婚的判卷,末句大意謂再婚並非出於他們的私情,而是共同的命運迫使他們産生了相同的意願。

---

① 參看《碑别字新編》49頁“兩”字下所列别體,敦煌寫本中“兩”字多寫作“雨”形。

其中的"⿱雨隻"乃是"⿱雨隻"的變體，亦即"雙"字。"雙"與上句"兩"對文同義。《齊宋買造像》"雙"字作"⿱雨隻"，可以爲證。劉俊文《敦煌吐魯番唐代法制文書考釋》478 頁以上揭"⿱雨隻"爲"隻"的俗字，大誤。

"⿱雨隻"字産生以後，隨之又出現了一些繁化的俗體：⿱雨雙、⿱雨⿱雔夂、⿱雨⿱雔乂、⿱雨⿰隻隻。《正字通・雨部》："⿱雨雙，即俗雙字。"宋秦觀《和虚飄飄》詩云："勢緩⿱雨雙垂線，聲乾葉下條。"[①]"⿱雨雙"即"雙"字。"⿱雨隻"本是從雨(兩)從隻的會意字，俗書復贅"隹"作"⿱雨雙"，則成了"雨(兩)雙"(即四隻)，可謂大乖字理。但從另一個角度來説，"⿱网隻"寫作"⿱雨隻"以後，"雨"旁在很大程度上失去了表意的功能，一般人已不知道"⿱雨隻"本是從"兩隻"會意，於是俗書便易"隻"爲"雙"，以"雙"作爲"⿱雨雙"唯一的表意的偏旁，這也可以説是合情合理。"雙"俗寫作"⿱雔夂"，又作"⿱雔乂"，於是"⿱雨雙"又進而繁化爲"⿱雨⿱雔夂"和"⿱雨⿱雔乂"。唐張説《張燕公集》(四部叢刊影印明嘉靖刻本)卷九《九日陪登高》詩："寂寞風蟬至，連翩⿱雨⿱雔夂鴈來。""⿱雨⿱雔夂"即"雙"字。"⿱雨⿱雔乂"見《康熙字典・戌集備考》引《龍龕手鏡》，但今本(中華書局影印高麗本、四部叢刊影印宋刻本)《龍龕手鏡》則作"⿱雨⿰隻隻"。蓋"⿱雨⿱雔乂"俗書繁化爲"⿱雨⿰隻隻"，而《康熙字典》引録時復"正化"爲"⿱雨⿱雔乂"。

寫到這裏，有必要糾正一個傳訛已久的錯誤解説。《玉篇・雨部》云："⿱雨雙，所江切，雨皃。"《類篇》、《集韻》皆疏江切(與"所江

① 此據清同治刻本《蘇文忠公詩合註》卷三〇《虚飄飄》詩下清查慎行注所引，四部叢刊影印明嘉靖本《淮海集》卷三"⿱雨雙垂線"作"霜垂霰"。《漢語大字典》第六册 4085 頁以此詩爲蘇軾作，實誤。

切”同音),義同。後來《康熙字典》、《漢語大字典》等都沿襲了這一解説。但“霻”字的這一意義未見具體用例,而且前無所承(《廣韻》以前的字書未見,今本《玉篇》爲宋人所增益,已非顧野王書的原貌),不能令人無疑。其實這個“霻”就是“雙”的俗字,注文的“雨皃”乃“兩皃”之誤。遼釋行均《龍龕手鏡·雨部》云:“靉,或作;霻,正:所江反,兩也。今作雙,同也。”這裏的“靉”、“霻”、“雙”都是“雙”的俗字(請注意行均説“靉”、“霻”今作“雙〔雙〕”)。據此而言,《玉篇》等書“雨皃”之“雨”爲“兩”字俗誤,殆可斷言,“霻”也就是“雙”的俗字。《漢語大字典》未能糾正《玉篇》等書的誤釋,卻反據以於“霻”下增立“雨貌”的義項,把上舉《龍龕手鏡》的釋文引作“雨皃”,這是我們期期以爲不可的。(《龍龕手鏡》明明説“霻”同“雙〔雙〕”,怎麽又可能解釋成“雨皃”呢?)

《玉篇·雨部》又云:“霻,胡郭切,霩霻,大雨。又音隻。”胡郭切的“霻”從“隻”(“隻”本爲“獲”的古文)得聲,此不具論。“音隻”的“霻”則頗疑爲“雙”的俗字,“音隻”當作“音雙”。因爲“霻(霻)”用作“雙”的俗字歷經六朝唐五代,綿延數百千年,宋代增益《玉篇》時收“雙”的俗字“霻”(説見上文)卻不收“霻”,實在説不過去。《類篇》“霻”字又音“之石切”,或許就是根據《玉篇》“音隻”的誤文。當然,這一判斷是否可靠,還有待進一步的探討。姑發此疑,以待方家教正。

下面我們重新回到原來的話題上來。從“雙”到“靉”,“雙”字大抵是向繁化的方向發展,以致越寫越繁,這又背離了文字要方便書寫的原則。於是大約從宋代開始,“雙”字又重新步上了簡化的道路。較早見到的有“雙”字。清陸增祥《八瓊室金石補正》卷八三宋《石魚題刻一百段·高應乾詩》:“訪勝及春遊,⿱⿰二隹又魚古石留。”“⿱⿰二隹又”是“雙”的簡化會意字,用“二隹”代替“雔”,自然就簡省得多了。稍後見到的有“⿰二隻”及“⿰二隻”字。《清平山堂話本·花燈轎蓮女成佛記》:“只見一箇婆婆,⿰二隻目不明,年紀七旬之上。”這種寫法的“雙”明清刻本中經見,現在一些地方也仍可見到,如杭州市慶春街有個頗有點名氣的“⿰二隻城飯店”,“⿰二隻”即“雙”字。“⿰二隻”是由“二”“隻”合成的會意字。這個簡俗體的産生可能是受“⿱兩隻”字的啓發。《廣雅·釋詁》:“兩,二也。”“兩隻”的“⿱兩隻”爲“雙”,“二隻”的“⿰二隻”自然也是“雙”了。“出”字俗寫作“⿱二山”(清胡鳴玉《訂譌雜録》卷九“小學宜講”條云:出作二山,非也。),情況與此相仿。

然而繁化也好,簡化也罷,“雙”字的孳乳演變總是跳不出“隹”旁的框框。而事實上,隨着字義的演化,“隹”旁本身已很難勾起人們對鳥的聯想,這個意符在很大程度上已經形同虛設,起不了表意的功能。於是那些“貪懶”的也是最聰明的“俗人”們開始想辦法擺脱“隹”旁的束縛來表示“雙”字的意義。最後辦法終於想出來了:這就是“双”字。前面已經提到,金韓道昭的《改併五音集韻》已説“雙”俗作“双”。韩道昭編的另一部辭書《改併五音類聚四聲篇海》亦載“双”字,該書卷一四又部云:“双,與雙義同,俗用。”又同書卷一一隹部“⿱兩隻”字下云:“與雙義同,俗呼爲双。”説明這個字當時已在社會上流行,並被辭書所收載,从而在某种程度上得到了社會的承認。據劉復、李家瑞編《宋元以來俗字譜》,宋刊《列女傳》、《大唐三藏取經詩話》已見“双”字。又四部叢刊影印宋刊本《資治通鑑》卷二四四、《增廣箋注簡齋詩集》卷二四《道中》詩亦均有“双”字。《京本通俗小説·碾玉觀音》:“(秀秀)起身双手揪住崔寧。”《清平山堂話本·簡貼和尚》:“捉賊見贓,捉奸見双。”

亦其例。[1] 一隻手抓住兩隻鳥是雙,兩隻手不也是雙嗎? 以"双"代"雙",字形簡省,含意明白,充分顯示了"俗人"們的智慧和偉大創造才能。過去(甚至現在)有一些人對簡化字總是抱着很大的偏見,這也不是,那也不對,喋喋不休。在"双"字這樣天才的創造面前,不如他們該當作何感想。由"雙"到"双",我們爲簡化字叫好!

五、説"甥甥"和"外甥"

姊妹或女兒的子女稱爲"外甥"、"外甥女",這是盡人皆知的常識。但許多人恐怕並不清楚古代的"外甥"亦寫作"甥甥"。如敦煌寫本北 8437 號(生 25)《諸雜字一本》有"姊妹、兄弟、阿姨、阿舅、甥甥、阿耶、阿姈、阿嬸、阿孃孃"等名詞。又敦煌寫本句道興《搜神記》(《中村不折舊藏禹域墨書集成》139 號,日本文部科學省科學研究費特定領域研究總括班 2005 年發行)"田崑崙"條:

天公見來,知是甥甥,遂即心腸怜愍。

又《八瓊室金石補正》卷一二三金《李彦柔真言幢并墓記》:

長女甥甥三名:女子真真,甥甥鹿兒,甥甥驢兒。

又《大正藏》本《佛本行集經》卷四二優波斯那品第四十五上:

爾時彼三迦葉兄弟,有一甥甥螺髻梵志,其梵志名優波斯那,住在一山。

---

① "双"字敦煌寫本中未見。李樂毅《簡化字源》(華語教學出版社 1996 年版)頁 228 稱"双"字已見於敦煌變文,蓋據《敦煌變文集》誤排的文字,不可從。敦煌研究院藏敦煌寫本 352 號背《道經》(擬):"産生無難,母子双全。"該件并非藏經洞文獻,而是今人利用原件紙背抄寫,不可依以爲據。

後例《大正藏》校記云：㚚，宋、元、明、聖本作“外”。可知“㚚甥”即“外甥”。考“外甥”本據外祖或姊妹、女兒出嫁給異姓而言，怎麼又會寫作“㚚甥”呢？原來這與字形類化有關。所謂的類化是指人們書寫的時候，因受上下文或其他因素的影響，給本没有偏旁的字加上偏旁，或者變成與上下文一致的偏旁的現象。“外甥”古本作“外生”。《三國志·吴志·陸遜傳》：“遜外生顧譚、顧承、姚信並以親附太子，枉見流徙。”《八瓊室金石補正》卷四二載唐開元寺三門樓題刻《敬妻王等造像題名》有“外生女十二娘”、“外生郎息庭□”等題名。又上舉《搜神記》例“㚚甥”，伯5545號作“外生”。“外生”即“外甥”。宋郭忠恕《佩觿》卷上云：“平生之爲外甥，其淺陋有如此者。”前句即是指“外甥”之“甥”寫作平生之“生”，郭氏不以爲然，故斥其“淺陋”。其實“外生”應是“外甥”的較早寫法，而“甥”爲“外生”之“生”的後起本字。① “外生”既作“外甥”，因受“甥”字的影響，於是本没有也不需要“男”旁的“外”也增加“男”旁寫作了“㚚”。類化後的“㚚甥”，看起來都是左聲右形，結構上似乎就趨於一致了。

形聲字的結構通常是左形右聲，在這一點上“㚚甥”還不合格，於是又有人把它改作“䴫甥”。金韓道昭《改併四聲篇海·男部》引《川篇》云：“䴫甥，姊妹之子也。”不過這種寫法的實際用例尚有待發掘。

“外甥”亦或寫作“㚚生”和“外甡”，這又是怎麼回事呢？且説“㚚生”。《八瓊室金石補正》卷四二唐《開元寺三門樓題刻·李思太妻趙二娘造經像題字》云：“太㚚生息希□。太㚚生女十九娘。”

① 裘錫圭先生認爲“外生”應古於“外甥”，“外甥”之“甥”是“生”增加意符的結果。

陸增祥跋云:“或稱⿰夕甥生息、⿰夕甥生女,即外生、外生女也。他處亦罕見之。‘⿰夕甥’即‘外’字之俗,‘生’即今之‘甥’字。”按:“外甥”或“外生”作“⿰夕甥生”者,蓋因“⿰夕甥甥”習用既久,積重難返,“⿰夕甥”遂成爲“外”之俗字。同上書卷一二七金《重刊三教像贊》題名:“太原孫儒林世顯周臣⿰夕甥孫僧少林祖昭繪像書贊。”又卷八一吴越《辛卯造幢》有“弟⿰夕甥兒”的題名,“⿰夕甥”當皆爲“外”之俗字。由此可見,“⿰夕甥”已由臨時性的類化增旁字進入流通領域,而成爲一般性俗字了。

再説“外⿰夕生”。“外⿰夕生”見於敦煌寫本斯 328 號《伍子胥變文》:“子胥有兩個外⿰夕生——子安、子永。”①其中的“外⿰夕生”伯 2794 號作“⿰夕甥甥”,“外⿰夕生”即“⿰夕甥甥”,亦即“外甥”。“甥”怎麽會變成“⿰夕生”呢? 考《龍龕手鏡·生部》有“⿰生外”字,注云“音外”。近人羅振玉《龍龕手鏡》跋云:

> 考⿰生外字從外、生,臆斷其文,當是甥字别體,此注“音外”,疑未必然。

按:“外甥”、“外生”連文,“甥”或“生”因受“外”字影響,或“甥”字换旁,或“生”字增旁,皆可類化作“⿰夕生”;反之,“外”因受“甥”或“生”字影響,自亦可類化作“⿰生外”。所以同是由“生”“外”合成的“⿰夕生”和“⿰生外”,不妨一身而兼二職:既可是“外”的類化字,也可是“甥”的類化字。《龍龕手鏡》以“⿰生外”字音“外”,雖未見載籍使用,然理或如然。羅氏臆斷其文,卻未必可靠。

---

① 臺灣著名學者潘重規先生在多種場合把上文引録爲“子胥有兩個⿰夕生甥”,與原卷不合。潘先生由此推斷“⿰夕生”爲“外”之俗字,也就站不住腳了。

六、"𣂕""研""𣁾""㪷""斛"雜考

吐魯番出土文書中有一個很特别的字——𣂕。如《吐魯番出土文書》第二册《高昌付思相等粗細糧用帳》:

大胡細十一𣂕三斗,衆僧細九𣂕、粗一𣂕八斗。

同上第四册《高昌延昌三十七年(597)武德隨葬衣物疏》:

弓箭一具,《孝經》一卷,筆研(硯)一具,石灰一𣂕。

同册《高昌某年永安、安樂等地酢酒名簿》:

丘白頭二𣂕二斗半,康黑奴四𣂕五斗。

在《吐魯番出土文書》一至十册中,這個字出現了近千次,使用的頻率很高。但在古今中外的所有字典辭書中卻查不到它的踪迹。吐魯番出土文書的校訂者據文意比定爲"斛"字,這無疑是正確的。然何以把"斛"寫作"𣂕"呢,這卻是一個有待解決的懸案。

從字形上來看,筆者以爲"𣂕"應是"十""斗"二字的合文。"斗"字俗書或作"𠁣"。如《吐魯番出土文書》第二册《高昌奇乃等粗細糧用帳》:"奇乃細二𣂕三𠁣四升,……宿衛寺細二𣂕三𠁣四升。"又第三册《高昌竺佛圖等傳供食帳》:"合用麵六十一𣂕二𠁣。"又第四册《高昌某年永安安樂等地酢酒名簿》(二):"李衆保一𣂕五𠁣,解犢兒一𣂕二𠁣半。"其中的"𠁣"都是"斗"的俗字。"𣂕"字的右半邊即"𠁣",左半邊則即"十"字,因爲連書的緣故,"十""𠁣"二字合寫以後便成了上面的樣子,左半"十"字的豎筆變成撇筆了(比較"判""叛"左部本從半聲,"半"中部本爲豎筆)。

從字義上來説,"十斗"就是一斛。《説文·斗部》云:"斛,十斗也。"《漢書·律曆志上》云:"量者,龠、合、升、斗、斛也,所以量

多少也。……十龠爲合,十合爲升,十升爲斗,十斗爲斛。”十斗爲斛的計量制度在中國封建社會延續了幾千年,直到南宋末年纔改作五斗爲一斛。由此可見,吐魯番文書中代表“斛”的“卆”,乃是民間根據當時的計量制度創造的會意字。

有意思的是,在吐魯番文書中還經常見到一個“斗”字,也是“斛”的會意俗字。如《吐魯番出土文書》第三册《高昌道人真明夏床田券》:

床田拾柒畝,畝與夏價叁斗,依官斗卆。

同上第四册《高昌延和八年(609)七月至延和九年(610)六月錢糧帳:

麥伍斗貳兜捌昇,床粟貳斗究兜。(泉按:“兜”、“昇”、“究”即“斗”、“升”、“九”,是記録錢糧的人爲防止他人改竄而特意採用的繁化字。)

六朝及唐代碑刻中亦有近似“斗”的字,如清陸增祥《八瓊室金石補正》卷二八隋《龍華碑》:

鳥獸迴音,望八斗之分身。

陸增祥跋云:“(碑中)俗謌之體,如熒作㷋,斛作斗,……不一而足。”又同書卷四三唐《開元寺三門樓題刻二十八段·三門主》:

斗律世才,妻張;息仁表,妻楊。……郭世恪,妻王;息元爽,妻斗律。

按敦煌寫本斯388號《正名要録》“字形雖别,音義是同,古而典者居上,今而要者居下”類,其中“斛”下對應的字爲“斗”。又《龍龕手鏡·雜部》:“斗,音斛。”“斗”即“斗”的俗寫,而碑文中的“斗”則又爲“斗”的變體。(校按:就字形而言,“斗”可定作“斗”字的俗寫。參下文。)十斗爲斛,百升亦爲斛,於是十斗相合而爲“卆”,

百升相合則又爲“斫”了。“𠃓”“斫”雖然字的構件不一,但它们“會”的卻都是“斛”意。前揭《高昌道人真明夏床田券》例“斫”“𠃓”並見,可見它們都是當時人們所熟悉的會意俗字。

然而令人納悶的是,不但歷代公私字書不收“𠃓”字,而且連“今而要者”的“䂶(斫)”後來也在字書中消失了。我們好不容易總算在《集韻·屋韻》找到了一個“斛”字:“斛,《説文》:十斗也,或作𣁾。”此後的一些大型字書如《康熙字典》、《漢語大字典》等都沿用了《集韻》的這一説法,收録了“𣁾”字(但没有“斫”字)。那麽“𣁾”與“斫”是什麽關係呢?考《八瓊室金石補正》卷四二唐《開元寺三門樓題刻二十九段·史世樂等題名》“俎義琪”兒媳“䂶律”下引清沈濤《常山貞石志》云:“‘斫律’即‘斛律’,字書無,惟《集韻》有‘𣁾’字,云‘斛’或作‘𣁾’。《晉書·胡奮傳》:屯萬𣁾堆。案:‘斫’即‘𣁾’字。漢隸‘斗’字多作‘升’,後人遂譌‘升’爲‘升’。”沈氏謂“斗”“升”形近易譌,誠爲確論。但他把“斫”定作“𣁾”的譌字,則恐怕是把本末搞顛倒了。我們認爲“𣁾”乃爲“斫”的譌字。首先從字形的構造來看,百升爲“斫”是與當時的計量制度相一致的;而書“斛”作“𣁾”,卻説不出一個所以然來。其次,在吐魯番出土文書中,“斫”字出現了數百千次,然而卻無一例寫作“𣁾”,可見“斫”是六朝及隋唐之際流行的俗體字,而“𣁾”字則頗罕覯。另外,《正名要録》、《龍龕手鏡》有“斫”而無“𣁾”,也有力地支持了我們的結論。

不過,正如沈氏所説,“升”“斗”形近易譌,於是原來的“斫”就有可能譌而爲“𣁾”了。《八瓊室金石補正》卷二二北齊《董珍陀造經題字》:“𣁾律太保家客邑主董珍陀。”陸增祥跋云:“𣁾律即斛律字。《北齊書》斛律光,附其父金傳,傳稱長子武都,歷特進太子太保,……此稱斛律太保者,即武都也。”這個“𥐞”即“𣁾”字俗書,也就是“硏”字的譌體。《常山貞石志》所引《晉書》的“萬𣁾堆”,“𣁾”也正是“硏”的譌體。不過,“譌”“俗”是很難截然分開的。譌體幾經流傳,爲大衆所認同,所接受,於是“譌”也就變成“俗”了。《集韻》以“𣁾”爲“斛”字或體,正是這種情況的反映。《北史》卷五四《斛律光傳》:“周將韋孝寬懼光,乃作謠言,令間諜漏之於鄴曰:‘百斗飛上天,明月照長安。’”其中的“百斗”二字同書卷四七《祖珽傳》及《北齊書》、《通志》等均作“百升”,中華書局標點本因改作“百升”,校記中説:“百升爲一斛,暗寓‘斛’字,今據改。”按:“百升”即指“硏”字,“明月”則爲斛律光的字。這兩句暗寓斛律光有犯上作亂之意。根據“硏”字在六朝的流行情況及《祖珽傳》等的異文,校“百斗”作“百升”,大概不會有太大的偏差。但根據上引《董珍陀造經題字》等碑刻來看,則又不能排除當時俗字“𣁾”亦曾一度流行,而“百斗”二字即指“斛”字的可能性。所以比較穩妥的辦法是不改動原文,而出校加以説明。至於《集韻》及其以後的公私字書收“𣁾”而不收“硏”,就恐怕難免數典忘祖之譏了。

最後我們再來討論兩個有音無義的字:“𥑮”和“䏎”。《漢語大字典》第四册石部2421頁云:

> 𥑮 hú《龍龕手鏡·石部》:“𥑮,俗。胡谷反。”《字彙補·石部》:“𥑮,何谷切,音斛。義闕。”

“何谷”“胡谷”同音,《字彙補》“義闕”的“𥑮”顯然來源於《龍龕手鏡》。但行均在“𥑮”字下標明“俗”,顯然他並没有把它當作“義闕”的字,只不過他未標明正字而已。那麼這個俗字的正字是哪個呢?我們認爲就是“斛”字。《龍龕手鏡·角部》“斛”字亦音胡谷反,正與“⿰石斗”字同音。從字形上來看,“⿰石斗”當是“⿰百斗”的譌俗字。“百”“石”形近,易於譌誤。《敦煌變文集》卷二《韓朋賦》:“不見貞夫,唯得兩石,一青二白。”王慶菽校記云:“‘白’原作‘石’,據甲卷改。”原卷的“石”即“白”字形誤,可資比勘。

“⿰白卝”字《康熙字典》、《漢語大字典》等字書未見。《龍龕手鏡·白部》云:“⿰白卝,胡谷反。”“⿰白卝”即“⿰白幵”字俗書,它的字音與“斛”相同,我們認爲這個字也是“斛”的俗字。“⿰白卝”大概來源於“⿰百幵(硏)”。從百從白形音皆近,古書每多混用。如“佰”字又作“伯”(吐魯番出土文書中經見),“柏”字又作“栢”(見《干禄字書》)。“硏”書作“⿰白幵”,亦正其比類。

七、“⿰亻口”“⿰十卄”“⿰卄卄”辨正

《敦煌研究》1992 年第 3 期載《敦煌遺書中俗體字的諸種類型》一文(以下簡稱《類型》),讀後受到不少啓發。但該文第十二部分“音節符號類”把“⿰亻口”和“⿰十卄”、“⿰卄卄”分别作爲“佛”和“菩薩”的俗體字,筆者卻不敢苟同。現分論如下,以求教於該文作者和廣大讀者。

(一)關於“⿰亻口”字

《類型》一文云:“抄寫者把佛字寫作⿰亻口,或者仏。《玉篇》説:‘⿰亻口,私進切,古文信。’《龍龕手鏡》也説:‘⿰亻口,古文信。’但是,在卷子中⿰亻口決不是信的古文,而是佛字的俗體字。蔣禮鴻先生在其《敦煌變文字義通釋》中,不止一次地解釋説仏是佛的俗體,而仏又和⿰亻口互通。造成這種現象的原因,可能是由於佛字在卷子中常用,而

寫起來比較麻煩,用毛筆寫佛字時,右邊的弗旁有好幾個彎兒,比較難寫,因此用口或厶來代替,約定俗成。”該文並舉例説:“惟食喪祭,辜佀明誼。(S.799)”

按:蔣禮鴻先生在《敦煌變文字義通釋》中確實多次説過“仏”是“佛”的俗體,但他並没有説“仏”又和“佀”互通。《類型》一文説敦煌卷子中“佀”決不是“信”的古文,而是“佛”字的俗體字,口氣十分肯定。可惜作者只舉了一個例證,而這個例證中的“佀”恰恰是“信”的古文,而決不是“佛”字的俗體字。S.799號卷子是一個《尚書》殘卷。起《泰誓》迄《武成》,《類型》一文舉的“惟食喪祭,辜佀明誼”兩句就是《武成》篇的經文,其中的“佀”今本《尚書》正作“信”字。寫卷經文下有注云:“使天下厚行信,顯忠義。”“行信”二字正是對“佀”字的解釋。《説文解字·言部》“信”字下云:“佀,古文从言省。”所以寫卷S.799《武成》篇的“佀”只能是“信”的古文,而與“佛”字無涉。那麼其他敦煌卷子有没有以“佀”用作“佛”的俗字呢?筆者雖然讀書不多,但卻瀏覽過不少敦煌寫卷,似乎尚未見過這種用法的實例。《類型》一文作者如果另有所見,不妨貢獻出來,以便奇“字”共欣賞。

順便指出,上揭《武成》篇寫卷的原文是這樣的:“重民五教,惟食喪祭。㥌佀明誼,崇德報功。”“㥌”即“惇”字(《説文》“𦎫”籀文作“𦎫”,隸變作“享”;《説文》有“㥌”無“㥌”)。《説文·心部》:“惇,厚也。”寫卷注文“厚行信”的“厚”即是對“惇”字的詮解。今本《尚書·武成》篇正作“惇”字。《類型》一文作者置寫卷“《尚書》”的篇題於不顧,臆斷“㥌佀”爲“辜佛”,實在有失草率。

(二)關於“卄”和“卌”

《類型》一文云:“菩薩二字,在敦煌佛經寫本中的寫法更多。

……C. 6206‘若人若法諸有事卄經中唯説往法,如我出世所可説法。’菩薩又合寫作卄。C. 6206‘又因有緣制立學處,即初二義名爲緣起卌。’菩薩又寫作卌。S. 5637‘……須從卌而再去佛。’菩薩又合寫作卌。”

按:敦煌寫本中“菩薩”合文作“卉”,可謂盡人皆知。但《類型》一文説敦煌佛經寫本中“菩薩”又合寫作卄、卌、卌,則可謂聞所未聞。出於好奇,筆者檢核了《類型》一文所舉三個例證的寫卷原文,覺得所謂卄、卌、卌並非“菩薩“的合文,而應是“涅槃”的合文。《類型》一文所舉第一例當連上文讀作:“本事相者,《瑜伽論》云:謂諸佛本生,宣説前際若人若法諸有事。卄經中唯説往法……”所謂“卄經”,即《涅槃經》。該卷下文云:“卄經中唯説卉往身,不説卉往行。”又云:“卄經中唯説佛事,如佛初生即行七步,放大光明……”其中的“卄經”皆即《涅槃經》。次例卄、卉疊出,“卉”爲“菩薩”的合文,“卄”則爲“涅槃”的合文。該卷下文又云:“卄第卅四云:我於一時説一乘一道、一行一緣,能爲衆生作大寂静,永斷一切法。”所謂“卄第卅四”,係指《涅槃經》第三十四卷,其後的一段話當係引用《涅槃經》經本的原文。查北涼天竺三藏曇無讖譯《大般涅槃經》卷三四云:“我於經中告諸比丘:一乘一道,一行一緣,如是一乘乃至一緣,能爲衆生作大寂静,永斷一切繫縛愁苦及苦因。”很顯然,寫卷的引文係據此意引,所謂“卄”當爲“涅槃”的合文可以無疑。《類型》一文引的第二個例證,當連上下文讀作:“自説緣起有三相:一、因請而説;二、因犯制戒;三、因事説法。《對法論》云:因緣者,謂因請而説。又有因有緣,制立學處,即初二義,名爲緣起。卌經言,如諸經偈所因根本……”其中的“卌經”,亦即《涅槃經》,“卌”同樣是“涅槃”的合文(寫卷豎抄,“卄”

與“卄”之間稍有間隔,但據大多數用例來看,仍當寫作“卌”,爲“涅槃”的合文)。《類型》一文斷錯了句子,以“緣起卌”連讀,因而造成了理解上的錯誤。

《類型》一文所舉的第三個例證,出於一則發願文的樣文,玆抄録有關文句如下:“以玆設齋功德、無限勝因,先用莊嚴亡和尚去識,惟願從卌而再去,佛日重興;所惠海而長彼,法船恒駕。”(“所惠海”一句疑當校作“使慧海而長波”)其中的“卌”也當是“涅槃”的合文。因爲是對“亡和尚”而説,故云“涅槃”。該卷當讀斷處皆用頓點標識,“再去”的“去”字疑當讀作“起”,其後原卷施有頓點,表示當讀斷。《類型》一文不慮及此,不慎把“佛日重興”的“佛”連上爲讀,這一誤讀,對他把“卌”誤解爲“菩薩”恐怕是有直接影響的。

除了《類型》一文所舉的三個例證外,卌、卌在其他敦煌佛典寫本中也經常可以見到。如北圖昃字 68 號《法華經玄贊》:“梵云波利昵縛諵,此云圓寂,即是圓滿體寂滅義。卌訛也。”這是説梵語的“波利昵縛諵”(“波利昵縛諵”即梵語 Parinirvāna 的音譯),中土意譯爲圓寂,舊譯作“卌”,是錯誤的。“卌”無疑就是“涅槃”的合文。丁福保《佛學大辭典》“涅槃”條引《唯識述記》云:“西域梵音云波利暱縛喃。波利者,圓也;暱縛喃,言寂,即是圓滿寂滅義。舊云涅槃,音訛略也。今或順古亦云涅槃。”更其確證。

又伯 3099 號《悉曇頌》:“生死卌不合渡,愛河逆上不留住。”其中的“卌”伯 2212 號作“涅盤”(“盤”“槃”古本一字)。伯 2045 號《五更轉》:“善惡不思即無念,無念無思是卌。”“卌”斯 4634 號、斯 4654 號等本作“涅盤”。這些同一内容不同寫本的異文,也足以證明“卌”就是“涅槃”的合文。

北圖烏字64號《悉曇頌》:"第十流通神咒世間希,羯諦不思議,波羅羯諦秘深微,波羅僧羯諦會無爲。𦬆薩婆訶間利啞。"又云:"光明無殊照世間,見者因光除我慢。各發𦬆離囂幻。"其中的"𦬆"亦當是"涅槃"的合文。任二北先生的《敦煌歌辭總編》分别録作"菩"和"菩薩",恐怕是不妥當的。

最後附帶説一下"𦬆"和"𦬇"的來歷。"菩薩"、"菩提"、"涅槃"都是佛典中的常用詞,抄寫佛典的人爲了節省時間,大概開始時有意無意地用"菩薩"二字所從的草字頭來代替"菩薩"二字,後來使用得久了,便把兩個草字頭合在一起,成爲"卄"。"菩提"二字,寫本中或寫作"䕨",即以"菩"字所從的草字頭與"提"合爲一字。但"䕨"仍不够簡便,於是抄寫佛典的人便採取在"卄"中加一點的辦法,寫作"𦬁",代表"菩提"二字。與此同時,抄書的人又採用在"卄"中加豎的辦法,把"涅槃"寫作"𦬆"或"𦬇"。於是"菩薩"的合文爲"卄",加點作"𦬁"則爲"菩提",加豎作"𦬆"或"𦬇"則爲"涅槃"了。這樣解釋,不知《類型》一文作者以爲然否?

八、數目用大寫字探源

數目字有大寫小寫之分,小寫"一二三四五六七八九十百千万"是也;大寫"壹貳叁肆伍陸柒捌玖拾佰仟萬"是也。元戴侗《六書故》卷一"數"下云:"今惟財用出内之簿書,用壹貳叁肆伍陸柒捌玖拾阡陌,以防姦易。"今天人們在記賬、立合同、訂條約等等許多場合,仍然需要大寫的數目字。那麽大寫的數目字始用於何時?這是一個令人感興趣的問題。早在宋代就有人對此進行過深入的研究,但人們在這個問題上的看法並不盡一致。據筆者所知,主要有以下三種意見：

一、始於宋人。明陸容《菽園雜記》卷三云："壹貳叁肆伍陸柒捌玖拾阡陌等字，相傳始於國初刑部尚書開濟。然宋邊實《崑山志》已有之。蓋錢穀之數用本字則姦人得以盜改，故易此以關防之耳。"清代著名學者趙翼《陔餘叢考》卷三十"數目用多筆字"條引用陸説而贊成之，云："洪《容齋》亦謂九之於久、十之於拾、百之與栢亦然。可見多筆字宋已用之。""洪《容齋》"是指宋洪邁的《容齋五筆》。洪説見《容齋五筆》卷九"一二三與壹貳叁同"條。

二、始於唐武則天。清顧炎武《金石文字記》卷三《岱岳觀造像記》條云："凡數字作壹貳叁肆捌玖等字，皆武后所改。……《舊唐書·睿宗紀》先天二年三月癸巳詔，制敕表狀、書奏、牋牒年月等數，作一十、二十、三十、四十字。是知前此皆借壹貳等字矣。不知其始於何年也。"

三、始於唐顏師古(581－645)以前。宋程大昌《演繁露》卷三"十數改用多畫字"條云："今官府文書凡其記數皆取聲同而點畫多者改用之。於是壹貳叁肆之類本皆非數，直是取同聲之字借以爲用，貴點畫多不可改換爲姦耳，本無義理可以與之相更也。若夫十之用拾、八之用捌、九之用玖，則全無附並也。……在顏師古時，《江充傳》固已訛'大臺'爲'太壹'矣；《薛宣傳》本曰'壹笑爲樂'，而傳本乃作'壹笑'爲'壺矢'；則是此時'一'已爲'壹'矣。若元本不用'壹'字，則'一'字本止一畫，何緣轉易爲'壺'也？若曰唐至明皇始盡以今文代去古文，因盡歸咎明皇，則師古之時《漢書》傳本何爲已變'大臺'以爲'太壹'、'壹笑'以爲'壺矢'耶？又凡《漢書》'一'字皆以'壹'代，則'一'變爲'壹'，久在明皇之前矣。然而古今經史凡書千百之字無有用阡陌之'阡'、公伯之'伯'者，予故疑舊本不曾改少畫以從多畫也。然不能究其起自何時。”

四、始於隋唐。清葉名灃《橋西雜記》云:“壹貳叁肆伍陸柒捌玖拾阡陌等字,陸容《菽園雜記》謂始于明初刑部尚書開濟,而宋邊實《崑山志》已有之。考石刻隋《龍藏寺碑》‘勸奬州内士庶壹万人等’,唐《開元寺貞和尚塔銘》書‘開元貳拾陸年’,元和《華岳廟題名》‘壹月貳拾陸日’,又云‘元和拾伍年壹月’,《尉遲恭碑》‘粟米壹阡伍伯石’,蓋不自宋始。”俞樾《茶香室續鈔》卷一五“壹貳叁肆等字隋唐已然”條引上引葉名灃語,接云:“《舊唐書·睿宗紀》:先天二年三月癸巳詔,制敕表狀、書奏、牋牒年月等數,作一十、二十、三十、四十字。然則壹貳叁肆等字後世公牒循用,謂可以杜改易之弊者,在唐時轉有禁也。”

此外如明張自烈《正字通·手部》“捌”字下云:“捌,官府文書紀數借爲七八字。或曰秦法凡數目字文單者,取茂密字易之,一作壹,二作貳是也。按秦諸碑,惟一、二、三改易,四以下仍用本文,捌字徐氏始收附。今之十字並改者,非秦之舊也。”張氏以爲數目字作大寫“非秦之舊”,這自然是對的;但具體始用於何時,他卻没有加以交代。

以上諸説,“始於宋人”説自然失之太晚;程大昌的話説得不很明白,似乎没有引起後人的足够注意;葉名灃、俞樾始於隋唐説也未得到後人的應和;顧炎武的説法對後世影響較大,應之者衆。如《漢語大字典》“玖”字下第二個義項云:“玖,數詞,‘九’字的大寫。唐武則天時所改。”《辭源》(修訂本)“壹”字下云:“數字壹貳叁肆捌玖等字,皆唐武后時所改。”同書“貳”字下亦云:“數字作壹貳叁肆捌玖等字,皆唐武后所改。”“捌”字下云:“‘八’之大寫……數字大寫,唐武后所改。”“肆”字下云:“數目字‘四’的大寫。唐武后時改。"《王力古漢語字典》"一"字下云:"一是數詞,壹是形容詞。……數目壹貳叁肆等字,皆唐武后時所改。"

其實,顧炎武的説法是靠不住的。程大昌、葉名灃、俞樾等認爲數目字用多筆始於唐代以前,乃始差爲得之。吐魯番文書的發掘整理,爲我們提供了唐代及其以前數目用大寫字的大量的實物上的證據。在吐魯番出土文書中,大寫的數目字非常的多。如《唐神龍二年(706)白澗屯納官倉糧帳》:"白澗屯神龍二年九月十五日納青稞雜大麥,交用兩碩函量,壹函爲壹點,拾點成壹大上(引者按:"上"當讀作"尚",唐人多以"尚"字計數,不連寫,共十筆)字。……已上叁拾叁上(尚)字,計青稞雜大麥陸伯陸拾碩。"(《吐魯番出土文書》册七頁372-373,以下凡引《吐魯番出土文書》者,只標册數頁碼,不贅書名;原書録字有誤者,徑據圖版本改正)又《唐麟德元年(664)西州高昌縣里正史玄政納當年官貸小子抄》:"崇化鄉里正史玄政納麟德元年官貸小子貳斫,其年十二月叁拾日。"(册七頁388)原卷"十二月"右側旁注"拾貳月"三字,表示"十二月"當改作"拾貳月"。有時具體一筆一筆的數目字也可能不用多筆字,但在總計時則改用多筆字,如《高昌延昌二十七年(587)六月兵部條列買馬用錢頭數奏行文書》:"起六月八日,侍郎僧子傳:翟呼典畔陀邊買赤馬一匹,用錢卌五文。"接着另起一行寫云:"都合買馬壹匹,用銀錢肆拾伍文,付匡安受。"(册三頁75)又《高昌延昌二十七年(587)八月兵部條列買馬用錢頭數奏行文書》:"……黄馬一匹,□馬一匹,匹用錢卅三文;驃馬一▭匹,赤馬二匹,匹用錢卅二文。"接着另起一行寫云:"都合買馬□□□匹,用錢壹遷肆伯捌拾文。"(册三頁84)又《高昌内藏奏得稱價錢帳》:"起五月二日,車不呂多買絲六十斤,与白迦門賊二人邊得錢三文。次十二日……与迦門胾二人邊得錢一文半。”接着另起一行云：“都合得錢肆文半。”（册三頁321）這些總計數字用多筆字，顯然是爲了防止姦人竄改。根據我們的調查，在高昌延昌年間（561－601）的出土契券中，數目字用大寫字的情況已相當普遍。但間或也有不用大寫字的，如《高昌延昌二十四年（584）道人智賈夏田券》：“延昌廿四年甲辰歲二月七日，道人智賈□田阿衆邊夏南渠常田一畝，交与銀錢五文。”（册五頁154）是其例。至於高昌延和（602－613）以後的出土券契中，數目字則以用多筆字爲常了。與此相反，在高昌延昌之前的出土券契中，數目字則通常不用多筆字。如《前涼升平十一年（367）王念賣駝券》：“若還悔者，罰毯十張。”（册一頁5）又《西涼建初十一年（415）張仙入貸床文書》：“建初十一年十二月廿四日，張仙入貸床六斛。”（册一頁16）《高昌和平元年（551）某人舉疊錦券》：“□□元年辛未歲……□□邊舉中行疊六十匹，要到八月□中行疊九十匹。若過期不償，一匹上□仰公償。次取□柏樹葉錦四十尺，要到八月卅日償□六丈。若過期不償，一月生錦四（後缺）”（册五頁151）但這期間也有少數用多筆字的例子，如《北涼神璽三年（399）倉曹貸糧文書》：“（前缺）主者趙恭、孫殷：今貸[illegible]石□拾斛，秋熟還等斛。”末署“神璽三年五月七日”。（册一頁32）蔣禮鴻師批校本云：“[illegible]，柒。”①“神璽”是北涼段業年號（397－399），其中“七石”書作“柒石”，“十斛”書作“拾斛”，這大概是吐魯番出土文書中有明確紀年的數目字作大寫字的最早記載。此外如同墓出土的《達楷斛斗殘帳》：

① 《吐魯番出土文書》第一册蔣禮鴻師批校本藏浙江大學古籍研究所資料室。

“(前缺)參拾斛達楷……”(册一頁 56)該墓出土的紀年文書甚多,起北涼神璽三年,止玄始十二年(423),估計前列斛斗殘帳當亦作於這一段時間。又《西涼建初十四年(418)嚴福願賃蠶桑券》:“建初十四年二月廿八日,嚴福願從闞僉得賃叁薄蠶桑,賈(價)交与毬(後缺)”(册一頁 17)“薄”疑當讀作“箔”,“箔”是養蠶用的竹篩,“叁箔蠶桑”就是三竹篩蠶桑。如果我們的這一推斷可信,那這大概也可算作吐魯番出土文書中有明確紀年的數字用大寫字的較早實例。又《北涼玄始十一年(422)馬受條呈爲出酒事》:“十一月四日,□酒三斗,賜屠兒▭使。次出酒□斛,付孫善,供帳内▭隤騎、箱□等。次出酒五斗,付▭五斗,供淩□。合用酒柒斛▭。”末署“玄始十一年十一月五日酒□馬受條呈”(册一頁 120)。這件文書的作者在具體一筆一筆的數目時用簡筆,總計時用繁筆,顯然當時已有意識地使用大寫字來防止他人竄改。此外無明確紀年的文書如哈拉和卓九一號墓出土的《奴婢月廪麥帳》云:“(前缺)合給肆斛貳斗。奴文德、婢芳容二人,人日稟麥五升,合給麥叁斛。奴子虎生一人,日給稟麥二升,合□□陸斗。都合柒斛拔(捌)斗,請紀識。”(册一頁 158)也是分計用簡筆,總計用繁筆。又同墓出土的《阿成等麥酒帳》:“(前缺)阿成□麥貳斛仵(伍)斗▭客償□酒仵(伍)斛。”(册一頁 159)據同一墓出土的有紀年文書(起西涼建初四年,止緣禾五年,即公元 408 – 436)推測,這也是數目字用大寫字的較早的例子。

綜上所説,我們認爲在公元四世紀前後(約當東晉末)人們已開始有意識地在券契中使用大寫的數目字。到了公元五世紀、六世紀,這種用法進一步得到普及。唐武后時大量使用大寫的數目字,只不過是承襲了祖宗的成法而已。陸容等以爲這種用法始於宋代,顧炎武以爲大寫的數目“皆武后所改”,恐均難免數典忘祖之失。

九、論“音隨形變”

(一)

《康熙字典・備考》白部收“⿰白男”字,釋云:“《海篇》音男。”《漢語大字典・白部》該字下云:

> ⿰白男 nán《龍龕手鏡・白部》:“⿰白男,音男。”《字彙補・白部》:“⿰白男,乃凡切,音男,見《海篇》。”

雖引證加詳,但“⿰白男”的意義仍是不明。那麼“⿰白男”究竟是什麼字呢?我們認爲“⿰白男”應是“⿰臼男”的俗字,“⿰臼男”則就是“舅”字(後者爲“⿰臼男”的構件移位字)。“⿰臼男”見《説文》,從男、臼聲,“臼”形與“白”相近,易於訛誤;且“白”字筆畫簡捷明快,合於“俗人”們的胃口,於是原本從“臼”的“⿰臼男”便寫成了從“白”的“⿰白男”。《碑別字新編》載魏《司馬景和妻墓誌》“舅”字作“⿰白男”,便是明證。

也許有人要問,“⿰白男”如果就是“舅”字,怎麼會音“男”呢?原來這裏有個俗音或者説俗讀的問題。在文字的演變過程中,隨着書寫形式的變化,語音也會相應發生變化;有時甚至會變得跟原來的讀音毫無共同之處。如上面説的“⿰白男”字,由於原來的聲旁“臼”變成了“白”,失去了表音功能;而漢字的結構又多是左形右聲,於是人們便“理所當然”地把“⿰白男”讀作了“男”音。這種同一個字因爲字形的譌變導致讀音變化的語言現象,我們稱之爲“音隨形變”;這種變化後的讀音稱爲“俗音”或者“俗讀”。

（二）

古人在他們的語言實踐中，已經或多或少地注意到“音隨形變”的事實。後魏酈道元在他的名作《水經注》中，曾一再提到“讀隨字改”或“音從字變”的現象①。如：

《地理志》：“千乘有延鄉縣。”世人謂故城爲從城，“延”“從”字相似，讀隨字改。（卷二四“瓠子河”）

城東北二十里有丹山，世謂之凡山，……“丹”“凡”字相類，音從字變也。（卷二六“巨洋水”）

不過酈道元所説的“讀隨字改”或“音從字變”，字形譌變的結果是變成了與原字無關的另外一個字，這和我們前面所説的字形譌變後仍與原字保持同一關係的“音隨形變”是有區别的。

繼酈道元之後，唐朝著名學者顔師古也提到過這方面的問題。顔師古在《匡謬正俗》卷一“忉”條下云：

《甫田》篇云“勞心忉忉”，《爾雅》音“切切”，憂也。後之賦者敘憂慘之情多爲“忉怛”。王仲宣《登樓賦》云：“心悽愴以感發，意忉怛而憯惻。”諸如此類，皆當音“切”字，與“忉”字相類。“切”字從刀、七聲，傳寫誤亂，或變爲“忉”。今之學者諷誦辭賦，皆爲“忉怛”，不復言“切”，失之遠矣。

顔氏認爲“忉忉”、“忉怛”之“忉”本當作“切”，從“七”得聲；傳寫

---

① 關於《水經注》中提到的“讀隨字改”或“音從字變”的現象，張永言先生在《酈道元語言論拾零》一文中已經指出，下文所引二例亦轉引自張先生的大作。文載《中國語文》1964 年第 3 期；又載《語文學論集》，語文出版社 1992 年版。

譌變爲"切",遂讀從"刀"[①]。這也就涉及到了"音隨形變"的現象。又《漢書·西域傳下》:"(郭)欽擊殺其老弱,引兵還。莽封欽爲剼胡子。"顏師古注:"剼,絶也。音子小反。字本作剿,轉寫誤耳。"按《説文·刀部》:"剿,絶也。从刀,喿聲。《周書》曰:天用剿絶其命。""剿"本音子小反(jiǎo),俗書"喿""参"不分,"剿"書作"剼",《集韻》遂於銜韻增"師銜切(shān)"一音,這也是"音隨形變"[②]。

明清以後,開始有較多的人注意到"音隨形變"的現象。如"麜"字,《改併四聲篇海·鹿部》引《搜真玉鏡》音"業",明梅膺祚則云:"此字即麜字,因偏旁从業,遂音業,似誤。"(《字彙·鹿部》)梅氏的説法是對的。"菐"旁俗書多有寫從"業"旁的,如《敦煌變文集》卷五《無常經講經文》:"既覺(泉按:'覺'字原録誤作'竟',此據原卷正)知,須打撲,休更頭頭起貪欲。""撲"即"撲"的俗寫[③],是其例。故"麜"即"麜"的俗字。而《搜真玉鏡》以其偏旁從"業",遂讀作"業",可謂"望形生音"。

又如"蕯"字,俗讀力公切,音隆。清吴任臣《字彙補·艸部拾遺》云:"步大汗蕯,代郡人,北齊時積封至義陽郡公。……本是薩字,錯寫作蕯耳,今讀作隆,非是。"按:今本《北齊書·步大汗薩

---

① "切"字俗書多寫作"切",如敦煌寫本斯 2204 號《十無常》:"勸君切莫爲怨惡。"又伯 4597 號《和菩薩戒文》:"一切地獄盡經過。"又伯 4028 號《法體十二時》:"一切善法從心起。"又伯 3409 號《五更轉》:"苞(包)容一切含萬境。"凡此"切"字皆爲"切"字俗寫。而豎心旁俗書亦多有寫作"十"形的。這樣"切"與"忉"俗書便有可能混用不分了。

② 《漢語大字典·刀部》把"剼""剿"作爲完全不同的字處理,欠妥。

③ "打撲"同義連文,文中爲屏棄義。原卷下文云:"總是門徒身上事,速須打撲鎖心猿。"字正作"撲"。

傳》作“薩”。“薩”形誤爲“蕯”,遂讀從“隆”,這也是“音隨形變”。

清儒戴震、王念孫在他們的論著中也一再涉及到“音隨形變”的事實。戴震在《論韻書中字義答秦尚書蕙田》的信中說:

有本無其字,因訛而成字。如《爾雅》之“鼀䵷”。“鼀”力竹反,從先得聲;訛而爲“鼁”,遂讀起據反①。《方言》之“錬鏅”,郭璞音東,曹憲於《廣雅》音諫。《集韻》據郭忠恕《佩觿》之臆説,於一東增“錬”字,引《方言》,則“錬”訛而爲“錬”,遂與“東”同音。

“鼀”訛作“鼁”,陸德明《經典釋文》遂從“去”而音起據反;“錬”訛作“錬”,《集韻》遂從“東”而收入東韻,這也都是“音隨形變”的實例。又王念孫《廣雅疏證》卷六《釋訓》“軫軳,轉戾也”條下云:

軳,曹憲音牛力反,各本“軳”譌作“艴”,自宋時本已然,故《集韻》、《類篇》俱有“艴”字,音“色”,引《廣雅》“軫艴,轉戾也”。案《説文》、《玉篇》、《廣韻》俱無“艴”字。《集韻》、《類篇》音“色”亦與曹憲牛力反之音不合。考“軳”字本讀如“與子同袍”之“袍”。《玉篇》:“軳,步毛切,戾也。”《廣韻》同。轉入聲,則讀如“克岐克嶷”之“嶷”……正與牛力反之音相合。……凡字從包聲者,多轉入職、德、緝、合諸音……故“軫軳”之“軳”讀爲“嶷”也。“軳”字或書作“艴”,故譌而爲“艴”。《集韻》遂讀爲“色”,而《類篇》以下諸書皆仍其誤。

“軳”本音步毛切(páo),音轉爲牛力反;俗書“軳”誤作“艴”,《集韻》、《類篇》諸書遂讀爲“色”,究其實,仍是“音隨形變”。

語言學老前輩周祖謨先生在《宋修廣韻書後》一文中,曾談到

① 唐陸德明《經典釋文》即云:“鼁,起據反。”

《廣韻》中"有形譌而音譌"的現象。如先韻"犳",獸似豹而少文,祟玄切;而"犳"實爲"犳"字之誤,"犳"已見藥韻,音之若切;此字既譌爲"犳",遂衍出"祟玄"一音。又如麻韻"碬",礪石也,胡加切;而"碬"實爲"碫"字之誤,"碫"見换韻;此字既誤爲"碬",遂衍出"胡加"一音,等等,文煩不具引(文載《問學集》下册 926－927 頁)。這種"形譌而音譌"的現象,説到底,也就是"音隨形變"。

以上的事實表明,"音隨形變"的現象是一個無法否認的客觀事實;人們在具體的語言實踐中,也已經或多或少地注意到這一事實。但在這個問題上,許多人或者是就事論事,或者是簡單地加以否定,而缺乏深層次的、系統的分析和研究。

(三)

如上所述,"音隨形變"的現象是一個客觀事實,那麽對這個問題的研究有些什麽意義呢? 在筆者看來,至少以下三個方面是應須注意到的:

1."音隨形變"現象的研究,有助於對許多疑難俗字的認識。

歷代的字典辭書以及其他文獻典籍中都有一些有音無義的疑難怪字,艱於辨識。通過對"音隨形變"現象的研究,往往可以使其中相當一部分疑難字得到令人滿意的解釋。本文的第一部分指出音"男"的"甥"乃爲"舅"的俗字,即其一例。又如:

【餙】

《龍龕手鏡·食部》平聲:"餙,音希。"按:"希"乃"希"字俗寫,"餙"則爲"餙"字俗寫。那麽這個音"希"的"餙"是什麽字呢? 筆者以爲即"飾"的俗字。元李文仲《字鑑》卷五入聲職韻:"飾,俗作餙。"四部叢刊影印明鈔本《説苑》卷三《建本》:"儀狀齊等而餙貌者好,質性同倫而學問者智。"《四庫全書》本"餙"作"飾","餙"即"飾"的俗字。那麽作爲"飾"俗字的"餙"怎麽會音"希"呢?這就是俗音在作怪。"飾"寫作"餙"以後,那些"識字讀半邊"的"秀才"們讀從"希"聲;行均據寫本用字的實際情況收字和定音,於是音隨形變,"餙"也就被定作了"音希"。

【鵽】

《漢語大字典》第七册 4665 頁該字下云:"ài《字彙補·鳥部》:'鵽,烏賚切,音愛。義無考。'按:《龍龕手鏡》和《改併四聲篇海》均作'鵽、鵽,二俗,鷄、爰二音。'"這就是説,同一"鵽"字就有愛、鷄、爰三種讀音,而義則無考。其實"鵽"及"鵽"應皆爲"鷄"的譌俗字,《龍龕手鏡》和《改併四聲篇海》音"鷄"是對的。"鷄""鵽"形近而誤。《字彙補》音愛,那是"望形生音"的結果。至於"爰"字一音,顯然淵源於"鵽"。我們認爲"鵽"應是"鳰"字俗誤,"鳰"則即"鷄"的俗字。"奚"字和"奚"旁俗或書作"𡗡"(參看第八章第四節例十三),故"鷄"俗可書作"鳰",復以形近誤作"鵽"。《龍龕手鏡》和《改併四聲篇海》據以讀"鵽""鵽"作"爰"音,同樣是"望形生音"的結果。掌握了俗書"音隨形變"的規律,我們就不至於在紛亂的俗音面前惘然無措了。

2."音隨形變"現象的研究,有助於對一些漢字淵源流變的探尋。

有一些漢字,有音也有義,但它的來歷是怎樣的?人們始終是不大清楚的。通過對"音隨形變"現象的研究,我們就有可能揭開這些謎團。例如:

【睩】

《漢語大字典》第四册 2503 頁該字下云:"lù《篇海類編》盧谷

切。又《字彙補》奉無切。目深。《篇海類編・身體類・目部》：'晵,目深也。'"按:"晵"字前無所承,《篇海類編》突然冒出這麽一個字來,不能使人無疑。其實"晵"乃爲"睿"的譌俗字。顔之推《顔氏家訓・書證》:"《後漢書》:'……寧見乳虎穴,不入冀府寺。'而江南書本'穴'皆誤作'六'。""虎穴"誤作"虎六",可證"穴""六"形近易誤。《説文・目部》:"睿,目深皃。从目、窅。讀若《易》曰'勿卹'之'卹'。"《廣韻・屑韻》音於決切。"晵"無疑就是"睿"的譌體。"睿"既變作"晵",於是音隨形變,便讀作盧谷切(與"六"同音)了。

【魛】

《漢語大字典》第七册4676頁該字下云:"(一)rèn《篇海類編》音刃,魚名。《篇海類編・鱗介類・魚部》:'魛,魚名。'(二)dāo'魛'的訛字。《正字通・魚部》:'魛,鮤字之譌。舊注音刃,汎云魚名,非。'《康熙字典・魚部》:'魛,魛字之譌。'"根據《漢語大字典》的引證和解釋,"魛"字似乎應該是一身而三職:(一)音rèn,魚名;(三)"鮤"的訛字,"鮤"字《漢語大字典》有jié、jì二音;(三)"魛"的訛字,音dāo。其實,情況遠沒有如此複雜。"魛"就是"魛"的增點俗字。"刀"字或"刀"旁俗書多贅點作"刃"。如《清平山堂話本・刎頸鴛鴦會》:"娥眉本是嬋娟刃,殺盡風流世上人。""刃"即"刀"的增點俗字①。例多不贅舉。故"魛"本即"魛"的俗字,音刀,即《説文》"鮆"字注所謂"刀魚"是也("魛"爲"刀魚"之"刀"的後起增旁俗字)。但字既寫作"魛",音隨形變,"俗人"們遂讀從"刃"聲,表面上看起來便與"魛"邈不相涉了。至於

① 《清平山堂話本》今人的一些校點本(如譚正璧校本、石昌渝校本)"刃"字皆照録,實誤。

大字典所引《正字通》"劁字之譌"的"劁",大概是"劕"字誤書。"劁"與"劕"音義皆不相同。

3."音隨形變"現象的研究,有助於對一些同物異稱的現象作出合理解釋。

同物異稱的現象,原因頗爲複雜,但有一些是與字形譌變以及伴隨而來的讀音譌變有關的。通過對"音隨形變"現象的研究,可以幫助我們弄清致歧的原因,並進而作出合理的解釋。例如:

【飥】

《方言》卷十三云:"餅謂之飥音乇,或謂之餦餛。"郭璞注"音乇"宋本《方言》作"音託"。《齊民要術·大小麥》:"(青稞麥)麵堪作飯及餅飥。"其中的"餅飥"大概是從《方言》來的。但《太平御覽》卷八六〇及宋程大昌《演繁露》卷九引《方言》則云:"餅謂之飩。"《古逸叢書》載原本《玉篇》殘卷食部:"飩,徒昆反。《廣雅》:'飩,餅也。'"這樣,同是對"餅"的稱呼,就出現了"飥(tuō)"、"飩(tún)"的歧異,並各自爲後人所沿用。自然,兩説不能皆是,總有一説是與《方言》的原貌不一致的。清錢繹《方言箋疏》云:"'飥'字即'飩'之譌,注'音乇'乃'屯'之譌。宋本作'託'者,又後人以正文既誤作'飥',遂改'屯'爲'託'。"錢氏的話只説對了一半。對的是他肯定了《方言》原文及郭注當作:餅謂之飩音屯。但他把"飥"和"乇"定作訛字,這是不盡妥當的。其實"飥"就是"飩"的俗字,"乇"就是"屯"的俗字。"屯"字及"屯"旁俗書作"乇",又或進而譌變作"乇",如"鈍"字俗作"鈺","純"字俗作"紅"(皆見於敦煌寫本,前字亦見於《龍龕手鏡》),皆是,故"屯"字俗作"乇","飩"字俗作"飥"。羅振玉影印原本《玉篇》殘卷食部:"飥,徒昆反。《廣雅》:'飥,餅也。'"這更是"飩"俗字作"飥"的鐵證。問題在於“飩”寫作“飥”以後，便與“飫飥”的“飥”同形，淺學的人不知其爲“飩”字俗寫，遂讀從形變，讀爲 tūo 音，復改郭注“音乇”爲“音託”，以迎合已誤之音。謬種既經流傳，非便成爲是，誤便成爲不誤了。諸如《康熙字典》、《漢語大字典》這樣一些權威字典皆引録“餅謂之飥”之語，便是明證。

【鬿】

《楚辭》劉向《九歎・遠逝》：“合五嶽與八靈兮，訊九鬿與六神。”王逸注：“九鬿，謂北斗九星也。”舊校：“鬿，一作魁。”宋洪興祖補注：“鬿，音祈，星名也。北斗七星，輔一星在第六星旁，又招摇一星在北斗杓端。”《玉篇・鬼部》：“鬿，巨希切，星名。”又云：“魁，北斗名。”根據“鬿”與“魁”的意義以及《楚辭》舊校的異文來看，“九鬿”或“九魁”皆指北斗七星及其附近的二星而言，作“鬿”作“魁”似乎皆無不可。其實不然。“鬿”實爲“魁”的訛俗字。錢大昕《十駕齋養新録》卷一七“九鬿”條下云：“《説文》無‘鬿’字，當爲‘魁’字之譌。古書‘斗’爲‘升’，與‘斤’相似，因誤爲‘鬿’，並讀如祈音，失其義矣。北斗九星，魁居其首，故有‘九魁’之稱。”王筠《菉友蛾術編》卷下亦有大致相同的論述，兹不贅引。《隸辨》卷一載漢《楊君石門頌》“魁”字作“魁”，其形與“鬿”至近，足證錢説之不誣。《楚辭・天問》：“鬿堆焉處？”王逸注：“鬿堆，奇獸也。”舊校：“鬿，一作魁。”《山海經・東山經》：“（北號之山）有鳥焉，其狀如雞而白首，鼠足而虎爪，其名曰鬿雀，亦食人。”郭璞注：“鬿，音祈。”清郝懿行《山海經箋疏》引柳宗元《天對》以“鬿堆”爲“鬿雀”之誤。實則“鬿雀”或“鬿堆”之“鬿”亦皆當作“魁”，《楚辭》一本“鬿”作“魁”是也。然“魁”既變作“鬿”，郭氏、洪氏遂據右旁而爲之作音，《玉篇》、《集韻》又沿郭氏、洪氏之誤而收載之。降及《康熙字典》、《漢語大字典》亦備載其音其義而無異辭，亦可謂習非成是矣。我們今天只有明了漢字有“音隨形變”的通例，不爲異形異音所迷惑，纔能撥亂而反諸正，認清事物的本來面目。

十、説“坏”

三聯書店 2001 年版《柳如是别傳》第 36 頁有下面一段話：

> 復檢鄧孝威漢儀天下名家詩觀貳集閨卷别卷中云：“……河東君放誕風流，不可繩以常格。乙酉之變，勸宗伯以死，及奮身自沈池水中，此爲巾幗知大義處。宗伯薨，自經以殉，其結局更善。靈岩坏土，應歲歲以巵酒澆之。”（原文本用繁體字排版）

其中的“坏土”一詞頗爲眼生，不免讓人生疑。如《中華讀書報》2001 年 6 月 20 日 5 版發表陳福康先生《談新版〈柳如是别傳〉的校訂質量》一文，就對此提出校勘意見云：

> “灵岩坏土，应岁岁以卮酒浇之”，难道酒浇坏土可以变成好土？再説，此书以繁体排字，“坏”字也当排成“壞”啊。可见必是“抔土”之误。（引文依原文用簡體字排版）

陳先生的話板上釘釘，説得很決絶，似乎不容人再有絲毫的懷疑。不過我還是有些不死心，試著按照《柳如是别傳》原書提供的線索，冒大雨特意跑到浙江省圖書館古籍部去查閲清鄧漢儀（字孝威）的《天下名家詩觀》（清康熙戊午慎墨堂刻本），在該書貳集閨秀别卷翻到了鄧氏的原話，結果發現“靈岩坏土，應歲歲以巵酒澆之”原书如此，由此可見新版《柳如是别傳》作“坏土”並非排版之誤，亦非作者引誤。那麼是否《天下名家詩觀》原書有誤呢？我們的答案是否定的。這個“坏”並不是如同陳先生所認爲是“壞”字的簡體,而是與“壞”無關的另一個字。

考《説文·土部》云:“坏,丘再成者也。一曰瓦未燒。从土,不聲。”(段玉裁注以爲“丘再成”當作“丘一成”)據《説文》,“坏”字有二义,指只有一重的山丘和未燒過的磚瓦(後一義的“坏”後起字作“坯”)。敦煌寫本北6487號(闕25)《大般涅槃經》卷三一:“一切衆生身亦如是,常應攝心,不令放逸。若放逸者則便灭壞。善男子,譬如坏瓶,不耐风雨打擲堆押。”其中“坏瓶”的“坏”用的即是《説文》的後一義。用今天的音來念,這個字當讀作 pī。另外,“坏”字古又通用作“抔”(póu)。“坏”“抔”皆從“不”得聲,字形亦近,古代往往通用不别。宋林景熙《夢中作四首》之二:“一坏自築珠丘土,雙匣猶傳竺國經。”這個“坏”就是“抔”的假借字。上引“靈岩坏土”句的“坏”既可理解作“丘再成者”的“坏”,也有可能是“抔”的假借字。“抔土”典出《史記·張釋之傳》:“釋之免冠頓首謝曰:‘法如是足也。且罪等,然以逆順爲差。今盜宗廟器而族之,有如萬分之一,假令愚民取長陵一抔土,陛下何以加其法乎?’”“一抔土”猶言一捧土,“取長陵一抔土”暗寓盜毁帝皇陵墓之意,故後世徑或以“抔土”借指墳墓,而“抔”字則常寫作形音皆近的“坏”字。上引《史記》“假令愚民取長陵一抔土”句下唐司馬貞《索隱》云:“抔音步侯反。……又音普回反。坯者,磚未燒之總名也。”後一切音實係讀“抔”爲“坏(坯)”(“坏”字《廣韻·灰韻》音芳杯切,與“普回反”同音)。這樣看來,也許古本《史記》本即有作“坏土”者。故“抔土”後人亦多寫作“坏土”。宋何薳《春渚紀聞》卷九“記研·銅雀臺瓦”條:“阿瞞恃姦雄,挾漢令天下。惜時無英豪,磔裂異肩踝。終令盜坏土,埏作三臺瓦。”清孔尚任《桃花扇·辭院》:“长陵坏土關龍脈,愁絶烽煙搔二毛。”其中的“坏土”就是本於《史記·張釋之傳》而來。

《天下名家詩觀》"靈岩坏土"的"坏土"也正是指陵墓而言，作者並没有寫錯，陳寅恪先生也没有引錯，三聯新版《柳如是别傳》的編者自然也用不著爲此承擔校訂的責任了。

那麼爲什麼陳福康先生會斷定"坏土"有誤呢？顯然這是因爲他把"坏 pī"和"壞"的簡化字"坏 huài"混爲一談了。其實"壞"的簡化字"坏"大約是清代前後纔出現的，根據劉復等編的《宋元以來俗字譜》，這個字始見於清初的《目連記彈詞》，而且這種寫法往往只限於戲曲、小説等一些通俗文學刻本，使用範圍十分有限。一般來説，清代以前古書中的"坏"十有八九可定爲"坏 pī"字，只有極少數是"坏 huài"字。但由于"坏 pī"和"坏 huài"字形相混無别，"坏 pī"現行的標準字形又從後起字寫作"坯"，寫作"坏"的"坯"人們已經感到很陌生，所以很容易造成理解上的錯誤。

像"坏 huài"這樣因字形簡化形成的新字與古代的另一個字同形，從而導致誤解誤認，這在古代文獻的整理研究中時有所見，而非個别的偶然的現象，很值得引起我們的警惕。另外，我們的文字工作者在選用標準字形時，如何盡可能避免一些不必要的糾葛，恐怕也是應該考慮的一個問題。

十一、日韓漢字探源二題

(一)關於韓國漢字詞"三寸""四寸"的"寸"

韓國自古以來就使用漢字，這是大家都知道的。絶大多數韓國漢字與中國漢字的形音義是相同或相近的。少數韓國漢字與中國漢字的形音義乍一看似乎不盡相同，但如果仔細一推敲，就會發現兩者之間其實仍有著千絲萬縷的聯繫。我們所要説的“三寸”“四寸”就是後一種情況。

韓國漢字詞有“三寸”“四寸”一類的説法，表示親屬之間關係遠近的不同。所謂“三寸”，是指叔伯或舅舅，“四寸”是指堂兄或表兄姊妹，如此等等，前面的數字越大，關係越遠。然而爲什麽“寸”會與表示親屬之間關係遠近的意思聯繫在一起呢？這卻是一個令人困惑的問題。不久前，有學者撰文指出：

> “三寸”“四寸”跟法律上的“親等(degree of kinship)”有著直接的關係。所謂親等，是表示親屬關係遠近的等級。親等越多，關係越遠。……爲什麽三親等要叫做“三寸”、四親等要叫做“四寸”呢？筆者認爲，最大的可能是音近通假。“寸”字讀作촌(chon)，“親”字讀作친(chin)，“親”字筆劃多，書寫麻煩，“寸”字筆劃少，書寫方便。本來是一種“俗書”，久而久之，習非成是，得到了全社會的承認。……因此，“三寸”就是“三親(等)”，“四寸”就是“四親(等)”。①

此説認爲“三寸”“四寸”跟法律上的“親等”有關，這是完全正確的。但他們以爲“寸”是“親”的音近通假，筆者卻不敢苟同。誠然，“寸”“親”讀音相似，但他們並未舉出古代(包括韓國)假“寸”爲“親”的實際例子，這就不能不令人感到懷疑。其實，“三寸”“四寸”的“寸”並非“親”的假借字，而是“等”的訛變俗字。魏晉以來的草書中每見“等”字寫作“寸”形甚而徑寫同“寸”字的②。金韓

① 俞忠鑫、楊芳茵《三寸四寸考》，杭州大學(今浙江大學)韓國研究所1997年舉行的第二届韓國傳統文化學術研討會論文，載《韓國傳統文化·語言文學卷》，學苑出版社2001年版。

② 參看洪鈞陶編《草字編》3199－3202頁，文物出版社1984年版。

道昭《五音集韻・等韻》：廾，同“等”，俗用。又韓氏的《改併五音類聚四聲篇海・寸部》：“艼，音等，俗用字。”日本桑守雌撰《和漢草字辨》（享保十九年〔1734〕日本京師書鋪柳枝軒梓行）：“等，和作朩，非，當作才。”伯2182號《御注金剛般若波羅蜜經宣演》卷上：“佛初成道，度憍陳如五人……次度耶舍长者子五十人。”又俄敦4004號《大般若波羅蜜多經》卷五六八：“諸天人咸［作是言，願我未來成無上覺］。”其中的“”“”“”即“等”字。又伯3532號載慧超《往五天竺國傳》：“吐火羅國王住城，名爲縛底那……言音與諸國別，共罽賓國少有相似，多分不同。衣著皮毬、氎布等。……食肉及葱韭等，不事外道。……（大拂臨國）土地足寶物，甚足駝騾羊馬疊布等物。……又跋賀那國東有一國，名骨咄國。……王及首領、百姓等敬信三寶。”其中的“等”字原卷分别作“”、“”、“”、“”，皆即“等”的簡省俗字。同卷又云：“（此寺）兼造一金銅□□輻團圓正卅餘步。”又：“又從大寔國已東，並是胡國，即是安國、曹國、史國、石騾國、米國、康國。……此胡國，並剪鬚髮。”又：“其吐火羅國，乃至罽賓國、犯引國、謝颶國寸，兄弟十人五人三人兩人，共娶一妻。”其中掃描的字及後例“寸”字亦皆爲“等”的簡省俗字，而王仲犖《敦煌石室地志殘卷考釋》後三字均誤以爲“寸”字①。由此可見，由於“等”的簡省俗字與

① 见王書222、288頁，上海古籍出版社1993年版。其中後二例“等”字王録既誤作“寸”，復誤校作“中”。前一例“正等”王録既誤作“正寸”，“步”字又誤録作“當”，屬下讀；校記引日本籐田豐八《箋釋》云：“正寸卅餘，語不可解，必有訛誤。”又引高楠順次郎《考訂》云：“正寸卅餘，恐如來量尺卅餘寸之意。”其實“正等”即相當、相同義，“團圓正等卅餘步”是指金銅□□（高楠氏疑缺文爲“法輪”二字）“輻”的形狀及其大小，文義平實可解。

“寸”字字形至近，確有與“寸”字混同的趨勢[①]。這裏值得特別指出的是，上揭《往五天竺國傳》的作者慧超乃新羅（古朝鮮）僧人，在他的書裏“等”一再寫作“寸”形的簡俗字，這是否意味著這種俗寫在當時的朝鮮非常流行呢？如果真是這樣，那麼現在韓國人把“三等”“四等”的“等”寫作“寸”，可就是淵源有自，源遠流長了。

（二）日本簡體漢字“仏”“弁”小考

2.1　佛教的“佛”日本簡體漢字寫作“仏”，這對現今多數中國人來説也許會感到很陌生。其實這種寫法本是中國人的創造。上海博物館藏敦煌寫本15號《法華經文外義》（西魏大統十一年〔545〕比丘惠襲寫）：“又問：衆生作仏＝續衆生者，涅槃是假以不?”又北周《強獨樂文帝廟造像碑》：“願一切法界衆生，早得作仏。”[②]這是今天可以見到的“仏”字的較早用例。明張自烈《正字通・人部》：“仏，古文佛。宋張子賢言京口甘露寺鐵鑊有文：梁天監造仏殿前。”“天監”爲南朝梁武帝蕭衍年號，時在公元502－519年。據此，可以初步推斷“仏”大約是六朝時產生的一個俗字。隋

---

① 《漢書・朱買臣傳》：“朱買臣字翁子，吴人也。家貧，好讀書，不治產業，常艾薪樵，賣以給食……妻羞之，求去。買臣笑曰：‘我年五十當貴，今已四十餘矣。女苦日久，待我富貴報女功。’妻恚怒曰：‘如公等，終餓死溝中耳，何能富貴?’買臣不能留，即聽去。”其中的“如公等”敦煌寫本斯79號《語對・棄夫》“買臣妻”條引作“如公之等”，“等”字義欠安，頗疑乃爲“才”字之訛。蓋“才”字俗書亦作“扌”形，傳抄者誤認爲“等”的簡俗字“寸”等而加以回改，遂致其謬，可助參證。又孫昌武點校《觀世音應驗記》三種（中華書局1994年版）陸杲《繫觀世音應驗記》第15條：“於是須令絞殺，繩又等斷。”其中的“等”字張學鋒《評校點本〈觀世音應驗記〉三種》（《文史》總57輯75頁）校作“寸”，極是，亦可資比勘。

② 見清陸增祥《八瓊室金石補正》卷二三。

《白佛山造像題名・王敬伯等題名》:"象主朱遮羅,妻孫迎,男君玉,居眷侍仏時。"①亦用"仏"字。又唐《開元寺三門樓題刻二十八段・靳文恪等造經像題名》:"敬造阿彌陀仏,合家供養。"清陸增祥跋引清沈濤《常山貞石志》:"仏,古佛字。"②清畢沅《中州金石記》卷二唐《幽棲寺尼正覺浮圖銘》跋:"文不甚工,字帶隸體,云'入仏法海'者,即'佛'字。關中有《鄭州刺史爲子禱疾疏》,亦作此。"敦煌寫本中"佛"字亦多作"仏",其數當可以千萬計,更是舉不勝舉。

"佛"字爲什麽會寫作"仏"呢? 這是一個令人感興趣的問題。張自烈以"仏"字爲"古文",並説:"佛省作仏,無深義,古文不必泥者多此類。"(《正字通・人部》)然而"佛"字何以省寫作"仏"呢?不免仍讓人感到納悶。日本松本愚山在寬政己未年(1799)寫的《省文纂考》(日本享和三年——1803年皇都書肆刊本)中推測説:"蓋梁武帝諱佛字,從弗有逆戾之義所改制者。"但他又説:"厶,古私字,亦未必佳。弗有弼义,安知從前從弗之猶爲勝乎?"幾乎又否定了前面的推測。竊以爲"仏"右旁的"厶"並非"私"字,而是"某"字。"厶"既爲"私"字初文,六朝前後又用作"某"字異體。《穀梁傳・桓公二年》"蔡侯、鄭伯會于鄧"晉范寧注:"邓,厶地。"唐陸德明釋文:"本又作某。不知其國,故曰厶地。"《玉篇・厶部》:"厶,相咨切,姦邪也。今爲私。又亡后切,厶甲也。"後一音義的"厶"即"某"字。敦煌寫本中"某"字類多作"厶",例多不贅舉。"仏"右旁的"厶"亦正是"某"字,"仏"者,厶(某)人也。本爲從人、弗聲的"佛",改作從厶人的"仏",當與人們的避諱心理有

① 見清陸增祥《八瓊室金石補正》卷二四。
② 見清陸增祥《八瓊室金石補正》卷四三。

關,而恐與“弗”旁的具體含義無涉。“佛”是佛陀(Buddha)的簡稱,本義爲覺者,佛教徒用爲對其創始人釋迦牟尼的尊稱。《後漢書·西域傳》:“西方有神,名曰佛。”明梅膺祚《字彙·人部》:“佛,西方聖人名。”佛在其信徒的心目中享有至高無上的地位,“佛”既爲聖人之名,佛教徒們或以爲不便直書其名,故改其字曰“仏”。敦煌寫本斯2630號《唐太宗入冥記》通事官稱唐天子太宗皇帝名曰“李厶乙”,唐代前後稱他人有時代之以“厶(某)甲”①,與書“佛”爲“仏”有相似之處。敦煌寫本斯6315號《發願文》:“時則有玄(懸)泉諸禮士等,並共啓一心,各減家儲,就此靈龕,請亻延僧,設齋崇願。”又云:“唯願大慈垂念,釋梵加威,難陀、跋難陀及娑竭羅龍王等,各願受亻付囑,不舍衆生。”又:“又持是福莊嚴諸施主等,唯願亻護神護,所願遂心。”其中的“亻”乃“佛”字省寫,與“佛”省寫作“仏”當是出於同樣的避諱心理,爲我們的推斷提供了有力的佐證。

附按:日本漢字“拂”字作“払”,較爲後起,當是比照“佛”字作“仏”類推而來的簡俗字,不能據以反推“仏”字的造字機理。日本太宰春台《倭楷正訛》附録“省文集”以“佛”作“仏”爲“華人所爲省文者”,“拂”作“払”爲“倭俗所爲省文者”,應該是正確的。又日本漢字“廣”字作“広”,大概也是受“仏”字的影響産生的簡俗字,不過“広”字中的構件“厶”已完全成爲一個簡省符號,而不再表示具體意義了。

校按:本文刊布後,友生于淑健示以敦煌寫本中“佛”字又有作“厶”者,如斯2733號《法華義記》卷第三:“本發大心,其於厶

---

①《三國志·魏志·崔琰傳》“南陽許攸”裴松之注引三國魏魚豢《魏略》:“(許攸)至呼太祖小字,曰:‘某甲,卿不得我,不得冀州也。’”是其例。

果,暫時廢忘,名中路退也。白導師言,幾感於厶,義同白也。小懼其劫,大名怖畏,不能復進者,明三大阿僧祇劫修行始到在厶地,故名爲遠,欲退還也。”又斯 2106 號《維摩義記》:“下明智惠善根皆是法樂體,樂常信厶,至廣行施,明住前法樂體,從行施至廣菩提心。”日本中村不折氏藏敦煌寫本 44 號《小乘戒律註疏》:“有十種物不輸税无犯:一厶物,二法物,三僧物,四和上物,五諸師物,六父物,七母物,八欲以此物与他人及救罪罰,九爲欲還主,十欲作法用物。”斯 524 號《勝鬘經疏》:“‘仏告’以下,上來明願之方便,自此以下正出願體。……‘厶贊’以下,弟三述成。”同卷下文:“厶性隱在煩惱之中,名之爲藏;顯則无方應用,名爲法身,故次之也。无量煩惱藏者,由此煩惱覆彰故,當常如來不得現用,故名煩惱爲藏。佛性藴積万德,亦名爲如來藏也。”凡此“厶”字《大正藏》卷八五皆録作“佛”,是也。其中後一寫卷“佛”“仏”“厶”先後並出,“厶”“仏”皆即“佛”字。蓋“佛”字俗書作“仏”,“仏”又簡省作“厶”也(比較上文“佛”寫作“亻”之例)。不過也有可能是寫字的人覺得不便直書“佛”字,故代之以“厶”或“亻”,而“厶”古既爲“某”字異體,又爲“私”字初文,爲免歧義,後來又另造“仏”字,便一直沿用到今天。

2.2 1997 年底,日本京都花園大學衣川賢次教授代表《俗語言研究》編輯部約我就敦煌文獻的校録體例談些看法,爲此,我撰寫了題爲《敦煌文獻校録體例之我見》的文章①。我在文章中談到通假字的時候説,“敦煌寫卷中‘辯’或‘辨’字多作‘弁’”。衣川先生收到稿子後,給我回信説,據他所知,用作“辯”或“辨”的“弁”

① 載《俗語言研究》第 5 期,日本禪文化研究所 1998 年 8 月印行。

是日本的"國字",對我的説法的可靠性表示懷疑。後來,他又給我寄示了日本松本愚山編著的《省文纂考》的複印件。查《省文纂考》云:"弁:辨,此間俗借作弁。官名左大辨等,《儀注譜系》省作弁。"可見衣川先生所言爲不虛。

誠然,日本漢字"辯""辨"及"瓣"字今皆合併簡化爲"弁",而現代漢字中則不然。但在古代漢語中,"辯""辨"則與"弁"字通用。《廣韻》"辯""辨"音符蹇切,"弁"字音皮變切,僅聲調上去不同(中古以後濁上變去,則聲調亦同),在語音上不存在通用的障礙。敦煌寫本伯 2292 號《維摩詰經講經文》:"維摩大士,莫測津涯……詞同傾海,弁似涌泉。"其中的"弁"用同"辯"。又伯 2133 號《金剛般若波羅蜜經講經文》:"過去未來及現在,三心難弁唱將羅。"又云:"佛教如是觀虚幻,弁取前生識取因。"又:"言長老者、須菩提者,已如上弁;比丘者,亦如上弁也。"又斯 4571 號《維摩詰經講經文》:"盡河沙界之人心差□(殊),一念皆知;可塵億數之煩惱崎嶇,分毫弁别。"又云:"凡夫多恶相,弁認得根□(源)。"其中的"弁"則皆用同"辨"。又斯 2682 號《太子成道經》:"眼暗都緣不弁色,耳聾高語不聞聲。"其中的"弁"字北 8436 號(潛 80)同,伯 2999、斯 548、2352 號作"辯",伯 2299 號作"便","弁""辯""便"皆當校讀作"辨"。如此等等,敦煌寫卷中"辨""辯"寫作"弁"幾已成爲通例。清張澍《姓氏辯誤》卷八平聲元韻"昆氏"下云:"按《國策》齊賢者貌辨,《古今人表》作昆辯,《吕氏春秋》作劇貌辯,蓋劇邑人也。《元和姓纂》作崑弁……非。"張澍所據《元和姓纂》"昆辯"的"辯"作"弁",大約也是唐代前後"辯""辨"與"弁"通用的遺存,而文淵閣四庫全書本《元和姓纂》作"昆辯",則當是後人據《古今人表》校改的結果。日本狩谷棭齋《倭名類聚抄箋注》附異體字辨(日本内閣文庫藏1827年寫本)據以謂"辨、辯、弁古通用",是也。又慧琳《一切經音義》卷一〇〇《安樂集》上卷音義:"辯,别勉反,……《説文》:辯,治也。從言,辡聲。……集中作弁,非此用也。"(3724)慧琳所見唐道綽著《安樂集》寫本"辯"字寫作"弁",也可見這種用法在當時流行之一斑。這樣看來,日本漢字中"辨""辯"寫作"弁",很可能也是沿襲了中國人的傳統用法,而非他們所創用。俗話説,一滴水可以見出太陽的光輝,上面這個小小的例子,不也折射著中日兩國人民深厚而悠遠的文化交往的光輝嗎?

附按:"弁"本指冠冕(古代的帽子),原與辨别、辯論之義無涉,唐代前後借用作"辨"或"辯",除了讀音相近的因素以外,恐怕還與"弁"字字形簡省有關。

附録二　俗字研究參考文獻舉要

一、近人論著中涉及俗字研究者

（一）專　著

文字問題　李榮，商務印書館 1987 年版
漢字改革概論　周有光，文字改革出版社 1961 年版
文字學概要　裘錫圭，商務印書館 1988 年版
中國文字學　唐蘭，上海古籍出版社 1979 年新 1 版
古文字學導論　唐蘭，齊魯書社 1981 年版
漢字的結構及其流變　梁東漢，上海教育出版社 1959 年版
簡體字原　易熙吾，中華書局 1955 年版
簡化漢字字體説明　陳光垚，中華書局 1956 年版
新中日簡體字研究　謝世涯（新加坡），語文出版社 1988 年版
字樣學研究　曾榮汾，臺灣學生書局 1988 年版
大字典論稿　周志鋒，浙江教育出版社 1998 年版
敦煌漢文寫卷俗字及其現象　蔡忠霖，臺灣文津出版社 2002 年版
敦煌音義匯考　張金泉、許建平，杭州大學出版社 1996 年版

隸變研究　　趙平安,河北大學出版社 1993 年版
六朝唐五代石刻俗字研究　　歐昌俊、李海霞,巴蜀書社 2004 年版
龍龕手鏡研究　　陳飛龍,臺灣文史哲出版社 1979 年版
龍龕手鏡研究　　鄭賢章,湖南師範大學出版社 2004 年版
疑難字考釋與研究　　楊寶忠,中華書局 2005 年版
敦煌俗字研究　　張涌泉,上海教育出版社 1996 年版
漢語俗字叢考　　張涌泉,中華書局 2000 年版
黄侃論學雜著　　黄侃,上海古籍出版社 1980 年版(其中《説文略説·論俗書滋多之故》等篇涉及俗字)
經籍舊音辨證　　吴承仕,中華書局 1986 年版(音誤字往往與俗書相涉,本書不少部分涉及到字形的辨析)
文史考古論叢　　陳直,天津古籍出版社 1979 年版(其中《漢代民間簡字舉例》等文涉及兩漢俗字)
管錐編　　錢鍾書,中華書局 1979 年版(其中不少條目涉及到六朝前後俗字)
讀書叢札　　吴小如,北京大學出版社 1987 年版(其中《字義叢札》等文辨析俗字,多發人所未發)
龍蟲並雕齋文集　　王力,中華書局 1980 至 1982 年版(凡三册,其中《理想的字典》、《漢字改革》等篇涉及到俗字問題)
語文常談　　吕叔湘,北京三聯書店 1981 年版
論語説文　　鄭林曦,商務印書館 1983 年版
語文學論集　　張永言,語文出版社 1992 年版
問學集　　周祖謨,中華書局 1966 年版
徐復語言文字學叢稿　　徐復,江蘇古籍出版社 1990 年版
中日文化關係史論　　周一良,江西人民出版社 1990 年版(其中《圍

繞漢字的中日文化交流》等篇涉及日本漢字的來源問題)

近代漢語詞彙研究　蔣冀騁,湖南教育出版社 1991 年版(其中第九章爲"俗字研究")

方言與中國文化　周振鶴、游汝杰,上海人民出版社 1986 年版(其中若干章節涉及到俗字的來歷)

敦煌曲初探　任二北,上海文藝聯合出版社 1954 年版(其中第三章《曲辭校訂》論及敦煌俗字問題)

敦煌學概論　姜亮夫,中華書局 1985 年版(其中第六講《敦煌卷子的研究方法》論及敦煌俗字研究的重要性)

敦煌變文字義通釋　蔣禮鴻,上海古籍出版社 1988 年第四次增訂本(其中不少條目爲辨析敦煌俗字之作)

義府續貂　蔣禮鴻,中華書局 1987 年增訂本(其中不少條目爲辨析俗字之作)

訓詁叢稿　郭在貽,上海古籍出版社 1985 年版

郭在貽語言文學論稿　郭在貽,浙江古籍出版社 1992 年版(其中《俗字研究與古籍整理》等篇涉及俗字研究問題)

敦煌變文集校議　郭在貽、張涌泉、黄征,岳麓書社 1990 年版(俗字、俗語詞的辨析是本書的一大特色)

敦煌文學叢考　項楚,上海古籍出版社 1991 年版(内中不少論文涉及俗字的考證)

(二)論　文

普通教育當採用俗體字　陸費逵,教育雜誌 1 卷 1 期(1909 年)

答沈君友卿論採用俗字　同上,教育雜誌 1 卷 3 期(1909 年)

論漢字的俗體　尚靈,學思 3 卷 10 期(1943 年)

釋您、俺、咱、喒,附論們字　吕叔湘,華西協合大學中國文化研究所集刊 1 卷 2 期(1940 年)

中國俗文字學研究導言　　蔣禮鴻,杭州大學學報 1959 年 3 期中國語文專號
西漢石刻文字初探　　徐森玉,文物 1964 年 5 期
草體在字體演變上的關係　　郭紹虞,學術月刊 1961 年 11、12 期
由隸變問題談到漢字研究的途徑和方法　　蔣維崧,山東大學學報 1963 年 3 期
略談漢字在日本的整理和簡化　　劉澤先,中國語文 1955 年 9 期
漢字發展史上簡體字的地位　　魏建功,中國語文 1952 年 4 期
敦煌卷子俗寫文字之研究　　潘重規,敦煌學第 17 輯(1991 年)
試論漢語俗字研究的意義　　張涌泉,中國社會科學 1996 年第 2 期(二十世紀九十年代以來,俗字研究開始引起重視,相關論文層出不窮,姑舉此二篇以發其凡)

二、爲俗字研究提供原始資料的文獻

(一)各類匯編、專輯、叢書及古鈔、舊刻本

睡虎地秦墓竹簡　　文物出版社 1990 年版
戰國縱横家書　　文物出版社 1976 年版
馬王堆漢墓帛書　　文物出版社 1980 至 1985 年版
流沙墜簡　　羅振玉,1913 年上虞羅氏影印本
隸釋、隸續　　宋・洪适,中華書局 1985 年影印本
金石萃編　　清・王昶,清嘉慶十年經訓堂刻本
八瓊室金石補正　　清・陸增祥,文物出版社 1985 年版
隋唐五代墓誌彙編　　吴樹平等,天津古籍出版社 1991 至 1992

年版(凡30册)
千唐誌齋藏誌　文物出版社1984年版
漢魏南北朝墓誌集釋　趙萬里,科學出版社1956年版(凡六册,图版和考證相結合,並備載前人有關著述,其中不乏辨析俗字者)
北京圖書館藏中國歷代石刻拓本匯编　北京圖書館金石組編,中州古籍出版社1989年版
敦煌寳藏　黄永武,臺北新文豐出版公司1986年影印本(凡140册,主要爲中、英、法所藏)
敦煌掇瑣　刘復,中國社會科學院考古研究所1957年重印
敦煌變文集　王重民等,人民文學出版社1957年版
敦煌變文集新書　潘重規,臺北中國文化大學中文研究所1985年版
敦煌變文校注　黄征、張涌泉,中華書局1997年版
敦煌曲子詞集　王重民,商務印書館1956年版
敦煌歌辭總編　任二北,上海古籍出版社1987年版
王梵志詩校輯　張錫厚,中華書局1983年版
王梵志詩校注　項楚,上海古籍出版社1991年版
全唐詩外編　王重民等,中華書局1982年版(其中第一編《補全唐詩》、第二編《敦煌唐人詩殘卷》係據敦煌卷子校録)
敦煌社會經濟文獻真迹釋録　唐耕耦等,書目文獻出版社、北圖縮微資料中心1981至1986年版(凡五輯)
英藏敦煌文獻(漢文佛經以外部分)　四川人民出版社1990至1995年版(凡14册)
法藏敦煌西域文獻　上海古籍出版社1995至2005年版(凡34册)
俄藏敦煌文獻　上海古籍出版社1992至2001年版(凡17册)
上海博物館藏敦煌吐魯番文獻　上海古籍出版社1993年版(凡2册)

上海圖書館藏敦煌吐魯番文獻　上海古籍出版社 1999 年版(凡 4 册)
天津市藝術博物館藏敦煌文獻　上海古籍出版社 1996 至 1997 年版(凡 6 册)
北京大學藏敦煌文獻　上海古籍出版社 1995 年版(凡 2 册)
甘肅藏敦煌文獻　甘肅人民出版社 1999 年版(凡 6 册)
浙藏敦煌文獻　浙江教育出版社 2000 年版
中國書店藏敦煌文獻　中國書店 2007 年版
國家圖書館藏敦煌遺書　北京圖書館出版社 2005 年起陸續出版(約 150 册)
中村不折舊藏禹域墨書集成　日本文部科學省科學研究費特定領域研究總括班 2005 年發行(凡 3 册)
中華大藏經　中華書局 1984 至 1996 年版(底本爲趙城金藏或高麗藏,凡 106 册)
盛世新聲　明無名氏編,文學古籍刊行社 1955 年影印明刊本
京本通俗小説　文學古籍刊行社 1987 年影印本
清平山堂話本　明・洪楩,文學古籍刊行社 1955 年影印本
金瓶梅詞話　明・蘭陵笑笑生,明崇禎刻本(宋元以來的通俗文書刻本中俗字頗夥,舉此四書,以爲示例)
太平天國文書彙編　中華書局 1979 年版
文鏡秘府論　釋空海(日本),日本東方文化學院影印宮内廳書陵部藏古鈔本(日本傳世的古鈔本、古刻本多俗字,舉此以爲示例)

(二)字書、韻書、音義書之屬

爾雅校箋　周祖謨,江蘇教育出版社 1984 年版
方言校箋　周祖謨,科學出版社 1956 年版
説文解字　漢・許慎,中華書局 1963 年影印清刻大徐本

説文繫傳　南唐・徐鍇,四部叢刊影印述古堂影宋寫本
説文解字注　清・段玉裁,上海古籍出版社 1981 年影印本
説文解字注箋　清・徐灝,清徐氏自刻本
説文通訓定聲　清・朱駿聲,武漢古籍書店 1983 年影印本
説文辨字正俗　清・李富孫,清嘉慶二十一年刻本
説文外編　清・雷浚,清雷刻八種本
廣雅疏證　清・王念孫,中華書局 1983 年影印本
原本玉篇殘卷　梁・顧野王,中華書局 1985 年版
玉　篇　宋・陳彭年等重修,中國書店 1983 年影印清張氏澤存堂本
玉篇校釋　胡吉宣,上海古籍出版社 1989 年版
經典釋文　唐・陸德明,中華書局 1983 年影印清通志堂本
經典釋文彙校　黄焯,中華書局 1980 年版
干禄字書　唐・顔元孫,紫禁城出版社 1990 年影印明拓本
一切經音義　唐・玄應,叢書集成初編本
一切經音義　唐・慧琳,上海古籍出版社 1986 年影印日本獅谷白蓮社刻本
新集藏經音義隨函録　五代・釋可洪,《中華大藏經》影印高麗藏本
九經字樣　唐・唐玄度,叢書集成初編本
五經文字　唐・張參,叢書集成初編本
瀛涯敦煌韻輯　姜亮夫,上海出版公司 1955 年版
唐五代韻書集存　周祖謨,中華書局 1983 年版
佩　觿　宋・郭忠恕,叢書集成初編本
鉅宋廣韻　宋・陳彭年等,上海古籍出版社 1983 年版

廣韻校本　　周祖謨，中華書局 1960 年版
集　韻　　宋·丁度等，上海古籍出版社 1985 年影印本
類　篇　　宋·司馬光等，中華書局 1984 年版
龍龕手鏡　　遼·釋行均，中華書局 1985 年影印高麗本
復古編　　宋·張有，四部叢刊三編影印宋鈔本
改併五音類聚四聲篇海　　金·韓道昭，明正德十五年刻本
六書正譌　　元·周伯琦，四庫全書本
字　鑑　　元·李文仲，叢書集成初編本
通　雅　　明·方以智，上海古籍出版社 1988 年版
字　彙　　明·梅膺祚，上海辭書出版社 1991 年影印本
正字通　　明·張自烈，中国工人出版社 1996 年影印清康熙九年弘文书院刻本
字彙補　　清·吴任臣，上海辭書出版社 1991 年影印本
康熙字典　　清·張玉書等，中華書局 1958 年版
中華大字典　　歐陽溥存等，中華書局 1915 年版
漢語大字典　　徐中舒主編，湖北辭書出版社、四川辭書出版社 1986 至 1990 年版
篆隸萬象名義　　釋空海（日本），民國三十六年縮印日本崇文叢書本
隸　辨　　清·顧藹吉，中華書局 1985 年影印本
漢語古文字字形表　　漢語大字典字形組編，四川辭書出版社 1981 年版
秦漢魏晉篆隸字形表　　同上，四川辭書出版社 1985 年版
隸定古文疏證　　徐在國，安徽大學出版社 2002 年版
隸字編　　洪鈞陶，文物出版社 1991 年版

草字編　同上，文物出版社 1983 年版
金石文字記　清・顧炎武，清光緒間朱氏校經山房刻《亭林先生遺書彙輯》本
金石文字辨異　清・邢澍，清聚學軒叢書本
經典文字辨證書　清・畢沅，叢書集成初編本
六朝別字記　清・趙撝叔，商務印書館 1919 年版
六朝別字記新編　馬向欣，書目文獻出版社 1995 年版
增訂碑別字　羅振鋆、羅振玉，文字改革出版社 1957 年影印本
碑別字新編　秦公，文物出版社 1985 年版
廣碑別字　秦公、劉大新，國際文化出版公司 1995 年版
敦煌俗字譜　潘重規等，臺北石門圖書公司 1978 年版
敦煌俗字典　黄征，上海教育出版社 2005 年版
高麗大藏經異體字典，李圭甲（韓國），韓國高麗大藏經研究所 2000 年版

三、其他與俗字或俗字研究有關的文獻

十三經注疏　中華書局 1980 年影印本
二十四史　中華書局標點本
蔡中郎文集　漢・蔡邕，四部叢刊影印明活字本
六臣註文選　唐・李善等，四部叢刊影印宋刻本
楚辭補注　宋・洪興祖，中華書局 1983 年版
顔氏家訓　北齊・顔之推，中華書局 1993 年版王利器集解本
匡謬正俗　唐・顔師古，萬有文庫本
大唐西域記校注　季羨林等，中華書局 1985 年版

唐國史補　　唐・李肇,明汲古閣刻津逮祕書本
通　典　　唐・杜佑,浙江古籍出版社 1988 年影印本
因話録　　唐・趙璘,叢書集成初編本
雲溪友議　　唐・范攄,同上
蘇氏演義　　唐・蘇鶚,同上
資暇集　　唐・李匡文(舊題李匡乂,兹據余嘉錫説改正,余説見《四庫提要辨證》卷十五),同上
封氏聞見記　　唐・封演,同上
全唐詩　　清・彭定求等,中華書局 1960 年版
全唐文　　清・董誥等,中華書局 1983 年版
太平廣記　　宋・李昉,人民文學出版社 1959 年版
太平御覽　　宋・李昉等,中華書局 1960 年影印宋刻本
册府元龜　　宋・王欽若等,中華書局 1960 年影印明刻本
宋景文公筆記　　宋・宋祁,叢書集成初編本
歸田録　　宋・歐陽修,四部叢刊影印元刻《歐陽文忠公全集》本
資治通鑑　　宋・司馬光,中華書局 1956 年版
夢溪筆談　　宋・沈括,上海古籍出版社 1987 年版胡道静校證本
後山談叢　　宋・陳師道,叢書集成初編本
珩璜新論　　宋・孔平仲,同上
稿簡贅筆　　宋・章淵,説郛(宛委山堂本)
靖康緗素雜記　　宋・黄朝英,叢書集成初編本
甕牖閒評　　宋・袁文,上海古籍出版社 1985 年版
考古質疑　　宋・葉大慶,上海古籍出版社 1985 年版
演繁露　　宋・程大昌,清嘉慶間照曠閣刻本
容齋隨筆　　宋・洪邁,四部叢刊續編影宋刻本

老學庵筆記　　宋・陸游,中華書局 1979 年版
鷄肋編　　宋・莊綽,中華書局 1983 年版
桂海虞衡志　　宋・范成大,古今逸史本
曲洧舊聞　　宋・朱弁,叢書集成初編本
學　林　　宋・王觀國,中華書局 1988 年版
能改齋漫録　　宋・吴曾,上海古籍出版社 1979 年版
野客叢書　　宋・王楙,中華書局 1987 年版
賓退録　　宋・趙與旹,叢書集成初編本
履齋示兒編　　宋・孫奕,同上
鼠　璞　　宋・戴埴,同上
梁溪漫志　　宋・費衮,上海古籍出版社 1985 年版
鶴林玉露　　宋・羅大經,中華書局 1983 年版
齊東野語　　宋・周密,叢書集成初編本
游宦紀聞　　宋・張世南,臺北商務印書館影印四庫全書本
職官分紀　　宋・孫逢吉,中華書局 1988 年版
兼明書　　宋・邱光庭,叢書集成初編本
嶺外代答　　宋・周去非,叢書集成初編本
敬齋古今黈　　元・李治,同上
六藝綱目　　元・舒天民,同上
文獻通考　　元・馬端臨,浙江古籍出版社 1988 年影印本
輟耕録　　明・陶宗儀,叢書集成初編本
菽園雜記　　明・陸容,中華書局 1984 年版
震澤長語　　明・王鏊,叢書集成初編本
譚苑醍醐　　明・楊慎,同上
丹鉛雜録　　同上

藝林伐山　　同上
四友齋叢説　　明・何良俊,叢書集成初編本
俗書刊誤　　明・焦竑,臺北商務印書館影印四庫全書本
日知録　　清・顧炎武,上海古籍出版社 1985 年版
字詁義府合按　　清・黄生撰,黄承吉合按,中華書局 1984 年版
握蘭軒隨筆　　清・卜陳彝,叢書集成初編本
訂譌雜録　　清・胡鳴玉,同上
觚　賸　　清・鈕琇,清代筆記叢刊本
蛾術編　　清・王鳴盛,商務印書館 1958 年版
十七史商権　　清・王鳴盛,同上
直語補證　　清・梁同書,商務印書館 1958 年版
陔餘叢考　　清・趙翼,清乾隆五十六年湛貽堂刻本
潛研堂文集　　清・錢大昕,四部叢刊影印本
十駕齋養新録　　同上,清光緒二年浙江書局刻本
中州金石記　　清・畢沅,叢書集成初編本
關中金石記　　同上
卍齋璅録　　清・李調元,叢書集成初編本
勦　説　　同上
六書分毫　　同上
通俗編　　清・翟灝,商務印書館 1958 年版
字　觸　　清・周亮工,叢書集成初編本
札　樸　　清・桂馥,清光緒九年長洲蔣氏心矩齋刻本
讀書雜志　　清・王念孫,江蘇古籍出版社 1985 年影印本
鈍吟雜録　　清・馮班,叢書集成初編本
蠡勺編　　清・凌揚藻,同上

炳燭編　清·李賡芸,同上
癸巳存稿　清·俞正燮,同上
菉友臆説　清·王筠,同上
菉友蛾術編　同上,清咸豐十年刻本
越　諺　清·范寅,清光緒八年谷應山房刻本
別雅訂　清·吴玉搢輯,許瀚訂,叢書集成初編本
札　迻　清·孫詒讓,齊魯書社 1989 年版
清稗類鈔　清·徐珂,中華書局 1984 至 1986 年版
玉函山房輯佚書　清·馬國翰,清同治十年刻本
歷代笑話集　王利器輯録,上海古籍出版社 1981 年版

後 記

筆者對俗文字發生興趣是從八十年代初開始的。當時,在蔣禮鴻師的薰陶和先師郭在貽先生的直接指導下,我走上了敦煌學的研究之路。在閱讀敦煌文書的過程中,我發現敦煌寫本中有許多殊異於後世刻本的特點,其中最重要的就是俗體字多。但由於種種原因,俗體字的研究是我國文字研究中最爲薄弱的環節,而敦煌俗字的研究更是幾乎等於零。在這種情況下,前人在校録敦煌文書時發生這樣那樣的錯誤便是不可避免的了。所以當時我便把研閲的重點放到了俗文字的上面。1986 年完成的我的碩士學位論文《敦煌變文校讀釋例》,其中有不少篇幅涉及到俗字的問題,便是這一學習研究過程的初步反映。

1986 年研究生畢业以後,在郭師的大力舉薦下,我得以留校任教。不久,郭師組織我和黄征合作進行"敦煌學三書"(即《敦煌變文集校議》、《敦煌變文校注》、《敦煌吐魯番俗字典》)的撰作,更使我和俗字結下了不解之緣。這期間,在郭師的指導下,由我執筆撰寫了《敦煌變文整理校勘中的幾個問題》、《俗字研究與古籍整理》、《俗字研究與敦煌俗文學作品的校讀》、《俗字研究與變文校勘》等一系列與俗字研究相關的學術論文。這些文章,大到謀篇布局,小到字句增删,都凝聚着郭師的心血。當時郭師還對我説,俗字的研究是一個前人不曾措意卻又十分重要的研究領域,值得下大力氣作更進一步的研究;將來這方面的材料積累多了,可以考慮寫一部概論性的著作。現在呈獻給讀者的這本小書,就是筆者遵從郭師的遺囑在這方面所作的一個初步的嘗試。

1989 年初,正當這本小書的寫作即將開始的時候,敬愛的導師匆匆地離開了我們。這使我感到無限的悲痛。爲了我的成長,郭師傾注了巨大的關懷和愛護。我不會忘記當我在郭師和祝鴻熹師授課的大學古代漢語课程考試中取得較好成績時郭師給我勉勵的情景;我不會忘記郭師修改我的第一篇不成熟的學術論文並把它推薦給《浙江學刊》發表的情景;我不會忘記手術後不久的郭師在飛來峰下的小溪傍爲我審閱碩士學位論文的情景;我不會忘記在萬惡的癌細胞吞噬着郭師生命的時刻郭師還在爲我們合作的"敦煌學三書"運籌操心的情景……這一樁樁,這一件件,恍若就在昨天,仍是那樣歷歷分明,我無法忘懷,也不會忘懷。失去這樣好的導師,怎能不使我感到悲痛萬分呢?敦煌寫本佚名《送師讚》(見伯 4597、3120 號、斯 1947 號等卷)有云:

> 人生三五歲,父母送師邊。師今圓寂去,捨我逐清閒。……送師回來無所見,唯見師空房;舉手開師户,唯見空繩牀。低頭禮師座,淚落數千行。……與師永長别,再遇是何時?律論今無主,有疑當問誰?

每次讀到這首詩,都會激起我心中强烈的共鳴,勾起我對恩師的無限懷念,令我悲淚難已。

師今圓寂去,有疑當問誰?我比那位不知名的詩歌作者幸運的是,郭師去世以後,許多前輩學者給予了我們熱情的關懷和鼓勵,使我有勇氣沿着郭師指引的道路堅定地走下去。所以當這本小書完成的時候,我首先想到的便是要感謝郭師生前對我的諄諄教誨,要感謝許多前輩學者對後學的提攜和關懷。

本書在寫作過程中,曾參考了前人及時人的不少論著(詳見附録二),其中周有光先生的《漢字改革概論》、李榮先生的《文字問題》、裘錫圭先生的《文字學概要》,對我的啓發尤多,在此謹向他們致以衷心的謝意。文中考論所及的數百條例證,除少數注明者外,大多出自個人的研究心得,如有錯誤,概由本人負責。引例涉及的俗字異體,除與論題有關者外,一般徑改爲通行的繁體,以免枝節和蔓衍。傳世古籍一經後人傳抄翻刻,便打上了抄者或刻者所在時代的烙印,而不能反映古籍作者當時用字的實況,所以本書引例大抵以石本或寫本爲主,而一般不以後世傳抄本或翻刻本中的用字作爲前代已有某某形體的依據。

本書初稿完成後,承蒙裘錫圭先生撥冗審讀並賜序,項楚師也仔細地審閱了全稿,他們都提出了許多寶貴的修訂意見;梅季坤先生爲本書的出版花費了大量的心血;賈成富先生爲本書的繕寫付出了辛勤的勞動:在此,謹向他們表示由衷的謝意!

漢語俗字的研究還處在空白或半空白的境地,要做的事情很多。如果這本小書的出版能對漢語俗字的研究有所促進的話,筆者的目的也就達到了。二十五年前,蔣禮鴻師在《中國俗文字學研究導言》一文中呼籲開展俗字的研究,文章的最後説:

> 中國俗文字學的研究還在開步走的階段,這篇文章的意思,就是想在起步之前吹一下哨子,希望能追隨從事語文工作的同志一同跑上幾個圈子。

儘管二十五年後的今天在這個跑道上的人仍然少得可憐,但作爲受蔣師教育多年的學生,我願意追隨先生在這個跑道上淌上自己的汗水。

張　涌　泉

1993 年 5 月 18 日

於四川大學自樂齋

補　　記:

書稿完成後,曹先擢先生曾審閱了部分樣稿,並給予了熱情的鼓勵;書稿交出版社後,有幸被列入國家古籍整理出版規劃小組主編的"中國傳統文化研究叢書"第一輯;日本友人香坂順一先生和中國社科院語言所副所長江藍生先生也對拙稿的撰寫和出版給予了關心和支持:謹此表示衷心的感謝。

作者,一九九五年元月

增訂本後記

本書 1995 年由岳麓書社手抄影印出版,後來又重印過一次,但早已售罄。不少朋友慫恿我改排再版,自己也想借機對書稿作一次大的修訂,但由於這些年一直忙於《敦煌文獻合集》的編纂,無暇它顧,故一直拖延到現在。最近趁《敦煌經部文獻合集》完成的間隙,對書稿作了部分增訂,其中包括:1. 改正了一些明顯的疏誤;2. 增加或替换了部分例證;3. 核對了所有引文;4. 增加了附録《字海雜俎》之十至十一。至於理論架構方面的調整或修訂,因手頭的科研任務實在過於繁重,只能俟之異日了。

本書出版後,《中國語文》(1997 年第 6 期)、《漢學研究》(14 卷 2 期,1996 年 12 月)、《大公報》(1997 年 6 月 24 日)以及《中國圖書評論》、《古漢語研究》、《語文建設》、《浙江社會科學》、《杭州日報》、《芝加哥日報》(美國)等十多種報刊發表書評或評論,在對拙著給予肯定的同時,有的也對其中存在的問題提出了建設性的意見;一些師友也在來信中指出了拙著的一些疏失。謹此表示衷心的感謝。

商務印書館爲本書提供了重版的機會,責任編輯常紹民編審盡責盡力,友生秦樺林協助校讀了電腦文本,也一併表示謝意。

張涌泉,2009 年 6 月 12 日於金華